REVISTA DE DIREITO MERCANTIL
industrial, econômico e financeiro

142

Publicação do
Instituto Brasileiro de Direito Comercial Comparado
e Biblioteca Tullio Ascarelli
do Departamento de Direito Comercial
da Faculdade de Direito da Universidade de São Paulo

Ano XLV (Nova Série)
abril-junho/2006

MALHEIROS EDITORES

REVISTA DE DIREITO MERCANTIL
industrial, econômico e financeiro

Nova Série — Ano XLV — n. 142 — abril-junho de 2006

REVISTA DE DIREITO MERCANTIL
publicação trimestral de
MALHEIROS EDITORES LTDA.
Rua Paes de Araújo, 29, conjunto 171
CEP 04531-940
São Paulo, SP - Brasil
Tel. (011) 3078-7205
Fax: (011) 3168-5495

Assinaturas e comercialização:
CATAVENTO DISTRIBUIDORA DE LIVROS S.A.
Rua Conselheiro Ramalho, 928
CEP 01325-000
São Paulo, SP - Brasil
Tel. (011) 3289-0811
Fax: (011) 3251-3756

Diretor Responsável: Álvaro Malheiros
Diretora: Suzana Fleury Malheiros

Supervisão Gráfica: Vânia Lúcia Amato
Composição: *Scripta*

SUMÁRIO

DOUTRINA

PROPRIEDADE INTELECTUAL E LIBERDADE 7
– Newton Silveira e Walter Godoy dos Santos Jr.

O SISTEMA NORMATIVO DA COMPANHIA 25
– Luiz Machado Fracarolli

ATUALIDADES

RACIONALIDADE JURÍDICA E RACIONALIDADE ECONÔMICA: Entre o Monte e o Rio 56
– Kleber Luiz Zanchim

ANÁLISE ECONÔMICA DO DIREITO E A REGULAMENTAÇÃO DAS SOCIEDADES EMPRESÁRIAS BRASILEIRAS: ENTRE A AUTONOMIA DE VONTADE E A ESTRITA LEGALIDADE 66
– Eduardo Goulart Pimenta

A MACROLÓGICA DO DIREITO ECONÔMICO 80
– Roberto Ferraz

USUFRUTO E SUPERFÍCIE NO DIREITO EMPRESARIAL 87
– Gustavo Kloh Muller Neves

A LEI COMPLEMENTAR N. 126 E A ABERTURA DO MERCADO DE RESSEGURO 99
– Renato Buranello

DO ENDOSSO-MANDATO (Código Civil, art. 917) 108
– Marcelo Vieira von Adamek

PRINCÍPIOS DE GOVERNANÇA CORPORATIVA 141
– Jorge Lobo

ENTRAVES À EFICÁCIA DA LEI DE RECUPERAÇÃO DE EMPRESAS EM CRISE. COMO SUPERÁ-LOS 155
– Maria Celeste Morais Guimarães

A DIMENSÃO SOCIAL DA PRESERVAÇÃO DA EMPRESA NO CONTEXTO DA NOVA LEGISLAÇÃO FALIMENTAR BRASILEIRA (LEI 11.101/2005). UMA ABORDAGEM ZETÉTICA 165
– Ecio Perin Junior

REFLEXOS DA LEI 9.873/1999 NO PRAZO PRESCRICIONAL DOS PROCEDIMENTOS DE COMPETÊNCIA DO CONSELHO ADMINISTRATIVO DE DEFESA ECONÔMICA 188
– Rogério F. Taffarello

ARRAS OU SINAL NOS CONTRATOS EMPRESARIAIS: UM ESTUDO DO REGIME JURÍDICO DO CÓDIGO CIVIL DE 2002 197

– Tarcisio Teixeira

ESPAÇO DISCENTE

O ATUAL CONCEITO DE VALOR MOBILIÁRIO 203

– Jefferson Siqueira de Brito Alvares

JURISPRUDÊNCIA COMENTADA

AÇÃO INDIVIDUAL CONTRA ADMINISTRADOR DE COMPANHIA PARA O FIM DE OBTER A REPARAÇÃO DE DANO INDIVIDUAL REFLEXO OU INDIRETO (LSA, ART. 159, § 7º): DESCABIMENTO 248

– Marcelo Vieira von Adamek

FALÊNCIA DE SOCIEDADES CIVIS 256

– Renato Ventura Ribeiro

PARECERES

RECUPERAÇÃO JUDICIAL – SOCIEDADES ANÔNIMAS – DEBÊNTURES – ASSEMBLÉIA GERAL DE CREDORES – LIBERDADE DE ASSOCIAÇÃO – BOA-FÉ OBJETIVA – ABUSO DE DIREITO – *CRAM DOWN* – *PAR CONDICIO CREDITORUM* 263

– Paulo Fernando Campos Salles de Toledo

CÉDULA DE CRÉDITO BANCÁRIO – ENDOSSO SEM GARANTIA 282

– Haroldo Malheiros Duclerc Verçosa

AOS COLABORADORES DA *RDM*

Informamos que alguns textos anteriormente programados para o presente número da *RDM* foram redirecionados para a próxima edição da Revista, em razão de um erro na avaliação inicial do espaço que seria ocupado, o qual fugiu aos parâmetros regulares de publicação.

Haroldo Malheiros Duclerc Verçosa
Diretor Executivo

COLABORAM NESTE NÚMERO

ECIO PERIN JUNIOR
Mestre e Doutor em Direito Comercial pela Pontifícia Universidade Católica de São Paulo (PUC/SP). Especialista em Direito Empresarial pela *Università degli Studi di Bologna*. Presidente e Sócio Fundador do Instituto Brasileiro de Direito Empresarial (IBRADEMP). Membro da Comissão de Fiscalização e Defesa do Exercício da Advocacia da OAB/SP.

EDUARDO GOULART PIMENTA
Mestre e Doutor em Direito Empresarial pela Faculdade de Direito da Universidade Federal de Minas Gerais (UFMG). Professor Adjunto de Direito Empresarial nos Cursos de Graduação, Especialização, Mestrado e Doutorado da Pontifícia Universidade Católica de Minas Gerais (PUC/MG). Professor do IBMEC/MG. Professor do Curso de Mestrado em Direito Empresarial da Universidade de Itaúna/MG. Procurador do Estado de Minas Gerais.

GUSTAVO KLOH MULLER NEVES
Mestre e Doutorando em Direito Civil na UERJ. Professor de Direito Civil da Pontifícia Universidade Católica do Rio de Janeiro (PUC/RJ). Professor nos Cursos de Pós-graduação da UERJ e da Fundação Getúlio Vargas.

HAROLDO MALHEIROS DUCLERC VERÇOSA
Mestre e Doutor em Direito Comercial pela Universidade de São Paulo (USP). Professor de Direito Comercial da USP. Membro do Centro de Mediação e Arbitragem da Câmara do Comércio Brasil-Canadá. Consultor.

JEFFERSON SIQUEIRA DE BRITO ALVARES
Procurador do Banco Central do Brasil.

JORGE LOBO
Mestre em Direito da Empresa pela Faculdade de Direito da Universidade Federal do Rio de Janeiro (UFRJ). Doutor e Livre-Docente em Direito Comercial pela Faculdade de Direito da Universidade Estadual do Rio de Janeiro (UERJ). Procurador de Justiça (aposentado) do Ministério Público do Estado do Rio de Janeiro. Professor de Direito Comercial da Escola da Magistratura do Estado do Rio de Janeiro. Advogado.

KLEBER LUIZ ZANCHIM
Doutorando em Direito Civil da Faculdade de Direito da Universidade de São Paulo (USP). Professor Auxiliar do Departamento de Direito Civil da Faculdade de Direito da USP. Professor do GV*Law* da Fundação Getúlio Vargas/SP.

LUIZ MACHADO FRACAROLLI
Sub-Procurador-Geral da Fazenda Nacional aposentado. Ex-Coordenador de Operações Financeiras Externas da Procuradoria-Geral da Fazenda Nacional. Ex-Professor Assistente Doutor de Direito Comercial da Faculdade de Direito da USP. Ex-Advogado do Banco Mundial. Advogado em São Paulo.

MARCELO VIEIRA VON ADAMEK
Mestre e Doutorando em Direito Comercial pela Faculdade de Direito da Universidade de São Paulo (USP). Pós-Graduado pelo IBRE/EASP-FGV. Advogado em São Paulo.

MARIA CELESTE MORAIS GUIMARÃES
Mestre e Doutoranda em Direito pela Universidade Federal de Minas Gerais (UFMG). Professora nas Faculdades de Direito da UFMG e Milton Campos. Diretora do Departamento de Direito Empresarial do Instituto dos Advogados de Minas Gerais.

NEWTON SILVEIRA
Professor Doutor do Departamento de Direito Comercial da Faculdade de Direito da Universidade de São Paulo (USP). Advogado especialista em Propriedade Intelectual.

PAULO FERNANDO CAMPOS SALLES DE TOLEDO
Professor Doutor da Faculdade de Direito da Universidade de São Paulo (USP).

RENATO BURANELLO
Mestre em Direito Comercial pela Pontifícia Universidade Católica de São Paulo (PUC/SP). Membro do Instituto Brasileiro de Direito do Seguro (IBDS), da Academia Nacional de Seguro e Previdência (ANSP) e da Associação Internacional de Direito do Seguro (AIDA). Advogado.

RENATO VENTURA RIBEIRO
Doutor, Mestre e ex-Professor Assistente Temporário da Faculdade de Direito da Universidade de São Paulo (USP). Professor da Universidade São Judas Tadeu. Advogado.

ROBERTO FERRAZ
Professor Titular da Pontifícia Universidade Católica do Paraná (PUC/PR).

ROGÉRIO F. TAFFARELLO
Mestrando em Direito pela Universidade de São Paulo (USP). Advogado.

TARCISIO TEIXEIRA
Mestre em Direito Comercial pela Faculdade de Direito da Universidade de São Paulo (USP). Especialista em Direito Empresarial pela Escola Paulista da Magistratura (EPM). Professor Universitário. Advogado.

WALTER GODOY DOS SANTOS JR.
Mestre em Direito Comercial pela Faculdade de Direito da Universidade de São Paulo (USP). Advogado especialista em Propriedade Intelectual.

Doutrina

PROPRIEDADE INTELECTUAL E LIBERDADE

NEWTON SILVEIRA

e

WALTER GODOY DOS SANTOS JR.

1. Introdução. 2. Mandamentos constitucionais. 3. Legislação ordinária – Propriedade Industrial e Direito Autoral. 4. Propriedade Intelectual e Direito Concorrencial. 5. Conclusão.

1. Introdução

O desenvolvimento das ciências jurídicas leva, em regra, ao distanciamento cada vez maior de seus fundamentos, de maneira que, muitas vezes, resta difícil estabelecer a relação entre as categorias de direito criadas para atender às novas realidades de mercado[1] e seus princípios,[2] acarretando a perda da sistematização[3] necessária à organização dos ramos da ciência do direito.

Curiosamente, diante da notória inflação legislativa e da elasticidade[4] conferida

1. V. a lição de Oscar Barreto Filho: "O certo é que, ao mesmo tempo que se viram as páginas da história, também progride a técnica, modificam-se as estruturas políticas, sociais e econômicas, e evoluem os sistemas jurídicos. Não escapa à regra o direito que regula a atividade produtiva para o mercado, o qual é designado convencionalmente pelo nome de 'direito comercial'. (...) O direito comercial fornece um instrumental técnico perfeitamente apto a atender às necessidades da produção e da circulação das riquezas" (*Teoria do Estabelecimento Comercial*, 2ª ed., pp. 14-15).

2. Celso Antônio Bandeira de Mello ensina que princípio é "por definição, mandamento nuclear de um sistema, verdadeiro alicerce dele, disposição fundamental que se irradia sobre diferentes normas compondo-lhes o espírito e servindo de critério para sua exata compreensão e inteligência exatamente por definir a lógica e a racionalidade do sistema normativo, no que lhe confere a tônica e lhe dá sentido harmônico". Sendo assim, "violar um princípio é muito mais grave que transgredir uma norma qualquer" (*Curso de Direito Administrativo*, 16ª ed., pp. 817-818).

3. Para João da Gama Cerqueira, "a propriedade industrial constitui um sistema jurídico, um todo orgânico, como se costuma dizer, subordinando-se os seus diferentes institutos aos mesmos princípios gerais, que podem variar em suas aplicações particulares, mas que não perdem a sua unidade fundamental", ressaltando que "todo o edifício da propriedade industrial, como, aliás, o da propriedade literária, científica e artística, repousa no princípio ético da repressão da concorrência desleal, que constitui o fundamento e a razão de suas leis, podendo-se mesmo dizer que em nenhum outro ramo da ciência jurídica se manifesta de modo mais eloqüente o fundamento moral do Direito" (*Tratado da Propriedade Industrial*, v. I, t. I, 1ª ed., pp. 8-9).

4. Judith Martins-Costa assevera que "(...) esses novos tipos de normas buscam a formulação da hipótese legal mediante o emprego de conceitos cujos termos têm significado intencionalmente vagos e abertos, os chamados 'conceitos jurídicos indeterminados'" ("O Direito Privado como um sistema em construção – As cláusulas gerais e no Projeto do Código Civil Brasileiro", *RT* 753/28). Nesse dia-

aos novos institutos por ela criados, percebe-se que os princípios tornam-se, a cada dia, mais necessários ao manejo do ordenamento jurídico.

No campo da propriedade intelectual,[5] em que é fértil a criação de novos direitos absolutos,[6] discute-se, de maneira apaixonada, a tensão entre a necessidade de proteção de novos tipos de criações intelectuais e os obstáculos que uma proteção demasiada poderia trazer em desfavor dos princípios eleitos pela Constituição para presidir o sistema.

O desconforto aumenta na mesma proporção em que se torna mais freqüente, por ignorância ou má-fé, a vulgarização de termos técnicos que conferem pureza e unidade conceitual à matéria.

O reflexo desse descaso é a incerteza no enquadramento dos tipos das obras protegidas pela propriedade intelectual que pode levar o aplicador da lei a pecar por excesso, ampliando a proteção de modo a criar restrições ao avanço tecnológico, ou a pecar por escassez, negando ao titular o legítimo exercício de seus direitos.[7]

pasão, a construção jurisprudencial tem se encarregado de complementar a norma, merecendo o respeito do legislador positivo, que, por sua vez, também se qualifica para cuidar de grandes diretrizes e não, de minúcias. Alf Ross ensina que "O legislador pode manter a ilusão de haver estabelecido uma regra, mas expressá-la em termos tão vagos (por exemplo, referindo-se à opinião moral dominante) que o resultado seja uma larga liberdade para que o juiz ou o funcionário administrativo possam exercer seus critérios. Este método de formular a lei é denominado *método dos padrões jurídicos* (...). Historicamente, tanto na legislação como na administração da justiça, o formalismo estrito desenvolveu-se no sentido de proporcionar um espaço cada vez maior à sentença individualizadora" (*Direito e Justiça*, 1ª ed., p. 328).

5. Gama Cerqueira ensina que "Ao conjunto desses direitos resultantes das concepções da inteligência e do trabalho intelectual, encarados principalmente sob o aspecto do proveito material que deles pode resultar, costuma-se dar a denominação genérica de propriedade intelectual, ou as denominações equivalentes — direito de autor, direito autoral, propriedade imaterial e, ainda, direitos intelectuais, como os chamou Picard, e direitos imateriais ou direitos sobre bens imateriais, segundo Kohler. Deve-se, porém, preferir a denominação propriedade imaterial, que está mais de acordo com o objeto dos direitos a que se aplica" (ob. cit., pp. 68-69). V., ainda, outro trecho no sentido de que a "propriedade industrial, que pode ser definida como o conjunto dos institutos jurídicos que visam garantir os direitos de autor sobre as produções intelectuais do domínio da indústria e assegurar a lealdade da concorrência comercial e industrial. A propriedade industrial poderia também ser definida, de modo mais geral, como "o conjunto de normas legais e princípios jurídicos de proteção à atividade do trabalho, no campo das indústrias, e a seus resultados econômicos, abrangendo, assim, a proteção das produções intelectuais do domínio industrial (invenções, modelos de utilidade e desenhos e modelos industriais) e toda a matéria relativa à repressão da concorrência desleal, inclusive as marcas, o nome comercial, as indicações de origem dos produtos, etc. Preferimos, porém, a primeira definição por ser mais restrita, particularizando melhor o objeto da propriedade industrial" (idem, pp. 72-73). Poderíamos dizer, em síntese, que a expressão Propriedade Industrial engloba assuntos referentes a marcas, patentes (de invenção e de modelo de utilidade), desenhos industriais, assim como contratos de licença de uso ou exploração de tais direitos e contratos de transferência ou fornecimento de tecnologia ou *know-how* e de franquia. Quando a isto somam-se os direitos autorais, fala-se em Propriedade Intelectual, categoria mais ampla, que engloba a Propriedade Industrial.

6. João Paulo Remédio Marques ressalta que: "Assiste-se, hoje, a uma expansão incomensurável não apenas do licere e do âmbito de protecção dos direitos de propriedade intelectual preexistentes, mas também a um aumento das espécies de direitos deste jaez, pois o legislador tem vindo a plasmar a tipificação e o correspondente regime jurídico de novéis direitos de propriedade intelectual. Os direitos de propriedade intelectual têm vindo, na verdade, a ser forçados a acomodar no seu seio criações e tecnologias jamais vistas como realidades protegidas" ("Propriedade Intelectual e interesse público", *BFD* 79/339). Tullio Ascarelli já havia previsto este fenômeno ao afirmar que "La importancia del interés público es especialmente la que explica por qué son tutelables tan sólo algunos tipos de creaciones intelectuales (aunque éstas puedan aumentar en número en futuras evoluciones legislativas), en contraste con la genérica apropiabilidad de todas las cosas materiales y energías que sean delimitables" (*Teoría de la Concurrencia y de los Bienes Inmateriales*, 1ª ed., p. 278).

7. Cláudio Roberto Barbosa lembra a afirmação de *Lord* Mansfield e Kozinski no caso White *vs.* Samsung Electronics America, Inc.: "superproteger a propriedade intelectual é tão nocivo quando subprotegê-la. A criatividade é impossível sem um

Nesse sentido, iluminar princípios constitucionais, resgatar lições dos grandes mestres que sistematizaram a matéria[8] e fortalecer as fronteiras conceituais que separam os institutos por ela abarcados, reveste-se de fundamental importância para o fim de evitar que a propriedade intelectual se transforme numa indigesta sopa jurídica.

2. *Mandamentos constitucionais*

A Constituição Federal de 1988 é especialmente rica em disposições concernentes ao sistema de propriedade intelectual, bastando correr os olhos pelos incisos XXIII, XXVII, XXVIII e XXIX do art. 5º para se notar a importância atribuída pelo Constituinte ao objetivo de se alcançar o progresso social, cultural e o desenvolvimento tecnológico e econômico do país.

Cumpre ressaltar, ainda, a dicção do art. 170, no sentido de que a ordem econômica, fundada na valorização do trabalho[9] humano e na livre iniciativa, tem por fim assegurar a todos existência digna, conforme os ditames da justiça social, observados os seguintes princípios: II – propriedade privada; III – função social da propriedade; IV – livre concorrência;[10] V – defesa do consumidor.

Da conjugação dos dispositivos supracitados resulta, sinteticamente, que a Constituição contempla, ao lado da liberdade de iniciativa, a utilidade social, criando mecanismos de controle da atividade econômica coordenada a fins sociais. Tal atitude se reflete diretamente sobre a tutela dos chamados bens imateriais resultantes da criação intelectual, limitando sua duração para o fim de harmonizá-los com o progresso técnico e cultural e a tutela do consumidor, buscando delimitar tais direitos, em especial no campo industrial.

Nesse sentido, é de se salientar que, durante a maior parte do período compreendido pelas Constituições Republicanas, houve preocupação exacerbada com a proteção do indivíduo contra o poder supremo do Estado, relação esta que não se mantém no texto da Constituição de 1988.

De fato, o pêndulo constitucional parece, mais do que nunca, inclinado para a

rico domínio público e mais, nada, hoje, assim como nada, desde que dominamos o fogo, é genuinamente novo: cultura, como ciência e tecnologia cresce por incrementos, cada novo criador construindo sobre o trabalho daqueles que vieram antes. A superproteção tem assim o efeito contrário ao pretendido" (*apud* Cláudio Roberto Barbosa, *A Relação entre Informação, Propriedade Intelectual, Jurisdição e Direito Internacional*).

8. Gama Cerqueira ressalta que "Malgrado a diversidade dos direitos incluídos na propriedade industrial, quanto ao seu objeto e conteúdo, e as peculiaridades de cada instituto, são idênticos o fundamento e a natureza desses direitos, como idêntica é a natureza dos objetos sobre os quais se exercem. Os mesmo princípios regem, também, os direitos da propriedade literária, científica e artística, que possuem o mesmo fundamento e natureza, recaindo sobre objetos de natureza semelhante. Estabelece-se, assim, não só a unidade dos institutos da propriedade industrial entre si, como a unidade entre esta e a propriedade literária, científica e artística, como partes integrantes de um sistema jurídico mais amplo, o da propriedade imaterial" (ob. cit., p. 8).

9. Ascarelli ensina que "La ley ya no es considerada solamente como garantía para el desarrollo de iniciativas económicas individuales, que actuando libremente, conseguiría un equilibrio óptimo, sino como un factor positivo para un progreso económico que por el contrario no se conseguiría a través del libre juego de las iniciativas individuales. Esta premisa se pone en conexión con la afirmación de una concepción democrática que reconoce en la historia la obra de una voluntad humana y racional y no el resultado de fuerzas naturales" (ob. cit., p. 25).

10. Sobre a definição de concorrência em sentido amplo, v. as lições de Ascarelli "La concurrencia (que entendida en su más amplio sentido se encuentra también fuera del mundo económico) puede definirse, en primer lugar, como un hecho que tiene su raíz en la misma limitación de los medios de cada sujeto, ante el que, en una vastísima y primera acepción, todos los deseos se presentan en concurrencia, de tal modo que todos no pueden ser ilimitadamente satisfechos, alcanzando tan solo a algunos deseos y dentro de determinados limites y con una determinada sucesión cronológica, lo que supone precisamente una natural concurrencia entre los bienes respectivos, objeto de estudio en la teoría económica" (ob. cit., p. 31).

satisfação do interesse coletivo[11] e para a redução das desigualdades sociais, evoluindo doutrina e jurisprudência no sentido de aplicar o princípio da proporcionalidade para sopesar direitos e garantias fundamentais.

Nesse sentido, da perspectiva constitucional, não resta dúvida de que o absolutismo do direito de propriedade cede espaço ao relativismo do interesse social, como retratado por Louis Josserand: "As prerrogativas, mesmo as mais individuais e as mais egoísticas, são ainda produtos sociais, seja na forma, seja no fundo: seria inconcebível que elas pudessem, ao grado de seus titulares, se livrar da marca característica original e ser empregadas para todas as necessidades, mesmo fossem elas inconciliáveis com sua filiação e com os interesses os mais urgentes, os mais certos, da comunidade que as concedeu".[12]

Assim, embora o sistema de proteção da propriedade intelectual continue a ser considerado o método de incentivo[13] mais eficaz para se atingir o progresso técnico e cultural[14] do país, nota-se que sofreu temperos e mitigações, os quais aparecem de maneira cada vez mais explícita na nossa lei maior.

De todo modo, resta nítida a preocupação do Constituinte de 1988 no sentido de que tais direitos, talhados pela legislação infraconstitucional, sejam concedidos e exercidos com algumas limitações em favor do interesse comum, para que, de fato, sirvam como vetores do progresso e não como ferramentas para proteção de interesses egoísticos de seus titulares.[15] Ao nosso

11. Calixto Salomão Filho assevera que "de há muito inserido em nossa Constituição, o princípio da função social da propriedade teve por muito tempo sua aplicação bastante restringida. Aplicado ao clássico conceito romano de propriedade estática, permitia limitação ao uso do bem e à sua disposição. Assim sua larga aplicação em matéria de desapropriação. Essa interpretação do princípio, como bem destacado pela doutrina, restringe seu verdadeiro alcance. O princípio refere-se também – e talvez de forma primordial – à propriedade dos bens de produção, isto é, ao exercício do poder de controle empresarial. Nesse caso a função social significa a utilização dos bens em benefício de terceiros. A classificação 'bens de consumo/bens de produção' não esgota, no entanto, a variedade dos bens que podem estar sujeitos à aplicação do princípio da função social. Existem também os bens de cuja utilização depende a possibilidade de concorrer em um determinado mercado. Trata-se dos chamados 'bens de acesso necessário'. Em relação a estes deve-se falar, sem dúvida, em *função social*, consistente não apenas em sua boa utilização, mas também em sua disponibilização a terceiros (geralmente concorrentes). Pode-se dizer que esta função existe toda vez que tais bens sejam detidos por monopolista de fato ou de direito. Como se verá mais adiante, esse conceito será extremamente útil na análise de uma série de condutas anticoncorrenciais. Em relação a estas muda completamente a face da política antitruste, transformado um direito antitruste geralmente passivo em algo interventivo, capaz de impor deveres de contratar. Também com relação às justificativas ocorre uma mudança. Como se verá, em especial aquelas jurídicas, baseadas na existência de monopólios legais (patentes, por exemplo), transformam-se radicalmente. Essas circunstâncias, antes que fontes de imunidade ao direito antitruste, geram deveres adicionais, consistentes exatamente no acesso supramencionado" (*Direito Concorrencial – As Condutas*, 1ª ed., p. 113).

12. *Apud* Cláudio Luiz Bueno de Godoy, *Função Social do Contrato*, p. 115.

13. Com respeito à remuneração do titular do direito sobre um bem intelectual, Remédio Marques entende que: "estes *direitos subjectivos* constituem ainda a *forma* e o *instrumento jurídico* adequado através do qual a remuneração daquela *criação* ou da simples *prestação empresarial* pode ser alcançada no mercado económico; eles constituem os *títulos jurídicos* que melhor podem orientar as *escolhas racionais* dos consumidores (finais ou intermediários) e determinar os mecanismos de *avaliação económica* das *criações* ou *prestações empresariais* susceptíveis de ser objetos de direitos, que o mesmo é dizer, criações ou prestações empresariais susceptíveis de transacção no mercado com menores *custos de transacção*" (ob. cit., p. 294).

14. A respeito do sistema de propriedade intelectual como fomentador da inovação tecnológica, v. interessante artigo de Luiz Leonardos e Viviane Yumy Kunisawa, publicada na *RABPI* 76, mai.-jun. 2005.

15. V., a respeito, Gama Cerqueira: "A livre concorrência econômica é conseqüência da liberdade de comércio e indústria e age como elemento do progresso econômico de cada país. Mas degenera, transformando-se em agente perturbador desse progresso, quando os comerciantes e industriais, no afã de vencerem seus competidores, lançam mão de prá-

tempo, já não se concebe, sob os auspícios da Constituição Federal, que direitos de propriedade intelectual sejam concedidos, exercidos ou interpretados em desacordo com esta orientação.

Frise-se, nesse passo, que, tais balizas constitucionais vinculam o legislador ordinário, o Poder Judiciário e o titular do direito de propriedade, que deve direcionar seu exercício ao fim social definido pelo legislador originário – o desenvolvimento social, cultural, tecnológico e econômico do País.[16]

Note-se, ainda, que na era da funcionalização do direito,[17] importa saber como os direitos de propriedade intelectual serão utilizados de maneira a atender ao interesse de seus titulares, juntamente com o interesse coletivo. A função social, portanto, aponta para o exercício harmonioso dos direitos imateriais, que satisfaça os anseios de seus titulares e da sociedade simultaneamente.

Em síntese, cumpre deixar devidamente assentada a idéia de que a espinha dorsal do sistema de propriedade intelectual brasileiro se compõe dos princípios constitucionais acima referidos, que orientam o manejo de seus institutos, sem descuidar da unidade fundamental e da justificativa de criação de tais direitos, a rigor todos abstratos e artificiais, que se voltam para assegurar o progresso e existência digna a todos, conforme os ditames da justiça social.

3. *Legislação ordinária – Propriedade Industrial e Direito Autoral*

Por muito tempo os estudiosos do direito de autor se desinteressaram[18] da propriedade industrial e vice-versa. Até porque o primeiro é tratado como matéria do Direito Civil e a propriedade industrial como do Direito Comercial. Assim, os professores de Direito Civil aproximavam o direito autoral dos direitos de personalidade e os comercialistas, via de regra, consideravam os direitos de propriedade industrial como monopólio.

Tullio Ascarelli, em seu *Teoría de la Concurrencia y de los Bienes Inmateriales*, Barcelona, Ed. Bosch, 1970, cuida, mais sistematicamente, dos limites recíprocos entre a tutela das obras literárias e artísticas e a das obras técnicas. Veja-se:

"En los inventos la aportación creadora concierne al mundo de la técnica y consiste en un descubrimiento que hace

ticas e métodos ilícitos ou desleais. Daí a necessidade de intervenção do Estado para regulamentar a concorrência, coibindo os abusos da liberdade individual e mantendo a livre concorrência dentro de seus limites naturais" (ob. cit., pp. 81-82). Lembre-se, ainda, a lição de Hely Lopes Meirelles: "Através das restrições impostas às atividades do indivíduo que afetem a coletividade, cada cidadão cede parcelas mínimas de seus direitos à comunidade e o estado lhe retribui em segurança, ordem, higiene, sossego, moralidade e outros benefícios públicos, propiciadores do conforto individual e do bem-estar social. Para efetivar essas restrições individuais em favor da coletividade o Estado utiliza-se desse poder discricionário, que é o poder de polícia administrativa" (*Direito Administrativo Brasileiro*, 25ª ed., p. 126).

16. A respeito do princípio do interesse público ou supremacia do interesse público, v. a lição de Hely Lopes Meirelles: "O princípio do interesse público está intimamente ligado ao da finalidade. A primazia do interesse público sobre o privado é inerente à atuação estatal e domina-a, na medida em que a existência do Estado justifica-se pela busca do interesse geral. Em razão dessa inerência, deve ser observado mesmo quando as atividades ou serviços públicos forem delegados aos particulares. (...) Como ensina Celso Antônio Bandeira de Mello, 'o princípio da supremacia do interesse público sobre o interesse privado é o princípio geral de Direito inerente a qualquer sociedade. É a própria condição de sua existência. Assim, não se radica em dispositivo específico algum da Constituição, ainda que inúmeros aludam ou impliquem manifestações concretas dele, como, por exemplo, os princípios da função social da propriedade (...)'" (ob. cit., p. 96).

17. As lições de Bobbio sobre chamada teoria "estrutural" do Direito e a teoria "funcionalista" podem ser obtidas em seu *Dalla Struttura alla Funzione*.

18. Exceção feita, no Brasil, de João da Gama Cerqueira, o qual, no v. I de seu *Tratado da Propriedade Industrial* compara, continuamente, os direitos do autor artista e do autor inventor, buscando traçar suas fronteiras recíprocas.

posible el disfrute de las fuerzas de la naturaleza a efectos de satisfacer las necesidades humanas, consiguiendo la solución de un problema técnico, un resultado industrial" (p. 321).

"La técnica representa, así, el dominio del hombre sobre la naturaleza y desde la lejanísima invención de la rueda hasta el momento presente, el camino de la civilización ha sido también un camino de la técnica y la máquina ha sido instrumento de bienestar y de libertad" (p. 487).

"Y es por eso por lo que, como se ha observado varias veces, el reconocimiento de la protección a toda obra del ingenio no implica (y ciertamente no implica en nuestro ordenamiento positivo) la protección de toda creación intelectual; el reconocimiento de la diferencia, precisamente frente al interés público, entre la protección de las obras del ingenio y la de los inventos industriales, ciertamente no puede llevar a desconocer que también la protección de las obras del ingenio tiene su justificación última en un interés público y no se sitúa como una exigencia anterior a la ley" (p. 628).

"En efecto, la 'materia' es ajena a la protección no sólo cuando ha sido extraída de la experiencia común, sino también cuando ha sido fruto personal de las investigaciones, del pensamiento del autor, precisamente porque la creación artística no recae sobre el asunto sino sobre la expresión y es en esta expresión donde se manifiesta su individualidad" (p. 636).

"Desde este punto de vista se perciben conjuntamente las analogías y las diferencias con los inventos industriales (que podemos decir que conciernen al dominio de lo útil), en los que también se dan unas creaciones intelectuales que también provienen de un autor (que en tal caso llamamos inventor) y que poseen una individualidad identificable al margen de toda referencia a un objeto material, pero que se concretan, precisamente, en un resultado inventivo, por lo que la exclusiva se proyecta sobre la utilización de dicho resultado y no sobre la reproducción de la expresión a través de la cual se ha formulado" (pp. 638-639).

Dados estes pressupostos doutrinários, a Lei de Direitos Autorais – LDA (Lei n. 9.610, de 1998), inovou em relação à anterior, ao dispor no § 3º do art. 7º: "No domínio das ciências, a proteção recairá sobre a forma literária ou artística, não abrangendo o seu conteúdo científico ou técnico, sem prejuízo dos direitos que protegem os demais campos da propriedade imaterial".

Ao referir-se ao *domínio das ciências*, a expressão compreende o campo da técnica, já que menciona o conteúdo *científico ou técnico*, o qual poderá ser não apropriável (domínio público), ou somente apropriável no campo das patentes, única forma de apropriação de conteúdo técnico (mas não científico).

Assim é mesmo na Lei de Propriedade Industrial – LPI (Lei n. 9.279/1996). O inc. II do art. 100 da LPI dispõe:

> Art. 100. Não é registrável como desenho industrial:
>
> (...);
>
> *II – a forma necessária comum ou vulgar do objeto ou, ainda, aquela determinada essencialmente por considerações técnicas ou funcionais.*

Bem assim quanto às marcas:

> Art. 124. Não são registráveis como marca:
>
> (...);
>
> XXI – a forma necessária, comum ou vulgar do produto ou de acondicionamento, ou, ainda, aquela que não possa ser dissociada de efeito técnico;

Dessa forma, nem os desenhos industriais, nem as marcas tridimensionais,[19] po-

19. Com base no art. 124, XXI e XXII da LPI, poderíamos definir a marca tridimensional como forma distintiva visualmente perceptível, não necessária, comum ou vulgar, que possa ser dissociada de efeito técnico de produto ou de acondicionamento e que não esteja protegida por registro de desenho industrial de terceiro. Poderíamos, contudo, oferecer uma definição mais concisa se concebêssemos a

dem resultar em apropriação da forma técnica, somente apropriável por meio das patentes, com todas as restrições que a lei estabelece, a fim de não entravar o desenvolvimento tecnológico.

O § 3º do art. 7º da LDA se aplica, também, aos programas de computador (inc. XII), nos quais se protege a forma *literária*, mas não a solução técnica ou funcional, na conformidade do inc. III do art. 6º da Lei n. 9.609, de 1998:

> Art. 6º. Não constituem ofensa aos direitos do titular de programa de computador:
>
> (...);
>
> III – a ocorrência de semelhança de programa a outro, preexistente, quando se der por força das características funcionais de sua aplicação, da observância de preceitos normativos e técnicos, ou de limitação de forma alternativa para a sua expressão.

Por esse motivo, por exemplo, os textos das patentes não podem ser protegidos pelo direito autoral, pois se destinam à livre circulação para o fim do desenvolvimento do conhecimento tecnológico.

Esta conclusão é enfatizada no inc. I do art. 8º da LDA:

> Art. 8º. Não são objeto de proteção como direitos autorais de que trata esta Lei:
>
> (...):
>
> I – as idéias, procedimentos normativos, sistemas, métodos, projetos ou conceitos matemáticos como tais;

Soluções técnicas, procedimentos, novos meios industriais, novos produtos, podem ser tutelados exclusivamente por meio de patentes. Tal diferença de tratamento se justifica face ao fato de que as invenções no campo da técnica se destinam a atender às necessidades básicas do homem, o que motiva o tratamento mais restritivo dado às patentes de invenção e de modelo de utilidade, visto visarem diretamente ao desenvolvimento técnico.

Esse não é, contudo, o entendimento comum ou vulgar da questão. O que se pensa, de forma a-técnica, é que tudo o que envolva autoria deve cair na vala comum do direito de autor.

A autoria corresponde à atribuição de um ato a determinada pessoa: atravessar o Oceano Atlântico a remo, escalar o Everest ou vencer uma batalha. Os atos heróicos são de *autoria* de alguém, que tem o direito de ser reconhecido como autor. Mas não geram obra intelectual tutelada. Assim é, também, com as idéias ou as descobertas científicas.

Também a utilidade da idéia ou conhecimento científico não é suficiente para que sejam tutelados como obra intelectual protegida. Nem mesmo seu grande valor econômico lhes garante a tutela jurídica.

As criações no campo da técnica podem aspirar a uma exclusividade temporária, caso preencham os requisitos da Lei de Propriedade Industrial, através da obtenção de uma patente.

As criações no campo da estética (ou da cultura), que dialogam diretamente com os sentidos humanos, serão tuteladas pela Lei de Direitos Autorais, na medida das limitações nela expressas e acima articuladas.

Por isso foi necessária a edição de lei especial para que os programas de computador fossem protegidos. Somente após a Lei das Cultivares, os híbridos e novas espécies vegetais se tornaram objeto da propriedade intelectual. Os semicondutores (*chips*) serão tutelados quando o respectivo projeto se transformar em lei.

O inventor trabalha com *fatos* da natureza (o que se costuma denominar de *materialidade* da invenção); as dificuldades do Oceano Atlântico ou do Monte Everest, ou mesmo das batalhas, são mate-

marca tridimensional simplesmente como a forma do produto ou de sua embalagem que possa ser utilizada para identificar e diferenciar produtos de outros idênticos ou semelhantes de origem diversa. Estaríamos, assim, prestigiando os esforços de antigos mestres e doutrinadores para tornar o conceito de marca tridimensional mais simples e direto.

riais. As notícias e a ciência trabalham também com fatos. Não obstante, fala-se em nível inventivo das invenções. Mas a criatividade nas invenções está submetida às regras da natureza...

Já o autor de obra literária ou artística trabalha com a sua imaginação, cuja liberdade não é limitada pelo objeto. Não é o objeto que fala, mas o autor. O autor de obra literária ou artística trabalha com a sua imaginação, não limitada pela funcionalidade. A obra de arte é a objetivação de uma personalidade criadora e possui valor em si mesma. A sua própria destinação a finalidade utilitária subtrai à sua forma qualquer valor autônomo. A forma é necessária à função. A resposta é negativa.

É essa liberdade de imaginação, convertida em obra, que é tutelada pelo direito de autor. Nesse sentido, a criatividade do autor da obra literária ou artística é muito maior que a do inventor, limitada pelos dados da natureza.

Essa a contraposição entre *regra técnica* e *regra estética*. A regra técnica não é objeto do direito autoral, dada sua limitação à funcionalidade. Se a regra técnica não funciona, ou seja, não leva a resultado útil, ela não é técnica. Eventualmente, pode ser uma regra estética (veja-se Wagner, com seus *leit motiv*).

Caso se tutelasse uma *norma técnica* pelo direito de autor, seria desnecessária a tutela das invenções pela propriedade industrial e se criaria uma séria restrição ao desenvolvimento tecnológico.

O impedimento de se tutelarem procedimentos técnicos pelo direito autoral não é só conceitual, mas constitucional (art. 170).

4. Propriedade Intelectual e Direito Concorrencial

Desde o *England's Statute of Monopolies* (de 1623)[20] e da Lei *Le Chapelier* (de 1791),[21] eliminaram-se os privilégios de reis e extinguiram-se as corporações de

20. Durante o reinado da Rainha Ana, o Estatuto em apreço (de João I) foi aperfeiçoado e, posteriormente, serviu de base para os Tribunais da Inglaterra, Nova Zelândia e Austrália desenvolverem a moderna concepção de patente. A primeira legislação sobre patentes de que se tem notícia é o Decreto da República de Veneza de 1474, pelo qual os inventores deveriam comunicar à República seus inventos como condição para obtenção de proteção legal.

21. Lei *Le Chapelier*, de 14.6.1791: "Art. 1. L'anéantissement de toutes espèces de corporations des citoyens du même état ou profession, étant une des bases fondamentales de la constitution française, il est défendu de les rétablir de fait, sous quelque prétexte et quelque forme que ce soit. Art. 2. Les citoyens d'un même état ou profession, les entrepreneurs, ceux qui ont boutique ouverte, les ouvriers et compagnons d'un art quelconque ne pourront, lorsqu'ils se trouveront ensemble, se nommer ni président, ni secrétaires, ni syndics, tenir des registres, prendre des arrêtés ou délibérations, former des règlements sur leurs prétendus intérêts communs. Art. 3. Il est interdit à tous les corps administratifs ou municipaux de recevoir aucune adresse ou pétition pour la dénomination d'un état ou profession, d'y faire aucune réponse; et il leur est enjoint de déclarer nulles les délibérations qui pourraient être prises de cette manière, et de veiller soigneusement à ce qu'il ne leur soit donné aucune suite ni exécution. Art. 4. Si, contre les principes de la liberté et de la constitution, des citoyens attachés aux mêmes professions, arts et métiers, prenaient des délibérations, ou faisaient entre eux des conventions tendant à n'accorder qu'à un prix déterminé le secours de leur industrie ou de leurs travaux, lesdites délibérations et conventions, accompagnées ou non du serment, sont déclarées inconstitutionnelles, attentatoires à la liberté et à la déclaration des droits de l'homme, et de nul effet; les corps administratifs et municipaux seront tenus de les déclarer telles. Les auteurs, chefs et instigateurs, qui les auront provoquées, rédigées ou présidées, seront cités devant le tribunal de police, à la requête du procureur de la commune, condamnés chacun en cinq cent livres d'amende, et suspendus pendant un an de l'exercice de tous droits de citoyen actif, et de l'entrée dans toutes les assemblées primaires. Art. 5. Il est défendu à tous corps administratifs et municipaux, à peine par leurs membres d'en répondre en leur propre nom, d'employer, admettre ou souffrir qu'on admette aux ouvrages de leurs professions dans aucuns travaux publics, ceux des entrepreneurs, ouvriers et compagnons qui provoqueraient ou signeraient lesdites délibérations ou conventions, si ce n'est dans les le cas où, de leur propre mouvement, ils se seraient présentés au greffe du tribunal de police pour se rétracter ou désavouer. Art. 6. Si lesdites délibérations ou convocations, affiches apposées, lettres circulaires, contenaient quelques menaces contre les entrepreneurs, artisans, ouvriers ou journaliers étrangers qui viendraient travailler dans le lieu, ou contre ceux qui se contenteraient d'un salaire inférieur, tous auteurs, ins-

ofício, estabeleceram-se os princípios da "liberdade, igualdade e fraternidade" no comércio.[22]

Nesse sentido, as Constituições do mundo civilizado passaram a instituir a liberdade de iniciativa e de trabalho, calcadas na concepção de livre concorrência e de livre iniciativa como instrumento para o desenvolvimento social, cultural, econômico e tecnológico das nações.[23]

Com o advento da revolução industrial e a ascensão da burguesia ao poder, os privilégios reais (concedidos de maneira aleatória) foram substituídos por princípios de mérito (causas objetivas para a concessão de privilégios), os quais foram incorporados às legislações dos Estados Modernos e, posteriormente, internacionalizados pelas Convenções da União de Paris de 1883 e da União de Berna de 1886.[24]

Desde então, a doutrina vem se esforçando para enquadrar, dentro de limites estritos, consoante o princípio da tipici-

tigateurs et signataires des actes ou écrits, seront punis d'une amende de mille livres chacun et de trois mois de prison. Art. 7. Ceux qui useraient de menaces ou de violences contre les ouvriers usant de la liberté accordée par les lois constitutionnelles au travail et à l'industrie, seront poursuivis par la voie criminelle et punis suivant la rigueur des lois, comme perturbateurs du repos public. Art. 8. Tous attroupements composés d'artisans, ouvriers, compagnons, journaliers, ou excités par eux contre le libre exercice de l'industrie et du travail appartenant à toutes sortes de personnes, et sous toute espèce de conditions convenues de gré à gré, ou contre l'action de la police et l'exécution des jugements rendus en cette matière, ainsi que contre les enchères et adjudications publiques de diverses entreprises, seront tenus pour attroupements séditieux, et, comme tels, ils seront dissipés par les dépositaires de la force publique, sur les réquisitions légales qui leur en seront faites, et punis selon tout la rigueur des lois sur les auteurs, instigateurs et chefs desdits attroupement, et sur tous ceux qui auront commis des voies de fait et des actes de violence".

22. Ascarelli faz referência, ainda, ao Estatuto de Jaime I: "Juntamente con la abolición de privilegios y monopolios en el ejercicio de una actividad, es precisamente en el estatuto de Jaime I del año 1642 donde se establece la disciplina de las patentes de invención, aboliéndose todo privilegio a excepción, justamente de este, basado en presupuestos objetivos, del inventor para el disfrute de su descubrimiento, recogiendo (hasta ahora los documentos no permiten decir: siguiendo) cuanto ya había sido establecido en la Venecia del Renacimiento; y es más tarde con la Revolución Francesa cuando, precisamente junto a la afirmación general de la libertad de ejercicio y de competencia, se dictan las leyes sobre los inventos industriales, sobre o derechos de autor y, posteriormente, sobre las marcas, con rasgos que han seguido siendo fundamentales en la evolución posterior, haciéndose compatible el reconocimiento de un derecho absoluto, constituido sobre la base de presupuestos objetivos y excluido de la discrecionalidad de la Administración, con la posibilidad de una utilización general, transcurrido un cierto período de tiempo, de las creaciones intelectuales o técnicas (obras del ingenio, inventos y modelos) y tratando de promover su revelación" (ob. cit., pp. 261-262).

23. Eros Grau e Paula Forgioni ensinam que "Os princípios veiculados pelo seu art. 170 visam a assegurar a todos *existência digna*, conforme os ditames da *justiça social*. E o seu art. 1º enuncia como dois dos fundamentos do Brasil a *dignidade da pessoa humana e os valores sociais da livre iniciativa*. Daí porque a interpretação/aplicação do princípio da *dignidade da pessoa humana* ilumina a concretização dos princípios veiculados pelos arts. 1º, 3º e 170 da Constituição; mas a interpretação/aplicação desses mesmos princípios, concomitantemente, ilumina a concretização do princípio da *dignidade da pessoa humana*. Sustentamos que os princípios veiculados pelo art. 170 da Constituição do Brasil e todas as regras que a partir deles se desdobram estão à disposição dos fins enunciados pelo art. 3º da própria Constituição e, portanto, não podem ser lidos ou tomados apartadamente do sistema ao qual pertencem e ao qual, ao mesmo tempo, dão conformação" ("CADE *vs.* BACEN. Conflitos de competência entre autarquias e a função da Advocacia-Geral da União", *RDM* 135/7-25).

24. A respeito dos períodos de evolução da propriedade industrial, v. Ascarelli "El primer período afirma ya los principios fundamentales de una disciplina de los bienes inmateriales, (...) en el segundo período se afirma una disciplina de los bienes inmateriales, (...) en el tercer período la disciplina de los bienes inmateriales se desarrolla en la tradición francesa como disciplina que se encuadra en el derecho común, en anchándose la problemática de la concurrencia desleal, precedentemente considerada solo ocasionalmente; en el último período, en fin, se acentúa, el alcance internacional de su problemática planteándose además la suscitada por la variedad y por la riqueza de las formas de producción puestas a disposición por la técnica" (ob. cit., pp. 48-49).

dade,[25] os diversos bens imateriais objeto da propriedade intelectual, tradicionalmente concebidos como exceções à livre concorrência.[26]

Modernamente, no entanto, passou-se a investigar a possibilidade de integração[27] da propriedade industrial, calcada no princípio ético da repressão da concorrência desleal,[28] no quadro mais amplo do "Direito Geral da Concorrência".[29]

25. Nesse sentido, o ilustre Prof. Carlos Olavo observa: "Na medida em que fomentam a vontade de cada empresário de desenvolver o valor económico dos direitos de que é titular, em ordem a aumentar a sua capacidade de ganho, são também instrumento do progresso técnico e económico. Daí a necessidade de conjugar devidamente o interesse individual do empresário com os interesses gerais da economia e dos consumidores por forma a que o elemento de monopólio contido nos direitos privativos da propriedade industrial não dê lugar a posições abusivas delimitação da concorrência. Tal conjugação implica que os direitos privativos de propriedade industrial, tal como as demais situações de monopólio, fiquem sujeitos ao princípio da tipicidade, como resulta, aliás da remissão constante do artigo 316 e dos artigos 1.303, n. 2 e 1.306 do Código Civil [Português]". No Brasil, os direitos reais também se subordinam ao princípio da tipicidade, que diz respeito ao seu conteúdo. Por este princípio, deve-se respeitar a moldura legal estabelecida pelo legislador quanto ao conteúdo dos direitos reais (não são elásticos quanto ao seu conteúdo). Correlato e complementar é o princípio da taxatividade, pelo qual são direitos reais somente aqueles previstos em lei (art. 1.225 do Código Civil e legislação especial). Trata-se, portanto, de catálogo fechado (*numerus clausus*). Quanto a essas questões, Carlos Olavo lembra, ainda, os ensinamentos de José Oliveira Ascensão: "Terá que ser a norma que delimite, figura por figura, quais os produtos do intelecto que podem ser juridicamente tutelados, através da atribuição de um direito privativo. Nesses sectores, deixou de haver liberdade (...). Os núcleos de exclusivo têm sido sucessivamente alargados; mas enquanto não surge a lei, por mais justificada que a tutela pareça, o direito não existe (cf. *Lições*, pp. 24 a 26)" (Propri*edade Industrial. Sinais Distintivos do Comércio, Concorrência Desleal*, v. 1, 2ª ed., p. 39).

26. Cf. Calixto Salomão Filho, ob. cit., p. 127.

27. A este respeito, Gabriel Leonardos se pronuncia: "Parece-me que se pode dizer existir um direito da concorrência que compreende tanto o direito antitruste quanto o direito da propriedade industrial. A divisão em diversos ramos tem finalidade essencialmente didática, pois não se pode pretender que um ramo seja impermeável aos demais, e que os diversos ramos se distanciem cada vez mais uns dos outros, tal como as espécies e subespécies de seres vivos classificados pelos naturalistas. Assim, ao mesmo tempo em que reconhecemos ser o direito antitruste uma vertente do direito penal econômico em decorrência da estrutura sancionatória de suas normas, nada impede que se diga que, do ponto de vista dos interesses tutelados, o direito antitruste e o direito da propriedade industrial tenham uma tal proximidade que se pode ordená-los sob a rubrica comum do direito da concorrência. Não concordamos, porém, com aqueles que adotam o termo direito da concorrência para designar exclusivamente o direito antitruste" ("A relação entre o Direito Antitruste e o Direito da Propriedade Industrial", Anais do XVI Seminário Nacional de Propriedade Intelectual, *RABPI*, p. 121). Nesse sentido, v. Newton Silveira in "Propriedade imaterial e concorrência" (*RT* 604/270), no sentido de que: "(...) consideradas as normas de repressão à concorrência desleal como fundamento geral do Direito Industrial, muitas vezes o direito absoluto deve ceder lugar quando em conflito com as normas que regulam a concorrência. (...)". Esse princípio, que revela a função das normas de Direito Industrial, é importante para a interpretação da lei e deveria nela estar expresso, como constava do art. 2º do Código da Propriedade Industrial de 1945, que dispunha: "A proteção da propriedade industrial, em sua função econômica e jurídica, visa a reconhecer e garantir os direitos daqueles que contribuem para melhor aproveitamento e distribuição da riqueza, mantendo a lealdade de concorrência no comércio e na indústria e estimulando a iniciativa individual, o poder de criação, de organização e de invenção do indivíduo".

28. Nessa perspectiva, João da Gama Cerqueira pondera que "todo o edifício da Propriedade Industrial repousa no princípio ético da repressão da concorrência desleal, que constitui o fundamento e a razão de suas leis, podendo-se mesmo dizer que em nenhum outro ramo da ciência jurídica se manifesta de modo mais eloqüente o fundamento moral do direito" (ob. cit., p. 9).

29. Cf. Carlos Olavo, *Sinais Distintivos*, p. 68. Calixto Salomão Filho ressalta que "Fazem-se necessárias regras que garantam a lealdade do comportamento dos agentes econômicos, sem as quais a concorrência, ainda, que existente e livre, desandaria em um processo autofágico que favoreceria o restabelecimento de estruturas monopolistas e oligopolistas. Esses dois tipos de regra, regulando, de um lado, a 'liberdade' e, de outro, a 'lealdade' da competição, formam um todo que não se pode chamar de direito concorrencial. A unicidade do sistema não significa que não exista certa tensão entre esses dois tipos de regras. Na medida em que se expande o alcance do conceito de lealdade, tornando mais rigorosas ou mais amplas as regras de concorrência desleal, a liberdade de atuação dos agentes sofre certa restrição. De outro lado, um princípio de liberdade mais amplo no

Assim, a disciplina da propriedade intelectual,[30] composta por propriedades dinâmicas,[31] passou a ser estudada sob a ótica das salvaguardas da competição econômica.[32]

Por tais razões, o saudoso Professor Carlos Olavo ensina que os "monopólios"[33] de que se ocupa a propriedade intelectual representam também situações jurídicas reguladoras da competição econômica,[34] o que a atrai para a órbita do Direito Concorrencial.[35]

Nessa ordem de idéias, ressalta que "o Direito da Concorrência, mais do que um ramo de direito, é um direito interdiscipli-

campo econômico tende a restringir o número de comportamentos considerados desleais. É importante tentar encontrar o correto ponto de equilíbrio entre essas necessidades por vezes opostas. Elemento fundamental para esse equilíbrio é a consideração correta da pluralidade de interesses envolvidos no direito concorrencial. Isso significa que, para determinar o correto ponto de equilíbrio entre a liberdade que se deve dar aos concorrentes e os padrões éticos de comportamento que deles é preciso exigir, faz-se necessário ir além da relação entre os concorrentes e verificar se aquele específico comportamento pode limitar ou de qualquer forma falsear a liberdade de escolha do consumidor. É a consideração dos interesses do consumidor ao lado dos interesses do concorrente que permite resolver eventuais impasses" (ob. cit., pp. 63 e ss.).

30. J. P. Remédio Marques destaca, neste ponto, que "O contributo dado pela referência jurídico-constitucional leva-nos a interpretar o sentido e o alcance das normas vigentes em matéria de propriedade intelectual em coerência com *o princípio da liberdade de iniciativa econômica* temperado, igualmente, pela necessidade de *repressão de abusos de posição dominante* e outras *práticas lesivas da equilibrada concorrência entre as empresas*, de harmonia com a satisfação de *interesses públicos e interesses gerais* da comunidade. Como afirma lapidarmente o Prof. Oliveira Ascensão – 'O ideal constitucional não é, por isso, a sociedade dos monopólios, em que tudo se torna reservado e venal; é a sociedade da liberdade, em que ao diálogo social se oponha o menor número possível de entraves, e em que, quando os haja, esses entraves traduzam o interesse público, e não a supremacia de interesses privados'. Mas a deficiente compreensão do papel do *direito da concorrência máxime*, do direito repressor das práticas restritivas da concorrência, também contribuiu para este 'estado das coisas', pois que a simples função de limite imposto do exterior do subsistema da propriedade intelectual impediu que aquela disciplina pudesse ser apreciada e mobilizada originariamente no interior do regime dos exclusivos comerciais e industriais" (ob. cit., pp. 351-352).

31. Eros Grau pondera que "a importância da distinção entre a propriedade estática e a propriedade dinâmica como critério de demonstração do pleno conúbio entre direito e função, lembrando que precisamente nesta distinção é que se vai encontrar o fundamento do usucapião, no período de justinianeu: o não-uso (a não-posse) da propriedade implica o perdimento do domínio. O fundamento de manutenção da propriedade – posso afirmar sem risco de radicalização – estaria, já então, no seu uso ou posse, isto é, no momento dinâmico, e não no momento estático da propriedade. Da mesma natureza o fundamento da norma contida no art. 49 do vigente Código da Propriedade Industrial, que atribui ao titular de certos direitos – patente de invenção, marca etc. – o ônus de explorá-los, tal qual ocorre em relação à exploração dos direitos de lavra" (*A Ordem Econômica na Constituição de 1988 (Interpretação e Crítica)*, 11ª ed., p. 245).

32. Cf. Carlos Olavo, ob. cit., p. 70.

33. V., a respeito, Ascarelli no sentido de que "(...) en sentido amplio, puede decirse que toda disciplina de la concurrencia se basa en una distribución de clientelas (actuales o posibles) o en una delimitación de medios e factores de (posible) clientela y esto explica la importancia de este concepto en el ámbito de la disciplina de la concurrencia. (...) La clientela, como tal, no constituye un bien que pueda ser objeto de derecho absoluto, ni aun bien inmaterial, y su tutela absoluta, prohibiendo la concurrencia en el ámbito de la misma actividad, se resolvería en una monopolio privado; es por esto inadmisible, precisamente porque choca con el principio de la libertad de concurrencia, libertad que desaparecería cuando la clientela (siempre y necesariamente perjudicada por una actividad concurrente) fuera tutelada de modo absoluto" (ob. cit., p. 46).

34. Cf. Carlos Olavo, ob. cit., p. 70.

35. Gama Cerqueira esclarece que "A concorrência no campo das atividades econômicas do homem, como em outros domínios de sua ação, é um fenômeno natural, legítimo, em si, e útil, como fator indispensável do progresso e bem-estar da sociedade, mas sob a condição de se manter dentro de certos limites e de não ficar entregue, exclusivamente, ao instituto natural que move o homem à conquista de proveitos e vantagens sempre maiores. A livre concorrência encontra, assim, os seus limites, primeiro, nos direitos alheios, depois, nos deveres do indivíduo para com a sociedade em que vive, e, finalmente, nos deveres da caridade. Ora, se os indivíduos observassem, espontaneamente, a regra moral que lhes deve pautar a atividade econômica, é evidente que não se tornariam necessárias as leis reguladoras

nar, que junta peças provenientes de sectores diversos da ordem jurídica".[36]

Examinando esse fenômeno de conversão de disciplinas, Calixto Salomão esclarece que "Não há que se falar em complementaridade entre direito industrial e direito concorrencial. Não se deve, tampouco, cogitar de derrogação das regras do direito concorrencial. Como demonstrado, o direito industrial é, ao contrário, um campo no qual os princípios concorrenciais têm particular aplicação. Reconstruído com base em princípios concorrenciais institucionais, o direito industrial não apenas ganha um sem-número de novas hipóteses legais de incidência, como passa a ter uma disciplina muito mais abrangente. Vistos como forma de proteger e estimular os investimentos em tecnologia e as inversões na construção da reputação de um determinado produto, os privilégios consistentes nas patentes e nas marcas, respectivamente, ganham uma distinta conotação concorrencial. Passam a ser formas de proteção da instituição 'concorrência'. Como tais, são dotados de caráter mais publicista que a própria e antiga noção de privilégio estatal na concessão de patentes ou de propriedade privada de um bem imaterial".[37]

Ao apontar um dos precursores dessas ideais no Brasil, Carlos Henrique de Carvalho Froés assevera: "(...) Francisco Campos foi um desses gênios do Direito, que, em vários de seus pareceres, teve a ocasião de focalizar temas de propriedade industrial. Em um desses pareceres ele enunciou a tese, reproduzida, mais tarde, por Sálvio de Figueiredo Teixeira de que 'a marca é uma expressão do direito concorrencial', só devendo ser protegida na medida em que se insere no contexto da concorrência".

Percebe-se, portanto, que os institutos da propriedade intelectual ajudam a dar significado ao direito concorrencial, consoante o princípio da livre concorrência[38] e da li-

da concorrência comercial e industrial, ou da concorrência econômica" (ob. cit., p. 8).

36. Ob. cit., p. 36.

37. Ob. cit., p. 143. No caso específico da marca, ressalta que esta "incorpora todas as características que o mercado atribui ao bem. Incorpora, portanto, a reputação do bem, e é um poderoso veículo de transporte de preferências. Na repressão ao *free-riding* encontra, portanto, um fundamento eminentemente concorrencial" (*Direito Concorrencial – As Condutas*, p. 132). Nesse sentido, Luis Eduardo Bertone e Guilllermo Cabanellas de las Cuevas, citando Baunbach e Hefermehl, assinalam que "quien utiliza una marca, actúa competitivamente. Surge de aquíla estrecha relación entre el Derecho de marca y el orden competitivo, cuyas bases jurídicas son, por una parte, el Derecho sobre competencia desleal, y por otra la libertad de competencia que protege el derecho contra las restricciones a la concurrencia (...) La utilización de una marca puede ser lícita desde el punto de vista del Derecho marcario, pero ilícita desde el punto de vista del Derecho de la competencia. La sujeción del Derecho de una marca a las raíces comunes del Derecho de la competencia ha llevado a una profundización llena de valor del Derecho de marcas" (Luis Eduardo Bertone e Guilllermo Cabanellas de las Cuevas, *Derecho de Marcas – Marcas, Designaciones y Nombres Comerciales*, t. I, 1ª ed., p. 205). José Carlos Vaz e Dias: "O objetivo das leis de defesa da concorrência é o de assegurar uma estrutura e comportamento concorrenciais dos vários mercados no pressuposto de que é o mercado livre que, selecionando os mais capazes, logra orientar a produção para os setores susceptíveis de garantir uma melhor satisfação das necessidades dos consumidores e, ao mesmo tempo, a mais eficiente afetação dos recursos econômicos disponíveis, que é com quem diz, os mais baixos custos e preços. A concorrência é assim encarada como o melhor processo de fazer circular e orientar livremente a mais completa informação econômica, que ao nível de produtores, assim esclarecendo as respectivas preferências. É por isso que a sua defesa é um objectivo de política econômica. A Resolução 20, emitida pelo CADE em 9 de junho de 1999, especifica outros critérios gerais em que os conselheiros desse órgão devem se pautar na análise de práticas restritivas, sejam horizontais ou verticais, que variam de acordo com cada hipótese violadora, especialmente aquelas listadas pelo artigo 21" ("Licença compulsória de patentes e o Direito Antitruste", *RABPI* 54/6).

38. A respeito da livre iniciativa e da livre concorrência, Bárbara Rosenberg ensina "Entende-se por livre-iniciativa o livre exercício de qualquer atividade econômica; entende-se por livre concorrência a liberdade para competir no exercício da atividade econômica" (*Regulação e Redistribuição: a Experiência Brasileira de Universalização das Telecomunicações*, Tese de Doutoramento p. 131).

vre iniciativa,[39] consagrados na Constituição Federal de 1988 (art. 170, IV).[40]

Na lição de J. P. Remédio Marques, a concepção publicística da propriedade industrial nos ajuda a interpretar as políticas legislativas referentes à propriedade intelectual e, bem assim, a extrair o conteúdo de suas normas, afastando-nos do risco de "o subsistema da propriedade intelectual sucumbir sob o seu próprio peso superproteccionista". Não fosse essa leitura arejada, "a propriedade intelectual passaria a ser um fator de restrição da oferta (de conhecimento e de cultura) e um travão à inovação tecnológica".[41]

A lógica desta última assertiva parece decorrer da idéia que preside o sistema de concessão de direitos exclusivos e de incentivo à criação, no sentido de que devem, necessariamente, estar ancorados na contraprestação futura de exploração irrestrita da inovação, qualquer que seja o campo do conhecimento em que estejam localizados.[42]

Além disso, conforme demonstrado no capítulo anterior, as esferas de proteção conferidas pelos institutos da propriedade intelectual, em regra, não se interpenetram, cobrindo áreas estanques do engenho humano (técnica *vs.* estética), cada qual com seus fundamentos e requisitos próprios, voltados para a consecução de uma determinada finalidade.

Nesse sentido, por terem funções distintas e abarcarem interesses jurídicos próprios, os institutos de propriedade intelectual não avançam sobre o campo de incidência uns dos outros, de maneira que, a título de exemplo, poderíamos considerar que a marca não protege invenção,[43] assim como não invade a esfera de proteção dos modelos de utilidade.

Do ponto de vista premial, o incentivo proporcionado pelo direito de uso exclusivo deve ser ponderado para que não ocorram excessos, beneficiando-se em demasia determinados agentes de mercado em detrimento da instituição concorrência.[44]

39. Tércio Sampaio Ferraz Jr. entende que "os direitos intelectuais não conferem monopólios limitados, pois não dizem respeito ao exercício de uma atividade – o ato de criar, de inventar – materialidade em que se expressam. Estas propriedades intelectuais, exatamente por não serem localizáveis no tempo e no espaço (ao contrário do ato monopólio de criação que tem um momento espacial e temporal), não são mensuráveis nem exauríveis num único consumo, sendo suscetíveis de gozo simultâneo por um sem número de sujeitos. Daí o regime jurídico especial de propriedade a que ficam sujeitos. Daí o privilégio temporário. Mas não um monopólio, nem mesmo limitado. Não há, pois, incompatibilidade mas sim adequação sistemática entre os direitos garantidos no inciso XXIX, do artigo 5º e o princípio da livre concorrência, bem como a vedação das formas de abuso de poder econômico, disciplinados no capítulo da ordem econômica da Constituição" ("Propriedade Industrial e Defesa da Concorrência", *RABPI* 8/11).

40. Cf. Calixto Salomão Filho, ob. cit., pp. 132 e ss.

41. Cf. Remédio Marques, ob. cit., p. 350. Para ele, o sentido e o alcance das normas relativas à propriedade intelectual devem ser tidos "em coerência com o princípio da liberdade de iniciativa económica temperado, igualmente, pela necessidade de repressão de abusos de posição dominante e outras práticas lesivas da equilibrada concorrência entre as empresas, de harmonia com a satisfação de interesses públicos e interesses gerais da comunidade" (ob. cit., pp. 351-352).

42. O art. 5º, XXIX, da CF, faz referência expressa à temporalidade da proteção de tais privilégios.

43. Luis Eduardo Bertone e Guilllermo Cabanellas ressaltam que "(...) debe determinarse si puede registrarse como marca, u otorgarse protección que corresponde a las marcas no registradas, a un signo que, por sus características, sea susceptible de ser patentado. La respuesta debe ser negativa. Una de las características de la legislación marcaria es que está dirigida a evitar la configuración de monopolios en sentido económico, así como la apropiación de signos que no tienen valor por su valor distintivo, sino por las funciones de otra índole económica que puedan desempeñar" (ob. cit., p. 226).

44. Calixto Salomão esclarece que "visto como garantidor da concorrência e não, do mercado, o Direito reassume aquele papel redistributivo ou garantidor da igualdade de condições nas relações econômicas, que sempre lhe incumbiu (...) o direito concorrencial visa primordialmente à defesa da instituição *concorrência*, e não à proteção do mercado. É distinguir a proteção da concorrência da proteção do concorrente. O direito concorrencial fez um lon-

O que se põe em causa é o tênue equilíbrio entre a justa recompensa do esforço intelectual humano (seja na área da técnica, seja na da estética) e o estímulo[45] à evolução cultural e industrial do país.[46]

Uma ferramenta que poderia auxiliar na solução do problema seria a aplicação do princípio da proporcionalidade,[47] já que um adequado e justo equilíbrio[48] deve ser

go percurso histórico até se livrar da concepção privatista que via na proteção ao concorrente a forma de tutelar a concorrência".

45. Gama Cerqueira ressalta que "de fato, a proteção legal desses direitos inspira-se na necessidade de animar as ciências e as artes e de promover o progresso das indústrias" (ob. cit., p. 102).

46. Tullio Ascarelli pondera que "La disciplina y la duración del derecho sobre el bien inmaterial (por ello limitado en el tiempo respecto de los diversos tipos de bienes inmateriales), se armoniza con el progreso técnico o cultural o con la tutela de la elección del consumidor a la que se reconduce la misma justificación de su existencia jurídica y, por otra parte, es la gravedad del derecho absoluto a la utilización de una creación intelectual, dados los elementos monopolísticos (en el sentido económico del término) que le son inherentes, la que impone precisamente su delimitación y el cuidado para evitar los peligros que aquella tutela lleva aparejados" (ob. cit., pp. 40-41). Gama Cerqueira ensina: "Objeta-se, porém, que reconhecer esse direito e assegurá-lo ao inventor e seus sucessores, de modo perpétuo, não seria possível, porque a coletividade é também interessada nas invenções que se realizam e que visam satisfazer às suas necessidades, reclamando a livre utilização delas. Assim, se é justo encorajar os inventores e incentivar as suas atividades, em benefício do progresso econômico e social, não é conveniente aos interesses da sociedade que as invenções permaneçam indefinidamente ao serviço exclusivo de pequeno número de inventores, ainda com risco de se concentrarem em mão de pessoas em número mais restrito que se organizassem em *trusts* para explorá-las com detrimento da coletividade. É necessário, pois, que, dentro de algum tempo, a exploração do invento seja livre. No caso contrário, criar-se-iam monopólios incompatíveis com os interesses da sociedade, acompanhados de todos os seus inconvenientes. Só o inventor poderia explorar a invenção, como lhe conviesse, impondo à coletividade os ônus que entendesse, como poderia deixar de explorá-la, privando-a de seus benefícios e vantagens. Por outro lado, como já vimos, alega-se que, sendo as invenções, de certo modo, um produto do meio social e existindo em todas elas uma parte não original, não pode o inventor pretender a sua propriedade perpétua.São as mesmas objeções de ordem econômica, levantadas contra o direito do inventor, que aqui se erguem contra a perpetuidade de seu direito. De fato, se alguns escritores, principalmente economistas e sociólogos, julgam ilegítimo o direito pretendido pelos inventores, sob o fundamento, entre outros, de que a invenção não lhes pertence integralmente, outros escritores reconhecem o valor da contribuição do inventor, mas consideram-na insuficiente para justificar a perpetuidade de seu direito. Como quer que seja, por esses ou por outros motivos, o certo é que as leis da quase totalidade dos países concedem ao inventor, sob certas condições, o direito exclusivo de usar e explorar a invenção, mas limitam esse direito a certo prazo considerado suficiente para permitir ao inventor que tire de sua criação um proveito legítimo. Mantêm-se, pois, as leis, entre os extremos de recusar ao inventor qualquer direito ou de consagrar a perpetuidade de seu privilégio; e assim se conciliam os interesses antagônicos do inventor e da coletividade" (ob. cit., pp. 216-217). O autor lembra, ainda, que "a questão da temporalidade do direito do inventor apresenta-se, portanto, como uma questão de política legislativa, fundada em considerações de ordem prática ou, melhor, de ordem econômico-social" (idem, p. 218). E que "É sempre, pois, o critério econômico que justifica a temporaneidade do direito do inventor, imposta pela lei, e não a natureza de seu objeto" (ibidem, p. 220).

47. A este respeito, ressalta Willis Santiago Guerra Filho que "para resolver o grande dilema que vai então afligir os que operam com o Direito no âmbito do Estado Democrático contemporâneo, representado pela atualidade de conflitos entre princípios constitucionais, aos quais se deve igual obediência, por ser a mesma a posição que ocupam na hierarquia normativa, é que se preconiza o recurso a um 'princípio dos princípios', o princípio da proporcionalidade, que determina a busca de uma 'solução de compromisso', na qual se respeita mais, em determinada situação, um dos princípios em conflito, procurando desrespeitar o mínimo ao(s) outro(s), e jamais lhe(s) faltando minimamente com o respeito, isto é, ferindo-lhe o 'núcleo essencial', onde se encontra entronizado o valor da dignidade humana. Esse princípio, embora não esteja explicitado de forma individualizada em nosso ordenamento jurídico, é uma exigência inafastável da própria fórmula política adotada por nosso constituinte, a do 'Estado Democrático de Direito', pois sem a sua utilização não se concebe como bem realizar o mandamento básico dessa fórmula, de respeito simultâneo dos interesses individuais, coletivos e públicos" (*O Princípio da Proporcionalidade em Direito Constitucional e em Direito Privado no Brasil*, disponível em *http://www.mundojuridico.adv.br*, consultado em 11.11.2006, às 13h).

48. Denis Borges Barbosa lembra que essa tensão reflete-se no próprio texto constitucional que, de

atingido[49] entre os interesses do titular de direitos de propriedade intelectual e o da sociedade de ajustar (calibrar),[50] da maneira mais precisa possível, o grau e a extensão da proteção que se deve conferir ao bem imaterial, com vistas a que, efetivamente, promova o desenvolvimento cultural, tecnológico, econômico e social.[51]

Trata-se, essencialmente, de aferir de maneira objetiva a compatibilidade entre os meios e os fins (cerne do princípio da razoabilidade),[52] vedando-se a imposição de restrições desnecessárias e, bem assim, preservando-se os campos de liberdade a que se refere Oliveira Ascensão.[53]

Note-se, assim, que, a despeito da saudável possibilidade de cumulação de proteções[54] em hipóteses específicas, o legis-

um lado confere proteção ao titular de marca, ao inventor e ao autor (garantias individuais previstas no art. 5º referido anteriormente), e, de outro estabelece que a ordem econômica, fundada na valorização do trabalho humano e na livre iniciativa, tem por fim assegurar a todos existência digna, conforme os ditames da justiça social, observado o princípio da livre iniciativa (art. 170). No que se refere especificamente ao conflito entre a proteção constitucional à livre concorrência e ao direito de propriedade acima referido, o renomado autor informa que "na presença de uma situação na qual se achem em conflito dois princípios de igual hierarquia normativa e, para aqueles que a admitem, axiológica, deve-se utilizar o denominado método da ponderação de bens, aplicável à luz de cada caso concreto, no qual, verificada a colisão entre os princípios em jogo, devem ser impostas restrições recíprocas aos bens jurídicos protegidos por cada princípio, de modo que cada um só sofra as limitações indispensáveis à salvaguarda do outro" (*Como Conciliar os Ditames Constitucionais da Livre Concorrência com o Sistema de Patentes?*, disponível em *http://www.nbb.com.br/ip/paten.html*, consultado em 13.11.2006, às 16h45). Comentando a Constituição de 1891, Rui Barbosa já dizia "Não há só diversidade, senão até antagonismo, e essencial, entre as duas, uma das quaes é a declaração de uma liberdade, a outra a garantia de uma propriedade exclusiva. O Art. 72, § 24, da Constituição do Brasil, (...) franqueiam a exploração de todas as industrias ao trabalho de todos. O Art. 72, § 25, do Pacto federal, (...) reservam a exploração dos inventos aos seus inventores. O que estas duas ultimas disposições consagram, pois, é justamente um privilegio. Desta mesma qualificação formalmente se servem, dizendo que aos inventores 'ficará garantido por lei um privilegio temporário'" (in *Comentários à Constituição Brasileira de 1891*, citado por Denis Borges Barbosa, *A Criação de um Ambiente Competitivo no Campo da Propriedade Intelectual – O Caso Sul-Americano*).

49. Talvez a negociação deste equilíbrio tenha mesmo que ser realizada tendo em conta todas as peculiaridades do caso concreto.

50. Remédio Marques refere-se ao "frágil equilíbrio entre o *interesse público* na *utilização livre* das *inovações tecnológicas, das obras* (...) e o *interesse privado* do titular do direito em manter um exclusivo que mais facilmente o pode colocar numa posição monopolista em termos econômicos" (ob. cit., p. 319). No caso das marcas ressalta que "A constituição do direito de marca (*máxime da marca individual*) predispõe-se a assegurar e a manter a capacidade de diferenciação de produtos e serviços no mercado, o que não deixa de relevar na *promoção da competitividade* da empresa que é titular ou *usa* a marca. Não faria sentido atribuir estes exclusivos em mercado monopolista. (...) o *regime jurídico dos direitos de propriedade intelectual* procura, apesar de tudo, atingir um equilíbrio entre os *interesses individuais* dos titulares e os *interesses públicos*" (ob. cit., p. 322).

51. Quanto ao fim econômico e social do direito, pode-se extrair lapidar construção do Desembargador Ênio Santarelli Zuliani: "Ripert afirmava, e grifo novamente, que cada um de nós deve, pois, no exercício dos seus direitos, justificar os motivos que o fazem agir e que cabe ao juiz julgar o ato pelos seus resultados ou, pelo menos, por aqueles que queiram atingir" (Apelação Cível n. 126.593.4/9 do TJSP). O art. 2º da Lei de Propriedade Industrial estabelece que "a proteção dos direitos relativos à propriedade industrial considerado o seu interesse social e o desenvolvimento tecnológico e econômico do País, efetua-se mediante".

52. V., a respeito, as lições de Hely Lopes Meirelles, *Direito Administrativo Brasileiro*, 25ª ed., pp. 86 e ss.

53. José de Oliveira Ascensão, "Direito intelectual, exercício e liberdade", *RABPI* 59/40-49.

54. Não se trata de excluir a cumulação de proteções na área de propriedade intelectual, mas de evitar a fraude de se estender artificialmente um monopólio temporário. A este respeito v. Newton Silveira no sentido de que "Dessa forma, é preciso assinalar que a distinção formulada por De Sanctis entre criação literária e artística e produção industrial não implica qualquer impedimento lógico para reconhecer-se um direito de autor tendo por objeto um produto industrial. O mesmo se diga quanto à necessidade de perfeita distinção entre as leis de direito de autor e de propriedade industrial, defendidas por Villalba e Lipszyc, cuja delimitação não impedirá o reconhecimento de uma acumulação de dois tipos de criação, sujeitos a leis diversas, sobre um

lador e os aplicadores dos institutos da propriedade intelectual devem se orientar pela premissa acima exposta, reforçando e não destruindo as fronteiras entre as proteções por eles conferidas.

Nessa ótica e diante da ausência de contornos legais nítidos, cumpre ao intérprete do direito preservar a estrutura e a finalidade de novos e antigos institutos de propriedade intelectual, estabelecendo as fronteiras entre as respectivas esferas de proteção, prestigiando os requisitos para a sua concessão e garantindo a tais institutos autonomia e existência, pois assim estará preservando a instituição concorrência, que segundo Paula Forgioni é "um instrumento para o alcance de outro bem maior, qual seja, assegurar a todos existência digna, conforme os ditames da justiça social".[55]

mesmo produto ou suporte material" (ob. cit., p. 26). V., ainda, a lição de Denis Borges Barbosa: "É de se entender que a proteção ao direito autoral pode-se somar à do direito de propriedade industrial; mas não podem conflitar uma e outra, que a lógica repele a coexistência de duas exclusividades sobre o mesmo objeto. A própria L. n. 5.988, art. 6º, XI, considera suscetíveis de tutela por direito autoral as 'obras de arte aplicadas, desde que seu valor artístico possa dissociar-se do caráter industrial do objeto a que estiverem sobrepostos'. Assim, a preexistência de direitos autorais, no caso específico das marcas, inviabiliza o registro, salvo autorização. Enfatize-se, contudo, que não é qualquer 'criação intelectual' que merece a proteção do direito autoral. Há de existir um caráter estético, científico ou (no caso de projetos, esboços, etc. – L. n. 5.988, art. 6º, XI) técnico. O simples texto encomiástico, a fotografia não artística e o desenho descritivo ou utilitário podem não ser suscetíveis de proteção autoral. Não pode integrar marca um desenho artístico, um nome, personagem ou texto de terceiros, salvo autorização, desde que haja possibilidade de proteção por direito autoral. Tal irregistrabilidade tem de ser tratada, porém, de forma restritiva, ao menos na instância administrativa, só se curvando a autoridade à evidência insofismável de direito exclusivo da autoria; o registro da obra em bibliotecas, não tem qualquer valor de reconhecimento da proteção de direito autoral. Dar interpretação mais lata ao impedimento importaria em anular a função econômica e jurídica do instituto sob exame" (ob. cit., p. 826).

55. Paula A. Forgioni, *Os Fundamentos do Antitruste*, 1ª ed., p. 170.

5. Conclusão

Por todo o acima exposto, deve-se ter em conta as *liberdades* de acesso à cultura, à saúde, às inovações tecnológicas e ao mercado, para bem ponderar os limites dos direitos exclusivos sobre os chamados bens imateriais ou intelectuais.

Assim, se no plano vertical os diversos diplomas legais que cuidam dos direitos imateriais devem respeitar as fixadas pela Constituição, no plano horizontal, do diálogo das fontes, não se pode prescindir da habilidosa atuação dos profissionais do direito para que haja coordenação de interesses e harmonização entre as diversas esferas de proteção da técnica e da estética.[56]

Ademais, ao homem do século XXI já decorre quase que intuitivamente a noção de que, se a concessão ou utilização puder (de algum modo) causar prejuízo à instituição concorrência, seja da perspectiva do livre acesso de concorrentes ao mercado, seja quanto ao exercício abusivo dos direitos por ela conferidos, não se estaria, em linha de princípio, atendendo à premissa sobre a qual se assenta a concessão de tais direitos: assegurar o desenvolvimento econômico, cultural, social e tecnológico do país.[57]

56. Para Norberto Bobbio o sistema jurídico exige "uma totalidade ordenada, um conjunto de entes entre os quais existe uma certa ordem. Para que se possa falar de uma ordem é necessário que os entes que a constituem não estejam somente em relacionamento com o todo, mas também num relacionamento coerente entre si" (*Teoria do Ordenamento Jurídico*, 7ª ed., Brasília, Editora UnB, 1996, p. 71).

57. A este respeito, Ascarelli pontifica que "El problema legislativo en materia de derechos absolutos de utilización de creaciones intelectuales debe siempre tener en cuenta, por un lado, la tutela, pero, por otro lado, los límites que ésta deben corresponderle para que pueda alcanzar aquella finalidad de progreso que en definitiva justifica la tutela, y de ahí, precisamente, las sanciones que a veces se establecen para la falta de actuación de la creación intelectual. Substancialmente, siempre es en el interese público al progreso cultural y económico (utilizando este último término con referencia al primero y al tercero de los tres casos anteriormente

Bibliografia

ASCARELLI, Tullio. *Teoría de la Concurrencia y de los Bienes Inmateriales*. Trad. E. Verdera e L. Suarez-Llanos, 1ª ed., Barcelona, Bosch Casa Editorial, 1970.

ASCENSÃO, José de Oliveira. "Direito intelectual, exercício e liberdade", *Revista da Associação Brasileira de Propriedade Intelectual – RABPI* 59/40-49, São Paulo, jul.-ago. 2002.

BANDEIRA DE MELLO, Celso Antônio. *Curso de Direito Administrativo*. 16ª ed., São Paulo, Malheiros Editores, 2003.

BARBOSA, Cláudio Roberto. *A Relação entre Informação, Propriedade Intelectual, Jurisdição e Direito Internacional*. Tese de Mestrado apresentada à Faculdade de Direito da Universidade de São Paulo, São Paulo, 2001 (inédita).

BARBOSA, Denis Borges. *Uma Introdução à Propriedade Intelectual*. 2ª ed., Rio de Janeiro, Lumen Juris, 2003.

______. *A Criação de um Ambiente Competitivo no Campo da Propriedade Intelectual: o caso Sul Americano*. Disponível em *http://denisbarbosa.addr.com/denis2.htm*. Consultado em 13.11.2006, às 16h40.

______. *Como Conciliar os Ditames Constitucionais da Livre Concorrência com o Sistema de Patentes?*. Disponível em *http://www.nbb.com.br/ip/paten.html*. Consultado em 13.11.2006, às 16h45.

diferenciados) donde debe encontrar su justificación la exclusiva y por eso es él donde ésta encuentra sus límites, tanto en lo relativo a la determinación de las creaciones tuteladas, como en lo concerniente a su duración, como en general, a su disciplina. El costo, llamémosle así, social de la exclusiva puede precisamente tener una justificación (y, de este modo, la exclusiva su limite) en su función para el progreso cultural y económico, no obstante el elemento de rigidez que la exclusiva introduce en el sistema" (ob. cit., pp. 278-279). V., ainda, a observação de Elisabeth Kasznar Fekete: "No direito norte-americano, um dos pilares da economia de mercado livre é a possibilidade ('chance') de competir. O uso da legislação sobre o segredo industrial para limitar ou impedir a concorrência leal em matéria de bens e serviços colide frontalmente com as normas gerais de competição e frustrará sobremaneira os objetivos de uma economia de mercado livre" (*O Regime Jurídico do Segredo de Comércio no Direito Brasileiro*, 1ª ed., p. 187).

BARRETO FILHO, Oscar. *Teoria do Estabelecimento Comercial*. 2ª ed., São Paulo, Saraiva, 1988.

BERTONE, Luis Eduardo, e CABANELLAS DE LAS CUEVAS, Guillermo. *Derecho de Marcas – Marcas, Designaciones y Nombres Comerciales*. 1ª ed., t. I, Buenos Aires, Heliasta, 1989.

BOBBIO, Norberto. *Teoria da Norma Jurídica*. 1ª ed., Bauru, Edipro, 2001.

BUENO DE GODOY, Cláudio Luiz. *Função Social do Contrato*. São Paulo, Saraiva, 2007.

CERQUEIRA, João da Gama. *Tratado da Propriedade Industrial*. 1ª ed., Rio de Janeiro, Revista Forense, 1956.

DIAS, José Carlos Vaz e. "Licença compulsória de patentes e o Direito Antitruste", *Revista da Associação Brasileira de Propriedade Intelectual – RABPI* 54/3-8, São Paulo, set.-out. 2001.

FEKETE, Elisabeth G. Kasznar. *O Regime Jurídico do Segredo de Comércio no Direito Brasileiro*. 1ª ed., São Paulo, Forense, 2003.

FERRAZ JR., Tércio Sampaio. "Propriedade Industrial e Defesa da Concorrência", *Revista da Associação Brasileira de Propriedade Intelectual – RABPI* 8/10-12, São Paulo, mai.-ago. 1993.

FORGIONI, Paula A. *Os Fundamentos do Antitruste*. 2ª ed., São Paulo, Ed. RT, 2005.

______. "CADE *vs*. BACEN. Conflitos de competência entre autarquias e a função da Advocacia-Geral da União", *RDM* 135/7-25, São Paulo.

GRAU, Eros. *A Ordem Econômica na Constituição de 1988 (Interpretação e Crítica)*. 11ª ed., São Paulo, Malheiros Editores, 2006.

LEONARDOS, Gabriel F. "A relação entre o Direito Antitruste e o Direito da Propriedade Industrial", Anais do XVI Seminário Nacional de Propriedade Intelectual, *Revista da Associação Brasileira de Propriedade Intelectual – RABPI*, São Paulo, 1996, pp. 119-124.

LEONARDOS, Luiz Leonardos, e KUNISAWA, Viviane Yumy. "O sistema de Propriedade Intelectual como fomentador da inovação tecnológica", *Revista da Associação Brasileira de Propriedade Intelectual – RABPI* 76/16-21, São Paulo, mai.-jun. 2005.

MARQUES, João Paulo Fernandes Remédio. "Propriedade Intelectual e interesse público", *Boletim da Faculdade de Direito de Coimbra – BFD* 79/294-354, 2003.

MARTINS-COSTA, Judith. "O Direito Privado como um sistema em construção – As cláusulas gerais e no Projeto do Código Civil brasileiro", *RT* 753/24-48, São Paulo.

MEIRELLES, Hely Lopes. *Direito Administrativo Brasileiro*. 26ª ed., São Paulo, Malheiros Editores, 2000.

OLAVO, Carlos. *Propriedade Industrial*. 1ª ed., Lisboa, Almedina, 1997.

______. *Propriedade Industrial. Sinais Distintivos do Comércio, Concorrência Desleal*. 2ª ed., Coimbra, Almedina, 2005.

ROSENBERG, Bárbara. *Patentes de Medicamentos e Comércio Internacional: os Parâmetros do TRIPS e do Direito Concorrencial para a Outorga de Licenças Compulsórias*. Tese de Doutorado apresentada à Faculdade de Direito da Universidade de São Paulo, São Paulo, 2004 (inédita).

ROSS, Alf. *Direito e Justiça*. 1ª ed., Bauru, Edipro, 2003.

SALOMÃO FILHO, Calixto. *Direito Concorrencial – As Estruturas*. 1ª ed., São Paulo, Malheiros Editores, 1998.

______. *Direito Concorrencial – As Condutas*. 1ª ed., São Paulo, Malheiros Editores, 2003.

SANTIAGO FILHO, Willis. *O Princípio da Proporcionalidade em Direito Constitucional e em Direito Privado no Brasil*. Disponível em *http://www.mundojuridico.adv.br*. Consultado em 11.11.2006, às 13h.

SILVEIRA, Newton. *Direito de Autor no Desenho Industrial*. 1ª ed., São Paulo, Ed. RT, 1982.

______. "Propriedade imaterial e concorrência", *RT* 604/264-271, São Paulo.

O SISTEMA NORMATIVO DA COMPANHIA

Luiz Machado Fracarolli

1. Sistema normativo. 2. Contrato de sociedade e contratos parassociais. 3. O contrato parassocial na LSA. 4. Compatibilidade das cláusulas do contrato com o regime da lei. 5. Normas legais e contratuais. 6. Normas criadas pelos órgãos sociais. 7. Contrato de sociedade. Modelo legal. 8. Normas legais e liberdade de contratar. 9. Estatuto social.

1. Sistema normativo

1.1 O sistema legal regente da sociedade anônima percorreu, em especial ao longo dos dois últimos séculos, caminho particular, começando como conjunto de normas de caráter predominantemente público – vejam-se os arts. 295 a 299, do Código Comercial de 1850, que a concebiam como entidade privada destinada a desenvolver atividade econômica sob permanente fiscalização da autoridade pública, a começar pela necessidade de autorização do Poder Executivo para constituir-se (art. 295)[1] –, até a Lei n. 6.404, de 15.12.1976 (LSA), com sua redação atual, que não tem dúvida em desenhá-la, em sua forma básica, como mecanismo jurídico voltado à exploração econômica por particulares.

1.2 Desnecessário advertir que, não obstante essa seja a concepção que reveste a anônima, tem ela sido utilizada para a dar forma, também, a empresas públicas, ou estatais, à conveniência da Administração. A rigor, em nossos dias, a companhia sujeita-se a regras de autorização prévia somente nos casos em que seu objeto seja uma daquelas atividades que a lei define como sensíveis para a economia, a exemplo da financeira e da securitária, ou vinculada à defesa do próprio Estado nacional e suas riquezas, como a pesquisa e lavra de minerais, entre outras.[2] Fica claro, no entanto, nestas hipóteses, que a autorização administrativa prévia não se deve ao modelo da sociedade por ações escolhido pelo empresário, mas pela atividade a ser desenvolvida. Isto é, se fosse outra a forma de organização societária, ainda assim o Poder Pú-

1. "Art. 295. As companhias ou sociedades anônimas, designadas pelo objeto ou empresa a que se destinam, sem firma social e administradas por mandatários revogáveis, sócios ou não sócios, só podem estabelecer-se por tempo determinado, e com autorização do Governo, dependente da aprovação do Corpo Legislativo quando hajam de gozar de algum privilégio: e devem provar-se por escritura pública, ou pelos seus estatutos, e pelo ato do Poder que as houver autorizado."

2. Luiz Antonio Soares Hentz em *Registro Público de Empresas Mercantis e Atividades Afins* (São Paulo, LEUD, 1997), diz, na p. 171: "São dependentes de autorização para funcionar as empresas relacionadas no anexo à IN DNRC n. 32, de 19 de abril de 1991, com os respectivos fundamentos legais e órgãos de aprovação e a natureza do ato constitutivo. O extenso rol pode ser sintetizado, tendo por base a atividade a desempenhar: a) instituições financeiras e assemelhadas, públicas e privadas; b) sociedades de investimento; c) empresas de mineração; d) empresas estrangeiras; e e) empresas estatais, cuja autorização se dá por lei federal específica".

blico deveria emitir sua autorização, previamente à instalação da empresa dedicada a um dos tipos de exploração econômica que a lei reputa necessitar de maior rigor fiscalizatório, desde sua fundação.

1.3 A companhia surgiu no início do século XVII como privilégio concedido pelo Estado mediante lei especial e até o fim do século XVIII era instituto do direito público. A primeira lei a discipliná-lo como negócio jurídico de direito privado foi o Código de Comércio francês de 1807, que regulou a sociedade anônima como um dos tipos de sociedade comercial, ao lado das em nome coletivo e em comandita, admitiu a liberdade de constituição das comanditas em ações, mas subordinou a constituição da sociedade anônima à autorização administrativa.

1.4 O Código de Comércio francês regulou, em sete artigos, a divisão do capital em ações, a emissão de ações ao portador, a transferência de ações nominativas, a responsabilidade limitada dos acionistas, a nomeação e responsabilidade dos administradores e a forma e publicidade dos atos constitutivos, que não permitiam dúvida sobre a natureza contratual do estatuto social da sociedade anônima, como atestou J. M. Pardessus,[3] ao afirmar que "os estatutos aprovados pelo Governo passam a ser o contrato entre as partes e as obrigam, mas o caráter da autorização não modifica sua natureza de contrato, e eles não podem impor obrigações particulares a terceiros que nele não intervieram".

1.5 Após o Código de Comércio, a disciplina legal das companhias desenvolveu-se na França com base na experiência dos órgãos administrativos que autorizavam a constituição das sociedades anônimas e em resposta aos riscos e abusos observados na prática das sociedades em comandita por ações, ocorridos principalmente no período referido como o da "febre das comanditas" (entre 1820 e 1840). Uma Lei de 1856 aplicou a esse tipo de sociedade normas que foram reproduzidas e complementadas na Lei de 1867 a qual, ao instituir a liberdade da constituição da companhia, dispôs sobre sua estrutura básica e influenciou a legislação dos demais países da Europa e da América Latina.

1.6 O regime legal da companhia desenvolveu-se, nos séculos XIX e XX, mediante acréscimo de normas que, além de disciplinarem as relações entre os sócios, regulavam a estrutura e funcionamento da organização nascida do contrato, a circulação dos títulos por ela emitidos e visavam a proteger terceiros que com ela mantinham relações, especialmente credores e investidores do mercado. Esse regime compreende grande número de normas imperativas sobre diversos aspectos da constituição e do funcionamento das companhias, incompatíveis com o conceito doutrinário de contrato que então prevalecia, o que explica a opinião de autores que, a partir do fim do século passado, negaram a natureza contratual da companhia.

1.7 O conceito de contrato foi formado a partir dos negócios bilaterais de prestação, que organizam sistemas sociais de troca, em regra com poucas pessoas e de curta duração. Daí a análise do contrato concentrar-se tradicionalmente no seu aspecto de fato jurígeno (como causa do nascimento das relações jurídicas que organizam um sistema social concreto), com menor atenção ao efeito desse fato, que é a existência (nos planos social e cultural) de um sistema social organizado por sistema jurídico. Esse enfoque explica definição do contrato como acordo de vontade de partes que têm interesses opostos[4] – acordo que consiste no ajustamento de manifestações de vontade que passam a ter o mesmo objeto, formando-se por "fusão de vontades", um consentimento, ou concordância.

3. *Cours de Droit Commercial*, v. III, 6ª ed., Paris, Henri Plon, Libraire-Éditeur, 1857, p. 164.

4. F. Messineo, *Manuale di Diritto Civile e Commerciale*, v. III, 9ª ed., Milão, Giuffrè, 1959, pp. 569-571.

1.8 Esse conceito abrange as sociedades de pessoas com pequeno número de sócios, nas quais o processo de formação de consenso é semelhante ao dos contratos bilaterais, mas não se ajusta à constituição das sociedades por ações mediante assinatura de boletim de subscrição e deliberação dos subscritores em assembléia geral, quando as declarações de vontade se sucedem no tempo e cada subscritor pode desconhecer a maioria dos demais.

1.9 Desde logo, no entanto, importa observar que o simples sistema normativo das anônimas, de per si, obrigatoriamente já incorpora em sua estrutura normas que ultrapassam o simples acordo de vontades entre os particulares – normas alteráveis pelos sócios mediante manifestação concorde em tal ou qual sentido –, e que se podem considerar de ordem pública, não derrogáveis pelos estatutos ou através de acordos parassociais, posto que de natureza cogente e obrigatória.

1.10 Este aparente paradoxo constitui desafio complexo para o estudioso e para o doutrinador. Afinal, trata-se de um modelo de sociedade destinado a possibilitar aos particulares ampla flexibilidade negocial – venda de ativos, por exemplo, total ou parcial, mediante alienação de ações, sem obrigatoriedade de formas contratuais complexas, muitas vezes notariais –, e o empresário que o adota se vê obrigado a cumprir regras de ordem pública em sua própria estruturação interna. Matéria de não pouca monta constitui a perquirição do caráter de tais ou quais disposições constantes da lei, de presença obrigatória nos estatutos, a fim de esclarecer a natureza jurídica dessas disposições, e do próprio contrato de constituição da sociedade anônima em que elas se inserem.

1.11 Desnecessário enfatizar que esta situação ocorre há tempo, não só no Brasil, mas em todos, ou quase todos, os países que consagram forma da companhia semelhante à de nossa legislação do anonimato. Merece citação, por obviamente pertinente, o estudo sobre esta matéria efetuado pela Prof. Sophie Schiller,[5] a qual, depois de longa referência à publicização das formas societárias privadas, tanto no direito civil como no direito comercial, afirma: "Les méthodes suivies par les deux matières sont en particulier très différentes, les règles étant définies beaucoup plus rigoureusement en droit civil qu'en droit commercial. Cette faible précision des règles de droit commercial empêchait de les qualifier d'impératives. Cependant les règles impératives se sont vite multipliées en matière commerciale. Depuis le début du siècle, la doctrine suggère un rapprochement du droit civil e du droit commercial, car les particularités sociologiques que les justifiaient se seraient estompées. L'étude comparée de l'importance de la présence des règles d'ordre public dans ces deux matières permettra d'effectuer une mesure de la realité de ce rapprochement".

E, a seguir, a autora francesa apresenta uma tabulação do percentual de normas de ordem pública que encontrou nas normas de direito societário inseridas no Código Civil francês:

Étude des textes de droit des sociétés insérés dans le Code civil:

	Règles d'ordre public	Règles supplétives	Règles non qualifiées
Relations entre associés	21%	50%	29%
Relations avec les tiers	17%	5%	78%
Question intéressant à la fois les tiers et les associés	21%	5%	74%

5. *Les Limites de la Liberté Contractuelle en Droit des Sociétés. Les Connexions Radicales*, Paris, ed. LGDJ, 2002, pp. 28-32. F. Messineo, *Manuale di Diritto Civile e Commerciale*, v. III, 9ª ed., Milão, Giuffrè, 1959, pp. 569-571.

Étude des textes de droit des sociétés insérées dans le Code civil:

	Règles d'ordre public	Règles supplétives	Règles non qualifiées
Relations entre associés	32%	37%	31%
Relations avec les tiers	19%	3%	78%
Question intéressant à la fois les tiers et les associés	33%	0%	67%

Em seguida, a autora apresenta outras duas tabelas, tendo em vista as diferenças entre as regras do direito ordinário e as regras decorrentes de legislação extravagante, observando que o número das disposições de ordem pública parece aumentar à medida que esta legislação se torna mais específica para cada caso que tem em vista regular. E, por último, apresenta duas novas tabelas, baseadas na distinção das diferentes etapas da vida da sociedade, em especial sua criação, sua gestão e sua liquidação, variando o percentual de normas de ordem pública, conforme se tenha em vista uma ou outra etapa:

Étude des textes de droit des sociétés insérées dans le Code civil:

	Règles d'ordre public	Règles supplétives	Règles non qualifiées
Création de la société	27%	0%	73%
Gestion de la société – Droit commun	39%	16%	44%
Gestion de la société – Sociétés civiles	12%	40%	48%
Gestion de la société – SEP	25%	25%	50%
Dissolution de la société	7%	13%	80%

1.12 Não obstante o estudo acima tenha sido feito sobre os textos legais franceses referidos, pouca dúvida pode restar de que, em nosso direito, situação semelhante está a ocorrer, dado que o fenômeno da publicização do direito privado tem abrangência universal, conseqüência do cada vez mais intenso inter-relacionamento entre os ramos do direito, que torna difícil, freqüentemente impossível, marcar as fronteiras entre o público e o privado. Quer se tenha em vista a velocidade com que as formas comerciais se difundem e se alteram, em nível global, quer se tenha em vista a sempre invocada necessidade de melhor proteger terceiros, no que tange às garantias do pactuado, o fato é que a invasão, cada vez mais fácil de constatar-se, de normas de ordem pública nos negócios particulares, é a conclusão inescapável de quem quer que se aplique à matéria. Invasão essa que, na legislação do anonimato, é ainda mais visível, em face da relevância das companhias na economia moderna, tanto no Brasil como na maioria dos outros países.

2. Contrato de sociedade e contratos parassociais

2.1 Contrato de sociedade

2.1.1 Parece não restar dúvida, em nossos dias, de que os atos constitutivos da companhia se enquadram na categoria dos contratos, muito embora as formalidades exigidas até a constituição definitiva da sociedade revistam, por vezes, aspectos que parecem mais apropriados para a criação de organismos institucionais. Da simples leitura do texto da LSA sobre a formação da companhia (Capítulo VII), vê-se que as providências que darão origem a uma nova sociedade anônima – particularmente quando se opta pela constituição por subscrição pública – são sujeitas a formalidades muito mais complexas do que as destinadas a simples acordos de vontade entre particulares, com vistas a desenvolver alguma atividade lucrativa.

2.1.2 A conceituação do contrato, em nossos dias, encontra-se bastante estabilizada, dentro da concepção de *acordo de vontades* para constituir uma relação jurídica patrimonial ou, na forma do art. 1.321 do Código Civil italiano de 1942: "o acordo de duas ou mais partes para constituir, regular ou extinguir entre elas uma relação jurídica patrimonial".[6] Darcy Bessone, por exemplo, considera conter esta definição o verdadeiro conceito do contrato,[7] em razão do que, com pequenas alterações, a adota em sua famosa obra sobre a matéria.

2.1.3 Em se tratando de companhias, no entanto, a discussão vai muito além da caracterização dos atos constitutivos como contratos, estando assente a noção segundo a qual as sociedades, em especial as anônimas, poderiam constituir verdadeira instituição, e não uma simples relação contratual, dado que desta resulta, habitualmente, uma organização complexa, com uma miríade de relações que interessam a muito mais pessoas do que os sócios.

2.1.4 Como é consabido, este debate é antigo – Jean Escarra afirma que a chamada corrente institucionalista nasceu na segunda metade do século XIX, primeiramente entre publicistas e comercialistas alemães –, tendo tido grande divulgação na França, especialmente a partir dos estudos de Hauriou. Entretanto, no entender de alguns doutrinadores mais recentes, o debate perdeu *momentum* em nossos dias, por não conseguir a forma institucional, segundo eles, abrigar todas as características funcionais das companhias.

2.1.5 As primeiras objeções à natureza contratual da companhia basearam-se, por isso, na análise de seus atos constitutivos: no fim do século XIX alguns autores alemães (como Lehmann e Kuntze) classificaram a constituição da companhia como ato "complexo" ou "coletivo" – conceito (formado no Direito Público) que representa um conjunto de declarações de vontade originárias de sujeitos que têm o mesmo interesse; são "paralelas", e não se encontram, nem se combinam, como no contrato. E Gierke sustentou que a constituição de sociedade é ato unilateral coletivo de natureza especial – de "fundação" –, em razão do efeito de dar origem a novo sujeito de direito.[8]

2.1.6 As objeções à classificação da companhia como contrato em razão do processo de manifestação de vontade dos subscritores foram, todavia, diminuindo, à medida que no presente século se difundiram as modalidades dos contratos de massa (que se repetem em grande quantidade, ou compreendem grande número de partes), nos quais é impraticável o processo de formação de consenso mediante ofertas e contra-ofertas e "fusão de vontades": a viabilidade desses contratos requer conteúdo prefixado unilateralmente por uma das partes (em oferta permanente, condições gerais, ou contratos-tipo), que é objeto de simples aceitação, ou adesão, da outra ou outras partes. A propagação dos negócios de massa levou à definição de uma categoria de contrato – designada "de (ou por) adesão",

6. No original: "Articolo 1.321: Nozione – Il contratto è l'accordo di due o più parti per costituire, regolare o estinguere tra loro un rapporto giuridico patrimoniale".

7. *Do Contrato – Teoria Geral*, São Paulo, Saraiva, 1997, p. 17.

8. Cf. T. Ascarelli, *Problema das Sociedades Anônimas e Direito Comparado*, 2ª ed., São Paulo, Saraiva, 1969, p. 261.

em que o acordo de vontade das partes contratantes tem significado diverso do que apresenta no contrato bilateral e semelhante ao observado na constituição da companhia mediante subscrição pública.

2.1.7 Outras objeções à natureza contratual da companhia baseavam-se na extensão do regime legal imperativo da lei, que contrastava com a disciplina dos demais negócios jurídicos nominados: a liberdade de constituição da companhia, ao ser adotada no século XIX, foi acompanhada de leis que restringiam a autonomia da vontade na constituição e no funcionamento da nova forma de sociedade. Esse regime legal ampliou-se com importantes derrogações a princípios do direito contratual, inclusive a modificação do contrato por deliberação da maioria (e não da unanimidade) dos acionistas, e com restrições à liberdade de contratar bem maiores do que nos negócios de prestação e nos demais tipos de sociedade, consideradas incompatíveis com o conceito de contrato como expressão da autonomia da vontade.

2.1.8 A evolução do direito positivo nesse século foi, todavia, no sentido de crescente intervenção do Estado em muitos tipos de contratos, inclusive em negócios de prestação. Multiplicaram-se os exemplos de contratos cujo conteúdo é em grande parte definido pela lei, em grau semelhante ao observado na companhia. Aquilo que no século passado e no princípio deste século era um regime excepcional, aparentemente inconciliável com a noção de contrato, passou a ser a regra em muitos tipos de contrato, cuja função social justifica elevado grau de regulação legal sem alterar, todavia, a natureza contratual do negócio jurídico.

2.1.9 As objeções à natureza contratual da companhia diminuíram, contudo quando, a partir da década de 1930, a doutrina construiu, com base na análise do fenômeno associativo, o conceito de "contrato plurilateral", como espécie distinta, com algumas características diferentes das dos contratos bilaterais, ao qual não se aplicam todas as normas legais sobre contratos de prestação, e que é sujeito a normas especiais, adaptadas às suas peculiaridades. O Código Civil italiano de 1942 contém normas sobre os "plurilaterais" e de "fim comum" (em que as partes cooperam para o mesmo fim), e a doutrina moderna usa ainda os conceitos de "contratos associativos" (abrangendo os diversos tipos de associação) ou de "organização" (assim designados porque dão origem a uma organização social).

2.1.10 A companhia é hoje classificada como contrato do tipo associativo, ou plurilateral. É constituída pela manifestação de vontade dos subscritores das ações, e os fundadores têm a função de mediadores; as estipulações do contrato de companhia constam inicialmente dos atos constitutivos (estatutos, boletins de subscrição e ata de constituição); devido à circulabilidade que caracteriza as ações, as pessoas dos sócios podem ser substituídas sem modificação estatutária; e como todo negócio associativo, é contrato aberto, no sentido de que permite, mesmo após conclusão pelos contratantes originais, a agregação de novas partes sem dissolução das relações jurídicas preexistentes, nem necessidade de novo contrato entre antigos e novos associados. A agregação de novos sócios dá-se mediante aquisição de ações em circulação ou criadas em aumento do capital social, e o adquirente da ação assume posição jurídica de parte contratual do negócio original. A estrutura da organização nascida do contrato compreende órgãos de deliberação e administração com competência para alterar o estatuto social, inclusive pela criação de novas ações. É negócio de formação progressiva, em que a fase de formação pode continuar mesmo depois de iniciada a de execução. E como o conceito de contrato associativo é formado a partir da observação dos negócios dessa natureza, não apresenta as dificuldades de classificação de companhia no conceito tradicional de contrato formado com base nos negócios de prestação.

2.1.11 As objeções à natureza contratual da companhia são acompanhadas, em regra, de proposta de sua classificação como "instituição", palavra que tem significado diverso na análise das estruturas sociais e na doutrina jurídica. Como conceito sociológico é empregada para significar tipo de estrutura social que: (*a*) se repete freqüentemente na sociedade, ou (*b*) apresenta características de estabilidade, duração e auto-sustentação.

Nesse segundo sentido, instituição é a estrutura social orientada para determinado fim com grau de organização interna que lhe assegura, independentemente da identidade dos indivíduos que são atores nos seus papéis, estabilidade, duração por prazo indeterminado e continuidade de objetivos e procedimentos. Dizemos que determinada organização social é uma instituição quando se acha de tal modo estabelecida no meio social que o processo de ação coletiva parece apresentar inércia própria, ou velocidade de auto-sustentação, cuja continuidade independe da vontade dos atores que, em cada momento, desempenham seus papéis: a estrutura é mais importante que os atores, que ficam em segundo plano, como seus acessórios. A existência da instituição pressupõe uma idéia diretriz (que define o objeto da ação coletiva), estrutura hierarquizada (compreendendo órgãos especializados, com divisão de poderes e funções) e alto grau de organização normativa (que assegura sua identidade e permanência não obstante a substituição dos atores). Essas características são mais encontradas nas organizações formais de grande dimensão, e por isso os conceitos de instituição e burocracia representam fenômenos semelhantes.

2.1.12 A característica básica da organização institucionalizada é a sua continuidade independentemente dos indivíduos que, a cada momento, exercem suas funções, e por isso sua antítese é a estrutura personalizada, no sentido de que existe na dependência da vontade dos indivíduos que desempenham seus papéis, como ocorre na microempresa com empresário individual ou nas pequenas sociedades de pessoas.

2.1.13 O processo de concentração industrial iniciado no fim do século XIX deu origem à formação de grandes companhias e respectivas empresas, com dimensão, complexidade e significação social, econômica e política antes desconhecidas, cujo controle é exercido pelos administradores devido à pulverização da propriedade das ações entre grande número de acionistas. Esse fenômeno levou alguns analistas a afirmar o interesse geral no funcionamento dessas macroempresas, que teria atingido o plano do interesse público, ultrapassando a esfera contratual privada em que se constituíram e desenvolveram.

2.1.14 Essas idéias, que foram pela primeira vez defendidas na Alemanha, logo após a Primeira Guerra Mundial, por Walther Rathenau, passaram a ser referidas como teoria institucional ou "da empresa em si", e serviram para justificar a proposta da ampla intervenção do Estado na sociedade por ações com o fim de deixar a empresa livre para perseguir seus próprios fins, que seriam os de construir a riqueza para a comunidade, criar empregos, melhorar a técnica e favorecer o progresso científico. Para isso precisaria destinar seus lucros ao investimento e à pesquisa, e os pequenos acionistas seriam os inimigos mais perigosos da empresa: o slogan dos autores da teoria era a necessidade de defender a empresa contra seus proprietários.[9]

2.1.15 O conceito de empresa usado por Rathenau e seus seguidores era impreciso, e uma segunda corrente institucionalista alemã, conhecida como da "pessoa jurídica em si", postulou que há na sociedade por ações, enquanto pessoa jurídica, um interesse público, que não coincide com o dos sócios, e é superior a estes.[10] Essa noção de empresa institucionalizada tem servido para fundamentar a proposição de

9. Cf. Pier Giusto Jaeger, *L'Interesse Sociale*, Milão, Giuffrè, 1972, pp. 18 e 25.

10. Cf. Jaeger, nota 9 supra, pp. 31 e ss.

que o fim da companhia é satisfazer o interesse geral, da economia nacional ou da empresa, e não auferir lucros para distribuir aos seus acionistas.

2.1.16 A concepção institucional da companhia não fornece, todavia, conceitos e princípios para a interpretação e aplicação da lei de sociedades por ações. É o que destacou Solá Cañizares[11] que, depois de fazer profissão de fé na teoria institucional, observa: "O que ocorre é que os juristas que abandonaram o contrato ainda não formularam, de modo claro e satisfatório, a noção jurídica que há de substituí-lo. A concepção institucional vai se desenvolvendo sobre duas bases fundamentais: uma doutrina da instituição que infelizmente foi mais sociológica e filosófica que jurídica e que, por outro lado, não foi suficientemente elaborada, e uns fatos diversos e às vezes heterogêneos, que mostram a impossibilidade de manter a noção contratual, mas que colocam o problema resolvendo apenas seu aspecto negativo".

Não se conhece até hoje a formulação de um regime jurídico, a partir da análise sociológica, econômica e política das grandes empresas, que substitua a conceituação da companhia como contrato. Acresce que essa conceituação da companhia como instituição com base da macroempresa com ações pulverizadas no mercado resulta da confusão dos conceitos de empresa e companhia.

2.1.17 A companhia, quando sociedade empresária, é subsistema da empresa, na qual desempenha o papel de empresário. Por isso os acionistas que a controlam exercem o poder empresarial – próprio da estrutura da empresa. Quando, por efeito da pulverização da propriedade das ações, o poder de controle é assumido pelos administradores, a companhia passa a funcionar como acessório da estrutura da empresa; mas, nesse caso, instituição é a empresa, e não a companhia – que somente pode ser dita institucionalizada na medida em que é segmento da estrutura da empresa.

2.1.18 É possível imaginar que uma companhia não empresária, ou que exerça apenas em parte a função empresarial, possa vir a apresentar as características da instituição, mas o fato econômico e social relevante para a inteligência da legislação das sociedades por ações é a macroempresa institucionalizada, e esta não autoriza a classificação jurídica da companhia como instituição. A transferência do poder de controle para os administradores á fato que não altera a natureza jurídica da companhia. Os acionistas, embora omissos no exercício do poder, continuam a ser os titulares dos direitos de voto na assembléia geral, e a experiência mostra que, nos momentos de crise da empresa, é comum que o poder seja retomado pela maioria dos acionistas. Além disso, a preservação da natureza contratual da companhia é confirmada pelo fenômeno do *take-over bid*: é através da compra das ações dispersas no mercado que um empresário ou sociedade empresarial assume o controle da companhia e da empresa.

2.1.19 A doutrina francesa usa o conceito de "instituição jurídica", no qual a palavra instituição tem significado diverso dos conceitos sociológicos acima referidos; na definição de Paul Roubier:[12] "uma instituição jurídica é um conjunto orgânico que contém a regulamentação de um dado concreto e durável da vida social e que é constituído por um complexo de regras jurídicas dirigidas para um fim comum".

Com esse sentido a instituição difere do contrato pelo grau da liberdade na manifestação de vontade: no contrato, as partes em princípio têm liberdade de definir suas obrigações, desde que respeitem as normas de ordem pública; na instituição, o poder da vontade individual se limita a fazer nascer, sem modificá-los, os direitos e

11. *Tratado de Sociedades por Acciones en el Derecho Comparado*, v. III, Buenos Aires, Tipografia Editora Argentina S/A, 1957, p. 67.

12. *Théorie Générale du Droit*, 2ª ed., Paris, Sirey, 1951, pp. 19-20.

obrigações previstos no conjunto das normas legais. A propriedade privada e a dos demais direitos reais, por exemplo, são instituições: o domínio e os direitos sobre coisas alheias ou de garantia são regulados pela lei e não podem ser modificados por atos de vontade.

2.1.20 Esse conceito de instituição jurídica é também invocado por alguns autores para negar a natureza contratual do casamento, com o argumento de que as partes se limitam a manifestar a vontade de casar, e que todos os direitos e obrigações resultantes do casamento são definidos em estatuto legal imperativo, ao qual aderem os que se casam; mas, como observa Orlando Gomes[13] "a necessidade da adesão ao estatuto legal não elimina a base voluntarista do casamento, O que imprime a um ato natureza contratual não é a livre determinação de seu conteúdo pelas partes, mas sua formação por acordo livre e espontâneo de vontade".

2.1.21 A análise da área de autonomia de vontade que continua a existir na companhia deixa evidente que a ela não se aplica esse conceito de instituição, pois a constituição e o funcionamento da companhia pressupõem muito mais do que a vontade de criar a companhia exclusivamente nos termos de um estatuto legal. A importância da autonomia da vontade na criação e no funcionamento da companhia pode ser avaliada mediante a comparação dos temas objeto de estipulação no contrato social das demais sociedades comerciais e nos atos constitutivos da companhia.

2.1.22 Sobre essa matéria, faz sentido transcrever o que, a respeito, em obra bastante atual, diz Yves Guyon:

"On a beaucoup discuté a une certaine époque le point de savoir si les sociétés, et plus spécialement les sociétés anonymes, devaint être considérées comme des contrats ou comme des institutions.

"On sait que, lorsqu'il y a contrat, les parties déterminent librement les obligations qui les unissent, sous réserve du respect de l'ordre public (C. civ. Art. 6 et 1.134). Au contraire, lorsqu'il y a institution, les parties adoptent ou rejettent globalement un ensemble de règles, sans pouvoir les modifier. Ainsi le mariage est une institution et non un contrat parce que les époux, une fois qu'ils ont consenti au mariage, sont tenus de plein droit des obligations légales de cohabitation, fidélité, secours et assistance, sans pouvoir les dissocier et sont également soumis aux règles du regime matrimonial primaire.

"Dans un premier temps, le recours à la théorie institutionnelle a été invoqué pour donner plus de souplesse au fonctionnement des sociétés anonymes, notamment en faisant échapper les modifications des statuts à l'exigence de décisions unanimes. Mais plus récemment la tendance s'est inversée. L'origine contractuelle de la société a été rappelée afin de pouvoir déroger a une réglementation trop pesante. Notamment la société par actions simplifiée a une inspiration contractuelle.

"Cependant, de manière générale, la solution ne fait guère de doute. La société a une nature plus institutionnelle que contractuelle (...)."[14]

2.1.23 O que fica claro, desde logo, à luz de toda a criação doutrinária sobre o tema é que a companhia se constitui mediante formas contratuais, que disciplinam a vida da sociedade, em particular os direitos dos acionistas frente à mesma e em relação aos demais sócios. Tal disciplina varia, de acordo com o tipo de participação acionária de cada um, maneira de eleição de administradores e fiscais, forma das ações (ordinárias com direito a voto, ou preferenciais, em princípio sem direito a voto), tipo de ações quanto à sua emissão (escriturais, com ou sem valor nominal),

13. *Direito de Família*, 4ª ed., Rio de Janeiro, Forense, 1981, pp. 54-55.

14. *Les Sociétés – Aménagements Statutaires et Conventions entre Associés*, Paris, LGDJ, 1995, pp. 19-20.

poderes da assembléia e dos administradores, aumento ou redução do capital, entre outras circunstâncias.

2.1.24 A LSA não usa a expressão contrato, no capítulo referente à constituição da companhia (Capítulo VII), fazendo, por outro lado, referência à subscrição das ações, à realização da entrada, ao depósito da mesma no Banco do Brasil ou outro estabelecimento bancário autorizado pela Comissão de Valores Mobiliários – CVM (art. 80), à constituição, por subscrição particular, mediante deliberação dos subscritores, em assembléia geral ou por escritura pública (art. 88), ao registro prévio da emissão na CVM, em se tratando de constituição por subscrição pública (art. 82), bem como ao projeto de estatuto (art. 83) e prospecto (art. 84), à convocação de assembléia para promover a avaliação dos bens e deliberar sobre a constituição da companhia (art. 86) e à assembléia de constituição da companhia propriamente (art. 87).

Da simples leitura do Capítulo VII, é fácil constatar que a LSA não recorre à expressão contrato, para descrever qualquer desses atos ou procedimentos. Sem embargo, trata-se de contratos, sem dúvida, em especial quando verificamos que todos esses atos, ou conjuntos de atos, se contêm sempre na forma da definição acima: acordo de duas ou mais pessoas para constituir e regular relações jurídicas de ordem patrimonial.

2.1.25 O Prof. Rubens Requião, aludindo ao tema, afirma que "se se pode admitir que a sociedade anônima configure, após sua formação, uma *instituição*, não deixa ela de ser formada pelo *contrato*, e este da espécie *plurilateral*. Como instituição está ela voltada para a consecução do 'bem comum', visando primacialmente aos altos interesses coletivos, desvanecendo um tanto o interesse privado, perseguido pelos acionistas. Como *contrato* regula os interesses pessoais de seus membros".[15]

15. *Curso de Direito Comercial*, 2º v., São Paulo, Saraiva, 2000, pp. 14-15.

2.1.26 Entre nós, alguns defensores da teoria institucional reforçam seus argumentos com a proposição de que ela teria sido adotada pela Lei n. 6.404/1976, ao dispor que: "O acionista controlador deve usar o poder com o fim de fazer a companhia realizar o seu objeto e cumprir sua função social, e tem deveres e responsabilidades para com os demais acionistas da empresa, os que nela trabalham e para com a comunidade em que atua, cujos direitos e interesses deve lealmente respeitar e atender" (art. 116, parágrafo único); "O administrador deve exercer as atribuições que a lei e o estatuto lhe conferem para lograr os fins e no interesse da companhia, satisfeitas as exigências do bem publico e da função social da empresa" (art. 154).

Esses deveres não decorrem, entretanto, da natureza institucional, e sim da função social da companhia empresaria: na economia de mercado, o empresário, individual ou coletivo, exerce a função – fundamental para o funcionamento do sistema econômico – de organizar, dirigir e expandir a empresa, que cria os bens econômicos que satisfazem às necessidades da sociedade.

2.1.27 Na Lei n. 6.404/1976, o fim da companhia empresária, como o de qualquer outra sociedade comercial, é auferir lucros a serem distribuídos a seus acionistas mediante organização e direção da empresa que exerce a atividade que constitui o objeto social da companhia. O acionista, enquanto desempenha a função de membro da assembléia geral, tem o dever legal de exercer o direito de voto no interesse da companhia (art. 115), e não de qualquer outro. A lei somente prescreve o dever de ter em conta outros interesses – exigências do bem comum, função social da empresa, trabalhadores e comunidade em que atua a empresa – aos administradores e ao acionista controlador (que é o administrador supremo da companhia) porque são estes que, ao dirigir e representar a companhia e a empresa, devem agir no interesse da companhia de modo compatível com sua função social.

2.1.28 Para cobrar da companhia e de seus administradores e controladores a responsabilidade social que a lei lhes imputa, não é preciso recorrer ao conceito de instituição – basta observar o art. 5º da Lei de Introdução ao Código Civil, que prescreve ao juiz, na aplicação da lei, atender aos fins sociais a que ela se dirige e às exigências do bem-comum.

2.1.29 Na prática brasileira de companhias criou-se o costume (para o qual contribuiu o elevado custo das publicações exigidas pela lei) de reduzir o estatuto social às disposições negociais (sobre objeto social, direitos dos acionistas e destinação dos lucros) e às exigidas por dispositivo legal, sem reproduzir normas legais imperativas ou supletivas. Por isso cada companhia concreta é regulada por um sistema jurídico que compreende normas legais não reproduzidas no estatuto social e normas criadas pelo estatuto, algumas negociais (como a de definição dos direitos de acionistas) e outras para satisfazer a prescrições legais (como, por exemplo, as que fixam a data do encerramento do exercício social e as que estabelecem, na companhia fechada, se a administração compreende conselho de administração e diretoria, ou apenas diretoria).

2.1.30 Segundo Francesco Galgano[16] mesmo na doutrina a questão da natureza jurídica da companhia está pacificada ou superada, pois a "concepção contratualista tornou-se incontrastada na doutrina e na jurisprudência contemporâneas". E na França, segundo Yves Guyon[17] a questão continua em aberto na doutrina, mas o "direito positivo não tomou parte nessa controvérsia sem grandes conseqüências práticas", as diretivas do mercado comum europeu são "freqüentemente coativas notadamente em matéria de nulidade, poderes dos dirigentes, existência de um capital único, etc."; porém "a Corte de Justiça das comunidades européias considera, ao menos sob certo aspecto, a sociedade como um contrato".

2.1.31 De tudo o que foi acima exposto acima, podemos assumir as seguintes conclusões:

a) a controvérsia sobre a natureza jurídica da companhia é improcedente, ao menos no direito brasileiro: a lei a regula como modalidade de contrato de sociedade comercial e seu regime não se ajusta ao conceito doutrinário de instituição jurídica, no sentido usado pela doutrina francesa, uma vez que o modelo legal de companhia somente pode ser adotado mediante consumação de um contrato (salvo no caso de constituição de subsidiária integral, quando o modelo é usado mediante negocio jurídico legal unilateral e só se transforma em contrato quando admitido outro acionista);

b) o modelo de companhia é regulado na lei por um sistema de normas, algumas imperativas, outras dispositivas, que dispõem, inclusive, sobre matérias que devem ser reguladas no estatuto e nas quais prevalece (dentro dos limites que a lei estabelece) a autonomia da vontade dos subscritores de ações e acionistas;

c) cada companhia concreta é regida por um sistema de normas legais genéricas (que entre nós em regra não são reproduzidas no estatuto social) e por normas particulares, próprias da companhia, de natureza contratual, porque criadas por partes no exercício da autonomia da vontade;

d) a aplicação de lei nova às companhias existentes não pode ser fundamentada apenas na natureza jurídica da companhia, mas requer, em cada caso, a análise das normas legais em questão, para verificar se sua função é (*i*) regular exclusivamente as relações internas entre acionistas e a companhia, ou (*ii*) proteger interesses

16. "Le società per azioni, Principi Generali", in *Codice Civile, Commentario Diretto da Piero Schieringer, art. 2.325-2.341*, Milão, Giuffrè Editore, 1996, pp. 185 e ss.

17. *Les Sociétés*, Paris, LGDJ, 1995, pp. 20-21.

de credores, investidores do mercado ou acionistas minoritários, e assegurar o desempenho, pela companhia, da função social de criar e dirigir a empresa. Na primeira hipótese, a constituição da companhia ou a alteração estatutária pode constituir ato jurídico perfeito, de que decorrem direitos adquiridos; na segunda, não há que se falar de ato jurídico perfeito, mas apenas verificar se, na vigência da norma legal modificada ocorreu o nascimento de direito adquirido.

2.1.32 Esta forma de entendimento do assunto provavelmente concilie contratualistas e institucionalistas, posto ser inegável que a companhia, efetivamente, tanto é contrato, ao menos em seu momento de constituição, ao mesmo tempo em que se apresenta como instituição, no desenvolver de suas atividades, como, de resto, bem assinalou a Exposição de Motivos da LSA, ao dizer que: "Há muito a S/A deixou de ser um contrato de efeitos limitados para seus poucos participantes: é uma *instituição* que concerne a toda a economia do País, ao crédito público, cujo funcionamento tem de estar sob o controle fiscalizador e o comando econômico das autoridades governamentais".

2.2 Contratos parassociais

2.2.1 Se a matéria do caráter contratual ou institucional da companhia levou tanto tempo para atingir ponto de relativo equilíbrio, entre os defensores de uma e de outra forma, os contratos parassociais ainda não chegaram a conclusões que, de alguma forma, se possam considerar cristalizadas.

Trata-se da prática de sócios, detentores de porções importantes do capital de sociedades anônimas, de formalizarem, entre si, acordos paralelos ao estatuto da mesma companhia, dos quais resulta freqüentemente uma espécie de "usurpação" de funções dos órgãos institucionais, inclusive da própria assembléia geral. Embora antigo, esse procedimento cresceu de importância, juntamente com a relevância econômica que a forma do anonimato foi assumindo nos países mais desenvolvidos, na família do chamado direito continental europeu.

2.2.2 O estudo pioneiro de Giorgio Oppo[18] provavelmente tenha sido o primeiro a consagrar pesquisa e meditação sobre o tema, sendo a própria expressão "contrato parassocial" de sua lavra. Publicado em 1942, poucos meses após a entrada em vigor do Código Civil italiano, examinou a matéria à luz deste diploma, sem ignorar, no entanto, o direito anterior, que embasa muitas de suas conclusões. A este autor seguiram-se vários outros, sendo certo que, tanto no Brasil como em outros países, a matéria está longe de ser pacificada, dado revestir grande complexidade e numerosos aspectos de grande relevância para as companhias, do ponto de vista econômico e institucional.

2.2.3 O problema colocado consiste em decidir o que deve ser prestigiado em primeiro lugar: o direito dos particulares, titulares de ações do capital de uma anônima, de disporem contratualmente acerca das matérias previstas no art. 118, à luz do direito de contratar – fundamento da economia de base privatística –, ou o aspecto institucional da companhia, cujo estatuto, uma vez arquivado no órgão do Registro do Comércio, goza da presunção de estar conforme a lei e, em conseqüência, deve ser integralmente observado pelos acionistas, sem recurso a expedientes que, de alguma forma, possam tornar inoperante ou meramente subsidiário o acordo básico, corporificado no estatuto, do qual resultou a companhia.

2.2.4 A verdadeira perplexidade que o tema impõe revela-se na circunstância de um acordo particular entre acionistas, formalizado por meio de contratos a latere do estatuto, sobre temas os mais diversos – por exemplo, a escolha dos administradores, ou a forma de votar na assembléia geral, ou

18. *Contratti Parasociali*, Milão, Vallardi, 1942.

ainda a respeito da outorga de preferência para aquisição de posições acionárias entre as partes signatárias desses contratos – prevalecer, de fato, sobre disposições do estatuto da companhia. E a tarefa do jurista, logicamente, consiste em averiguar se tal ou qual cláusula de um contrato parassocial está, ou não, a violar disposição estatutária e, em última análise, a própria legislação do anonimato, nos pontos que contêm normas de direito público, de derrogação impossível por ajuste entre particulares.

2.2.5 O autor português Mário Leite Santos,[19] em obra dedicada especificamente ao tema, noticia que a legislação do anonimato de vários países simplesmente nega validade a pactos parassociais, devido a considerá-los inconvenientes ou potencialmente violadores da lei, subtraindo-lhes qualquer efeito para fins de implementação judicial. O mesmo autor observa que a LSA brasileira foi pouco menos que pioneira ao determinar, em seu art. 118, a obrigatoriedade da observância de tais ajustes, desde que tenham sido arquivados na sede da companhia.[20]

2.2.6 O fato é que a validade e eficácia dos acordos de acionistas sempre foi objeto de contradições doutrinárias e divergências legislativas. Data de longo tempo a resistência de vários estudiosos da lei e da jurisprudência, em muitos países, em aceitar que os acionistas de uma companhia possam contratar a maneira de votar, préconstituir maiorias, bloquear a venda das próprias ações e firmar pactos parassociais, com influência direta na vida de uma quase-instituição, que só tomará conhecimento de tais avencas posteriormente. Não obstante, como freqüentemente acontece, alheios às preocupações dos estudiosos, os empresários têm praticado tais acordos com freqüência cada vez maior, obrigando a jurisprudência a alterar aquela atitude que Antonio Pedrol caricatura como o horror dos tribunais a esse exemplar da fauna abissal que um dia vem à superfície para desorganizar conceitos sistematizados das instituições jurídicas: "han preferido rechazar ese intruso desconocido a las regiones de lo ilegal antes que buscarle un lugar difícil entre lo ya coleccionado".[21]

2.2.7 O Prof. Luiz Gastão Paes de Barros Leães, em parecer exarado exatamente sobre o tema ("*Pactos parassociais* – Natureza jurídica – Execução específica"),[22] depois de relembrar a conhecida classificação dos contratos entre principais e acessórios, estes obrigatoriamente dependentes daqueles, afirma que:

"Na relação de dependência, mais do que na idéia de acessoriedade, fica preservada a função típica de cada contrato, que aglutina, em estruturas autônomas, obrigações principais e acessórias. Pois, embora vinculados numa relação de dependência, os contratos, principais e acessórios, desfrutam de causas distintas.

"2.5 Essa concepção de causa-função de cada contrato foi consagrada pelo Código Civil italiano (arts. 1.322, 1.325-2 e 1.343 *usque* 1.345) e tem sido acolhida pela doutrina brasileira mais moderna. (...).

"2.6 Foram essas distinções que inspiraram Giorgio Oppo a propor sua teoria dos *contratti parasociali*, consagrada na doutrina italiana. Embora haja uma coligação indefectível entre as normas societárias e os acordos parassociais, cumpre sublinhar que os mesmos se distinguem pela causa eficiente. Os acordos de sócios são conven-

19. *Contratos Parassociais e Acordos de Voto nas Sociedades Anônimas*, Lisboa, Edições Cosmos, 1996.

20. "Para além da lei alemã de 1965, que ainda hoje constitui o principal referencial legislativo no domínio dos grupos, apenas a lei brasileira de sociedades anónimas, de 15 de dezembro de 1976, contemplava, até há pouco tempo, disposições sobre essa matéria. Como se sabe, o nosso Código das Sociedades Comerciais, em muitos pontos influenciado pela lei alemã, veio igualmente dedicar a essa matéria o título VI (...)" (ob. cit., p. 96).

21. *La Anónima Actual y la Sindicación de Acciones*, Madri, Ed. Revista de Derecho Privado, 1969, p. 28.

22. *RT* 601/40-49, 1985.

ções paralelas – *collateral agreements*, no Direito anglo-saxão – que se posicionam à margem do contrato social, embora existam em razão do mesmo, isto é, como contratos dependentes. Pois o pacto parassocial depende da existência da pessoa jurídica gerada pelo contrato social, que logicamente o precede, como contrato principal. Mas, conforme lembra Oppo, com apoio em Vivante, há distinguir a declaração de vontade e a obrigação do sócio como membro da sociedade e a declaração e a obrigação pessoal do sócio como titular de seu patrimônio."

2.2.8 O que caracteriza o acordo de acionistas, como modalidade de negócio jurídico, é que ele tem por objeto o exercício de direitos conferidos por ações: uma ou mais partes no acordo assumem a obrigação de exercer de determinado modo direitos de que são titulares na qualidade de acionistas de certa companhia.

A expressão "acordo de acionistas" significa uma classe de negócios jurídicos semelhantes pelo seu objeto, e não um único negócio típico, que apresente sempre a mesma estrutura jurídica e a mesma espécie de prestações. Assim, do acordo de acionistas podem nascer obrigações apenas para uma das partes, ou para duas ou diversas partes; com prestação única e determinada, ou prestações sucessivas; o acordo pode ter por objeto o exercício de voto com relação a determinada ou determinadas matérias, ou em qualquer matéria, em certa assembléia ou em qualquer assembléia; no caso de contrato plurilateral, as partes podem buscar fins diferentes ou fim comum, etc.

2.2.9 Mediante acordo de acionistas, o acionista não exerce direitos sociais, mas assume obrigação de exercer de determinado modo algum desses direitos. Por isso, a LSA a ele se refere apenas para regular seus efeitos com relação à companhia e a terceiros. A validade, eficácia e interpretação dos acordos são regidos pelo direito geral das obrigações e pelas normas próprias do tipo de negócio jurídico a que se assemelhe.

Como o acordo de acionistas pode apresentar diferentes estruturas jurídicas, a determinação das normas legais sobre contratos nominados a ele aplicáveis pressupõe, em cada caso, a prévia definição da sua natureza e sua classificação em algum dos negócios jurídicos nominados.

2.2.10 Inicialmente, as opiniões da doutrina sobre a validade de obrigações assumidas por acionistas, quanto ao exercício do direito de voto, polarizaram-se em duas posições radicais, uma a favor da plena liberdade contratual e outra, contrária a qualquer modalidade de acordo de acionistas. A tese da liberdade contratual – predominante na Alemanha, na Suíça, na Inglaterra e nos Estados Unidos – partiu das seguintes premissas: (*a*) o direito de voto é direito individual, como qualquer outro direito de participação contido na ação; (*b*) no direito das obrigações, prevalece o princípio da liberdade de contratar; (*c*) a prestação de uma obrigação de fazer pode consistir na prática de ato que é exercício de direito de que o devedor é titular. Em vista disso, nada impede que o acionista se obrigue, em negócio jurídico, a exercer de determinado modo um ou mais direitos contidos na ação. Raciocínio que valida qualquer modalidade de obrigação de votar contratada com outros acionistas, com terceiros, com a própria sociedade ou órgãos de administração da companhia, em negócios unilaterais, bilaterais ou plurilaterais, admitindo-se, inclusive, a venda do voto.

2.2.11 A coerência dessas conclusões completava-se com a proposição de que os acordos de acionistas seriam inteiramente estranhos ao direito societário, regular-se-iam exclusivamente pelo direito geral das obrigações, não teriam qualquer efeito em relação à companhia e aos acionistas não participantes do negócio, e o descumprimento das obrigações assumidas resolver-se-ia em perdas e danos.

2.2.12 Já a tese contrária, da nulidade dos acordos de acionistas – que prevaleceu na França, na Bélgica e na Itália – baseava-se na premissa segundo a qual um dos princípios do direito das companhias requeria que o acionista, ao proferir seu voto na assembléia geral, tivesse plena liberdade de escolher seu modo de votar, o que é incompatível com a contratação prévia do voto. Alguns autores diziam mesmo que a liberdade de votar pressupunha que o acionista só firmasse sua decisão depois de participar do debate das questões submetidas à assembléia geral, para que estivesse plenamente informado sobre as matérias em deliberação. Entre posições tão extremadas, a evolução da doutrina, da jurisprudência e da legislação deu-se no sentido de moderá-las.

2.2.13 A necessidade, que não mais se discute, de opor limites ao princípio majoritário e de proteger as minorias, tornou claro que o exercício do direito de voto somente é regular quando adotado no interesse da companhia, e mesmo os defensores da tese contratualista passaram a admitir que as obrigações, assumidas em contratos parassociais, estão subordinadas às normas e princípios do regime legal das companhias, sendo certo que há obrigações incompatíveis com esses princípios. Assim, a doutrina passou a entender, e a lei alemã declarou, a nulidade do acordo pelo qual os acionistas se obrigam a exercer o voto segundo instruções da própria companhia, ou dos órgãos de sua administração, pois essa obrigação implica inversão na hierarquia dos órgãos societários estabelecida na lei. Além disso, orientaram-se no sentido de considerar nulo o negócio da venda de voto.

2.2.14 O direito suíço manteve a tradição de ampla liberdade de contratar obrigações de votar, mas a maioria da doutrina considera nula a obrigação de voto segundo instruções de órgãos de administração da companhia, e reconhece que há limites para essa liberdade, decorrentes de normas e princípios do direito das companhias. Já na Inglaterra, continuam a prevalecer as idéias de que o direito de voto é um *property right*, e de que o acionista pode obrigar-se contratualmente a exercê-lo de determinado modo, ou mesmo a vender seu voto. Mas a necessidade de proteger as minorias levou a jurisprudência a estabelecer que o acordo de acionistas pode ser declarado sem validade, se em fraude da minoria.[23]

2.2.15 Nos Estados Unidos as convenções de voto tiveram, e ainda têm, a mais ampla utilização, compreendendo os *shareholders voting agreement* e os *voting trusts*, nos quais fica caracterizada a fissão dos direitos de voto e dos direitos patrimoniais da ação, mediante o instituto do *trust*, estranho ao direito brasileiro. Diversas legislações estaduais regulam, para impor algumas restrições, o *voting trust*, cuja validade é reconhecida pela jurisprudência, desde que seu fim esteja conforme a lei e os estatutos, e que não importe em prejuízo para os demais acionistas, a companhia ou seus credores.

2.2.16 Por outro lado, a experiência, cada vez mais intensa, das convenções de acionistas, revelou que sua eficácia ficava bastante reduzida quando os efeitos do descumprimento das obrigações nelas contraídas se reduziam a perdas e danos. Daí a orientação adotada pela doutrina e jurisprudência de aceitar a tese contratualista, no sentido de admitir a execução específica das obrigações desses pactos, inclusive as referentes ao exercício do direito de voto.

2.2.17 Na França, a jurisprudência tem se firmado no sentido de que a validade de acordos de acionistas deve ser examinada caso a caso, tendo em vista seu conteúdo e fim, de modo a verificar sua compatibilidade com os princípios do direito das companhias. Em 1937, um decreto-lei declarou nulas e de nenhum efeito as cláusulas que tivessem por objeto limitar o livre exercício do direito de voto nas assembléias gerais das sociedades comerciais. Os Tribunais, no entanto, amenizaram a severidade dessas disposições, para admitir, sob condições, a validade dos acordos de acionis-

23. *Palmer's Company Law*, 21ª ed., Londres, Stevens & Sons, p. 478.

tas. E a Lei de 1967, sobre as sociedades comerciais, não reproduziu a norma da Lei de 1937, nem contém qualquer dispositivo sobre a matéria, o que dá azo a que prossigam as discussões sobre a validade dos acordos, até hoje prevalecendo os que sustentam sua nulidade. Já na Bélgica, segundo Jurgen Dohm,[24] as leis sobre sociedades não proíbem expressamente as convenções de voto, mas a doutrina e a jurisprudência tem se mostrado severas na apreciação de sua validade.

2.2.18 Na Itália, a lei é omissa sobre o assunto, e a doutrina clássica era radicalmente contrária a qualquer modalidade de acordo de acionistas. Nas últimas décadas, no entanto, aumentou o número dos autores que admitem sua validade, desde que suas disposições não conflitem com os princípios da lei das companhias. Num estudo bastante esclarecedor do problema nos vários sistemas jurídicos e, em especial, no direito italiano, Cottino[25] historia a conhecida polêmica que sobre a matéria travaram Sraffa, Ascoli e Bonelli, através da *Rivista del Diritto Commerciale*, e resume os argumentos dos que repelem a validade das convenções: (*a*) a incomercialidade do direito de voto e sua incidibilidade da pessoa do sócio; (*b*) a necessidade de uma formação assemblear da vontade social livre e efetiva, "através do filtro de uma verdadeira discussão"; (*c*) conseqüentemente, a observância da regra de funcionamento da assembléia, "que é o único órgão de formação das deliberações vinculantes, as quais, por metáfora, se consideram como expressão de uma vontade social".

Necessário observar, sem embargo, que, na prática, os acordos continuaram a ser feitos, pois o mundo comercial costuma andar à frente dos teóricos e das próprias leis e, no exame de cada caso levado aos tribunais, decidem eles se houve, ou não, "violação do livre direito de voto", como noticia Noirel.[26]

3. O contrato parassocial na LSA

3.1 A solução adotada pela LSA de 1976 para o contrato parassocial, ou acordo de acionistas, embora inspirada no longo e profícuo debate travado entre os doutrinadores estrangeiros e nas normas vigentes em outros países, apresenta especificidades que cumpre ressaltar, e que são importantes para que o intérprete possa definir os limites de validade dos contratos. Em realidade, a LSA tomou posição sobre a tormentosa questão, dando-lhe disciplina própria, específica, sem observância estrita dos modelos existentes, como se vê de simples leitura de seu art. 118 e parágrafos. Importante assinalar que, como toda construção jurídica, inspirou-se no acervo de experiência dos vários sistemas jurídicos existentes, encontrando sua explicação natural e inteligência nas reflexões sugeridas pelo direito comparado. Por isso, uma referência, ainda que breve, dada a extensão deste trabalho, à posição da doutrina, da jurisprudência e da legislação estrangeiras sobre o problema é útil à compreensão dos preceitos da lei brasileira e dos princípios de que decorre o seu regime.

3.2 Na "Exposição Justificativa", que acompanhou o Anteprojeto da lei, foi afirmado: "O art. 118 regula o acordo de acionistas – modalidade contratual de prática intensa em todas as latitudes, mas que os códigos teimam em ignorar. Ocorre que essa figura jurídica é da maior importância para a vida comercial, e a ausência de disciplina legal é, certamente, a causa de grande número de abusos e malefícios que se lhe atribuem. Com efeito, como alternativa da *holding* (solução buscada por acionistas que pretendem o controle pré-constituí-

24. *Les Accords sur l'Exercice du Droit de Vote de l'Actionnaire*, Genebra, Librairie de l'Université, 1971, p. 144.

25. *Le Convenzioni di Voto nelle Società Commerciali*, Milão, Giuffrè, 1958, pp. 4-5.

26. *La Société Anonyme devant la Jurisprudence Moderne*, Paris, Librairie Techniques, 195-8, pp. 162 e ss.

do, mas que apresenta os inconvenientes da transferência definitiva das ações para outra sociedade) e ao acordo oculto e irresponsável (de eficácia duvidosa em grande número de casos), cumpre dar disciplina própria ao acordo de acionistas que, uma vez arquivado na sede da companhia e averbado nos registros ou nos títulos, é oponível a terceiros, e tem execução específica. Trazido, pois, à publicidade (§ 5º, do art. 118), esses acordos representam ponto médio entre a *holding* e o acordo oculto, com as vantagens legítimas que ambos podem apresentar e sem os inconvenientes para a companhia ou para os sócios, que também podem acarretar".

3.3 As normas da lei sobre a matéria constam do seu art. 118, que rezam, *litteris:*

> Acordo de Acionistas
>
> Art. 118. Os acordos de acionistas, sobre a compra e venda de suas ações, preferência para adquiri-las, ou exercício do direito de voto, deverão se observados pela companhia quando arquivados na sua sede.
>
> § 1º. As obrigações ou ônus decorrentes desses acordos somente serão oponíveis a terceiros depois de averbados nos livros de registro e nos certificados das ações, se emitidos.
>
> § 2º. Esses acordos não poderão ser invocados para eximir o acionista de responsabilidade no exercício do direito de voto (art. 115) ou do poder de controle (arts. 116 e 117).
>
> § 3º. Nas condições previstas no acordo, os acionistas podem promover a execução específica das obrigações assumidas.
>
> § 4º. As ações averbadas nos termos deste artigo não poderão ser negociadas em bolsa ou no mercado de balcão.
>
> § 5º. No relatório anual, os órgãos da administração da companhia aberta informarão à assembléia geral as disposições sobre política de reinvestimento de lucros e distribuição de dividendos constantes de acordos de acionistas arquivados na companhia.

3.4 A comparação desse texto com os sistemas jurídicos estrangeiros evidencia as seguintes características:

a) a lei regula o acordo de acionistas como parte integrante dos instrumentos de organização da companhia e, em conseqüência, cria condições para sua eficácia prática;

b) reconhece, em termos genéricos, sua validade, à diferença das leis que o desconhecem ou proíbem (como nos sistemas italiano e francês), ou se limitam a negar a validade a alguns tipos de acordo (como a lei alemã);

c) admite a execução específica das obrigações neles contraídas; e

d) estabelece, para a companhia, o dever de observar os acordos nela registrados.

3.5 Os preceitos do art. 118 aqui transcrito mostram que a lei incorporou o acordo de acionistas, formalizado mediante contratos parassociais, ao sistema acionário, como mecanismo complementar de organização da vida societária, válido e eficaz perante terceiros e a própria companhia. Esse regime reflete a orientação da lei de reconhecer e regular o fato – notório no mundo dos negócios – de que a organização do poder político na companhia não se esgota com as normas legais sobre o funcionamento da assembléia geral, mas compreende ainda a vinculação dos acionistas fora das assembléias, através de diversos negócios jurídicos – em "corpos intermediários" – dentre os quais os mais importantes são as sociedades *holding* e os acordos de acionistas.

3.6 O modelo de companhia tradicionalmente regulado nas leis de sociedades por ações estabelece que o poder político na sociedade compete aos acionistas, e regula a assembléia geral como o órgão social através do qual esse poder se manifesta. Segundo esse modelo, o poder político somente existe enquanto a assembléia geral se acha reunida, e os acionistas somente tomam conhecimento dos negócios sociais, discutem-nos e sobre eles deliberam, no momento da assembléia: enquanto a assembléia não se acha reunida, ou seja, durante a maior parte da vida da sociedade, os acionistas acham-se dispersos, não conhecem os assuntos da sociedade, não se encontram nem discutem seus problemas, nem se acham vinculados por outros tipos de relações jurídicas além da participação na mesma companhia.

3.7 Em verdade, na grande maioria das companhias, o poder político não se manifesta exclusivamente no momento em que a assembléia geral se acha reunida, mas existe e atua permanentemente. Essa realidade é que levou a LSA: (*a*) a regular, como um dos papéis do modelo de companhia, a função do acionista controlador; (*b*) a disciplinar em capítulos próprios as sociedades controladoras, coligadas e controladas e os grupos e sociedades; e (*c*) a incorporar o acordo de acionistas ao sistema da lei, como mecanismo complementar indispensável ao funcionamento do modelo de companhia, em grande número das sociedades que o adotam.

3.8 A orientação da lei, de conferir estado de cidade ao acordo de acionistas, integrando-o no mesmo sistema das normas da vida societária, tem por contrapartida necessária, sujeitá-la à estrita observância das normas institucionais – sem o que não poderia ser cumprido pela companhia. Esta a conseqüência, de maior relevo, da incorporação do acordo com o texto da LSA e da eficácia que esta lhe conferiu, ao obrigar a companhia a observar um contrato que os acionistas estão livres para firmar, mas cujos resultados repercutirão na comunidade dos sócios.

4. Compatibilidade das cláusulas do contrato com o regime da lei

4.1 Como parte do sistema anonimário, as cláusulas dos contratos parassociais devem ser compatíveis com as normas e os princípios do restante da lei, somente aplicando-se secundariamente, e na medida em que inexistam mandamentos especiais da LSA, as normas e os princípios do direito geral das obrigações.

Essa imprescindível compatibilização das normas do contrato com os comandos legais se faz sentir de forma aguda quando se trata de convenções de voto, pois o acordo relativo à compra e venda de ações, ou preferência para adquiri-las, coloca-se, precipuamente, no campo da liberdade de contratar. Já o direito de voto, e seu exercício, são temas corporativos por excelência, dizendo respeito à essência do funcionamento da companhia e, para não dar margem a dúvidas de que as convenções de voto estão subordinadas às normas corporativas, dispôs a lei expressamente, no § 2º, do art. 118 que: "Esses acordos não poderão ser invocados para excluir o acionista da responsabilidade no exercício do direito de voto (art. 116) ou do poder de controle (arts. 116 e 117)".

4.2 Por meio desse preceito, a lei reafirma expressamente o princípio – que decorre do sistema – de que a liberdade de convenção sobre o exercício do direito de voto é limitada pela disciplina legal desse direito e da responsabilidade do acionista ao exercê-lo.

5. Normas legais e contratuais

5.1 Em vista da circunstância de conterem os atos constitutivos da companhia normas derivadas de contrato, e outras decorrentes da lei, coloca-se, desde logo, o problema da identificação, entre as várias normas, das regras legais obrigatórias do direito societário – portanto não derrogáveis pelos sócios – e das regras de conteúdo meramente contratual.

5.2 Tradicionalmente, entende-se que a liberdade contratual – que autoriza os particulares a livremente comprometerem-se uns com os outros, sob condições por eles próprios deliberadas – continua a predominar em matéria de contratos societários. Cita-se, tradicionalmente, como norma para a identificação de um limite para tais compromissos o art. 6º do Código Civil francês, que proíbe a derrogação, por convenções entre particulares, das leis que dizem respeito à ordem pública e aos bons costumes, bem assim as normas que interditam a disposição de alguns direitos.

5.3 Da simples formulação de tais princípios decorre a óbvia dificuldade que sua aplicação, na vida prática, forçosamente acarreta, já que a simples noção do que seja ordem pública vem sendo discutida há séculos, sem que possa, com certeza, assegurar-se que algum conceito já tenha sido formulado de maneira definitiva, sendo aceito pacificamente pela doutrina. Igualmente, a legislação restritiva da disposição de direitos costuma ser casuística, sendo difícil formular regra geral aplicável às várias circunstâncias que determinam tal disposição de direitos. Sendo de lembrar-se que, de resto, boa parte dessas normas pertinem o mais das vezes ao direito público do que ao direito societário.

5.4 A busca de uma interpretação sistemática à crescente inserção de normas de ordem pública na legislação do anonimato tem suas raízes no crescente intervencionismo estatal na economia privada, fácil de verificar-se, ao menos nos países ocidentais, a partir da grande crise da Bolsa de Nova Iorque, em 1929 e, de maneira crescente e até hoje quase irresistida, depois da Segunda Guerra Mundial.

5.5 A desordem financeira provocada pelo *crash* daquela Bolsa norte-americana alastrou-se pelo mundo todo, com seu quadro de queda da produção, desemprego, guerras comerciais entre os países exportadores mediante o uso de políticas fiscais, e tantas outras conseqüências que levaram muitos autores a identificar nesse quadro a origem do nazismo e, em conseqüência, da Guerra de 1939/1945. Paralelamente, a longa administração Franklin Roosevelt nos Estados Unidos, com sua orientação confessadamente intervencionista, em vista de seu sucesso induziu muitos estadistas a adotar políticas semelhantes, na esperança de repetir a experiência americana. Consta que data dessa época a preeminência que economistas, administradores e planejadores assumiram na administração pública de quase todas as nações, com especial participação nos governos dos chamados países do "Terceiro Mundo" ou, mais diplomaticamente, "em vias de desenvolvimento" (*developing countries*, na forma inglesa).

5.6 Tullio Ascarelli, escrevendo há mais de 50 anos, já apontava o tipo de norma protetora de interesses da sociedade, cujo caráter de ordem pública se impõe, ao dizer:

"Os mais complexos são os problemas suscitados pela segunda tendência [a grandíssima anônima]. No âmbito da sociedade anônima, denunciam eles um vício que, por sua vez, se reflete também no funcionamento das normas destinadas a tutelar a integridade do capital social.

"Em relação a essa situação, apresentou-se, um lado, a necessidade de tutelar a economia popular; de tutelar os subscritores e compradores de ações, disciplinando a colocação das ações entre o público, para evitar o que os norte-americanos chamam, significativamente, de 'venda do céu azul'; tutelar os economizadores, para que a sociedade não seja fraudulentamente utilizada apenas no interesse pessoal dos 'grandes' acionistas, integrando, às vezes, com uma cautela de direito público, a auto-tutela de direito privado dos acionistas ou do credor; frisar a tutela dos acionistas e delimitar os poderes dos diretores; de outro lado, tutelar os consumidores e o progresso técnico e econômico.

"O problema da sociedade anônima prende-se, assim, aos problemas fundamentais da economia moderna."[27]

5.7 Parece que a noção de ordem pública, ao menos no direito continental eu-

27. Cf. "Organização interna da sociedade e tutela do acionista", in *Problemas das Sociedades Anônimas e Direito Comparado*, 2ª ed., São Paulo, Saraiva, 1969, p. 347.

ropeu, foi empregada por primeira vez no referido art. 6º, do Código Civil francês, na época do predomínio do individualismo liberal, em que se chegava a proclamar que a "ordem pública estava a serviço da liberdade".[28] Nesse tempo, o direito mostrava-se grandemente respeitador dos contratos, embora já houvesse normas limitativas do direito de contratar. Em nossos dias, vive-se verdadeira primazia do coletivo, cujo reflexo no mundo do direito é a interdição de várias práticas, muitas delas no domínio da economia. Dentro dessa formulação, não é demasia afirmar-se que não se considera mais o indivíduo, mas sim o grupo, a coletividade, como a base da vida social. E o direito, em conseqüência, deve organizar a vida em comum, visando a satisfazer às necessidades sociais. Em vista do que o estado fica autorizado a limitar a liberdade contratual, se tal limitação for considerada necessária para melhor atender a tais necessidades. Nesse momento é que o estado encontra os meios de sua ação na noção de ordem pública.

5.8 Muitos especialistas tentaram conceituar a ordem pública, sendo de referência obrigatória alguns da França, como Planiol, para quem "uma norma é de ordem pública todas as vezes que ela decorre de considerações de interesse geral, que se veriam prejudicados se os particulares fossem livres para impedir a aplicação da lei",[29] ou para Ripert, o qual afirma que a característica da ordem pública é a defesa do interesse público,[30] ou, mais recentemente, P. Bernard entende que "a ordem pública dá ao interesse geral a primazia sobre os interesses particulares".[31] Devendo citar-se, igualmente, a opinião dos juristas que afirmam que são de ordem pública não somente as normas cuja desobediência implica pena de nulidade, mas todas aquelas que são inspiradas pelo cuidado de assegurar a supremacia do interesse geral sobre o interesse particular, e que podem constituir limites à liberdade de contratar.[32] Escusado observar que a noção de interesse geral é demasiado vaga, mais uma vez permanecendo imprecisa a noção de ordem pública, da qual o interesse geral é o fundamento.

5.9 Em face da dificuldade de estabelecer critérios sólidos para a delimitação da ordem pública, os doutrinadores vêm tentando identificar alguma forma objetiva de estabelecer qual, ou por que maneira, o caráter de ordem pública eventualmente refletido em determinada norma legal seria definido.

Uma das formulações remete ao próprio legislador a tarefa de determinar se tal ou qual regra é, ou não, de ordem pública. Baseados em princípios ilustres, como o de que, em direito privado, tudo o que não é proibido pela lei é permitido – como consta, aliás, do art. 5º, II, da Constituição Federal –, os defensores de tal posição consideram que a liberdade humana só pode ser limitada, em nome do interesse comum, por meio de leis, discutidas e votadas pelos representantes do povo. No entanto, uma conseqüência de remeter-se ao legislador a definição da norma como de ordem pública pode conduzir à situação, na vida real, de termos de recorrer, simplesmente, à procura da vontade dos redatores do texto, o que poderia resultar, eventualmente, em uma situação de considerar-se obrigatória uma regra limitativa da vontade individual com base, apenas, em sua interpretação gramatical.

5.10 Outros doutrinadores, em especial na França, em face dessa limitação sugerem que se delegue ao juiz a definição

28. Savatier, *Les Métamorphoses Economiques et Sociales du Droit Civil d'Aujourd'hui*, 1ª série, *Panorama des Mutations*, 3ª ed., Dalloz, 1964, p. 83, *apud* Sophie Schiller, ob. cit., p. 19.

29. M. Planiol e G. Ripert, *Traité Pratique de Droit Civil Français*, t. I, 2ª ed., LGDJ, por Robert Savatier, 1951, *apud* Sophie Schiller, ob. cit., p. 20.

30. *Aspectos Jurídicos do Capitalismo Moderno*, Rio de Janeiro, Freitas Bastos, 1947, n. 99.

31. *La Notion d'Ordre Public en Droit Administratif*, Paris, LGDJ, 1962, *apud* Sophie Schiller, ob. cit.

32. Ripert e Roblot, *Traité de Droit Commercial*, I, t. 1º, n. 67, Paris, LGDJ, 2001, pp. 50-51.

de uma norma ser, ou não, de ordem pública. A doutrina e a jurisprudência do século XIX insistiam em que só o legislador deveria ter essa função. O temor dos autores era que o Judiciário se tornasse absoluto, nesse campo, quando dispusesse do poder de qualificar uma norma legal como de ordem pública. Entretanto, essa prática tornou-se comum, pela circunstância de ser a ordem pública uma noção tão imprecisa que, o mais das vezes, é impossível deduzir do simples texto da lei seu caráter mandatório.

5.11 Não obstante toda essa dificuldade, é possível apontar, entre as normas da LSA, algumas que contêm, livre de dúvidas, normas cogentes e obrigatórias, cuja observância se impõe, como as que definem os chamados "direitos essenciais dos acionistas" (art. 109), ou a que veda a atribuição de voto plural a qualquer classe de ações (art. 110, § 2º), por exemplo. Tullio Ascarelli, na mesma obra acima citada, é muito claro ao dizer:

"Por outro lado, no entanto, foi diminuída a discricionariedade das partes no ato constitutivo. Foram-se, assim, identificando, cada vez mais precisamente, uma série de direitos que cabem a cada acionista ou a cada acionista ordinário, e são inderrogáveis até no estatuto originário e, *a fortiori*, com uma deliberação por maioria. Assim, o direito aos lucros; o direito à paridade de tratamento entre os acionistas ou entre os acionistas da mesma categoria, assim como o de o acionista continuar sócio; o direito do acionista a não dever, salvo seu consentimento, versar importâncias ulteriores, além das devidas pela subscrição das ações, o direito a obter informações na assembléia; e assim por diante. Essa categoria de direitos foi se alargado progressivamente: foi assim que se admitiu o direito de preferência dos acionistas ao aumento do capital social. (...)

"Correlativamente à evolução acima notada, foram melhor disciplinados tanto a assembléia, quanto o direito de voto; foram disciplinadas as situações daqueles que, no ato de votar, estivessem em conflito de interesses com a sociedade; os votos por procurações; o voto dos diretores e dos fiscais sobre a própria responsabilidade e sobre o balanço; admitiu-se, na jurisprudência, a possibilidade de impugnar a deliberação da maioria 'por abuso de poder' ou 'contraste com os bons costumes'; foram disciplinadas as ações relativas aos vícios das deliberações assembleais e dos votos".[33]

5.12 O regime legal da companhia é muito mais pormenorizado do que o dos tipos mais antigos de sociedades mercantis (em nome coletivo, de capital e indústria e em comandita) devido às suas características essencialmente diferentes – responsabilidade limitada de todos os sócios, circulabilidade das ações (com a possibilidade de substituição de todos os sócios sem modificação na sociedade) e administradores que não são necessariamente sócios nem são solidários nas obrigações sociais. Devido a essas características, para que o modelo da companhia seja eficiente e justo é indispensável que a lei disponha, com normas cogentes sobre diversos aspectos das relações internas e externas da sociedade, tais como capital social, ações e outros valores mobiliários, direitos de credores e acionistas, órgãos sociais e suas atribuições, responsabilidade dos administradores, etc.

5.13 Em conseqüência, o regime legal das sociedades por ações é um sistema que compreende normas prescritivas, permissivas e supletivas, mas seu princípio básico é o mesmo do Direito das Obrigações – o da liberdade de contratar, dentro dos limites definidos pelas normas legais cogentes. As normas cogentes são identificadas em função do fim de proteger credores, acionistas minoritários, futuros acionistas, investidores no mercado, ou terceiros, e existem para proteger interesses, e não como prescrições abstratas. Somente por referên-

33. Ob. cit., pp. 337-338.

cia ao fim da lei e ao interesse que cada norma visa a proteger é possível, portanto, afirmar que determinada estipulação estatutária é incompatível com preceito legal cogente.

5.14 A crescente presença de normas de ordem pública na legislação do anonimato explica-se, teleologicamente, em primeiro lugar, pela necessidade de *proteger os terceiros* que, ao tratar com uma sociedade precisam conhecer as garantias de que dispõem e os poderes dos órgãos administrativos, de forma que tenham eles meios de saber quais são as características essenciais de uma tal forma de sociedade, sem se verem obrigados a efetuar pesquisas longas e complexas. Para isso, o caráter imperativo de várias normas se mostra altamente eficaz.

5.15 É fácil de entender, por exemplo, que se terceiros contratam com empresários individuais, ou com uma sociedade em nome coletivo – hipóteses em que até os bens pessoais dos empresários, em última instância, podem ser apreendidos para garantir a boa liquidação de suas dívidas –, o cuidado com garantias será menor do que se contratar com uma sociedade por quotas de responsabilidade limitada, ou com uma anônima, onde só excepcionalmente se poderá responsabilizar um sócio, ou um administrador, por obrigações da sociedade. Isto é, quem conceder crédito, ou efetuar fornecimento de bens ou serviços para pagamento futuro, precisa estar ciente de que sua garantia contra eventual inadimplemento consiste na solidez da sociedade, mais do que no patrimônio dos sócios ou administradores. Por isso, os atos constitutivos são mais precisos e pormenorizados do que os contratos de sociedades em que os sócios, ou os administradores, ou ambos, podem ser responsabilizados por obrigações das mesmas. Esse um dos papéis fundamentais das normas de direito público contidas em tais atos constitutivos.

5.16 Em segundo lugar, visam as normas de ordem pública a *proteger os próprios associados*. Os quais muitas vezes se vêem afastados de diretores ou fundadores, tendo pouco contato com os órgãos dirigentes da sociedade. Por isso, a lei garante-lhes um mínimo de acesso à informação e de direitos frente à administração, ou aos próprios controladores, tanto mais necessários quando se trata, por exemplo, de sociedade que faz apelos à poupança popular para capitalizar-se. Entre as várias medidas de intervenção do Estado nas sociedades anônimas, a mais conhecida é a que se desenvolve por meio de órgãos de fiscalização e disciplinamento das companhias de capital aberto, como a que compete à Comissão de Valores Mobiliários (CVM), no Brasil, instituída pela Lei n. 6.385, de 7 de dezembro de 1976, com vasta gama de competências e poderes.

5.17 É verdade que a imposição de normas que visam a proteger terceiros e os próprios associados precisa ser cuidadosamente sopesada pelo legislador, já que, muitas vezes, o excesso de rigor não torna a regra mais eficaz. Esta circunstância, que não reside apenas no direito brasileiro, tem sido observada em vários outros países, sendo oportuno lembrar a opinião de Ives Guyon,[34] que diz:

"Comme dans les autres domaines du droit, cet ordre public n'a pas seulement une origine formelle, c'est-à-dire des prohibitions formulées expressément par les lois que régissent les sociétés. La situation serait alors relativement simples, car l'autonomie de la volonté ne serait bridée que par de règles écrites. L'examen de la jurisprudence montre que l'ordre public trouve aussi ses source dans les príncipes généraux plus imprécis, comme le principe d'égalité entre associés ou de proportionalité, le respect des droits individuels des associés, le caractère d'intérêt commun de la société, etc. Il est donc souvent difficile, en présence d'un texte donné, de savoir si celui-ci a ou non un caractère impératif. Mais à l'inté-

34. *Les Sociétés – Aménagements Statutaires et Conventions entre Associes*, Paris, LGDJ, 1995, "Introduction", pp. 23-24.

rieur de cette doublé limite, le principe demeure que tout ce qui n'est pas intérdit est permis.

"(...).

"Deux phénomènes atténuent le caractère apparemment très contraignant du droit des sociétés. D'une part la *nullité*, qui est la sanction normalement attachée à la violation d'une règle imperative, *a un domaine restreint* en droit des sociétés. Elle n'y constitue plus la sanction de droit commun (C. civ. Art. 1.844-10 – L. 24 juill. 1966, art. 360). Notamment l'annulation d'une constitution de société ou d'un acte modifiant ses statuts ne peut résulter que d'une disposition expresse de la loi (pas de nullité sans texte) ou de l'une des causes de nullité des contrats en général. Par consequent la violation de nombreuses règles impératives entraîne seulement une ménace de régularisation ou de mise en cause de la responsabilité de leur auteur, ce qui est une sanction beaucoup moins efficace et intimidante que la nullité. L'ordre public sociétaire est assez souvent un tigre de papier qui n'éffraye que les naifs."

5.18 Como ocorre em várias circunstâncias, em se tratando de normas jurídicas ditadas para a solução de conflitos, incumbe à doutrina e à jurisprudência o exame e a ponderação no aplicar regras legais que, muitas vezes, ao invés de cumprirem o desiderato do legislador, podem provocar resultados indesejáveis. De um lado, as normas de cunho meramente contratual, em se tratando de sociedades anônimas, muitas vezes não são adequadamente debatidas com os acionistas, que preferem conformar-se ao desejo das maiorias a enfrentar batalhas judiciais ou administrativas. E de outro, as normas de ordem pública, com todo seu aparato de apoio da autoridade, em caso de descumprimento, às vezes não se revelam fortes o bastante para oferecer aos terceiros, ou aos próprios acionistas, toda a proteção buscada pois, como recorda o jurista acima citado, frequentemente a ordem pública pode não passar de um tigre de papel.

6. Normas criadas pelos órgãos sociais

6.1 As disposições legais que regem a companhia, em que pese serem no mais das vezes minuciosas e cobrirem vasto campo de aplicação, no sentido de resolver conflitos e de orientar a administração da sociedade, não podem tudo prever. O dia a dia de qualquer entidade, pública ou privada, conhece uma miríade de imprevistos, aos quais é preciso dar resposta pronta e adequada. Por isso, os órgãos de administração sociais podem completar os ditames, seja da lei, seja do estatuto, com outras normas, visando a solucionar tal ou qual situação imprevista.[35] Estas normas, criadas pelos órgãos sociais, são válidas e gozam da mesma autoridade das disposições legais. Via de conseqüência, sua violação pode induzir penalidades, inclusive a declaração de nulidade do ato violador.

6.2 Evidente que certos cuidados devem revestir as normas emanadas dos órgãos sociais, para que não sejam inquinadas de vícios ou de nulidades. Inicialmente, devem tais normas ser conformes ao interesse social, parâmetro insubstituível, já que, caso contrário, seriam normas destituídas de causa. Em segundo lugar, devem tais normas ser aceitas individualmente pelos sócios, quando criam obrigações subsidiárias. Se o estatuto contiver previsão de que determinados órgãos da administração têm competência para emitir normas sempre que se verificar ausência de disposições específicas para algumas situações, ficará

35. "Malgré son caractère contraignant, le droit des sociétés anonymes a toujours fait place à des créations de la pratique, venues répondre à des besoins non satisfaits par des dispositions légales. Assez souvent ces innovations ont reçu une consécration législative de telle sorte que, dans le domaine des sociétés plus encore que dans d'autres disciplines, la création du droit résulte d'une interaction de la pratique et de la loi" (Ives Guyon, ob. cit., p. 201).

claro que, ao tornar-se acionista o novo membro da companhia estará aceitando por antecipação a possibilidade de que tais normas venham a ser editadas e, da mesma forma, concordando com cumpri-las, desde que revestidas do interesse em executar os objetivos sociais.

6.3 No entanto, se o estatuto for totalmente omisso a respeito dessa competência normativa de órgãos da administração, ficará difícil justificar tal edição de atos, exceto se houver manifestação unânime a favor de tal procedimento. Caso contrário, estar-se-ia na presença de criação de encargos imprevistos, sem o consentimento de quem os teria de cumprir, o que contrariaria os princípios da liberdade contratual, em que se baseia a constituição das sociedades, inclusive a anônima.

6.4 Esta problemática, por complexa que pareça, tem um contraponto na circunstância de que nem sempre serão numerosas as situações em que seja necessário criar normas por meio dos órgãos sociais, para regrar problemas inesperados. O objeto principal de uma companhia, ou de qualquer sociedade, é a distribuição de ganhos entre os sócios. Criar novas obrigações para eles, não previstas nos atos constitutivos, é sempre uma operação delicada, a adotar-se apenas quando for inevitável.

6.5 Estas normas, ditadas pela prática da vida social, devem ser, antes de tudo, lícitas, não estabelecendo quaisquer formas de procedimento que pudessem violar as características essenciais das companhias, estabelecidas pelo legislador tanto no interesse dos acionistas como no de terceiros. Devem, outrossim, ter pertinência com a organização e o funcionamento da sociedade, pois o estatuto, em princípio, tem finalidade limitada ao atingimento desses dois objetivos. Obviamente, não é próprio dele a criação de regras totalmente estranhas à realização do objeto social. Nem, muito menos, dos órgãos sociais, por ele próprio estabelecidos e que têm nele sua fonte de competência.

7. Contrato de sociedade. Modelo legal

7.1 A LSA foi elaborada, debatida e finalmente aprovada pelo Congresso Nacional com a intenção confessada de criar a estrutura institucional da grande empresa privada de capital nacional. A escala dos empreendimentos, conseqüência do desenvolvimento econômico acelerado do Brasil, em especial na segunda metade do século XX, superou a capacidade da pequena e média empresas – tradicionalmente organizadas como sociedades de pessoas, por quotas, ou anônimas fechadas, familiares. O desempenho da função empresarial nos grandes projetos estava restrito ao Estado e ao empresário estrangeiro, ou multinacional, porque o brasileiro não dispunha dos instrumentos institucionais hábeis para tanto.

7.2 De um modo geral, podemos afirmar que a LSA regula um modelo jurídico de organização de grupo de pessoas que se associam para exercer a função empresarial, que compreende três atividades diferentes: (*a*) criar e expandir a empresa; (*b*) administrá-la e (*c*) aplicar o capital social de risco indispensável à sua operação. Essa função empresarial pode ser exercida por um indivíduo, grupo de pessoas que se associam para esse fim, ou pelo Estado. As sociedades comerciais são modelos jurídicos de organização dos grupos empresariais.

7.3 Na empresa individual de pequeno porte – e mesmo nas sociedades de pessoas e companhias fechadas –, o empresário desempenha, habitualmente, toda a função empresarial, ao mesmo tempo de empreendedor, gestor e proprietário do capital. Na medida em que a empresa cresce de dimensão verifica-se, como em toda organização, a tendência para a especialização. Em dado momento, o empresário-proprietário não mais consegue expandir a empresa apenas com seu capital, necessitando associar-se a terceiros, que também aportarão seu capital. E, crescendo ainda mais a empresa, ao atingir dimensão e complexidade que ultrapassam a capacidade gerencial do empresário-empreendedor, a administração passa a exigir a presença de administradores profissionais, com conhecimentos específicos para a formação das decisões.

7.4 A sociedade anônima foi exitosa, como principal mecanismo institucional da economia capitalista, ou de livre iniciativa, principalmente por sua característica de modelo jurídico de organização em que as três subfunções empresariais são bem definidas, possibilitando seu exercício por pessoas diferentes. O empresário-empreendedor é fundador ou acionista controlador e, em geral, exerce um dos cargos da administração. Cargos que, no entanto, podem também ser exercidos por administradores profissionais, que não foram os criadores da empresa nem são aplicadores de capital de risco. E a função de investidor, graças à divisão do capital em ações, pode ser exercida, simultaneamente, pelo empresário-empreendedor e por milhares ou milhões de investidores do mercado. Esta a grande flexibilidade do modelo legal da companhia, hábil para a organização tanto de empresas de pequeno porte quanto das macroempresas dos países mais desenvolvidos.

7.5 O modelo legal da anônima, segundo muitos autores, tenta reproduzir o formato da administração dos países democráticos: um poder *executivo*, confiado a uma diretoria, hoje em dia normalmente recebendo instruções de um conselho de administração, nas empresas de maior porte; um poder *legislativo*, a cargo da assembléia geral, ordinária ou extraordinária, conforme as matérias a serem debatidas; e um poder semelhante ao *judiciário*, exercido pelo conselho fiscal, ainda que a competência deste se limite, o mais das vezes, ao exame da regularidade contábil das demonstrações financeiras.

7.6 É fácil de ver que este modelo reside mais no pensamento de vários doutrinadores, do que na realidade quotidiana das anônimas. Vale recordar, por exemplo, que o princípio da decisão em assembléia geral pelo voto majoritário – única solução até hoje encontrada em direito político, desde que minorias se conformem decisões das maiorias –, é realmente estranho ao esquema legal criado por empresários e pelo mercado, com base em sua experiência do dia a dia. Necessário reconhecer que, na vida empresarial, os princípios políticos do sufrágio universal, e da igualdade de todos perante a lei, nada têm a ver com o voto do acionista e dos direitos e garantias que lhe têm de ser assegurados.

7.7 Em verdade, o investidor ingressa na companhia que escolhe, sai dela quando considera conveniente, visa ao lucro e compra e vende ações – isto é, votos – sem restrições, a não ser as do mercado. Como já foi dito alhures, uma assembléia geral de sociedade anônima é uma "reunião de sacos de dinheiro que votam", e não uma festa cívica. O que, aliás, nada tem de condenável, já que os pontos básicos de toda sociedade mercantil são: co-participação nos lucros e prejuízos e direito de fiscalizar, mas não de participar das deliberações, normas que, de resto, são tradicionais em nosso direito, e já constavam, inclusive, do nosso Código Comercial, em seus arts. 288 e 290, que rezavam, *litteris*:

> Art. 288. É nula a sociedade ou companhia em que se estipular que a totalidade dos lucros pertença a um só dos associados, ou em que algum seja excluído, e a que desonerar de toda contribuição nas perdas as somas ou efeitos entrados por um ou mais sócios para o fundo social.
>
> (...).
>
> Art. 290. Em nenhuma associação mercantil se pode recusar aos sócios o exame de todos os livros, documentos, escrituração, correspondência, e do estado da caixa da companhia ou sociedade, sempre que o requerer; salvo tendo-se estabelecido, no contrato ou outro qualquer título da instituição da companhia ou sociedade, as épocas em que o mesmo exame unicamente terá lugar.

7.8 O modelo legal da LSA brasileira não tenta reproduzir qualquer das características da sociedade política. Cinge-se a organizar a atividade de pessoas que se unem, tendo em vista um objetivo comum – obter lucros – mediante produção ou intermediação de bens ou serviços para o mercado, sob forma organizacional que lhes permita o máximo de flexibilidade no que tange à alienação ou aquisição de posições de comando, a transferência de bens, de forma total ou parcial, com o mínimo de formalidades, isto é, através da compra ou venda de ações, bem como da possibilidade de fiscalizar, de maneira bastante razoável, a atividade dos administradores, sejam eles acionistas ou profissionais contratados no mercado.

7.9 De maneira realista, a LSA institui um conselho de administração – o qual, de resto, só é obrigatório para companhias abertas e as de capital autorizado (art. 138, § 2º) –, com a função conhecida de representar os interesses dos acionistas dentro da sociedade; uma diretoria, obrigatória para todas as companhias, a quem incumbe a direção da companhia em suas relações e operações diuturnas; e um conselho fiscal, a quem é cometida, entre outras, a atribuição tradicional de fiscalizar os atos dos administradores e o cumprimento de seus deveres legais e estatutários, o exame e emissão de parecer sobre as demonstrações financeiras e sobre propostas da diretoria relativas a alteração do capital, emissão de debêntures ou bônus de subscrição, entre outras tarefas descritas com pormenor no art. 163 da LSA.

Importante observar que este modelo tem se mostrado de grande utilidade, e não apenas no setor privado da economia, mas também em boa parte da administração pública, a qual, freqüentemente, se vale da forma do anonimato para organizar suas empresas, mais uma vez graças ao formato extremamente eficiente da companhia.

7.10 De ressaltar-se que a flexibilidade conferida pela LSA aos empresários, no que se refere à organização institucional de sua atividade, torna o formato da companhia ainda mais hábil ao manejo desta, como se verifica de vários dispositivos, a exemplo do art. 138, que deixa ao estatuto a decisão de adotar, ou não, determinada companhia, conselho de administração e diretoria, ou apenas esta, pois, no caso das sociedades fechadas, a obrigatoriedade de instalar-se um conselho de administração poderia constituir-se em razoável complicador. Comentário semelhante, e que também é válido para demonstrar a flexibilidade operacional conferida à companhia pela LSA, poderia fazer-se com respeito ao art. 161, o qual possibilita ao estatuto dispor se os conselhos fiscais funcionarão de maneira permanente, ou apenas quando instalados a pedido de acionistas que representem, ou 1/10 das ações com direito a voto, ou 5% das ações sem direito a voto (art. cit., § 2º).

8. Normas legais e liberdade de contratar

8.1 A circunstância de a LSA permitir grande maleabilidade à organização de empresas que optem pelo formato da companhia leva, paradoxalmente, ao exame de quanto há de normas cogentes, e, portanto, de observação obrigatória, e quando existe de normas contratuais puras e simples, resultado de simples deliberações dos acionistas. Pois, de feito, é tal o relevo assumido pela anônima em todos os países que adotam a economia de mercado que o Estado se viu, de forma mais e mais crescente, obrigado a intervir na outrora intocável liberdade de contratar. Hoje em dia, é problema de não pouca monta separar, entre as disposições da LSA, ou mesmo de um estatuto, o que é plenamente alterável pela vontade das partes do que é de observância compulsória.

8.2 A análise da área de autonomia da vontade que continua a existir na companhia deixa evidente que a ela não se aplica o conceito de instituição, defendido por tantos autores, pois o fato é que a instituição e o funcionamento da companhia pressupõem muito mais do que a vontade de criar a companhia exclusivamente nos termos de um estatuto legal. A importância da autonomia da vontade na criação e no funcionamento da companhia pode ser avaliada mediante a comparação dos temas objeto de estipulação no contrato social das demais sociedades comerciais e nos atos constitutivos da companhia.

8.3 O velho e, nesta parte, revogado Código Comercial, em seu art. 302, determinava o que contrato da sociedade comercial deveria conter. Tais disposições constam, atualmente, do art. 997, do Código Civil, que reza:

> Art. 997. A sociedade constitui-se mediante contrato escrito, particular ou público, que, além de cláusulas estipuladas pelas partes, mencionará:
>
> I – nome, nacionalidade, estado civil, profissão e residência dos sócios, se pessoas naturais, e a firma ou a denominação, nacionalidade e sede dos sócios, se jurídicas;
>
> II – denominação, objeto, sede e prazo da sociedade;
>
> III – capital da sociedade, expresso em moeda corrente, podendo compreender qualquer espécie de bens suscetíveis de avaliação pecuniária;
>
> IV – a quota de cada sócio no capital social, e o modo de realizá-la;
>
> V – as prestações a que se obriga o sócio, cuja contribuição consista em serviços;
>
> VI – as pessoas naturais incumbidas da administração da sociedade, e seus poderes e atribuições;
>
> VII – a participação de cada sócio nos lucros e nas perdas;
>
> VIII – se os sócios respondem, ou não, subsidiariamente, pelas obrigações sociais.

8.4 Nos atos constitutivos e nas modificações do estatuto social da companhia essas mesmas matérias são reguladas por atos de vontade das partes, pois os subscritores das ações e acionistas têm liberdade para definir:

a) no estatuto, a denominação, o objeto, o capital social, o número, a espécie e classe das ações, as vantagens das ações preferenciais, as limitações à circulação de ações e as vantagens particulares de fundadores ou terceiros;

b) respeitada a estrutura legal da organização interna da companhia, dependem da vontade dos subscritores de ações e acionistas a existência ou não de conselho de administração (na companhia fechada), o número de administradores e o prazo de sua gestão, as atribuições dos diretores, a mesa da assembléia geral e a competência para convocá-la, o número de membros e o exercício permanente ou não do conselho fiscal, assim como a organização da sociedade em liquidação.

8.5 Essa comparação mostra que os mesmos aspectos da organização interna das sociedades que, segundo o novo Código Civil, devem ser regulados no contrato social, dependem, na companhia, de atos de vontade de subscritores de ações (na constituição da companhia ou no aumento do capital) ou dos órgãos sociais, mediante alteração estatutária (na companhia em funcionamento). Essa participação da vontade das partes na definição do conteúdo do contrato de companhia é incompatível com a proposição de que ela nasce de ato de adesão a estatuto legal que regula – sem qualquer lugar para a autonomia da vontade – todos os direitos e obrigações de uma situação jurídica.

8.6 É inquestionável, entretanto, que o papel da autonomia de vontade do contrato de companhia é bem mais restrito do que na maioria dos demais negócios jurídicos nominados, dada a quantidade de normas legais imperativas, mas esse fato não decorre de peculiaridades na natureza jurídica da companhia, e sim da importância da função social desempenhada por esse tipo de contrato e pelas repercussões que suas características implicam sobre terceiros e o sistema econômico:

a) em matéria de direitos dos acionistas, a liberdade de contratar precisa ser limitada devido à quantidade dos sócios, à circulabilidade das ações, à natureza das ações como valores mobiliários e à necessidade de assegurar o funcionamento eficiente dos mercados de capital;

b) como nenhum acionista responde pelas obrigações sociais além do capital por ele contribuído, a proteção dos credores depende inteiramente do instituto do capital social, e grande número das normas da lei visam proteger a fixidez, realidade e intangibilidade desse capital;

c) a proteção do capital social e os interesses dos investidores nos mercados de capitais, assim como a determinação dos direitos de participação dos acionistas, requer normas sobre demonstrações financeiras e a apuração e distribuição de resultados;

d) os valores mobiliários – que a companhia tem privilégio de emitir – são regulados na lei para proteger os seus titulares e os investidores do mercado;

e) o funcionamento eficiente de organização que pode atingir grande escala requer a definição legal da estrutura interna da companhia, com a disciplina dos seus órgãos, a fim de dar segurança às relações com terceiros e proteger os interesses de acionistas minoritários e investidores do mercado;

f) o regime de publicidade dos atos da companhia não tiveram, todavia, influência no direito positivo: toda as leis sobre sociedades por ações promulgadas desde o século passado, assim no Brasil como nos países da Europa continental, pressupõe a natureza contratual da companhia, não obstante a quantidade de normas imperativas que as integram.

8.7 No Brasil, a primeira lei sobre sociedades anônimas (Decreto n. 575, de 10.1.1840) referia-se a "estatuto ou contrato constitutivo da sociedade", e o Código Comercial, de 1850, regulou as companhias em cinco artigos inspirados no Código de Comércio francês de 1908, submetendo sua constituição à autorização governamental; a Lei n. 1.150, de 4.11.1882, que instituiu a liberdade de constituição de companhia, continuou a se referir ao "contrato ou estatutos da sociedade", mas no art. 33 declara aplicáveis às sociedades anônimas existentes os artigos que relaciona, sobre razão social; responsabilidade dos sócios; competência do juízo comercial; publicidade dos atos constitutivos e de alteração do estatuto; liquidação; livros e registros de ações; poderes, responsabilidade e preenchimento de vagas de administradores; conselho fiscal; assembléias e liquidação.

8.8 O regulamento aprovado pelo Decreto n. 434, de 4.7.1891, que consolidou as disposições legislativas e regulamentares relativas às sociedades anônimas, estabeleceu (no art. 212) que "as sociedades anônimas preexistentes se podem converter nas sociedades anônimas de que trata este decreto", e declarou aplicáveis às sociedades anônimas existentes quando da promulgação do Decreto n. 164, de 1890, diversas disposições deste decreto sobre as mesmas matérias referidas no art. 33 da Lei n. 3.150/1882. Por conseguinte, já nas duas últimas décadas do século passado, a lei brasileira, embora regulasse a companhia como contrato de sociedade, previa a aplicação às sociedades existentes das leis novas em matéria de ordem pública ou de proteção de interesses de terceiros.

8.9 O Decreto n. 24.536, de 15.6.1932, que regulou as ações preferenciais, dispôs que as sociedades anônimas já constituídas podiam criar ações preferenciais, mediante deliberação aprovada por 4/5, pelo menos, do capital representado na assembléia geral, mas assegurando direito de retirada aos titulares de ações ordinárias dissidentes da deliberação da assembléia. E o art. 14 dispôs que "as ações preferenciais emitidas antes do presente decreto deverão conformar-se aos seus dispositivos, sem que estes, porém, as invalidem, nem as deliberações e nem os atos praticados na conformidade das leis que o regulavam".

8.10 Trajano de Miranda Valverde (*Sociedades por Ações*, v. I, Rio de Janeiro, Forense, 1953, n. 201), ao comentar a lei que resultou de anteprojeto por ele redigido, depois de criticar a concepção contratual da companhia informa que a lei "não manifestou seu pendor por esta ou aquela doutrina, mas fugiu à impropriedade dos termos, tanto quanto possível". Nada obstante, a lei dispôs, no item II do art. 40, do Decreto-lei n. 2.627/1940, que "além dos elementos exigidos para as sociedades mercantis em geral (...) o projeto do estatuto satisfará os requisitos peculiares às sociedades anônimas ou companhias, e conterá as normas pelas quais se regerá a sociedade". E estabeleceu (no art. 179) o prazo de seis meses para que as companhias existentes adaptassem seus estatutos à nova lei, em assembléia geral dos acionistas, para isso convocada, declarando os diretores e membros do conselho fiscal responsáveis pelos prejuízos que se originassem da inobservância desta norma.

8.11 A Lei n. 6.404/1976, por sua vez, admite expressamente a natureza contratual, ao dispor (no art. 83) que "o projeto do estatuto deverá satisfazer a todos os requisitos exigidos para os contratos das sociedades mercantis em geral e aos peculiares às companhias, e conterá as normas pelas quais se regerá a companhia"; também prescreveu às companhias existentes a adaptação do estatuto aos preceitos da nova lei, ressalvando embora, no § 2º, do art. 296, que essa adaptação não prejudicaria os direitos conferidos por partes beneficiárias e debêntures em circulação na data da publicação da lei.

8.12 É inquestionável, entretanto, que o papel da autonomia de vontade do contrato de companhia é bem mais restrito do que na maioria dos demais negócios jurídicos nominados, dada a quantidade de normas legais imperativas, mas esse fato não decorre de peculiaridades na natureza jurídica da companhia, e sim da importância da função social desempenhada por esse tipo de contrato e pelas repercussões que suas características implicam sobre terceiros e o sistema econômico:

a) em matéria de direitos dos acionistas, a liberdade de contratar precisa ser limitada devido à quantidade dos sócios, à circulabilidade das ações, à natureza das ações como valores mobiliários e à necessidade de assegurar o funcionamento eficiente dos mercados de capital;

b) como nenhum acionista responde pelas obrigações sociais além do capital por ele contribuído, a proteção dos credores depende inteiramente do instituto do capital social, e grande número das normas da lei visa a proteger a fixidez, realidade e intangibilidade desse capital;

c) a proteção do capital social e os interesses dos investidores nos mercados de capitais, assim como a determinação dos direitos de participação dos acionistas, requer normas sobre demonstrações financeiras e a apuração e distribuição de resultados;

d) os valores mobiliários – que a companhia tem privilégio de emitir – são regulados na lei para proteger os seus titulares e os investidores do mercado;

e) o funcionamento eficiente de organização que pode atingir grande escala requer a definição legal da estrutura interna da companhia, com a disciplina dos seus órgãos, a fim de dar segurança às relações com terceiros e proteger os interesses de acionistas minoritários e investidores do mercado;

f) o regime de publicidade dos atos da companhia também visa a proteger tanto acionistas quanto a credores e investidores.

9. Estatuto social

9.1 Estatuto – do latim *statutum*, de *statuere*, significa estabelecer, constituir – é o complexo de normas a serem observadas por uma entidade jurídica. No caso de uma sociedade anônima, seu estatuto estabelece as normas reguladoras da atividade da empresa e das relações entre os elementos que a integram. Cada companhia *in concreto* é organizada normativamente pela LSA (que, como sistema normativo genérico, aplica-se a todas as companhias) e pelo estatuto social (que é seu sistema jurídico particular). A nota característica do estatuto social de companhia – que o distingue dos demais tipos de sistemas jurídicos particulares – é a natureza de conjunto de normas que, não obstante organizar apenas determinado sistema social concreto, é formado, em sua maior parte, por normas jurídicas genéricas – que são modelo de um gênero de ação para uma classe ou gênero de pessoas. Em verdade, as posições dos acionistas e os cargos dos órgãos sociais são definidos no estatuto com abstração da identidade das pessoas que os ocupam, e as normas estatutárias em vigor em cada momento aplicam-se a todas as pessoas que ocupem ou venham a ocupar essas posições jurídicas.

9.2 Provavelmente devido a esse caráter vinculante e obrigatório de suas normas, e ao fato de ser anterior ao próprio nascimento da sociedade (ainda na forma de projeto de estatuto), às vezes o estatuto é confundido com o ato constitutivo da companhia. Pois o ato constitutivo é a fonte dos direitos dos sócios. É esse ato que, nos limites das normas cogentes da lei, define e regula os direitos dos sócios.

9.3 O Prof. Luiz Gastão Paes de Barros Leães teve oportunidade de emitir opinião sobre a matéria, em estudo que vale a pena citar neste passo, dizendo:

"2.2 Assim, para que seja possível analisar o regime jurídico do aumento de capital, cumpre lançar previamente os olhos às relações existentes entre o ato constitutivo e o estatuto, em cuja confluência se localiza a operação em apreço. Como é sabido, teve consagração definitiva a elaboração dogmática do contrato plurilateral, para definir o ato constitutivo das sociedades. A despeito da inexistência de textos legais que agasalhem essa configuração, como existe no Código Civil italiano, há praticamente unanimidade na doutrina brasileira, incluindo o contrato de sociedade entre os contratos plurilaterais.

"(...).

"2.4 (...).

"Basta fazer referência ao art. 83 da Lei 6.404/1976, *in fine*, que diz que 'o projeto de estatuto deverá satisfazer a todos os requisitos exigidos para os contratos das sociedades mercantis em geral e aos peculiares às companhias, e conterá as normas pelas quais se regerá a companhia'. Vale dizer: ao mesmo passo que o estatuto é *elemento* do contrato de constituição da companhia, ele encerra o *conteúdo* do contrato plurilateral.

"2.5 Essa correlação entre estatuto e ato constitutivo advém do fato de que os dois instrumentos não constituem duas partes opostas mas, ao contrário, estão intimamente imbricados, de forma a compor o ordenamento único, da natureza contratual, da sociedade. Ao se afirmar que o estatuto é 'parte integrante' do ato constitutivo, quer-se eliminar a fratura do ordenamento da sociedade por ações em duas porções distintas no que respeita à origem e ao seu conteúdo. Como adverte Diego Corapi, no seu livro clássico, o significado dessa 'integração', a que se refere a lei italiana, entre o ato constitutivo, que estabelece os elementos necessários ao surgimento da sociedade, e o estatuto, que estabelece os elementos necessários ao seu funcionamento, é de que a sociedade anônima supõe sempre uma estrutura regulamentar única, de natureza negocial, gerada no âmbito de uma tipicidade estabelecida em lei.

"2.6 Sendo, assim, conteúdo e ao mesmo tempo continentes do contrato social, o estatuto se relaciona com os atos constitutivos numa dialética de implicação e polaridade. Daí porque, p.ex., o aumento de capital social mediante subscrição de ações importa numa reforma estatutária, que ao mesmo tempo implica em modificação do contrato plurilateral de constituição da companhia, pois diz respeito à criação de novos vínculos sociais" ("A conversão de debêntures em ações e o correspondente aumento do capital social", excerto de Parecer publicado na *RT* 699/19-20).

9.4 Grosso modo, pode-se dizer que os atos constitutivos são os referidos na LSA no art. 80 (subscrição das ações, realização de no mínimo 10%, ou mais, do capital e depósito em banco da parte realizada em dinheiro), registro da emissão na CVM, no caso de companhias abertas (art. 82), elaboração e divulgação de prospecto contendo as informações exigidas pelo art. 84, realização de assembléia geral para deliberar sobre a constituição da companhia (arts. 86-88), ou confecção de escritura pública, alternativamente, no caso da sociedade anônima fechada. E, a final, arquivamento e publicação dos atos constitutivos no registro do comércio (arts. 95 e 96). Já a matéria relativa ao estatuto da companhia é tratada em vários artigos da LSA, porém mais pormenorizadamente no Capítulo VII (Constituição da Companhia), em especial nos arts. 80 a 88, cuidando o art. 83 do *projeto de estatuto* especificamente. O estatuto social, portanto, não se confunde, nem equivale, ao ato constitutivo da companhia, embora nele tenha presença obrigatória, seja na forma de projeto (art. 83), seja em sua forma final, para registro (art. 95). Não há, pois, confundir os conceitos de estatuto e de ato constitutivo. Trata-se de coisas diferentes, como se demonstrou, embora correlacionadas.

9.5 Em todos os tipos de sociedade comercial, com exceção da companhia e da comandita por ações, os direitos de sócio são personalizados, no sentido de que são direitos de determinadas pessoas, figurantes nas relações jurídicas nascidas do contrato social. E não são necessariamente iguais, nem padronizados, pois os quinhões ou quotas de capital poder ser diferentes e a participação pode não ser proporcional ao número ou valor dos quinhões ou quotas de cada um. Nas sociedades por ações, os direitos dos acionistas são organizados *a priori* em unidades padronizadas, ou quotas-partes iguais, que não levam em conta nem o número, nem o nome dos acionistas. O total dos direitos atribuídos a todos os acionistas é dividido, no estatuto, em conjuntos iguais, indivisíveis em relação à sociedade (art. 28 da LSA).

9.6 O estatuto social tem, portanto, a mesma natureza do direito objetivo, no sentido de que é sistema de normas jurídicas genéricas, obrigatórias e permanentes, que somente são modificadas, ou deixam de existir, com observâncias de outras normas jurídicas – que regulam sua produção, vigência e eficácia. A criação, modificação e extinção do estatuto social, como sistema normativo, ou das normas que o compõem, são reguladas pela LSA, com normas cogentes que reservam aos subscritores (na constituição) e à assembléia geral dos acionistas (durante a existência da companhia) a competência para criar ou modificar o estatuto. O dispositivo do estatuto social adotado na constituição da companhia ou por deliberação da assembléia geral, cuja ata tenha sido arquivada no Registro de Comércio, somente deixa de viger ou (*a*) por deliberação a assembléia geral adotada com observância dos preceitos legais aplicáveis ou (*b*) por decisão judicial que declare sua invalidade. Enquanto não tiver a vigência suspensa, o dispositivo estatutário é obrigatório para todos os acionistas e órgãos sociais, inclusive para a própria assembléia geral, que tem competência para modificar o estatuto, mas não pode, legitimamente, deliberar com violação de preceito estatutário em vigor.

Atualidades

RACIONALIDADE JURÍDICA E RACIONALIDADEECONÔMICA: Entre o Monte e o Rio

KLEBER LUIZ ZANCHIM

Introdução. A (ir)racionalidade como regra e o poder ordenador. O Monte e o Rio. Considerações finais. Bibliografia. Apêndice.

"A capacidade cognitiva superior é aquilo que torna a vida do homem mais cheia de sofrimento do que a vida do animal" (Arthur Schopenhauer, *Da Morte, da Metafísica do Amor, do Sofrimento do Mundo*, São Paulo, Martin Claret, trad. port. de Pietro Nasseti, 2002, p. 119).

Introdução

Monte e *rio* são dois vocábulos que conotam muito mais do que a idéia de uma estrutura rochosa e de um curso aqüífero. Representam uma oposição crítica entre terra e água, estática e dinâmica, obstáculo e saída e, pasme-se, Direito e Economia. O primeiro assume muitas vezes a veste de fator gerador de custos ao mercado por não contemplar em suas normas o que se chama de racionalidade dos agentes econômicos.[1] A última costuma ser considerada como pretensiosa ordem natural da experiência humana, que, diante da escassez dos recursos disponíveis e da multiplicação das necessidades do homem, busca a aplicação eficiente desses recursos para que uma organização social seja viável.[2]

Assim, enquanto o "rio" Economia flui para a satisfação das necessidades humanas considerando fórmulas de "alocação de recursos", o "monte" Direito põe-se diante dela como um "divisor de águas" que pode alterar-lhe o curso e favorecer ou prejudicar seu desembocar no "mar da eficiência". Em meio a essas "forças da natureza" está a sociedade, à espera de solução para suas mazelas e conflitos. A situação é semelhante à descrita pelo poeta Pablo Neruda que, diante de um povo abandonado entre um monte e um rio, é chamado a prestar auxílio na luta contra as dificuldades criadas por esse ambiente sem saídas:

"Teu povo,
teu povo abandonado
entre o monte e o rio,
com dores e com fome,
não quer lutar sozinho,
te está esperando, amigo".[3]

Diz-se que o "amigo" que pretender lutar contra as hostilidades decorrentes da

1. Cf. Rachel Sztajn, "Os custos provocados pelo Direito", in *RDM* 112/74-78, 1998.

2. Cf. Fábio Nusdeo, *Curso de Economia – Introdução ao Direito Econômico*, pp. 32 e ss.

3. "O monte e o rio", in *Versos do Capitão*, p. 115.

zona de isolamento recíproco entre Direito e da Economia deve, como primeiro passo, pesquisar um elemento considerado essencial para a divergência entre essas duas ciências: suas racionalidades. A partir destas, as dores e a fome dos isolados (sociedade) poderiam ser minoradas se se conseguisse que as pedras da rocha cristalina formassem uma ponte sobre as águas, ou que o curso destas fosse alterado em direção à rocha para abri-lhe saídas. O desafio é saber se tais opções são possíveis, e como se poderia decidir entre elas.

A (ir)racionalidade como regra e o poder ordenador

Falar aqui de racionalidade é quase leviano. Não só porque os limites do presente estudo são estreitos demais para a amplitude do conceito, mas porque, ao que parece, a própria razão humana não o comporta. Dizemos "quase leviano" porque, apesar das inúmeras tentativas frustradas de precisar o que seja racionalidade, existem pessoas que continuam tentando, de modo que a imprudência deste trabalho é compartilhada com a delas.

Como ponto de partida vamos admitir que racionalidade é a razão em ação ou em exercício. Com isso não resolvemos qualquer problema conceitual, mas ao menos consideramos que a racionalidade tem natureza operativa não restrita a associações puramente mentais, já que envolve a tomada de decisões. Essas decisões, como veremos, referem-se aos meios para o alcance de determinados fins. Antes de explorarmos esse ponto, porém, é preciso definir os caminhos de análise da razão/racionalidade.

Analisar a racionalidade é tão difícil quanto analisar o homem. Na verdade, muitos poderão dizer que esses conceitos são a mesma coisa, pois o racional seria o ponto de definição do homem. Se assim for, seria impossível ao homem definir a razão porque, sendo um e outra, em essência, a mesma coisa, não haveria a diferenciação necessária para qualquer definição. Por isso, para que a discussão faça sentido é preciso que se considere a razão/racionalidade não como um substantivo equivalente ao substantivo homem, mas como um adjetivo ou atributo dele. Assim procedeu Cícero, que concebeu a razão como uma qualidade positiva do ser humano: "Grande vantagem deu a natureza e a razão ao homem sobre todos os seres animados, concedendo-lhe o significado da ordem, da bem-aventurança e a medida nas suas ações e palavras. Só ele sente a beleza, a graciosidade, a proporção dos objetos sujeitos à sua vista; e o homem, conduzindo essa imagem dos objetos materiais ao que só interessa ao espírito, *transforma em beleza, assiduidade e ordem seus desejos e suas ações, resguarda-se da desonestidade e da covardia, preserva-se da paixão tanto para seus sentimentos como para seu comportamento*".[4]

Cícero vê a razão como um mecanismo de controle das impressões humanas, apto a torná-las sublimes. O racional seria o belo, o adequado, o farol a iluminar as virtudes, na medida em que controla as "más" tendências do homem. Friedrich Nietzsche, todavia, pensa diferente. Para este filósofo, o homem persegue um objetivo pessoal, que ele mesmo mede segundo a sua razão individual, e não segundo uma razão geral abstrata. Tal objetivo seria o prazer: "o indivíduo quer para si o prazer ou quer afastar o desprazer; a questão é sempre, em qualquer sentido, a autoconservação. Sócrates e Platão estão certos: o que quer que o homem faça, ele sempre faz o bem, isto é: o que lhe parece bom (útil) segundo o grau de seu intelecto, *segundo a eventual medida de sua racionalidade*".[5]

Se deduzirmos dos trechos transcritos os conteúdos de racionalidade que informam, temos que para Cícero seria irracional que o homem deixasse de resguardar

4. *Dos Deveres*, p. 35 (destacamos).
5. *Humano, Demasiado Humano*, p. 78 (destacamos).

sua honestidade e coragem e de controlar suas paixões. Para Nietzsche, irracional seria não buscar o prazer. Esses conteúdos decorrem de um juízo orientado finalisticamente, como explicitado a seguir.

Comecemos estudando o que os fins representam para os indivíduos. Isso importa porque, se se prestar atenção, os filósofos definem a razão pelos fins: certo comportamento é considerado racional *porque* se liga a determinados fins. Cícero encontra a razão no controle, enquanto Nietzsche a encontra no prazer. E o que são "controle" e "prazer"? São *objetos de valor*. Vejamos.

Valores são, como ensina Tércio Sampaio Ferraz Jr., "símbolos de preferência para ações indeterminadamente permanentes, ou ainda, fórmulas integradoras e sintéticas para a representação do sentido de consenso social".[6] Sendo símbolos de preferência, os valores envolvem um juízo de preferibilidade sobre algo. Ora, é intuitivo que preferimos uma coisa a outra quando uma satisfaz melhor nossas necessidades que a outra. Daí Johannes Hessen considerar que tem valor "tudo aquilo que for apropriado a satisfazer determinadas necessidades".[7]

A estrutura axiológica é composta, portanto, por um sujeito que valora,[8] um objeto valorado e uma necessidade a que esse objeto atende: é exatamente aí que se assenta o seu valor. Para Cícero, tem valor o autocontrole, porque satisfaz uma necessidade que ele julga fundamental, qual seja, a preservação da sociedade: "É também recorrendo à razão que a natureza aproxima o homem do homem, fazendo-o dialogar e viver em comum. Inspirando-lhe especial ternura pelos filhos, fazendo-o deseja reuniões e conservar a sociedade entre si: por esses motivos ela os entusiasma a procurar todo o necessário para a conservação e comodidades da vida, não somente para si mesmos, como para a sua mulher, seus filhos e todos aqueles que eles amam e devem proteger".[9]

Para Nietzsche, de outro lado, tem valor o prazer, que satisfaz a necessidade da autoconservação: "na medida em que há um prazer na ação (sentimento do próprio poder, da intensidade da própria excitação), a ação ocorre para conservar o bem-estar do indivíduo, sob um ponto de vista similar ao da legítima defesa, ao da mentira por necessidade. Sem prazer não há vida: a luta pelo prazer é a luta pela vida".[10]

Portanto, Cícero considera uma necessidade de preservação social e enxerga no *autocontrole* dos indivíduos uma forma de satisfazê-la. Por isso, valora o autocontrole como comportamento racional. Já Nietzsche vê uma necessidade de preservação pessoal e identifica na busca pelo *prazer* um modo de atendê-la. Logo, valora essa busca como um agir racional. Controle e prazer são, assim, objetos de valor.

Segundo essas premissas podemos analisar a racionalidade como um sistema, aqui entendido como um organismo composto de repertório (elementos) e estrutura (regras de interação entre esses elementos).[11] Os elementos são as necessidades (fins) e as condutas (meios), enquanto a regra de interação é um juízo de valor. Fixado o fim (elemento *pré*-definido), o sujeito observa os meios disponíveis e, na valoração de um destes como adequado (elemento *pós*-definido), exercita sua racionalidade, põe sua razão em ato, decide. O sistema da racionalidade é, portanto, um sistema de decisão (pragmático).

Ocorre que as necessidades dos indivíduos são muito variadas, o que faz varia-

6. *Introdução ao Estudo do Direito – Técnica, Decisão, Dominação*, 3ª ed., p. 111.

7. *Filosofia dos Valores*, p. 39.

8. O valor necessariamente é uma experiência coletiva, de modo que quando falamos em sujeito queremos dizer um grupo ou coletividade que experimenta a necessidade a que o objeto valorado pretende atender.

9. *Dos Deveres*, cit., p. 34.

10. *Humano, Demasiado Humano*, cit., p. 80.

11. Cf. Tércio S. Ferraz Jr., *Introdução...*, cit., p. 172.

dos também os meios de satisfazê-las. A conduta que se adota para, por exemplo, satisfazer uma necessidade de convivência, que depende de mecanismos de aproximação entre pessoas, não é a que se utiliza para atender a uma necessidade de isolamento, que depende da não-aproximação. A diferença de fins determina a diferença de meios, e nenhum desses elementos é permutável. Ou seja, não é possível, sob pena de o sistema deixar de ser racional, que utilizemos a mesma conduta para satisfazer necessidades diferentes. Observando com cuidado perceberemos que, perante a convivência e o isolamento, estamos não diante de um, mas de dois sistemas que, se comparados, são *irracionais* entre si.

Há duas perspectivas de análise do sistema necessidade – juízo de valor – conduta: uma interna e outra externa. Na primeira não há conflitos, porque existe um único fim (convivência, por exemplo) a orientar o juízo na decisão sobre a conduta, perfazendo-se o domínio da racionalidade. Na segunda, porém, o sistema está em interação com outros sistemas de repertórios distintos (isolamento, por exemplo) e, nessa interação, dominam a *irracionalidade*, os conflitos. Perceba-se que racionalidade e irracionalidade não se excluem porque pertencem a âmbitos diferentes: uma é intrasistemática, a outra é intersistemática.

Mas então alguém perguntaria: como pode haver sociedade enquanto complexo de relações se nestas a regra é a irracionalidade? A resposta está no *poder*: ele hierarquiza os fins e permite a sobreposição de uns sobre os outros, ordenando os conflitos.

O poder é a "estrutura" do sistema social, cujo "repertório" são todos os sistemas de racionalidade. O poder inviabiliza que a interação naturalmente irracional entre esses sistemas destrua o sistema maior que recebe o nome de sociedade. Faz isso definindo de antemão os fins a serem perseguidos, pois, como explica Goffredo Teles Jr., "o prévio conhecimento do fim a ser atingido é o que determina a conveniência dos meios".[12] O poder estabelece, pois, uma *ordem* de necessidades e, a partir disso, orienta os juízos de valor sobre os meios de satisfazê-las: trata-se de sua função ordenadora, que estabiliza as crises. O raciocínio fica claro se retomarmos Cícero e Nietzsche.

Relembre-se que, para o primeiro, o autocontrole é comportamento humano que tem valor e, portanto, é racional. Essa racionalidade vincula-se, todavia, ao fim indicado pelo autor: a preservação social. Então ficam as perguntas: por que deve o homem perseguir esse fim? Que critério orienta essa escolha fundamental para o sistema de racionalidade de Cícero? Porque não se adotar o fim da autopreservação sugerido por Nietzsche? Aliás, também por que o adotar? Não há respostas objetivas. Os fins não são imperativos categóricos kantianos, ou seja, objetivos *necessários* que, como tais, poderiam ser erigidos à categoria de lei universal.[13] Ao contrário, como escreve John Rawls, tudo é uma função da vontade: "embora os princípios racionais possam focalizar nossos julgamentos e definir as diretrizes da reflexão, *devemos no fim escolher por nós mesmos, no sentido de que a escolha muitas vezes depende de nosso autoconhecimento direto, não apenas no que concerne às coisas que queremos, mas também em relação à intensidade com que queremos*".[14]

Se entre todos os fins possíveis uma certa vontade escolhe um, e se outra vontade não é capaz de eleger fim diferente que o substitua, a primeira é expressão do poder. Segundo Niklas Luhmann, "O poder do poderoso é maior quando ele pode escolher, para efetivação por via do poder, entre decisões diferentes. Ele é também maior quando o poderoso pode efetuá-lo diante de um parceiro que possua alternativas mais numerosas e diversas".[15]

12. Cf. *Iniciação na Ciência do Direito*, p. 5.
13. Cf. *Fundamentação da Metafísica dos Costumes e outros Escritos*, p. 52.
14. *Uma Teoria da Justiça*, 2ª ed., p. 460.
15. *Poder*, p. 9.

Por isso é válido dizer que num contexto de relações, típico da perspectiva externa do sistema da racionalidade, a regra é a irracionalidade, submetida a uma ordem tendo em vista a hierarquização dos fins estabelecida pelo poder.

Considerando essas idéias é possível discorrer sobre racionalidade jurídica, racionalidade econômica e a irracionalidade da relação entre elas.

O Monte e o Rio

É chegado o difícil momento de perguntarmos ao monte Direito por que ele está onde está, e ao rio Economia por que ele segue o curso que segue. Mais difícil ainda é a pergunta que ambos têm de responder em conjunto: quem está no caminho de quem? Vejamos.

Direito e Economia, pretendendo ser ciências, estruturaram-se segundo diversos métodos, postulados e arranjos. Mesmo sem discutirmos o sucesso dessa pretensão, podemos ao menos admitir que se trata de dois sistemas: têm repertório e estrutura próprios que revelam certo dinamismo. Estão, todavia, dentro de um sistema maior, o social, que abriga as relações humanas em primeira instância. Desse modo, para aproveitar o pensamento de A. Junqueira de Azevedo, consideraremos que tanto o monte Direito quanto o rio Economia são *sistemas de segunda ordem* em relação à sociedade.[16]

Diz-se que esses sistemas têm racionalidades distintas. Isso significaria, segundo as premissas adotadas acima, que cada qual prevê condutas para a consecução de fins predefinidos, sendo tais condutas objetos de valor. Comecemos a análise pela Economia.

Paul Diesing define racionalidade econômica como "alocação consciente de meios escassos para certos fins de modo que esses fins sejam maximizados".[17] A definição cabe na idéia de sistema de racionalidade que vimos desenvolvendo: estão presentes os fins e a orientação (alocação consciente de meios escassos de modo a maximizar os fins) para o juízo de valor sobre as condutas possíveis.

Não nos parece, todavia, que tal definição possa ser restringida à "racionalidade econômica". Em verdade, todos os sistemas de racionalidade pretendem "alocar meios escassos" para "maximizar seus fins". Essa é mesmo a essência desses sistemas: valorar condutas (que são em número limitado) tendo em vista sua adequação à satisfação de certa necessidade. Em Cícero, por exemplo, podemos indicar como bens escassos a honestidade e a coragem, que precisavam ser bem "alocadas" em benefício da sociedade. Em Nietzsche, a escassez está no "sentimento do próprio poder, da intensidade da própria excitação" que, existindo, daria prazer ao homem, fortalecendo sua autopreservação. Se o sistema de racionalidade é orientado por fins preestabelecidos, é evidente que o juízo de valor sobre as condutas disponíveis sempre tenderá a escolher aquela mais adequada a esses fins.

De toda maneira, a noção de *eficiência* é normalmente utilizada como um diferencial da Economia. Lemos em José Reinaldo de Lima Lopes que "A economia considera racional a resposta do agente econômico quando ele pesou adequadamente os custos e benefícios (econômicos) e afinal escolheu o resultado que lhe traz maior benefício com menor custo, consideradas todas as circunstâncias".[18] Em geral é a partir dessas considerações que se efetua a separação entre racionalidade econômica e

16. "O direito como sistema complexo e de 2ª ordem; sua autonomia. Ato nulo e ato ilícito. Diferença de espírito entre responsabilidade civil e penal. Necessidade de prejuízo para haver direito de indenização na responsabilidade civil", in *Ensaios e Pareceres de Direito Privado*, p. 27.

17. "The nature and limitations of economic rationality", in *Ethics*, v. 61, n. 1, p. 12.

18. "Raciocínio jurídico e economia", in *Revista de Direito Público da Economia* 8/145.

racionalidade jurídica, atribuindo-se a esta a pecha de *ineficiente*. Há nisso, porém, algo que incomoda.

A eficiência, do modo como exposta, aparece como um critério de julgamento de opções, ou seja, como uma referência para um juízo de valor sobre as condutas. Ela *não* se confunde com os fins, que podem ser de toda ordem. Assim, imaginando que alguém preestabeleça o fim de levar à falência seus negócios que a princípio gozam de boa saúde financeira, e para tanto comece a vender toda sua produção por 10% (dez por cento) do valor de custo, não se poderá dizer que ele não age com eficiência. E mais: ele pode fazer melhor e, portanto, agregar racionalidade se doar todos os seus bens ou, ainda, se pagar para que outrem os leve. A questão fundamental está, portanto, nos fins (falência): são eles que "valorizam" os atos como eficientes e racionais (venda abaixo do custo, doação etc.).

Quanto ao Direito, costuma-se identificar a legalidade como elemento de sua racionalidade. Assim como a eficiência, entretanto, ela é apenas critério de orientação do juízo de valor das condutas. Não é um fim, como, por exemplo, o é a tutela jurídica, mas uma referência para escolha de meios de alcance desse fim.

Interessante que a legalidade tem essa propriedade axiológica tanto quando o fim do agente é a obtenção daquela tutela jurídica como quando não o é. No primeiro caso, serão valoradas as condutas de adequação ao ordenamento (por exemplo, no campo contratual, as condutas de agentes capazes que declarem vontade envolvendo objeto lícito por forma prescrita ou não defesa em lei). No segundo caso serão valoradas as condutas opostas, ou seja, que não possam ser protegidas pela lei (roubar, por exemplo). A situação difere da eficiência porque o juízo que esta orienta admite graus, ou seja, a escolha de condutas mais ou menos eficientes tendo em vista os fins, enquanto o juízo orientado pela legalidade é um código binário de válido/inválido, não havendo comportamento mais ou menos válido ou inválido.

Portanto, se adotarmos como fim do Direito a tutela jurídica de condutas e como fim da Economia um ótimo de Pareto, entendido como a maximização dos ganhos com a minimização dos custos, podemos dizer que, como critérios de orientação de juízos sobre condutas para o alcance desses fins, legalidade e eficiência são valores de seus respectivos sistemas de racionalidade. Dessa forma, não podemos permutá-los entre os sistemas, de modo que jamais a eficiência será o critério que elegerá, entre as condutas possíveis, uma que alcançará o objetivo da tutela jurídica, do mesmo modo que a legalidade jamais será o critério que definirá a conduta que alcançará um ótimo de Pareto. Logo, como as necessidades a serem atendidas são distintas, se compararmos os sistemas em sua perspectiva externa, ou seja, nos domínios da *irracionalidade*, legalidade e eficiência são irracionais entre si. Uma é a lógica do monte, a outra é a do rio.

Isso não quer dizer, entretanto, que esses valores não podem referir-se um ao outro. O que não podem é, apenas, escolher um pelo outro as condutas para alcançar os fins dos respectivos sistemas. É perfeitamente possível dizer que "a forma mais *eficiente* de se poder receber tutela jurídica é adotar condutas marcadas de *legalidade*". Nessa frase, a eficiência valora a legalidade como o melhor meio de se alcançar a tutela jurídica. Todavia, a eficiência não fundamenta essa tutela, que ocorrerá simplesmente em razão da legalidade. Do mesmo modo, é possível a frase "a forma *legal* de se alcançar um ótimo de Pareto é adotar condutas marcadas de *eficiência*". Pense-se, por exemplo, numa lei ambiental que garanta crédito mais barato a empresas que adotem condutas não poluidoras. A legalidade, enquanto adequação à lei, está valorando condutas eficientes como passíveis de maximizar ganhos de empresas, mas não fundamenta essa maximização, que ocorrerá tão-somente em razão da eficiência (ou seja, pelo fato de as condutas não poluidoras agregarem menos custos ao agente do que os ganhos que ele pode obter pagando taxas de juros menores pelo seu crédito).

Coisa diferente acontece quanto misturamos os fins do Direito e da Economia, o que ocorre, por exemplo, quando queremos uma *tutela jurídica eficiente*, ou uma *eficiência na tutela jurídica*. A primeira hipótese tem que ver com a produção normativa, e a segunda com a aplicação da norma. Como os fins dos dois sistemas de racionalidade estão misturados, o cenário é de irracionalidade e, pois, de conflito.

Tutela jurídica eficiente, para os economistas, pode ser, por exemplo, um conjunto de normas que garantam o compromisso ou vínculo contratual (*pacta sunt servanda*). Como esclarece Éric Brousseau, "para um economista, a noção de compromisso (*engagement*) caracteriza o contrato. A questão de sua credibilidade é, então, essencial. *Ela depende das modalidades de se fazer valer o contrato*, pois importa quando há divergência sobre interpretação dos termos do contrato, ou quanto há vontade deliberada de não se honrar o acordado".[19]

Seriam ineficientes e, portanto, não integrariam o sistema de racionalidade da Economia instrumentos de tutela jurídica que não preservem o *pacta sunt servanda*, como, por exemplo, as regras de equilíbrio contratual do Código de Defesa do Consumidor (CDC). Se em dado momento o contrato pode ser revisto por um juiz, alterando a relação de prestações estabelecida pelas partes, o fim por elas programado (ótimo de Pareto) poderá ser comprometido.

Entretanto, segundo o valor legalidade, próprio do sistema de racionalidade do Direito, não há qualquer problema com a revisão contratual. Como o art. 5º, XXXII, da Constituição Federal prevê, como direito fundamental, que "o Estado promoverá, na forma da lei, a defesa do consumidor", o regime do CDC estaria perfeito. Da interação entre os sistemas de racionalidade econômico e jurídico verifica-se, então, um contexto de irracionalidade recíproca.

Como parece claro, no fim *tutela jurídica eficiente* o conflito se dá na hipótese normativa em si, ou seja, no comando abstrato. No exemplo dado, a simples possibilidade de revisão contratual já seria ineficiente porque obrigaria as partes a considerar situações em sua racionalidade econômica que não existiriam se o *pacta sunt servanda* vigorasse sem ressalvas.

Em paralelo a esse conflito abstrato há um conflito em concreto, pertinente ao fim *eficiência da tutela jurídica*, que, tomando as normas como um dado ou ponto de partida não questionado, critica o modo de sua aplicação. Essa questão é, hoje, até mais relevante que a anterior porque o Direito adota cada vez mais as chamadas cláusulas gerais, ou seja, estruturas normativas com conteúdo aberto. Como leciona Miguel Reale, "*A técnica do Direito vai cada vez mais se orientando no sentido de dar preferência àquilo que nós chamamos os 'modelos abertos', preferindo soluções normativas que comportem maior plasticidade na sua adaptação à experiência corrente*. Não mais a norma rígida, como que prefigurando os casos de uma forma férrea, mas, ao contrário, o delineamento de figuras normativas capazes de guiar aqueles que as vão aplicar num contexto de casos não previstos".[20]

Exemplo do fenômeno é o princípio da função social do contrato. Sem definição legal precisa, seu sentido já foi preenchido pelos tribunais como mecanismo de "correção das distorções sociais" que permite ao juiz "buscar a realização da justiça".[21] No sistema de racionalidade econô-

19. "L'economiste, le juriste et le contrat", in *Le Contrat au début du XXIe Siècle – Mélanges en l'Honneur de M. Jacques Ghestin*, p. 10 (destacamos).

20. "A dinâmica do Direito numa sociedade em mudança", in *Estudos de Filosofia e Ciência do Direito*, p. 62.

21. REsp 691.738-SC, 3ª T., Rela. Ministra Nancy Andrighi, *DJ* 26.9.2005.

mica, esse sentido de função social violaria concepções clássicas de Direito como a de Max Weber, muito bem explicada por Marcelo Neves, de "ordem normativo-institucional do mercado livre, que funciona de maneira racional-finalística".[22] Não deveriam ser admitidas considerações axiológicas. Não se deveria atribuir a nenhum juiz o poder de decidir o que é "justiça" em um contrato determinado.

O problema está em que, para o fim do sistema de racionalidade do Direito, ou seja, para a tutela jurídica orientada pelo valor legalidade, é perfeitamente admissível referida interpretação do princípio da função social do contrato. Afinal, ela tem base normativa, uma vez que o art. 3º, I, da Constituição Federal coloca como um dos objetivos fundamentais da República brasileira a construção de uma sociedade "livre, *justa*, e solidária". Mais uma vez surge o conflito na irracionalidade da relação entre monte Direito e o rio Economia.

Werner Krawietz foi preciso na percepção dessa dinâmica conflitual das racionalidades: "Enquanto Max Weber entendia o desenvolvimento do direito e da ciência jurídica no círculo cultural ocidental, essencialmente como um processo de progressiva racionalidade social, *este desenvolvimento aparece atualmente mais como um jogo combinado de elementos racionais e irracionais – inclusive a-racionais (p. ex. de tipo emocional ou afetivo) – os quais gozam de uma crescente consideração na teoria do direito e da sociedade*".[23]

Diante desse conflito, remetamo-nos ao poema transcrito na introdução deste trabalho para reviver a imagem do povo que restava abandonado entre o monte e o rio. Depois de exposto até aqui, é possível visualizar porque esse povo, que representa a sociedade, está abandonado entre o monte Direito e o rio Economia. As diferenças entre esses sistemas de racionalidade não permitem ao corpo social tomar um rumo definido, porque todos os caminhos são incertos. Nesse ambiente irracional, marcado pela multiplicidade de alternativas a depender do sistema que se apresenta, surge, segundo explica Luhmann, espaço para as manifestações de poder a fim de ordenar a insegurança: "Um pressuposto fundamental de todo poder é, pois, que no que se refere à seleção do poderoso Alter existe *insegurança*. Alter dispõe, pela razão que for, de mais de uma alternativa. Ele pode, com respeito à escolha a ser feita pelo parceiro, *gerar* e *superar*, nele, insegurança. Esta passagem pela produção e redução da insegurança é um pressuposto específico do poder, condição do espaço de generalização e especificação de um meio de comunicação particular – e não uma fonte qualquer de poder entre outras".[24]

O poder, como já dissemos, hierarquiza os fins para estabilizar os conflitos entre os sistemas de racionalidade. Assim, viabiliza a interação irracional desses sistemas dentro do sistema maior, o social, impedindo que ele seja destruído. A relação entre Direito e Economia não foge à regra: é o poder, especialmente (mas não só) nas searas política e econômica, que determina em que medida o valor legalidade ou o valor eficiência serão preponderantes nas decisões.

O poder político, tendo em conta necessidades de seus detentores de, por exemplo, angariar votos, pode deslocar o jogo de valores para a legalidade, fundamentando decisões populistas (e antieconômicas) na racionalidade jurídica. Um exemplo seria o aumento, por meio do instrumento legal adequado, do salário mínimo em ano eleitoral, ainda que não haja verbas orçamentárias.

O poder econômico, por sua vez, para atender, por exemplo, às necessidades de afrouxamento de deveres e responsabilida-

22. *Entre Têmis e Leviatã: uma Relação Difícil*, p. 14.

23. "Direito e racionalidade na moderna teoria do direito", in *Seqüência* 28/35.

24. *Poder*, cit., p. 8 (destaques no original).

des legais de seus detentores, pode fazer pesar a racionalidade econômica em detrimento da racionalidade jurídica influenciando os tribunais a deixar de lhes aplicar determinado diploma legal que, por regra expressa, se lhes aplica.

Esses exemplos demonstram ainda uma vez que o que é relevante para os sistemas de racionalidade são os fins ou necessidades, cuja escolha não se orienta por critérios apriorísticos. Esses fins ou necessidades condicionam os meios e se colocam como objetivos que orientam a valoração das condutas como racionais ou irracionais.

Para concluir, devemos chegar às respostas aos questionamentos que abriram este item. Quer perguntemos ao Direito, quer à Economia, por que eles estão onde estão, quer perguntemos a ambos quem está no caminho de quem, a resposta será uma: em razão do poder. O monte Direito bloqueará o curso do rio Economia sempre que o poder deslocar a balança de valores para a legalidade, enquanto o rio Economia atravessará o Monte direito sempre que essa balança pender para a eficiência. Como as racionalidades são distintas, não é possível compô-las equanimemente, mas somente definir uma medida de conflito aceitável que não desestruture o sistema social.

Considerações finais

Para finalizarmos a análise sobre racionalidade jurídica e racionalidade econômica, relembremos o pedido feito pelo povo a Neruda para que ele auxiliasse na superação das mazelas causadas pelo isolamento entre o monte e o rio, que para nós são o Direito e a Economia. Como antecipamos no início deste trabalho, são duas as formas de se abrirem saídas que cessem o aprisionamento da sociedade entre do monte Direito e o rio Economia: ou (i) se usam as pedras da rocha para construir uma ponte sobre as águas, sobrepondo valores jurídicos a valores econômicos, ou (ii) se muda o curso do rio para que as águas perfurem o monte cristalino, invertendo a ordem daqueles valores.

Ambas as providências requerem força extraordinária, e a decisão entre elas será tomada por quem pode mobilizar essa força: o poder. Como vimos, na irracionalidade da interação entre Direito e Economia não há critérios que indiquem qual das duas saídas (pelo monte ou pelo rio) deve ser utilizada, de modo que a decisão dependerá da hierarquização promovida entre os fins preestabelecidos.

Todavia, apesar das dificuldades de composição entre racionalidade jurídica e racionalidade econômica, provavelmente tão grandes como as encontradas por Neruda para libertar o seu povo das dores e da fome, há sempre quem conserve um otimismo na pesquisa por uma base objetiva de integração entre Direito e Economia. A estes estimulamos deixando as últimas palavras daquele poeta, que devem ser lidas como se o monte jurídico estivesse dialogando com o rio econômico:

Ó tu, a quem eu amo,
pequena, grão vermelho de trigo,
a luta será dura,
a vida será dura,
mas tu virás comigo.[25]

Bibliografia

BROUSSEAU, Éric. "L'économiste, le juriste et le contrat", in *Le Contrat au Début du XXIe Siècle – Mélanges en l'Honneur de M. Jacques Ghestin*. sld., M. Fabre-Magnan et C. Jamin, 2000.

CÍCERO. *Dos Deveres*. Trad. port. Alex Marins, São Paulo, Martin Claret, 2004.

DIESING, Paul. "The nature and limitations of economic rationality", in *Ethics*, v. 61, n. 1, 1950.

FERRAZ JR., Tércio Sampaio. *Introdução ao Estudo do Direito – Técnica, Decisão, Dominação*. 3ª ed., São Paulo, Atlas, 2001.

25. "O monte e o rio", cit., p. 117.

HESSEN, Johannes. *Filosofia dos Valores*. Trad. port. L. Cabral de Moncada, São Paulo, Saraiva, 1946.

JUNQUEIRA DE AZEVEDO, Antônio. "O direito como sistema complexo e de segunda ordem; sua autonomia. Ato nulo e ato ilícito. Diferença de espírito entre responsabilidade civil e penal. Necessidade de prejuízo para haver direito de indenização na responsabilidade civil", in *Ensaios e Pareceres de Direito Privado*. São Paulo, Saraiva, 2004.

KANT, Immanuel. *Fundamentação da Metafísica dos Costumes e outros Escritos*. Trad. port. Leopoldo Holzbach, São Paulo, Martin Claret, 2002.

KRAWIETZ, Werner. "Direito e racionalidade na moderna teoria do direito", in *Seqüência* 28/34-40, 1994.

LIMA LOPES, José Reinaldo de. "Raciocínio jurídico e economia", in *Revista de Direito Público da Economia* 8, 2004.

LUHMANN, Niklas. *Poder*. Trad. port. Martine Creusot de Rezende Martins, Brasília, Ed. UnB, 1985.

NERUDA, Pablo. "O monte e o rio", in *Versos do Capitão*, Rio de Janeiro, Bertrand, 1992.

NEVES, Marcelo. *Entre Têmis e Leviatã: uma Relação Difícil*. São Paulo, Martins Fontes, 2006.

NIETZSCHE, Friedrich. *Humano, Demasiado Humano*. São Paulo, Cia. das Letras, 2004.

NUSDEO, Fábio. *Curso de Economia – Introdução ao Direito Econômico*. São Paulo, Ed. RT, 1997.

RAWLS, John. *Uma Teoria da Justiça*. Trad. port. Almiro Pisetta e Lenita Maria Rímoli Esteves, 2ª ed., São Paulo, Martins Fontes, 2002.

REALE, Miguel. "A dinâmica do Direito numa sociedade em mudança", in *Estudos de Filosofia e Ciência do Direito*. São Paulo, Saraiva, 1978.

SZTAJN, Rachel. "Os custos provocados pelo Direito", in *RDM* 112/74-78, 1998.

Apêndice

Na minha pátria tem um monte,
Na minha pátria tem um rio.

Vem comigo.

A noite sobe ao monte.
A fome desce ao rio.

Vem comigo.

E quem são os que sofrem?
Não sei, porém são meus.

Vem comigo.

Não sei, porém me chamam
e nem dizem: "Sofremos".

Vem comigo.

E me dizem:
"Teu povo,
teu povo abandonado
entre o monte e o rio,

com dores e com fome,
não quer lutar sozinho,
te está esperando, amigo".

Ó tu, a quem eu amo,
Pequena, grão vermelho
de trigo,

a luta será dura,
a vida será dura,
mas tu virás comigo.

ANÁLISE ECONÔMICA DO DIREITO E A REGULAMENTAÇÃO DAS SOCIEDADES EMPRESÁRIAS BRASILEIRAS: ENTRE A AUTONOMIA DE VONTADE E A ESTRITA LEGALIDADE

EDUARDO GOULART PIMENTA

Introdução. 1. A eficiência como razão da criação das sociedades de responsabilidade limitada. 2. O contrato de sociedade e seu caráter relacional. 3. O caráter incompleto do contrato de sociedade. 4. O papel da legislação nas relações intrasocietárias: análise comparativa entre as Sociedades Limitadas e as Sociedades Anônimas. 5. A prevalência contratual na disciplina das relações intrasocietárias entre os quotistas e a função supletiva da legislação. 6. A proteção ao capital social como exceção ao caráter supletivo das normas sobre a Sociedade Limitada. Observações finais. Bibliografia citada.

Introdução

Em uma ordem econômica baseada na livre iniciativa privada as diferentes modalidades de sociedades empresárias assumem fundamental papel. São elas que agrupam diferentes quantidades de capitais e pessoas com o objetivo de viabilizar e maximizar o exercício das atividades de produção ou distribuição de bens ou de serviços com intuito lucrativo.

Deste modo torna-se primordial tanto para o economista quanto para o jurista o aprofundamento no estudo das Sociedades Anônimas e das Sociedades Limitadas, principais expoentes do direito societário brasileiro.

Este trabalho foca sua atenção sobre a Sociedade Limitada – sem, porém, deixar de recorrer, em diferentes pontos, à comparação com os preceitos das companhias – e procura descrevê-la a partir de noções eminentemente econômicas.

Em um segundo momento o texto volta sua atenção para os dispositivos do Código Civil referentes ao tema para traçar-lhes o papel mais eficiente diante da feição eminentemente privada e contratual desta espécie societária.

1. A eficiência como razão da criação das sociedades de responsabilidade limitada

Entre todas as modalidades de sociedades empresárias hoje disciplinadas pela legislação brasileira a Sociedade Limitada é aquela de origem mais recente e cercada das mais significativas particularidades.

Os tipos societários atuais têm, em regra, a mesma origem de vários dos fundamentais institutos de Direito Empresarial. São historicamente o resultado das práticas reiteradas dos comerciantes medievais que, posteriormente e de forma gradual, alcançaram a legislação positiva à medida que se consagraram por sua grande adequação ao tráfico mercantil.[1]

Assim espécies societárias como a sociedade em nome coletivo, a sociedade em comandita simples e a sociedade em conta de participação remetem ao período histórico em que o ainda incipiente "direito dos comerciantes" era basicamente um conjunto mais ou menos ordenado de usos e costumes adotados à margem da legislação estatal. Eram, em essência, práticas destinadas a atender às necessidades de um mercado em expansão e que, pela correspondência aos interesses dos agentes econômicos, ganharam a legislação positiva.

Tais constatações se aplicam mesmo às sociedades por ações, hoje de extrema complexidade e valia. A Companhia Holandesa das Índias Orientais, instituída em 1602, apresenta-se como o primeiro exemplo genuíno desta espécie associativa na evolução histórica do Direito Empresarial e também representa o desdobramento de anteriores modalidades de agrupamentos consuetudinariamente empregados por agentes econômicos que pretendiam empreender juntos.[2]

A origem das Sociedades Limitadas, porém, segue um caminho inverso. Se, como demonstrado, as outras espécies de sociedades foram inicialmente concebidas pelas práticas do incipiente mercado medieval e apenas posteriormente reguladas pela legislação, as Sociedades Limitadas partiram, por assim dizer, da legislação para o mercado.

Conforme concordam a maioria dos estudiosos este modelo societário foi, antes de tudo, uma criação efetivada por intermédio de uma legislação específica. Não se afigura, portanto, como um instituto desenvolvido no campo das relações comerciais. Trata-se de um modelo societário criado em um contexto histórico determinado e por meio de normas gerais e abstratas com o intuito de atender, antes de mais nada, à eficiência do Direito.

A Sociedade Limitada como hoje a conhecemos foi instituída pela lei alemã de 1892, de iniciativa do deputado Oechelhaueuser.[3] A Alemanha vivia, à época, forte crise econômica e havia então grande interesse e necessidade de se estabelecer incentivos àqueles que pudessem se dedicar à atividade empresarial.

Faltava, porém, um modelo de sociedade adequado aos empreendedores de pequeno e médio porte. As Sociedades Anônimas não lhes atendia dados a extremada formalidade e rigor da legislação, certamente mais voltada às grandes aglomerações de acionistas.

Também as demais sociedades então conhecidas não eram economicamente eficientes, pois, se por um lado eram disciplinadas por uma legislação menos onerosa, por outro exigiam a presença de ao menos um integrante disposto a assumir a responsabilidade pessoal e ilimitada pelos débitos vinculados ao exercício da atividade empresarial.

Faltava, então, um modelo societário que fundisse o que houvesse de mais adequado em cada uma das espécies até então conhecidas, ou seja: uma sociedade que fosse tão simples de se constituir como as sociedades com sócios de responsabilida-

1. Tullio Ascarelli, *Panorama do Direito Comercial*, pp. 24 e ss.

2. L. C. B. Gower, *Gower's Principles of Modern Company Law*, p. 21. Tullio Ascarelli, *Problemas das Sociedades Anônimas e Direito Comparado*, p. 452.

3. Há, entre os estudiosos, referência a modelos societários do direito inglês que, em princípio, se apresentariam como precedentes históricos da sociedade instituída pela legislação alemã de 1892. Porém estes mesmos autores concordam que não há similaridade significativa o bastante para defender-se a idéia de que a atual Sociedade Limitada adotada pelo Código Civil brasileiro tem outra fonte que não a legislação alemã ora mencionada (Fran Martins, *Sociedades por Quotas no Direito Estrangeiro e Brasileiro*, p. 20; João Eunápio Borges, *Curso de Direito Comercial Terrestre*, v. II, pp. 124-125, Vera Helena de Melo Franco, *Revista de Direito Mercantil*, v. 71, Ano XXVII (Nova Série), p. 88; Osmar Brina Corrêa Lima, *Sociedade Limitada*, 2005).

de ilimitada e que também garantisse a todos os seus integrantes o que até então era privilégio exclusivamente dos acionistas: a efetiva separação entre o patrimônio pessoal dos sócios e os débitos contraídos em nome da pessoa jurídica.

"De fato, na segunda metade do século passado, sentia-se na Alemanha que os tipos de sociedade existentes não atendiam aos anseios e preocupações de grande faixa de comerciantes, que não sendo portadores de vultosos capitais, nem querendo correr os riscos da responsabilidade ilimitada, não podiam ou não lhes convinha, adotar a forma de sociedade anônima, de constituição difícil, dependente de autorização, dispendiosa e extremamente burocratizada. O ideal seria então um tipo social que, embora limitando a responsabilidade dos sócios, tal como na anônima, desta diferiria, no entanto, na vedação da cessibilidade das quotas sociais a estranhos, na forma de constituição mais simplificada e na direção pessoal dos negócios sociais."[4]

O sucesso da então recém instituída sociedade de responsabilidade limitada (*Gesellschaft mit Beschränkter Haftung*, ou simplesmente *GmbH*) alemã foi tão rápido e de proporções tão significativas que provocou a quase imediata adesão de outros ordenamentos à nova espécie societária. É assim que já em 1906 temos a edição da legislação austríaca, em 1911 a legislação portuguesa e já no ano seguinte, por iniciativa de Herculano Marcos Inglês de Souza,[5] o Brasil se movimentava no sentido de consagrá-la em sua legislação positiva, o que, porém, só veio a ocorrer em 1919 com a edição do Decreto-lei n. 3.708.

O hoje tão empregado instituto da Sociedade Limitada resulta de uma preocupação eminentemente econômica, qual seja a de estabelecer o adequado incentivo para os pequenos e médios empreendedores. É talvez um dos mais felizes exemplos de institutos jurídicos desenvolvidos com o direto objetivo de atender à maximização da riqueza.

A importância das Sociedades Limitadas (até 2002 legalmente denominadas sociedades por quotas de responsabilidade limitada) em nosso país é inegável, uma vez que representa, segundo as estatísticas do Departamento Nacional de Registro de Comércio no período de 1985 a 2005, 48,23% do total de empresários do país e 98,93% das sociedades empresárias aqui constituídas.[6]

2. *O contrato de sociedade e seu caráter relacional*

O art. 981 do Código Civil brasileiro define o contrato de sociedade como o acordo de vontades pelo qual duas ou mais pessoas reciprocamente se obrigam a contribuir, com bens ou serviços, para a realização de atividade econômica com o objetivo de partilhar entre si os resultados monetários do empreendimento.

A essência das sociedades em geral – e da Sociedade Limitada em particular – está, portanto, no fato de que representa um instrumento jurídico destinado a agrupar diferentes pessoas interessadas em se dedicar conjuntamente e de forma organizada ao exercício de uma atividade de cunho econômico, notadamente de caráter empresarial.

Ainda quanto ao objeto do contrato de sociedade é correto lembrar que embora o

4. José Waldecy Lucena, *Das Sociedades Limitadas*, 8ª ed., p. 4.

5. Carlos Fulgêncio da Cunha Peixoto, *A Sociedade por Cotas de Responsabilidade Limitada*, v. I, 2ª ed., p. 31.

6. Segundo o DNRC, no período compreendido entre 1985 e 2005 foram inscritos no Brasil um total de 8.915.890 empresários, dos quais 51,25% (4.569.288) são (ou eram) empresários individuais. Do restante (4.346.602 ou 48, 75% do total) vemos que as Sociedades Limitadas respondem por quase 99% (4.300.257) enquanto as Sociedades Anônimas (20.080), as Sociedades Cooperativas (21.731) e as demais modalidades societárias (4.534) respondem pelos números restantes (*www.dnrc.gov.br*, *site* consultado em 19.1.2007).

parágrafo único do próprio art. 981 do Código Civil brasileiro admita o emprego desta modalidade contratual para a efetivação de apenas um ou mais negócios determinados (como se vê nas chamadas sociedades de propósito específico) resta inegável que, em regra, o vínculo entre os sócios se funda na intenção de realizar atividades de caráter contínuo e duradouro. "A atividade econômica empresarial é um fazer especial, porque implica produzir para mercados de forma continuada, não esporádica ou episódica".[7]

Vale lembrar ainda, em complemento, que a sociedade é um dos melhores exemplos daquelas situações em que os partícipes de um mesmo ato têm na mútua colaboração a melhor escolha para a maximização de seus próprios interesses.

Cada sócio tem mais a ganhar se ele e os demais integrantes da sociedade se dispõem a seguir seus deveres legais e contratuais e a cooperar com o exercício do objeto social. Tal afirmação sustenta-se especialmente em modalidade societárias nas quais, como na Sociedade Limitada, assume-se que o dever de colaboração do sócio implica em uma obrigação positiva, um efetivo agir no sentido da consecução do objeto social.[8]

O contrato de sociedade impõe-se como uma situação social em que a maximização dos interesses de um dos agentes econômicos envolvidos depende também das escolhas e atos empreendidos pelos demais partícipes. A maximização dos ganhos da sociedade – e, por conseqüência, de cada um dos sócios – está na cooperação de todos os contratantes.

É, portanto, uma situação apta a ser submetida aos modelos econômicos ligados à Teoria dos Jogos. Segundo Rachel Sztajn os "(...) contratos constituem modelos de cooperação para benefício mútuo, daí por que aplicações da teoria dos jogos, no modelo de jogos de cooperação, pode servir para indicar a escolha racional das partes ao negociar (...)".[9]

Jogos cooperativos ou jogos de cooperação são modelos esquemáticos de conduta que analisam situações em que os agentes maximizam seus próprios interesses particulares quando se dispõem a moldar sua própria ação aos anseios de outrem. A escolha e posterior conduta de um dos contratantes provoca reflexos positivos em relação aos demais.

Quando um sócio se dispõe a colaborar com parte de seu patrimônio e também com seus esforços pessoais para a realização do objeto social não apenas ele está ganhando com isso, mas também todos os demais sócios. Estes, por sua vez, têm na mútua colaboração e na integralização do capital a estratégia dominante, ou seja, aquela que lhes é mais favorável independentemente da conduta do outro.

Resta lembrar, porém, que o comportamento cooperativo dos sócios existe até o momento em que esta cooperação em torno da sociedade e de seu objeto social é o meio mais eficiente de maximização dos interesses particulares de cada sócio. Embora fundada na comunhão de esforços, contribuições e objetivos, o contrato de sociedade – e a própria pessoa jurídica que daí decorre – sustenta-se enquanto atender

7. Rachel Sztajn, *Teoria Jurídica da Empresa – Atividade Empresária e Mercados*, p. 130.

8. Sobre os deveres dos sócios nas Sociedades Anônimas e Sociedades Limitadas remetemos o leitor ao seguinte trabalho de nossa autoria: Eduardo Goulart Pimenta, *Exclusão e Retirada de Sócios – Conflitos Societários e Apuração de Haveres no Código Civil e na Lei das Sociedades Anônimas*, 2004.

9. Rachel Sztajn, "Notas de análise econômica: contratos e responsabilidade civil", *RDM* 111/21. "The tools of game theory, like the tools of economics more generally, are not powerful enough to tell us the precise effects of particular laws. Nevertheless, we are not completely at a loss, for the formal tools of game theory offer us a starting place for understanding the forces that are at work in situations in which parties behave strategically" (Douglas G. Baird, Robert H. Gertner e Randal C. Picker, *Game Theory and the Law*, p. 268).

aos interesses particulares de cada um dos sócios. Oportuna, neste sentido, a observação de Victor Goldberg e John Erickson sobre os contratos de longa duração em geral: "The parties to a long-term contract have a mutual interest in designing a contract that maximizes its value to both parties. They also, however, have a selfish interest in achieving a large individual share, even if doing so results in a reduced overall value. If the parties could costlessly constrain their noncooperative, opportunistic behavior, contracting would not be very difficult – or interesting. Much of the structure of contracts reflects the attempts of parties to constrain their noncooperative behavior in order to increase the total pie".[10]

Fundado ao mesmo tempo sobre a perenidade de seu objeto, a colaboração mútua e o interesse egoístico de cada sócio o contrato de sociedade, espécie de contrato relacional,[11] encontra em seu caráter incompleto outro fundamental fator para sua compreensão e disciplina.

3. *O caráter incompleto do contrato de sociedade*

A Economia se dedica ao estudo das formas pelas quais a sociedade gera, distribui e consome suas riquezas. Em conseqüência, nada mais natural que este ramo das Ciências Sociais Aplicadas se dedique também às regras que disciplinam o direito de usufruir desta riqueza (consubstanciadas pelos direitos de propriedade) e também às normas que regulam o modo pelo qual os agentes econômicos transferem uns aos outros o direito de usufruir da riqueza disponível (direito dos contratos).

O contrato é, tomado sob a perspectiva de sua função econômica, essencialmente o instrumento pelo qual os agentes econômicos transferem seus direitos de propriedade sobre a riqueza e os meios de produção disponíveis.

Portanto, e sob a premissa de que os agentes econômicos são capazes de fazer escolhas racionais no sentido de maximizar seus próprios interesses, o contrato é empregado por eles no sentido de obter aqueles bens ou direitos que melhor sejam adequados a seus interesses.

Uma vez firmado o contrato pressupõe-se que as partes tenham livre e racionalmente transacionado sobre os bens ou direitos objetos do acordo. A partir daí legitimamente organizam suas próximas escolhas contando com a prestação do outro contratante.

A análise econômica dos contratos deve ser processada a partir de duas premissas que estão, como demonstraremos abaixo, diretamente vinculadas. A primeira refere-se à existência dos chamados custos de transação e a segunda diz respeito ao inevitável caráter incompleto dos vínculos firmados.

Custos de transação – ou custos de contratação – representam aquilo que despenderam ou deixaram de ganhar as partes de um contrato com o objetivo de constituí-lo ou executa-lo. São os custos que os contratantes enfrentam para elaborar, manter e fazer cumprir o contrato.

A importância dos custos de transação se tornou evidente a partir do seminal

10. Victor P. Goldberg e John R. Erickson, "Quantity and price adjustment in long-term contracts: a case study of petroleum coke", *Journal of Law & Economics*, v. XXX, p. 375.

11. "Contratos relacionais, segundo a concepção norte-americana (*relational contracts*), são acordos complexos de longa duração, nos quais a confiança, a solidariedade e a cooperação são, por vezes, mais relevantes do que os vínculos contratuais expressos. Tem-se, assim, um contrato aberto, que representa uma relação contínua, duradoura ao mesmo tempo em que modificável pelos usos e costumes ali desenvolvidos e pelas necessidades das partes" (Anna Paula Berhnes Romero, "As restrições verticais e a análise econômica do direito", *Revista Direito GV*, v. 2, n. 1, pp. 11 a 37, nota 1). Para aprofundamento nas questões específicas sobre contratos relacionais veja: Charles J. Goetz e Robert E. Scott, "Principles of relational contracts", *Virginia Law Review*, v. 67, n. 6, pp. 1.089 a 1.150.

trabalho de Ronald Coase[12] e hoje é fundamental para a análise econômica do Direito, pois, conforme se depreende do denominado Teorema de Coase, quanto maiores forem os custos da transação menores serão as chances das partes chegarem a contratar.

Outra noção basilar para o tema é a de incompletude dos contratos. Na elaboração de um vínculo contratual é necessário perceber que as partes tentam, em princípio, prever todas as circunstâncias que podem ocorrer durante a execução do contrato e, ao mesmo tempo, dar-lhes uma solução. Porém, forçoso é também reconhecer que, por diferentes fatores, esta previsão e disciplina invariavelmente se apresenta lacunosa. Daí por que os contratos denominados incompletos.[13]

É possível apontar as principais razões responsáveis pelo caráter incompleto dos vínculos contratuais.[14] A primeira delas está na chamada racionalidade limitada (*bounded rationality*) dos partícipes destes contratos.[15] Na elaboração de um contrato afigura-se claro que as partes não têm condições de antever e disciplinar expressamente toda e qualquer eventualidade que possa ocorrer ao longo da execução do acordo celebrado.

"Unfortunately, because of bounded rationality, formal contracts have only limited value as a means of governing relationships. If the input is fairly standard and potential changes in circumstances are well understood, then contracts may be effective. Very often, however, it is beyond the practical capacity of man or woman to fully specify detail, predict all possible contingencies, and verify breaches in court."[16]

A segunda causa da incompletude dos contratos está exatamente na existência dos custos de transação. Se inexistissem custos de transação as partes poderiam negociar e aperfeiçoar o vínculo entre elas firmado até o ponto em que, teoricamente, pudessem prever e disciplinar qualquer circunstância futura. Entretanto, tal modelo econômico não é factível dada a constante verificação de custos para a transação.[17] Há um momento em que as partes devem parar de negociar sob pena dos custos de transação tornarem economicamente inviável o próprio acordo.

A incompletude dos contratos, particularmente relevante em contratos de longo termo ou relacionais, decorre ainda de fatores como as informações assimétricas (*asymmetric informations*) entre os contratantes. A assimetria de informações entre dois ou mais partícipes de um contrato se verifica quando um ou mais deles não dispõe do mesmo número de dados relevantes

12. Os mais importantes trabalhos do autor (*The Nature of the Firm* e *The Problem of Social Cost*) são encontrados, com valiosos comentários, na seguinte obra: Ronald H. Coase, *The Firm, the Market and the Law*, 1990.

13. Scott Baker e Kimberly D. Krawiec, *Incomplete Contracts in a Complete Contract World*, *http//www.ssrn.com*.

14. Benjamin E. Hermalin, Avery W. Katz e Richard Craswell, *The Law & Economics of Contracts*, *http//www.ssrn.com*, pp. 70 a 76.

15. Rachel Sztajn, Décio Zylbersztajn e Paulo Furquim Azevedo, "Economia dos contratos", in Rachel Sztajn e Décio Zylbersztajn (orgs.), *Direito e Economia – Análise Econômica do Direito e das Organizações*, p. 108.

16. Bruce R. Lyons, "Contracts and specific investment: an empirical test of transaction cost theory", in Oliver E. Williamson e Scott E. Masten, *The Economics of Transaction Costs*, p. 300.

17. Oliver Hart assinala claramente que a imperfeição dos contratos é decorrência direta dos custos de transação: "A consequence of the presence of such costs is that the parties to a relationship will not write a contract that anticipates all the events that may occur and the various actions that are appropriate in these events. Rather they will write a contract that is incomplete, in the sense that it contains gaps or missing provisions; that is, the contract will specify some actions the parties must take but not others; it will mention what should happen in some states of the world, but not in others" (Oliver Hart, "Incomplete contracts and the theory of the firm", in Oliver Williamson e Sidney G. Winter, *The Nature of the Firm – Origins, Evolution and Development*, p. 140).

sobre as circunstâncias e as conseqüências da contratação.[18]

Desta assimetria de informações sobre as circunstâncias de contratação decorrem os chamados custos de comprovação (*verification costs*) que são, em apertada síntese, os custos em que incorrem as partes para comprovar as informações que são relevantes para a elaboração do contrato.[19]

Quando se trata de conhecer as razões de incompletude dos contratos há que se mencionar ainda circunstâncias ligadas a fatores alheios à conduta e mesmo à vontade dos contratantes e que muitas vezes não são mensuráveis – ou mesmo previsíveis – quando da contratação.[20]

Steven Shavell e Mitchell Polinsky, por sua vez, apontam a própria crença das partes em um preenchimento adequado das lacunas contratuais pelos tribunais como mais um fator responsável pelos inevitáveis *gaps* nos contratos.

"There are three reasons for the incompleteness of contracts. The first is the costs of writing more complete contracts. The second is that some variables (effort levels, technical production difficulties) cannot be verified by tribunals. The third is that the expected consequences of incompleteness may not be very harmful to contracting parties. Incompleteness may not be harmful because a tribunal might interpret an imperfect contract in a desirable manner."[21]

Quanto mais se preocupam em preencher as lacunas do contrato que estão a negociar mais as partes estão aumentando seus custos com a transação. Assim, há um ponto das negociações em que continuar preenchendo as lacunas do contrato atrai custos tão altos para os contratantes que a escolha mais eficiente para eles é contar com a inocorrência destas circunstâncias não previstas ou, caso elas ocorram, deixar solução a outras fontes do direito.

"Tradicionalmente, o direito apresenta três instrumentos para lidar com os contratos incompletos: a hermenêutica contratual (que busca interpretar o contrato por sua finalidade, ou pelo que se entende como a finalidade do negócio jurídico); a lei (e a lei, ou suas normas positivadas, como aqui se afirmou, é esparsa e prolixa); e os usos e costumes, que tratam as lacunas contratuais valendo-se da analogia com experiências similares."[22]

A importância da análise das lacunas contratuais e o tratamento que a elas se dedica é especialmente relevante quando tratamos dos contratos de trato sucessivo e, como espécie destes, dos chamados contratos relacionais (*relational contracts*).

Nestas modalidades de vínculos, dada a sua continuidade temporal, há maior possibilidade de se manifestarem algumas das circunstâncias negligenciadas pelos partícipes da contratação.

Nota-se, portanto, que um mecanismo eficiente de preenchimento das lacunas deixadas pelo contrato de uma Sociedade Limitada deve ser preocupação fundamental da legislação e de seus aplicadores.

4. O papel da legislação nas relações intrasocietárias: análise comparativa entre as Sociedades Limitadas e as Sociedades Anônimas

Apartadas as sociedades com membros de responsabilidade ilimitada pelos

18. Sobre os efeitos que informações assimétricas acarretam à completude e eficiência das relações contratuais veja: Alan Schwartz e Robert E. Scott, "Contract Theory and the limits of Contract Law", *Yale Law Journal*, v. 113, pp. 69 e ss.

19. Os chamados custos de comprovação (*verification costs*) são abordados em profundidade no seguinte texto: Robert M. Townsend, "Optimal contracts and competitive markets with costly state verification", *Journal of Economic Theory*, v. 20, pp. 265-293.

20. Ilya R. Segal, "Complexity and renegotiation: a foundation for incomplete contracts", *Review of Economic Studies*, pp. 57-82.

21. Steven Shavell e Mitchell Polinsky, *Economic Analysis of Law, http://ssrn.com/abstract=859406*, p. 17.

22. Armando Castellar Pinheiro e Jairo Saddi, *Direito, Economia e Mercados*, p. 118. V. também:

débitos comuns, que hoje são de utilização extremamente restrita, ficam aos sócios as alternativas da Sociedade Anônima e da Sociedade Limitada. Estes dois tipos societários guardam, porém, inúmeras distinções em sua estrutura e disciplina legal, as quais já se procurou explicar sob diferentes critérios, muitos deles de utilidade e aplicabilidade questionável.

Inegável, porém, que as Sociedades Anônimas são regidas por uma legislação extremamente rígida, detalhada, complexa e que deixa pouquíssimas lacunas em assuntos importantes para serem preenchidas pelos atos constitutivos da sociedade.

O rigor da legislação do anonimato se impõe também na sua aplicação. Assim, vigora na Sociedade Anônima a estrita legalidade, em termos similares aos encontráveis no âmbito da Administração Pública. Desta forma, quando a lei das Sociedades Anônimas prescreve uma conduta aos sócios, administradores, controladores e demais envolvidos com a organização societária não lhes é permitido adotar conduta diversa. As normas da lei do anonimato são em sua maioria de ordem pública.

O fundamento deste perfil de estrita legalidade encontra-se no fato de que esta modalidade societária se destina precipuamente à captação de recursos na comunidade em geral. Sua principal função econômica é captar a poupança popular e canalizá-la para as atividades empresariais.

A rigidez da legislação das Sociedades Anônimas leva em conta que, ao menos potencialmente, a massa dos acionistas será composta por pessoas que não terão e nem pretenderão ter qualquer contato direto com a gestão do empreendimento (*sleeping partners*). Ao contrário, querem é lucrar ou com a percepção dos dividendos ou com a compra e venda das ações no mercado de valores mobiliários.

Se os acionistas não têm no contato direto com a gestão da companhia a escolha que maximize seus interesses a legislação deve, sob a premissa de maior austeridade do próprio mercado de valores mobiliários, zelar pela integridade do capital por eles investido.

A lei das Sociedades Anônimas é complexa e inderrogável também porque pressupõe não haver entre os sócios interação significativa o suficiente para se esperar que possam eles adequadamente regular seus próprios interesses comuns em relação ao empreendimento.[23]

Além desta falta de direta interação entre os acionistas, outro fator se destaca como fundamento da rigidez e detalhamento da legislação. A Sociedade Anônima ergue-se sobre a perspectiva de ser uma instituição apta a agregar o capital de diferentes perfis de investidores.

Em uma genuína sociedade anônima encontraremos, no quadro de acionistas, pessoas com os mais diversos perfis. Há desde aquele microinvestidor que aplica suas economias pessoais no capital das sociedades (normalmente valendo-se da intermediação de instituições financeiras) até aqueles que, profundos conhecedores do mercado acionário e também da gestão do empreendimento – além de muito abastados financeiramente – acumulam a maioria do capital social.

Inclua-se também neste rol os investidores institucionais – como fundos de pensão e fundos mútuos – e aqueles acionistas interessados nos dividendos ou, como já lembrado, na especulação com a compra e venda de seus papéis.

Radicalmente diferente é o perfil das Sociedades Limitadas. Aqui a perspectiva

Richard Posner, *The Law & Economics of Contract Interpretation*, *http://www.ssrn.com/abstract-id=610983*.

23. L. C. B. Gower salienta, ao cuidar dos modelos societários anglo-saxônicos, que as *corporations* são mais adequadas às situações em que não há a "confiança mútua" entre os sócios, elemento característico de outras modalidades societárias como as *partnerships* (L. C. B. Gower, *Principles of Modern Company Law*, 5ª ed., p. 5).

do legislador é outra: tratam-se as Sociedades Limitadas de agrupamentos de interesses compostos por um número relativamente pequeno de pessoas que se conheceram e se confiam a ponto de se disporem a contratualmente dar origem à sociedade.[24]

Nelson Abrão, ao analisar as sociedades de responsabilidade limitada em geral, respalda nossa afirmação ao constatar que se fundam em um "acordo de vontades entre pessoas que se conhecem para um fim social que previram, mediante uma colaboração ativa e consciente e contribuições de cada sócio para o fundo comum".[25]

Em função do número potencialmente menor de sócios é ainda válido pressupor, como faz o legislador, que os quotistas terão um contato direto com o empreendimento e com seus gestores, o que lhes permite maior simetria de informações na hora de fazer suas escolhas e auto-regular seus interesses.

A simetria de informações entre os quotistas é respaldada também pela observação de que na Sociedade Limitada presume-se considerável uniformidade no perfil de seus integrantes, diferentemente do que se nota nas Sociedades Anônimas. Se nas companhias encontramos desde pessoas que dispõem de irrisório percentual do capital social até investidores institucionais e empreendedores que, com massiva quantidade de ações, ditam praticamente todas as escolhas da sociedade, nas Limitadas o que se espera é, repetimos, a comunhão de interesses entre pessoas com similares graus de informação e capacitação técnica.

De forma inversa ao que se verifica na Sociedade Anônima, na Sociedade Limitada não há que vigorar a regra da estrita legalidade. Ao contrário, deve-se facultar aos quotistas, em princípio, o poder de auto-regular contratualmente seus interesses. A autonomia privada deve prevalecer sobre o caráter tutelar da legislação.

"Business relationships often endure for years. Conditions change over the life of the relationship. The parties must respond to changing conditions as they pursue their own interests through the relationship. Accommodating the changes requires flexible understandings, not rigid rules. Consequently, formal rules do not tightly control human relationships, whether in business or personal life.

"The parties to long-run relations often rely upon informal devices, rather than enforceable rules, to secure cooperation."[26]

A legislação sobre as Sociedades Limitadas deve basear-se na possibilidade de livre transação entre os contratantes. O pressuposto é que os sócios são as pessoas mais recomendadas e adequadas à disciplina de seus próprios interesses no contrato de sociedade.

Em se tratando do contrato social da Sociedade Limitada vemos que a legislação brasileira faculta aos agentes a possibilidade de auto-regularem a maior parte das questões inerentes ao empreendimento comum.

Ciente, porém, de que o contrato social é eminentemente cooperativo, incompleto[27] e sujeito a inúmeras variáveis ao longo de sua implementação, a legislação deve funcionar como uma salvaguarda, fornecendo regras a serem utilizadas para preencher a omissão dos sócios.

24. Veja-se neste sentido o pertinente comentário de Vinícius José Marques Gontijo sobre a Sociedade Limitadas em nosso Código Civil: "Mantida como um tipo societário contratual, ela tem a flexibilidade estrutural e organizacional que somente o contrato permite e que jamais teria caso o seu caráter fosse estatutário, de natureza institucional, rígida por excelência e atrelada à lei, com óbvia limitação à vontade dos sócios" (Vinícius José Marques Gontijo, "A regulamentação das sociedades limitas", in Frederico Viana Rodrigues (org.), *Direito de Empresa no Novo Código Civil*, p. 200.

25. Nelson Abrão, *Sociedades por Quotas de Responsabilidade Limitada*, 4ª ed., p. 49.

26. Robert Cooter e Thomas Ulen, *Law & Economics*, 4ª ed., p. 225.

27. Rachel Sztajn e Haroldo Malheiros Duclerc Verçosa, "A incompletude do contrato de sociedade", *RDM* 131/7-20.

A referência a alguns dos artigos do Código Civil relativos a Sociedade Limitada demonstra que sua aplicação meramente supletiva às relações societárias foi a principal preocupação do legislador e que esta diretriz é certamente a de maior eficiência.

5. A prevalência contratual na disciplina das relações intrasocietárias entre os quotistas e a função supletiva da legislação

O caráter supletivo das normas alusivas às Sociedades Limitadas perpassa o texto do Código Civil e se manifesta expressamente em diferentes e fundamentais pontos da relação intrasocietária. A função da legislação é subsidiar o aplicador quando diante de uma lacuna no contrato social, lacuna esta que, como já salientamos, decorre da própria essência de um contrato relacional e de longo termo como este.

Assim, ao mesmo tempo que respeita a autonomia privada dos quotistas – sob as premissas de simetria de informações e da racionalidade na efetivação de suas escolhas – a legislação, ao servir de socorro ao intérprete no suprimento das inevitáveis lacunas contratuais, dá aos sócios maior segurança por antecipar, em seu texto, qual deverá ser a solução judicial.

O art. 109 da Lei das Sociedades Anônimas (Lei n. 6.404/1976) traz em seu texto alguns direitos que são inalteráveis pelos estatutos da companhia. Tratam-se, por assim dizer, dos "direitos fundamentais" dos acionistas.[28]

Como já afirmamos, as companhias representam um modelo societário constituído para abarcar um número potencialmente ilimitado de sócios que em sua grande maioria não pretendem se dedicar intensamente às atividades societárias ou procurar aprofundar o grau de informações que detém sobre a gestão do empreendimento.

A Lei n. 6.404/1976, portanto, lhes garante os direitos do art. 109 como forma de "blindar" seus interesses da ação dos controladores ou daqueles que, de uma forma ou de outra, tenham efetiva atuação nas assembléias gerais ou órgãos administrativos.

Não há, para as Sociedades Limitadas, um rol de direitos inatacáveis pelos dispositivos constantes dos atos constitutivos da organização. Nas Sociedades Limitadas o legislador não viu em tal elenco inderrogável de direitos uma forma de assegurar de maneira eficiente os direitos de propriedade dos quotistas em relação ao empreendimento. Com fundamento na simetria de informações procura-se minimizar os custos das transações entre os quotistas para que cheguem à máxima eficiência possível na alocação dos direitos envolvidos.

O Código Civil confere aos sócios de uma Sociedade Limitada o poder de dispor livremente sobre os direitos que venham a ter em relação aos demais integrantes do empreendimento. É o caso, por exemplo, das diversas modalidades de dissolução parcial de sociedade.

O art. 1.085 do Código Civil, referente à exclusão extrajudicial de sócio que pratica ato de inegável gravidade e que ponha em risco a continuidade da empresa somente pode ser invocado se houver cláusula contratual admitindo a expulsão extrajudicial de sócio por justa causa.

O direito de retirada do sócio, por sua vez, tem como hipóteses primeiras aquelas ocorrências eventualmente previstas no contrato social (art. 1.077). Também matérias como as referentes às conseqüências societárias do falecimento de um sócio (art. 1.028) e aos critérios para a apuração dos haveres do sócio excluído, falecido ou que se retirou da sociedade são, em primeiro lugar, questões aptas a serem reguladas pelo contrato social (art. 1.031).

28. Osmar Brina Corrêa Lima, *Sociedade Anônima*, 2ª ed., p. 291.

O direito de dispor sobre as próprias quotas é igualmente suscetível ao regramento contratual (art. 1.057), ficando a norma em análise com a função de, em caso de omissão dos atos constitutivos, apresentar a solução a ser judicialmente aplicada.

É bem verdade que o art. 1.007 do Código Civil estipula a nulidade de cláusula contratual que retire de algum dos sócios o direito à percepção dos lucros advindos do empreendimento. Trata-se, claro, de notória exceção à regra da disponibilidade dos direitos de sócio, exceção esta que somente se explica pois a busca pelo lucro (e sua divisão entre os contratantes) é da essência e a própria razão de ser das sociedades em geral.

O mesmo dispositivo, porém, admite que os quotistas possam adotar critério particular na divisão dos lucros obtidos pela sociedade e, mais uma vez, encarrega-se de fixar um critério a vigorar na ausência de cláusula contratual.

A própria estrutura organizacional da Sociedade Limitada comporta grande número de decisões e escolhas aptas a serem reguladas contratualmente. Cabe ao contrato social, por exemplo, decidir pela existência ou não do Conselho Fiscal (art. 1.066) e, nas sociedades com até 10 (dez) integrantes, a opção pela assembléia ou simples reunião de sócios (art. 1.072).

É possível também que o contrato social disponha sobre a possibilidade de a sociedade ser administrada por pessoas estranhas ao quadro de sócios (art. 1.061) e sobre eventual repartição de competências administrativas entre diferentes grupos ou pessoas, admitindo-se inclusive que o contrato social preveja a existência de um órgão análogo ao Conselho de Administração das Sociedades anônimas.

Parece-nos claro, portanto, que o contrato social é a fonte primeira das regras referentes às relações entre os quotistas e à composição da estrutura organizacional da sociedade.

6. A proteção ao capital social como exceção ao caráter supletivo das normas sobre a Sociedade Limitada

Já salientamos que a Sociedade Limitada é o resultado da combinação ordenada de características da Sociedade Anônima e das sociedades com responsabilidade ilimitada para os sócios. Da Sociedade Anônima ela extraiu, em essência, a limitação da responsabilidade dos sócios pelos débitos da pessoa jurídica.

Esta limitação é o principal incentivo econômico àqueles que pretendem empreender juntos, uma vez que permite afastar seu patrimônio pessoal do risco do empreendimento.

"Com efeito, a possibilidade de criar um patrimônio 'separado' contrasta com o princípio fundamental de dever, em princípio, cada sujeito responder, com todo o seu patrimônio, por suas dívidas; de deverem, portanto, vários sujeitos, que operem em conjunto, responder, todos e com todo o seu patrimônio, pelas dívidas contraídas na sua gestão coletiva.

"É justamente por isso que, na sua origem histórica, a responsabilidade limitada dos sócios de uma companhia decorre de princípios excepcionais e se apresenta, como um 'privilégio', que, por isso, pode ser baseado tão-somente num ato legislativo especial, que derrogue o direito comum."[29]

Em contrapartida a esta desvinculação entre débitos da sociedade e patrimônio dos sócios a legislação deve ser extremamente rigorosa com a composição do capital social já que este é, na hipótese, o elemento garantidor dos credores da sociedade. Procura-se, assim, zelar pelo interesse daqueles que negociam com a sociedade para que se possa minimizar os riscos de inadimplemento.

Em uma sociedade na qual, em princípio, os credores da pessoa jurídica não podem exigir seus direitos do patrimônio dos sócios o capital social ganha especial relevo na medida que torna-se a única garantia colocada à disposição dos credores. Desta forma, e quanto a este assunto, a legislação realmente não pode tomar outra direção que não o estrito rigor e inderrogabilidade de forma a assegurar, na medida do possível, a credibilidade do instituto da pessoa jurídica com responsabilidade limitada para seus membros.

Se voltarmos nossa atenção para as normas legais reguladoras da Sociedade Limitada perceberemos que quando se trata da devida integralização ou preservação do capital social abandona-se a diretriz de livre transação e previsão contratual pelos sócios e adotam-se dispositivos de caráter inderrogável.

O texto do art. 1.052 do Código Civil abre a disciplina sobre a Sociedade Limitada estabelecendo que seus sócios não são apenas responsáveis pela integralização de suas respectivas quotas mas também pelos valores a serem integralizados pelos demais contratantes.

Ao art. 1.055 coube, por sua vez, estipular a solidariedade entre os sócios – inderrogável pelo contrato social – quanto à exata avaliação dos bens a serem empregados para a integralização das quotas.

Igual direcionamento legislativo é claramente percebido ainda quando o art. 1.084 dá ao credor quirografário o direito de opor-se à redução do capital social empreendida pelos quotistas e quando o art. 1.032 responsabiliza o sócio que abandona o empreendimento pelos débitos contraídos durante sua participação.

Trata-se de zelar pelo interesse dos credores da sociedade, assegurando-lhes a minimização das possibilidades de fraude e dando-lhes a devida segurança quanto à composição do capital da sociedade e a responsabilidade dos sócios.

Esta é, aliás, uma orientação que, vista de outro modo, funciona a favor dos próprios integrantes da sociedade. Quanto maior for a credibilidade do instituto do capital social menores serão as razões para se pretender relativizar a responsabilidade limitada dos sócios.

O que se verifica, porém, é que a falta de um controle mais efetivo sobre a formação e manutenção do capital social vem banalizando o instituto, o que, por sua vez, leva os aplicadores da lei e o próprio legislador a relativizar o preceito da separação entre patrimônio dos sócios e dívidas da sociedade.

Observações finais

A legislação brasileira sobre Sociedade Limitada adquire inegável caráter tutelar ao cuidar das relações entre esta pessoa jurídica e seus credores.

Aqui, em face da notória repercussão sobre o interesse de terceiros e suas graves implicações econômicas, aliada à falta de simetria de informações entre os quotistas e os credores, a legislação toma postura inversa em relação ao que se constata ao longo da disciplina das relações entre os sócios e da estrutura administrativa da pessoa jurídica.

Particularmente entendemos que as duas diretrizes tomadas pela legislação brasileira são eficientes. O contrato prevalece como principal fonte de direitos e obrigações entre os sócios e a legislação, por sua vez, é priorizada quando se trata de zelar pelos interesses dos credores.

Bibliografia citada

ABRÃO, Nelson. *Sociedades por Quotas de Responsabilidade Limitada*. 4ª ed., São Paulo, Ed. RT, 1989.

ASCARELLI, Tullio. *Panorama do Direito Comercial*. São Paulo, Saraiva, 1947.

______. *Problemas das Sociedades Anônimas e Direito Comparado*. Campinas, Bookseller, 2001.

BAIRD, Douglas G., GERTNER, Robert H., e PICKER, Randal C. *Game Theory and the Law*. Cambridge, Harvard University Press, 2003.

BAKER, Scott, e KRAWIEC, Kimberly D. *Incomplete Contracts in a Complete Contract World. http//www.ssrn.com, site* consultado em 21.11.2006.

BORGES, João Eunápio. *Curso de Direito Comercial Terrestre*. v. II, Rio de Janeiro, Forense, 1959.

COASE, Ronald H. *The Firm, the Market and the Law*. Chicago, The University of Chicago Press, 1988.

COOTER, Robert, e ULEN, Thomas. *Law & Economics*. 4ª ed., Nova Iorque, Pearson, Addison Wesley, 2004.

CUNHA PEIXOTO, Carlos Fulgêncio da. *A Sociedade por Cotas de Responsabilidade Limitada*. v. I, 2ª ed., Rio de Janeiro, Forense, 1958.

FRANCO, Vera Helena de Melo. *Revista de Direito Mercantil*, v. 71, Ano XXVII (Nova Série).

GOETZ, Charles J., e SCOTT, Robert E. "Principles of relational contracts", *Virginia Law Review*, v. 67, n. 6, set. 1981, pp. 1.089 a 1.150.

GOLDBERG, Victor P., e ERICKSON, John R. "Quantity and price adjustment in long-term contracts: a case study of petroleum coke", *Journal of Law & Economics*, v. XXX, University of Chicago, out. 1987.

GONTIJO, Vinícius José Marques. "A regulamentação das sociedades limitas", in RODRIGUES, Frederico Viana (org.). *Direito de Empresa no Novo Código Civil*. Rio de Janeiro, Forense, 2004, p. 200.

GOWER, L. C. B. *Gower's Principles of Modern Company Law*. Londres, Sweet & Maxwell, 1992.

HART, Oliver. "Incomplete contracts and the theory of the firm", in WILLIAMSON, Oliver, e WINTER, Sidney G. *The Nature of the Firm – Origins, Evolution and Development*. Nova Iorque, Oxford University Press. 1993.

HERMALIN, Benjamin E., KATZ, Avery W., e CRASWELL, Richard. *The Law & Economics of Contracts. www.ssrn.com, site* consultado em 9.11.2006, pp. 70 a 76.

LIMA, Osmar Brina Corrêa. *Sociedade Anônima*. 2ª ed., Belo Horizonte, Del Rey, 2003.

______. *Sociedade Limitada*. Rio de Janeiro, Forense, 2005.

LUCENA, José Waldecy. *Das Sociedades Limitadas*. 8ª ed., Rio de Janeiro, Renovar, 2005.

LYONS, Bruce R. "Contracts and specific investment: an empirical test of transaction cost theory", in WILLIAMSON, Oliver E., e MASTEN, Scott E. *The Economics of Transaction Costs*. Massachusetts, Edward Elgar Publishing, 1999.

MARTINS, Fran. *Sociedades por Quotas no Direito Estrangeiro e Brasileiro*. Rio de Janeiro, Forense, 1960.

PIMENTA, Eduardo Goulart. *Exclusão e Retirada de Sócios – Conflitos Societários e Apuração de Haveres no Código Civil e na Lei das Sociedades Anônimas*. Belo Horizonte, Mandamentos, 2004.

PINHEIRO, Armando Castellar, e SADDI, Jairo. *Direito, Economia e Mercados*. São Paulo, Campus, 2005.

POSNER, Richard. *The Law & Economics of Contract Interpretation*. Social Science Research Network Electronic Paper Collection: *http://ssrn.com/abstract-id=610983*.

ROMERO, Anna Paula Berhnes. "As restrições verticais e a análise econômica do direito", *Revista Direito GV*, v. 2, n. 1, São Paulo, jan.-jun. 2006, pp. 11 a 37.

SCHWARTZ, Alan, e SCOTT, Robert E. "Contract Theory and the limits of Contract Law", *Yale Law Journal*, v. 113, 2003.

SEGAL, Ilya R. "Complexity and renegotiation: a foundation for incomplete contracts", *Review of Economic Studies*, jan. 1999, pp. 57-82.

SHAVELL, Steven, e POLINSKY, Mitchell. *Economic Analysis of Law*. Social Science Research Network Electronic Paper collection: *http://ssrn.com/abstract = 859406*.

SZTAJN, Rachel. "Notas de análise econômica: contratos e responsabilidade civil", *Revista de Direito Mercantil, Industrial, Econômico e Financeiro*, n. 111, São Paulo, Ano XXXVI, jul.-set. 1998.

______. *Teoria Jurídica da Empresa – Atividade Empresária e Mercados*. São Paulo, Atlas, 2004.

______, ZYLBERSZTAJN, Décio, e AZEVEDO, Paulo Furquim. "Economia dos contratos", in SZTAJN, Rachel, e ZYLBERSZTAJN, Décio (orgs.). *Direito e Economia – Análise Econômica do Direito e das Organizações*. São Paulo, Campus, 2005.

______, e VERÇOSA, Haroldo Malheiros Duclerc. "A incompletude do contrato de sociedade", *Revista de Direito Mercantil, Industrial, Econômico e Financeiro*, n. 131, São Paulo, jul.-set. 2003, pp. 7-20.

TOWNSEND, Robert M. "Optimal contracts and competitive markets with costly state verification", *Journal of Economic Theory*, v. 20, 1979, pp. 265-293.

A MACROLÓGICA DO DIREITO ECONÔMICO

ROBERTO FERRAZ

1. As dificuldades de definição do Direito Econômico: seguiria ele uma lógica diferenciada? 2. A característica das normas aceitas como sendo de Direito Econômico. 3. A "macrológica" do Direito Econômico.

1. As dificuldades de definição do Direito Econômico: seguiria ele uma lógica diferenciada?

1.1 Já entre os primeiros autores a buscar definições Direito Econômico, como Hedemann, muitos o fizeram propositalmente de maneira vaga e indefinida.[1] Na década de 1960, na França, quando houve forte efervescência da temática do *Droit Économique*, Claude Champaud também não o definia mas destacava que: "Considerado como um direito original mas de vocação geral, o Direito Econômico se apresenta portanto como um espírito jurídico particular aplicado a um corpo de regras diversas. Somente o espírito é verdadeiramente novo (...)".[2]

A *Association Internationale de Droit Économique*, grande centro mundial atual dedicado a esse estudo e que edita a *Revue Internationale de Droit Économique – RIDE*, assim define sua vocação: "A *RIDE* visa o direito econômico nacional e internacional em todos os seus ramos e em seu conjunto. A interdisciplinariedade constitui uma especificidade primeira da revista. Graças ao pluralismo das abordagens teóricas e práticas, ela é um lugar de encontro entre juristas de diferentes setores e nações, entre publicistas e privatistas, entre juristas e economistas, entre pesquisadores e práticos".[3]

Nesse contexto, fica mais fácil ter uma aproximação do que seja o Direito Econômico e de que sua definição absolutamente não segue o formato dos tradicionais "ramos do Direito" cujas "especificidades" vêm essencialmente da área a que se referem as normas jurídicas, normas estas que seguem a clássica lógica da imputação (ou dos atos formais).

Pelo contrário o Direito Econômico não se caracteriza pela matéria de que trata – pois trata de concorrência, consumo, processo civil, tributos, administração pública, comércio, regulação, proteção etc. –,

1. Cf. o estudo de L. Hennebique, no *Recueil d'Études en l'Honneur de E. Lambert*, t. III, Paris, 1938, pp. 486 e ss., *apud* Fábio Konder Comparato, in "O indispensável Direito Econômico", *Ensaios e Pareceres de Direito Empresarial*, Rio de Janeiro, Forense, 1978, p. 460, nota 5.

2. Cf. Claude Champaud, "Contribution à la définition du Droit Économique", in *Il Diritto dell'Economia – Rivista di Dottrina e di Giurisprudenza* 2/141-154, Ano XIII, 1967.

3. Da apresentação da revista no site da *De Boeck Universitè*. "La *RIDE* vise le droit économique national et international en toutes ses branches et dans son ensemble. L'interdisciplinarité constitue une spécificité première de la revue. Grâce au pluralisme des approches théoriques et pratiques, elle est un lieu de rencontre entre juristes de différents secteurs et nations, entre publicistes et privatistes, entre juristes et économistes, entre chercheurs et praticiens".

mas pelo tipo de lógica que dita as normas que se costuma identificar como de direito econômico. Trata-se de estrutura que mais se aproxima da lógica de resultados, chegando mesmo a alterar a concepção de Estado. Assim, com o avanço do direito econômico, "O poder público (político, administrativo e judiciário) não só não é mais um poder integrador e totalizante dos conflitos da sociedade civil econômica, mas deve sempre mais medir-se com o princípio de subsidiariedade vertical e horizontal", como diz Eugenio Picozza.[4]

Em suma, o que caracteriza as normas de Direito Econômico não é a matéria, mas, sim, o novo enfoque com que foram concebidas: o enfoque macroeconômico, isto é, *macrologicamente*.

A dificuldade de definição do Direito Econômico está em que a concepção de suas normas não visa fazer justiça entre dois indivíduos ou mais; visa fazer justiça num universo de relações agregadamente considerado, abstraindo das relações individualmente consideradas. A norma de direito econômico visa promover certas tendências macroeconômicas ou dar resposta jurídica a tais tendências. Essas tendências correspondem a fatos identificados pelo pensamento macroeconômico (concorrência, repercussão econômica dos tributos, maior eficiência dos agentes de mercado etc.) e, portanto, comportam falhas de análise, mas, apesar dessas falhas o direito procura servir-se dessas análises macroeconômicas para fixar regras.

Desenvolver esse estudo, identificando concisamente a lógica das normas de direito econômico nos variados ramos jurídicos é o objeto deste trabalho.

4. *Trattato di Diritto dell'Economia*, v 2º, *Diritto dell'Economia: Disciplina Pubblica*, Pádua, CEDAM, 2005, p. 285. "Il potere pubblico (politico, amministrativo e giudiziario) non solo non è più un potere integratore e totalizzante dei conflitti della società civile economica, ma deve sempre più misurarsi com il principio di sussidiarietà verticale e orizzontale".

2. A característica das normas aceitas como sendo de Direito Econômico

A depender do autor, tem-se a impressão de que o Direito Econômico coincide com o Direito da Concorrência, ou com o da Regulamentação ou o das Privatizações, ainda que de maneira geral se invoque a intervenção do Estado na Economia como caracterizadora de seu âmbito próprio e que sempre se insista em sua ambivalência nos âmbitos do direito público e do direito privado.

No entanto, o que realmente identifica as normas habitualmente tidas como de direito econômico é sua estrutura e não sua matéria.

Da análise de algumas normas de direito econômico é que se extrai essa conclusão.

2.1 No campo da proteção à concorrência parece haver unanimidade quanto a sua pertinência ao Direito Econômico.

A estrutura das regras de proteção da concorrência e das fórmulas utilizadas para defendê-la bem ilustram a lógica diferenciada que se pretende evidenciar neste estudo.

O bem protegido pelo direito nesse caso, a concorrência, é um bem de natureza mercadológica e coletiva, e que se opõe – ao menos aparentemente ou em certos casos –, ao interesse individual também protegido pelo direito.

Essa dualidade de proteções jurídicas, figurando uma delas como defensora de interesses coletivos mercadologicamente identificados, ao lado de outra concebida em favor de interesses individuais, caracteriza a presença de normas de direito econômico.

A norma de direito econômico identifica-se por ser concebida com base em uma constatação de tipo macroeconômica, isto é, uma constatação de fato econômico analisado do ponto de vista macroeconômico. A Macroeconomia – parte da ciência econômica que se propõe a explicar as relações entre os agregados de uma economia e examina os fatos econômicos globais – difere da Microeconomia – ramo da ciência econômica que estuda os comportamentos individuais dos agentes econômicos, e principalmente suas decisões.

2.2 Assim, o direito da concorrência parte da constatação macroeconômica de que existe a tendência de prejuízo à livre concorrência nos casos de concentração dos mercados nas mãos de poucos agentes econômicos. Essa conclusão é empírica, ainda que tal tendência possa ser confirmada dedutivamente (mas apenas como tendência, não como regra).

É com base nessa constatação que o direito da concorrência vai formular regras e mecanismos visando evitar que os mercados fiquem marcados por aquela tendência, de supressão ou desvio da concorrência. Formulam-se então regras, e, sobretudo, *práticas* de controle sobre as possíveis manobras como as dos cartéis ou sobre as possíveis tendências não forçadas como a monopolização por eficiência.

Essas regras e essas práticas levadas a efeito por órgãos criados pelo direito com essa função de controle dos mercados, terminam por ser contrárias aos interesses individuais também amparados por regras criadas pelo direito, mas que atendem apenas a esses comportamentos e interesses individuais. Assim aquelas regras e práticas de proteção da concorrência, que são contrárias às regras criadas nos tradicionais "ramos do direito".

2.3 Colocada a questão: "a empresa A pode adquirir a empresa B?", e submetida aos tradicionais "ramos do direito", concebidos mediante uma lógica não baseada em dados macroeconomicamente identificados, a dúvida será solucionada mediante simples verificação de dados como regularidade da representação das pessoas jurídicas envolvidas, forma exigida para a manifestação de vontades e outros aspectos restritos à questão vista apenas do ponto de vista individual. Feito esse questionamento apenas à luz dessas regras concebidas individualmente chegar-se-á somente a um terminativo "sim" ou a um "não". Essa a estrutura tradicional do Direito e dos Tribunais, entidades formadas para alcançar essas conclusões terminativas.

Posta a mesma questão ao Direito Econômico, à luz de regras concebidas levando em conta os aspectos mercadológicos macroeconomicamente identificados, a resposta será muito diferente, começando com um "depende". Nesse contexto, a lógica jurídica aplicada pelos tradicionais ramos do direito dará apenas a qualificação das partes para realizar o negócio, mas não a resposta definitiva quanto a sua viabilidade no mundo jurídico. O direito tradicional dará apenas a habilitação das partes para praticar o ato, mas não dará a resposta definitiva; para a definição de sua possibilidade, será preciso conhecer das condições da aquisição proposta no contexto de mercado e sob a luz do direito da concorrência.

Àquelas poucas exigências (quase exclusivamente formais) para chegar-se ao sim definitivo a que o direito tradicional chegava, somaram-se novas exigências, as *macrologicamente* concebidas, isto é, as idealizadas levando em conta as realidades econômicas identificadas do ponto de vista dos agregados. Assim é que se verifica que a lógica das normas de direito econômico está para a Macroeconomia como a lógica das normas dos tradicionais ramos do direito estão para a Microeconomia.

Não há aí qualquer mérito ou demérito para qualquer das normas analisadas. As regras tradicionais do direito serão mais precisas, no sentido de que os resultados de sua análise serão sempre mais claros e definitivos; já os do direito econômico serão sempre mais incertos e dependentes de valorizações dos fatos macroeconômicos que são, por natureza, simples tendências gerais. Nesse contexto, pode-se afirmar que o direito econômico guarda uma natureza *dinâmica* quando comparada com a estática forma de atuação dos tradicionais ramos do direito.

Nas situações em que se entende que determinadas ações (como fusões e incorporações, que seriam perfeitamente lícitas sob a ótica das normas tradicionais do direito), são contrárias ao equilíbrio da concorrência, aquelas normas micrologicamente concebidas ficam em segundo plano, como que esperando uma autorização para serem aplicadas. No entanto, na imensa maioria dos casos são essas normas tradicionais que são aplicadas.

2.4 Também em matéria tributária é possível identificar a mesma situação em que a norma de direito econômico, *macrologicamente concebida*, afasta a aplicação das normas tradicionalmente desenvolvidas.

É o caso da "substituição tributária", instituto brasileiro com paralelos em outros sistemas jurídicos, normalmente identificados sob o nome de "responsabilidade tributária".

2.4.1 É muito conhecida a fórmula adotada pela legislação tributária em que se exige o tributo não do contribuinte, mas de pessoa que tem relação direta com o fato imponível. O exemplo mais comum é o de "retenção na fonte" em que aquele que paga o rendimento tributável já faz o recolhimento de imposto sobre a renda, sendo o caso mais freqüente desse tipo de recolhimento o feito pelo empregador relativamente aos pagamentos feitos aos empregados.

Paralelamente a essa forma, no Brasil utiliza-se a chamada substituição tributária em que um contribuinte é chamado a literalmente substituir outro em suas obrigações tributárias, ficando aquele primeiro contribuinte o responsável exclusivo pelo pagamento dos tributos.

A origem desse instituto é simplesmente a sonegação dos impostos sobre vendas, que levou não apenas o governo, mas até mesmo a concorrência a clamar pela antecipação da arrecadação tributária para a fase industrial, especialmente no tocante aos veículos, às bebidas e aos combustíveis.

2.4.2 Assim, no Brasil, muitos são os produtos e mercadorias cujo pagamento do imposto sobre vendas (similar ao IVA europeu) que seria devido por ocasião das vendas a varejo é antecipado e pago por um "substituto" indicado pela legislação (que escolhe fabricantes ou grandes distribuidores para desempenhar tal tarefa).

Com esse procedimento, de um lado dispensada fica a necessidade de fiscalização dos varejistas e de outro, dissociada fica a incidência dos impostos da efetiva manifestação de capacidade contributiva consistente na operação de venda a varejo efetivamente realizada. De fato, nessa sistemática de "substituição", a venda realmente ocorrida é irrelevante para a arrecadação do tributo, ocorrendo uma dissociação total entre a operação econômica individualmente identificada (a venda) e que é suporte da incidência do tributo, e o próprio tributo, que passa a incidir independentemente daquela operação (na verdade a incidência do tributo se dá por presunção de que aquela operação venha a ocorrer no futuro).

Ora, também nesse caso estamos diante de uma avaliação de uma tendência de mercado, pois, analisados os mercados concretos em que se pretende estabelecer a norma de substituição tributária, verifica-se que geralmente, isto é, consideradas as operações como um todo (de maneira agregada como é típico da macroeconomia) à venda da indústria ou dos grandes distribuidores atacadistas seguem-se as vendas pelos varejistas, que por sua vez praticam preços cuja média pode ser identificada.

É certo que essas vendas nem sempre se realizam e que com alguma freqüência as vendas ocorrem com prejuízo, isto é, sem valor agregado, o que tornaria indevido o tributo na fase de venda a varejo. Além de poderem não realizar-se, as vendas a varejo podem ser realizadas por preços acima ou abaixo da média de preços identificada pela administração pública e com base na qual são exigidos os impostos ao substituto. Havendo essa distorção do valor do tributo relativamente ao valor efetivamente praticado na venda a varejo, o direito tributário tradicional identifica a violação do princípio que lhe é mais caro, o de capacidade contributiva, que é a expressão da igualdade em matéria tributária.

2.5 É nesse contexto que se verifica também no direito tributário o choque entre os interesses individuais protegidos por normas concebidas segundo a lógica tradicional do direito, que em seus ramos tutelou as relações individuais, e as normas (de direito econômico) que criam novas formas de tributação que não têm mais como eixo o direito individual, mas o interesse coletivo analisado à luz das realidades de mercado.

Uma vez mais é de se verificar que essas "realidades de mercado" identificadas com visão tipicamente macroeconômica não são realidades ontológicas, não são realidades concretas verificáveis integralmente, mas apenas identificadas como tendências gerais quando analisados os agregados. Assim, a sonegação fiscal no varejo não é uma verdade geral, mas apenas uma tendência que pôde ser verificada um determinado momento histórico (e, no caso brasileiro, numa região do imenso país). Na verdade, no caso brasileiro, para justificar a adoção da sistemática de "substituição tributária" a sonegação no varejo não precisa sequer ser generalizada, bastando que tenha sido muito freqüente em determinada região para que, do ponto de vista do mercado, analisado de maneira agregada, se justificasse como solução.[5]

Assim, por essas características, a norma de substituição tributária, que segue uma lógica distinta das que sustentam as regras tradicionais do direito tributário (pois segue uma *macrológica* que sustenta seus dispositivos em função da realidade de mercado macroeconomicamente identificada), entra em conflito com aquela lógica tradicional do direito.

2.6 Portanto, no caso específico ora abordado, à pergunta "pode a administração pública exigir tributo antes mesmo que o fato imponível ocorra e exigi-lo relativamente a um valor presumido e não efetivo?", o direito tributário tradicional responderia com firmeza que não, que tal exigência seria absolutamente contrária à essência do direito e, mais especificamente, que seria contrária ao essencial princípio da capacidade contributiva.

Porém, ao mesmo tempo que a solução dada pela "substituição tributária" repugna à lógica tradicional do direito, não há como negar que ela é uma solução para o grave problema de distorção da concorrência gerado pela sonegação generalizada em determinadas regiões, além de consistir em interessante instrumento do ponto de vista da arrecadação tributária. Estes argumentos é que sustentam a macrológica adotada nessa hipótese.

Portanto, também encontram-se normas concebidas de acordo com uma lógica distinta daquela que tradicionalmente foi utilizada no direito tributário; tão distinta que chega mesmo a chocar. E, uma vez mais, trata-se de normas fundadas em realidades de mercado macrologicamente identificadas.

2.7 No tocante às marcas e patentes é possível identificar normas com essa característica.

Tradicionalmente se reconhece um poder absoluto dos detentores de patentes à exploração de suas invenções, podendo seus titulares estabelecer livremente as condições para uso dos produtos por eles patenteados.

No entanto, especialmente no tocante aos remédios, novas regras vêm se impondo quanto ao uso das patentes, cuja exploração já não mais se tem por livre e cujos direitos já não se têm mais por absolutos. Avaliado o acesso que se permite ao medi-

5. No Brasil, curiosamente, o regime de substituição tributária foi posto em prática por iniciativa e exigência de agentes de mercado (revendedores de automóveis novos) que se viam muito prejudicados na concorrência por outros agentes de mercado (revendedores de veículos novos sediados no Nordeste) que sistematicamente deixavam de pagar seus impostos, mas que eram apenas os de certa região menos desenvolvida economicamente.

camento mediante a exploração da patente, e achado esse uso excessivamente restrito (numa avaliação de mercado, macrologicamente feita), sustenta-se em diversos países, e mesmo internacionalmente, o direito ao licenciamento compulsório do direito de patente, para viabilizar o acesso mais generalizado dos necessitados ao medicamento. Trata-se duma arbitragem do direito à exploração da patente avaliando sua razoabilidade de acordo com parâmetros de mercado.

2.8 Nas privatizações e nas agências reguladoras é possível também identificar essa nova lógica contrastando com a tradicionalmente adotada no direito.

O fato de as agências reguladoras não se ajustarem aos institutos clássicos do direito administrativo nem aos do direito privado, mas de guardarem características que parecem indicar uma mistura de direito público e de direito privado, tem provocado o interesse dos estudiosos desse novo instrumento jurídico de controle de atividades tão importantes como a telefonia, a produção e distribuição de energia elétrica, a produção e distribuição de combustíveis etc.

Também nesse caso as normas visam promover o bem comum garantindo a concorrência entre os agentes econômicos e, ao mesmo tempo, colocando condições mínimas de atenção aos usuários que não seriam seguidas caso as decisões fossem deixadas inteiramente à critério dos empreendedores. As agências reguladoras configuram a consagração da idéia de que o Estado é incapaz de organizar atividades econômicas com a eficiência demonstrada pelos particulares em regimes de concorrência. Além disso, a idéia de regulação mostra o reconhecimento de que, guiadas apenas pela eficiência econômica, as empresas terminam por negligenciar aspectos básicos de solidariedade.

Enfim, a lógica das agências reguladoras contraria amplamente os institutos e técnicas desenvolvidos no direito administrativo tradicional, ao seguir uma concepção macrologicamente obtida do mercado.

2.9 Dos exemplos acima apontados deseja-se extrair a conclusão de que há normas concebidas com uma lógica distinta da tradicionalmente adotada no direito. Trata-se das normas de direito econômico que visam proteger realidades de mercado macroeconomicamente identificadas.

3. A "macrológica" do Direito Econômico

Em suma, o que caracteriza as normas de direito econômico não é a matéria que lhe seria própria, mas sim o enfoque com que foram concebidas: o enfoque macroeconômico ou, em uma palavra, *macrologicamente*.

A concepção da norma de direito econômico não visa fazer justiça entre dois indivíduos ou mais; visa fazer justiça num universo de relações agregadamente considerado, abstraindo das relações individualmente consideradas. A norma de direito econômico visa promover certas tendências macroeconômicas ou dar resposta jurídica a tais tendências. Essas tendências são fatos identificados pelo pensamento macroeconômico (concorrência, repercussão econômica dos custos inclusive tributários, maior eficiência dos agentes de mercado etc.) e, portanto, comportam falhas de análise.

A justiça das normas macrologicamente concebidas não é maior ou menor que a das normas micrologicamente concebidas, é apenas diferente, como diferente é a justiça distributiva da comutativa. Além disso, não se trata de justiças excludentes, mas complementares, ainda que num primeiro momento possa ser chocante a oposição verificada entre as normas do direito tradicional e as normas de direito econômico.

O *espírito* das normas de direito econômico é que é diferente, como dizia Champaud. Diferente, pois corresponde a necessidades da sociedade de massa surgidas após a revolução industrial e afirmadas na modernidade, sobretudo em torno ao consumo. Hoje, infelizmente, há muitos que se medem pelo que consomem, mas independentemente de lamentar esse fato, é de reconhecer-se que o Direito precisou formular resposta para o fenômeno econômico de massa, e o fez, concebendo regras com lógica nova, adequada a essa realidade, em que a norma contempla o coletivo, antes do individual.

Essa nova lógica choca os que estão acostumados com a tradicional lógica jurídica, estruturada que foi em conceitos estritamente individuais. Esse choque vem da falta de reflexão macrológica.

Cabe, portanto, que se examinem tais normas como elas efetivamente são, concebidas visando proteger interesses coletivos (a concorrência, o consumidor, por exemplo) que aparentemente se chocam com direitos individuais tradicionalmente concebidos (o de propriedade, a patente de invenção, por exemplo).

Assim, numa questão típica de Direito Econômico como a regulação da concorrência, o interesse coletivo em jogo (de que haja efetiva concorrência), se opõe ao interesse individual como tradicionalmente concebido, pois impede que uma empresa adquira outra, caso dessa aquisição advenha uma posição particularmente dominante de mercado relevante. O direito de propriedade e a liberdade de iniciativa não se encontram nesse caso afastados ou prejudicados, mas apenas, como regras concebidas no interesse dos indivíduos, não se exercitam nesse caso em que há regra macrologicamente concebida que o impede. É de notar que nesse caso, como em todas as concepções macroeconômicas, há uma adivinhação, um "chute científico" em que se entende excessiva (ou não) uma posição dominante de mercado (por órgão especializado de defesa da concorrência). Numa questão como essa, não se pode pretender esgrimir com argumentos do gênero "o direito inalienável de livre contratação" ou de "liberdade de iniciativa", pois se trata de questão sujeita a regras de outra lógica, valendo para contestá-la apenas os argumentos que demonstrem a falsidade do "chute científico" feito pelo órgão de regulação do mercado.

Em matéria tributária, para novo exemplo, não se poderá argumentar com elementos concebidos micrologicamente, como fato gerador e base de cálculo, para tratar da regra macrologicamente concebida de substituição tributária, em que se evita a grave distorção de concorrência trazida pela sonegação. No entanto, dever-se-á argumentar fortemente contra toda fixação de valores para pagamento dos tributos pelo substituto em parâmetros fora do mercado, isto é, contra a falsa fixação de valores a pagar pelo órgão encarregado de estabelecê-los mediante "dados estatísticos" (o "chute científico", novamente).

Finalmente, o que se deseja destacar é que, por estarem as normas de direito econômico estabelecidas em legislações das mais variadas áreas, faz-se necessário o esforço dos profissionais dessas variadas áreas para identificá-las e a suas respectivas lógicas do coletivo, fixando novos parâmetros de interpretação, adequados a essas normas assim concebidas.

USUFRUTO E SUPERFÍCIE NO DIREITO EMPRESARIAL

GUSTAVO KLOH MULLER NEVES

Usufruto: configuração tradicional e crítica. Usufruto de empresa e de estabelecimento. Usufruto de cotas e ações. Usufruto como alternativa ao arrendamento. Usufruto como alternativa ao comodato e outras modalidades de cessão. Usufruto como alternativa ao "trust". Superfície: considerações gerais. Superfície como método de planejamento tributário. Superfície e incorporação imobiliária. Superfície como negócio de garantia. Conclusão. Bibliografia.

Usufruto: configuração tradicional e crítica

O aproveitamento das utilidades de uma coisa por quem não é dono pode ser exercido por efeito de relação contratual, como no arrendamento e no comodato, em que o titular exerce o seu direito em nome do proprietário ou pode ser de direito próprio de ser exercido em nome do titular não-proprietário.[1] Este direito que se exerce em nome próprio sobre coisa alheia, e que resulta na faculdade de usá-la e de gozá-la, recebe o nome de usufruto.

No direito justinianeu, o usufruto era considerado uma servidão pessoal, ou seja, uma forma de aproveitamento das utilidades de coisa alheia, independente da relação entre prédios.[2] Desta distinção inicial, deriva uma característica essencial do usufruto, que é o seu caráter pessoal. Cumpre ressaltar que, diferentemente do Código Civil de 1916 (art. 713), o Código Civil de 2002 prescindiu de uma conceituação legal do usufruto. A lei anterior dispunha que "*constitui usufruto o direito real de fruir as utilidades de frutos de uma coisa, enquanto temporariamente destacado da propriedade*".

A principal característica do usufruto consiste no fato de ele ser sempre temporário. A razão da necessidade da fixação de prazo para esse direito real reside no fato de que faculdades elementares que ele encerra – o uso da coisa e a percepção dos frutos – são quase tão extensos quanto os do titular da coisa.[3] Considerando-se que o *jus in re aliena* no qual se constitui o usufruto não deve servir de meio para a perda da propriedade, o que ocorreria na prática se este durasse para sempre (daí o fim da previsão legal da enfiteuse), o art. 1.410 do Código Civil prevê a duração temporária do usufruto.

Além destas características, verifica-se que usufruto é direito limitado e não exclusivo.[4] Real e limitado porque abrange apenas os frutos e as utilidades de um determinado bem ou patrimônio, nos limites do art. 1.394 do Código Civil. E ele não é

1. Lacerda de Almeida, *Direito das Cousas*, v. I, p. 347.
2. Menezes Cordeiro, *Direitos Reais*, p. 647.
3. M. I. Carvalho de Mendonça, *Do Usufruto, do Uso e da Habitação*, p. 29.
4. Menezes Cordeiro, ob. cit., p. 649.

exclusivo porque a exclusividade é um atributo específico da propriedade. Melhor: o usufruto é o direito referido a uma coisa que implica sempre a existência de um outro direito real sobre a mesma coisa, o qual se usufrui.

Como afirma Darcy Bessone,[5] historicamente o usufruto tem função alimentar. Quase sempre é instituído para proporcionar meios de subsistência ao usufrutuário, muito embora a gratuidade não seja da sua essência. Todavia, alguns autores, como Orlando Gomes[6] e o próprio Darcy Bessone[7] são especialmente radicais ao analisar tal caráter do direito, negando mesmo qualquer utilidade maior do usufruto na contemporaneidade.

Por outro lado, alguns autores, como Manuel Inácio Carvalho de Mendonça[8] e Marco Aurélio Viana[9] entendem que é perfeitamente admissível a figura do usufruto instituído a título oneroso. Não lhes parece em nada estranho o instituto, bem como não parece a nós, por algumas razões que passamos a expender.

Em primeiro lugar, se o Código Civil admite a cessão onerosa do usufruto,[10] no qual terceiro é legitimado no exercício dos direitos dele decorrentes, quem dirá a constituição onerosa do usufruto. Em segundo lugar, comparando-se a redação dos arts. 1.412 e 1.414 do Código Civil, que tratam dos direitos reais de uso e de habitação, verificamos que os referidos têm, efetivamente, um caráter *intuitu familiae*. O art. 1.412 exige, para o adequado exercício do direito de uso, que este seja feito em atendimento das necessidades do "*usuário e da sua família*". No art. 1.414, o titular do direito real de habitação pode simplesmente residir em uma casa "*com sua família*". Nada semelhante é encontrado no capítulo de usufruto no Código Civil.

Arnoldo Wald[11] lembra que a admissão do usufruto em favor de pessoa jurídica (Código Civil, art. 1.410, III) também é excelente indicativo de que esta visão antiga do instituto do usufruto não pode mais prevalecer, em especial diante de um Código Civil que expurgou a figura do usufruto vidual.[12] Desta feita, uma série de utilizações empresariais do usufruto podem ser implementadas, sendo o citado direito real mais uma técnica a ser empregada na implementação das mais diversas atividades empresariais, como veremos a seguir.

Usufruto de empresa e de estabelecimento

Inicialmente, cumpre salientar que a figura descrita nos arts. 716 e ss. do Código de Processo Civil não corresponde nem à penhora de dividendos nem à penhora de cota.[13] O usufruto de empresa[14] é modalidade de pagamento,[15] e não de execução

5. *Direitos Reais*, p. 288.
6. *Sucessões*, p. 334.
7. Ob. e loc. cits.
8. Ob. cit., p. 91.
9. *Comentários ao Código Civil*, v. XVI, p. 622.
10. Art. 1.393.

11. "Do regime jurídico do usufruto de cotas de sociedade de responsabilidade limitada e de ações de sociedades anônimas", *RDM* 77/7.
12. Neste sentido, Orlando Gomes, *Sucessões*, p. 67.
13. Para maior aprofundamento na distinção, o trabalho de Uinie Caminha, "Penhorabilidade de cotas sociais nas sociedades por cotas de responsabilidade limitada", *RDM* 112/104-126.
14. São esses os artigos do Código de Processo Civil que disciplinam o tema: "Art. 726. Nos casos previstos nos arts. 677 e 678, o juiz concederá ao credor usufruto da empresa, desde que este o requeira antes da realização do leilão. Art. 727. Nomeado o administrador, o devedor far-lhe-á a entrega da empresa. Art. 728. Cumpre ao administrador: I – comunicar à Junta Comercial que entrou no exercício das suas funções, remetendo-lhe certidão do despacho que o nomeou; II – submeter à aprovação judicial a forma de administração; III – prestar contas mensalmente, entregando ao credor as quantias recebidas, a fim de serem imputadas no pagamento da dívida. Art. 729. A nomeação e a substituição do administrador, bem como os seus direitos e deveres, regem-se pelo disposto nos arts. 148 a 150".
15. Não se confunde em nada com o instituto do Código Civil, tendo regramento jurídico diverso.

forçada, sendo essencial que haja requerimento do credor para a sua implementação, dispensando-se todavia a anuência do executado,[16] resultando esta interpretação de um cotejo entre os arts. 726 e 722, que, no usufruto de imóvel, a exige especificamente, enquanto no art. 726 não há menção alguma. *De lege ferenda*, imagino que a mesma anuência deveria estar prevista, mas não é possível no nosso entender a interpretação extensiva; o que se pode, sem sombra de dúvida, é cogitar da possível inconveniência da medida, donde se deflui que o deferimento do usufruto de empresa não é direito subjetivo, e pode ser indeferido pelo magistrado, em especial diante da gravidade das conseqüências que poderão advir da aplicação do art. 727 do Código de Processo Civil, não se podendo olvidar dos princípios que regem a execução processual, especialmente os da execução menos gravosa e o da utilidade.[17]

De acordo com art. 727, o magistrado nomeará o administrador do usufruto, entregando-lhe a empresa. Da consulta efetuada na doutrina processual, mesmo diante das palavras do Mestre José Carlos Barbosa Moreira, resta claro que a preocupação incessante com o controle da empresa passa ao largo do pensamento processualista, mormente diante do possível conflito de interesses entre administrador e titular da empresa, em muitos casos, credor e devedor. Pensamos que, diante de qualquer possibilidade de conflito, o usufruto de empresa perde a utilidade, que é pressuposto de qualquer técnica executória; assim, somente em situações nas quais se evidencie o interesse do credor em se pagar pelo usufruto (lembramos que é necessário o requerimento, e os termos do mesmo serão parâmetro para tanto), e não haja nenhuma possibilidade de o administrador lucrar mais com a derrocada da empresa, o que violaria o princípio da menor gravosidade para o devedor, será possível a utilização do usufruto de empresa.

Outra questão que acompanha a primeira é a de como interpretar e aplicar o art. 50 da Lei de Recuperação Judicial,[18] que considera o usufruto de empresa como meio de recuperação judicial, que para Waldo Fazzio Júnior representa expediente moderno de conservação da atividade da empresa.[19] Todavia, falar é fácil, e a administração dos interesses contrapostos[20] pode levar a uma série de impasses, particularmente se o usufruto abranger o do estabelecimento.[21] A mesma lógica deve sempre reger a declaração desse meio como hábil à recuperação, que é a extraída dos princípios contidos no art. 47 da Lei de Recuperação: "a recuperação judicial tem por objetivo viabilizar a superação da situação de crise econômico-financeira do devedor, a fim de permitir a manutenção da fonte produtora, do emprego dos trabalhadores e dos interesses dos credores, promovendo, assim, a preservação da empresa, sua função social e o estímulo à atividade econômica". Havendo qualquer dúvida se o usufruto de empresa poderá inviabilizar a consecução dessas metas, deve ser ele evitado como meio de recuperação. De qualquer modo, pode ser lembrado o parâmetro que anteriormente citei, e que vale também para as hipóteses de administração compartilhada (*step in*): se for evidente que

Por todos, José Carlos Barbosa Moreira, "Aspectos do usufruto de imóvel ou de empresa no processo de execução", in *Temas de Direito Processual Civil*, 3ª Série, p. 149.

16. Araken de Assis, *Manual do Processo de Execução*, p. 763.

17. Araken de Assis, ob. cit., p. 764.

18. Lei 11.110/2005: "Art. 50. Constituem meios de recuperação judicial, observada a legislação pertinente a cada caso, dentre outros: (...); XIII – usufruto da empresa".

19. *Nova Lei de Falência e Recuperação Judicial de Empresas*, p. 150.

20. P. ex., a contraposição entre o pagamento de dividendos obrigatórios aos sócios (previsto no art. 202 da Lei das S/A) e o pagamento dos credores interessados, *in casu* administradores da sociedade.

21. Manoel Bezerra Filho entende que o dispositivo autoriza também o usufruto de cotas e ações como meio de recuperação judicial, em *Nova Lei de Recuperação e Falências Comentada*, p. 143.

o soçobramento do empreendimento é benéfico aos credores, não se pode entregar a eles a administração. Nada justificaria isso, sendo mais recomendável, *verbi gratia*, a venda em bloco ou outro expediente previsto no art. 50 do referido diploma.

É ainda possível que o usufruto de empresa e estabelecimento seja contratualmente instituído, na forma dos arts. 1.143 e 1.144 do Código Civil. Neste caso, é de se ter especial atenção para relevância do inventário, previsto no art. 1.400 do Código Civil,[22] como meio de garantia da incolumidade dos bens entregues em usufruto, que deverão ser listados e restituídos em sua inteireza; se consumíveis, serão substituídos por bens de igual valor.

Usufruto de cotas e ações

Também é perfeitamente admissível, no Direito pátrio, o usufruto de cotas ou de ações, pois é típico do usufruto que possa recair sobre os mais variados tipos de bens, desde os mais determinados até as universalidades.[23] É extremamente comum a sua utilização nestes termos em acordos de separação, bem como a sua instituição por via testamentária, como forma de garantia de renda ao herdeiro, ou mesmo por ato *inter vivos*.[24]

A primeira dúvida a se avizinhar sobre o usufruto de cotas é se há necessidade de autorização prévia do contrato social para a sua realização. Quanto às sociedades anônimas, consta a previsão expressa no art. 40 da Lei das S/A. Arnoldo Wald,[25] ainda sob a égide do Código anterior, defendeu a aplicação subsidiária das Lei das S/A às limitadas. Atualmente, não é mais tão simples a questão, pois o art. 1.053, parágrafo único, do Código Civil, estabelece que o contrato social poderá prever a regência supletiva pela Lei das S/A; *a contrario*, se nada prever, não se pode aplicar o art. 40 da Lei das S/A.

Entretanto, não concluímos *ab initio* pela impossibilidade de constituição de usufruto sobre a cota no silêncio do contrato social. Se o direito do usufrutuário for encarado tão-somente no seu caráter frutuário, é possível a constituição do usufruto no silêncio do contrato, não se caracterizando, contudo, o usufrutuário como administrador dos bens, sendo inaplicável no caso o art. 1.394 do Código Civil. Entendemos que o controle, como regime de gestão contratual e patrimonial, é exceção natural ao princípio da livre disposição patrimonial – ademais, usufrutuário não é sócio, e não será, portanto, sujeito do controle, a não ser que motivo outro o justifique. Apenas é necessário ressalvar que o exercício do controle não pode embaraçar os direitos frutuários do usufrutuário, sob pena de abuso dos direitos decorrentes do controle.[26]

22. Oscar Barreto Filho, *Teoria do Estabelecimento Comercial*, p. 271.

23. Código Civil, art. 1.390: "O usufruto pode recair em um ou mais bens, móveis ou imóveis, em um patrimônio inteiro, ou parte deste, abrangendo-lhe, no todo ou em parte, os frutos e utilidades".

24. STJ, REsp 64.403-SP, Rel. Ministro Waldemar Zveiter: "*Processual e civil. Inventário. Capacidade sucessória provada por documentos. Devido processo legal. Dissolução de adoção. Usufruto de ações de sociedade.* (...) III – Renda do usufruto de Ações de S/A tem seu termo *a quo*, a partir da Assembléia que determinou a liberação de dividendos. IV – Pensão vidual à viúva herdeira incabível, se aquinhoada esta com usufruto de renda de alto valor e proveniente de ações da companhia (...)".

25. Ob. cit., p. 8.

26. TJRJ, AC 1993.001.00618, Rel. Desembargador Gustavo Kuhl Leite: "*Sociedade limitada. Usufruto das cotas. Possibilidade. Reserva do direito de voto que não pode ser usado contra os interesses do usufrutuário, ex-empregado a quem se concedeu usufruto dos direitos à percepção dos lucros durante período certo em contemplação dos trabalhos realizados em favor da empresa.* 1. A possibilidade de a quota social ser gravada com usufruto está prevista no art. 40 da Lei 6.024 (Lei das Sociedades Anônimas) que se aplica a limitada, subsidiariamente, por força do art. 18 do Decreto 3.708/1919. Reconhece-se que medram na doutrina e na jurisprudência divergências quanto à possibilidade de ser dada em usufruto, em penhor ou ser penhorada quota de sociedade limitada. Todavia, conside-

Outra questão diz respeito ao exercício do direito de voto: entendemos que permanece com o acionista. Usufrutuário, como vimos, não deve exercer controle, de modo que a situação do usufruto de ações representa exceção ao art. 1.394 do Código Civil. Ressalva-se apenas que o exercício desse direito é condicional, nos termos do art. 114 da Lei das S/A, que impõe o prévio acordo entre o nu-proprietário e o usufrutuário.

Aprofundando a questão, Luiz Gastão Paes de Barros Leães[27] defende que "o poder de administrar não corresponde necessariamente ao poder de voto, já que o estatuto pode deixar de conferi-lo, ou conferi-lo com restrições a certa espécie de ação, e nem por isso priva o usufrutuário do direito de administrá-la. Por outro lado, o voto proferido em assembléia pode ultrapassar, e freqüentemente ultrapassa, a administração ordinária, afetando a estrutura da sociedade e modificando o conteúdo da ação, em desacato à sua substância, que remanesce com o proprietário".

Consideramos o argumento de grande definitividade; o poder de voto realmente tem abrangência muito distinta da mera administração. O que o legislador tentou evitar, mesmo que de modo em nosso entender imperfeito, foi o exercício do direito de voto que viesse a esvaziar os direitos do usufrutuário. Por isso a necessidade de acordo.

Em outro turno, Arnoldo Wald defende que o direito de voto deve ser exercido pelo usufrutuário, posição da qual discordamos. O autor, em ilações sobre a natureza do controle, conclui que o usufrutuário deve ser equiparado ao verdadeiro controlador, sendo o titular da ação um portador de direito futuro.[28] Entendemos sua afirmação de que o controle é uma situação de fato; todavia, o controle não se confunde com o direito ao voto, que existe independente dele. Demais disso, o direito de voto, como corretamente observou Barros Leães, importa em *jus abutendi*, em direito de dispor, modificando o conteúdo da ação, o que é incompatível com o instituto do usufruto.

Usufruto como alternativa ao arrendamento

Uma outra utilização possível do usufruto no direito empresarial ocorre quando ele é apresentado como alternativa ao arrendamento. Pouco utilizado no direito pátrio, em Portugal encontra grande relevo, pois a legislação portuguesa é particularmente severa com o locador, restringindo-lhe gravemente os direitos sobre o bem locado.[29] Inspirando-se na obra de António Lessa, pudemos vislumbrar algumas situações nas quais o usufruto pode ser uma opção interessante ao arrendamento.

Em primeiro lugar, o usufruto pode ser utilizado como alternativa à impossibilidade de cobrança da verba locatícia em parcela única, que parece impossível diante da mera leitura da Lei 8.245/1991.[30] O usufruto oneroso poderia ser cobrado em verba única, sem que houvesse o receio da não percepção de alugueres futuros.

Outra vantagem adviria da impossibilidade de exercício da pretensão renovatória em locações não-residenciais, prevista no art. 51 da Lei de Locações. O usufruto dar-se-ia por prazo certo e determinado, e extinguir-se-ia no seu termo, na forma do art. 1.410, II, do Código Civil. Não se pode

re-se que pode ser objeto de usufruto tanto bens corpóreos, como incorpóreos, daí porque se admite recaia esse direito real sobre o próprio lucro societário que decorre das quotas em poder dos únicos sócios. 2. Todavia, constitui-se abuso do exercício do direito de voto, que ficou reservado aos sócios, impedir-se a distribuição dos lucros, capitalizando-os, com o fim claro de prejudicar o empregado-usufrutuário".

27. "O direito de voto de ações gravadas com usufruto vidual", *RTDC* 14/240.

28. Ob. cit., p. 13.

29. Para excepcional panorama sobre o tema, António Luiz Lessa, *Usufruto e Arrendamento*, *passim*.

30. Em sentido oposto, em nosso entender injustificável, Venosa, *Contratos*, p. 139.

ignorar que seria invocado, em alguns casos, o intuito de fraudar lei imperativa, o que resultaria na conversão substancial do negócio jurídico (art. 170, Código Civil), à guisa da possível nulidade decorrente da fraude. Não pensamos assim, todavia. A realidade empresarial é por demais dinâmica para que se possa pré-julgar situação como essa. Em adição, lembramos que a abusividade contratual não pode, como qualquer outra hipótese de abuso, ser aferida em abstrato, dependendo diretamente do caso concreto para a sua configuração.

O usufruto seria, também, em razão da maior estabilidade, mais adequado à utilização em situações nas quais são construídos imóveis justamente com o intuito de deles se valer o ocupante, em um fenômeno hoje conhecido como *built to suit*. A locação vem sendo a escolha preferencial dos ocupantes desses bens, que vão desde a Petrobras S/A, na operação Imboassica e Ibetiba,[31] à notória loja de artigos de luxo Daslu. No entanto, atualmente os empreendedores correm o risco da resilição a destempo,[32] mesmo que se obtemperando a restrição prevista no art. 473, parágrafo único, do Código Civil, que autoriza a resilição apenas depois de recompostos os investimentos.[33] No usufruto, o risco inexistiria e o pagamento poderia ser feito antecipadamente, sem prejuízo de cláusula resolutiva expressa para o caso de não-pagamento.

Usufruto como alternativa ao comodato e outras modalidades de cessão

O usufruto pode ainda ser alternativa ao comodato e a outras modalidades de cessão. Em uma série de contratos empresariais, ocorre a cessão de bens, sem que haja contraprestação diretamente vinculada à entrega da posse dos mesmos. Tradicionalmente, os redatores de contrato, em situações análogas, apõem ao instrumento cláusula prevendo comodato em contrato empresarial. Ora, de acordo com o princípio da onerosidade do direito empresarial,[34] não se pode admitir um verdadeiro comodato em contrato empresarial, sendo que tal cláusula demanda re-qualificação, à luz dos princípios que regem a qualificação dos contratos,[35] de modo que as parcas responsabilidades do comodatário seriam insuficientemente desproporcionais para regrar a responsabilidade numa relação como essa.

Tomemos o notório exemplo do contrato de operação de posto de gasolina, que possui, geralmente, cláusula prevendo o comodato das bombas.[36] Não é razoável se imaginar a distribuidora respondendo nos limites dos contratos gratuitos, na forma do art. 392 do Código Civil, apenas se agir com dolo.

Por outro lado, é perfeitamente possível a repartição de responsabilidades no contrato de usufruto, da maneira que se quiser, minando qualquer abusividade de cláusulas de não indenizar e possibilitando melhor controle do uso da coisa e de eventuais deteriorações.

Usufruto como alternativa ao "trust"

O *trust* é negócio jurídico sem paralelo exato no direito brasileiro, sendo figura

31. Escritura envolvendo Petrobras e Rio Bravo S/A, lavrada no Cartório do 23º Ofício de Notas da Cidade do Rio de Janeiro, livro 8.398, fl. 084. Nessa escritura, também foi instituído direito de superfície, e ela será novamente analisada.

32. Lei 8.245/1991, art. 4º.

33. Em interessante anúncio veiculado pela internet, a Griffo Investimentos, por meio do associado Thiago Augusto Monteiro, dá como certa ao investidor a garantia do art. 473, parágrafo único, do Código Civil. Não nutrimos o mesmo entusiasmo. Em *http://www.griffo.com.br/fundos/pdf_imob/artigo_ago2_04.pdf*.

34. Como lembra João Eunápio Borges, *finis mercatorum est lucrum*, em *Curso de Direito Comercial Terrestre*, p. 9.

35. Sobre o tema, por todos, Pedro Pais de Vasconcelos, *Contratos Atípicos*, *passim*.

36. Para maiores detalhes sobre o tema, o a monografia inédita de Patrícia Cardoso, *A Oponi-*

de larga utilização no direito anglo-saxão. O *trust* pode ser definido como a situação na qual alguém é "investido do direito de propriedade sobre um bem ou direito, mas para realização de objetivo especial, exercendo essa propriedade em confiança, em benefício de outra pessoa".[37] Não há, em princípio, formas de implementar, com exatidão, a figura em operações em território nacional. Algumas alternativas já foram levantadas em outros momentos, como a constituição de renda e o fideicomisso. Essas restrições são consonantes com a escolha do legislador, que limitou a afetação patrimonial a situações previstas expressamente em lei,[38] valendo sempre a regra geral da unicidade do patrimônio (art. 91, Código Civil).[39] O regime da propriedade fiduciária do Código Civil também não nos socorre, pois admite a sua constituição somente para fins de financiamento na aquisição da propriedade.[40]

O usufruto pode ser uma dessas alternativas, desde que a escritura, ao constituir o usufrutuário (que fará às vezes de *trustee*), preveja uma série de controles a serem efetivados pelo proprietário dos bens (que fará às vezes de *settlor*); não há nenhuma restrição legal à limitação dos poderes de administração por parte do usufrutuário, representando o art. 1.394 regra que pode ser contratualmente modificada. Neste caso, o uso do bem seria determinado pelo nu-proprietário, nos termos em que desejasse, podendo ser extinto o usufruto sempre que violadas as disposições contratuais.[41] Nesse caso o usufruto comportar-se-ia como negócio fiduciário.[42]

Superfície: considerações gerais

Durante muitos anos, vigeu de modo absoluto no ordenamento brasileiro o princípio da acessão. Este princípio estabelece que tudo aquilo que adere ao solo passa a ser propriedade de seu titular (art. 1.225, Código Civil). Paralelamente a isto, vários ordenamentos jurídicos estrangeiros já admitiam a figura da *superfície*, oriunda do direito justinianeu.[43] Os modernos códigos italiano e português a prevêem expressamente, além da admissão no direito espanhol, por força da regra do *numerus apertus* lá reinante. O direito de superfície pode ser, inicialmente, definido como o direito autônomo, temporário ou perpétuo, de fazer e manter construção ou plantação sobre ou

bilidade do Contrato de Operação de Posto de Gasolina em Relação a Terceiros, Faculdade de Direito da UERJ.

37. Melhim Chalhub, *Trust*, p. 25.

38. É natural em sistemas romano-germânicos a associação do *trust* à afetação patrimonial. V. Melhim Chalhub, *Trust*, pp. 91 e ss.

39. Há notícia de duas admissões: o patrimônio de afetação nas incorporações imobiliárias (Lei 10.931/2004) e os fundos de investimento regulados pela Lei 4.728/1965.

40. Código Civil, art. 1.361.

41. A extinção do usufruto pela causa que o origina pode ocorrer em duas hipóteses: ou usufruto é legal e cessou o fato que o justifica, ou ainda o usufruto foi estabelecido sob condição (Bevilacqua, *Código Civil dos EUB*, v. III, p. 242).

42. Admitindo a atipicidade do negócio fiduciário: STJ, REsp 155.242-RJ, Rel. Ministro Sálvio de Figueiredo Teixeira: "*Direito civil. Negócio fiduciário. Simulação. Compra e venda de imóvel, com promessa de devolução. Pagamento de parte do financiamento pelo vendedor. Enriquecimento sem causa. Negócio real e não aparente. Arts. 102, 103 e 104, Código Civil . Valores jurídicos. Hermenêutica. Recurso provido.* I – O negócio fiduciário, embora sem regramento determinado no direito positivo, se insere dentro da liberdade de contratar própria do direito privado e se caracteriza pela entrega de um bem, geralmente em garantia, com a condição, *verbi gratia*, de ser devolvido posteriormente. II – Na lição de Francesco Ferrara, 'o negócio fiduciário, como querido realmente, produz todos os efeitos ordinários, ainda que entre si os contratantes assumam a obrigação pessoal de usar dos efeitos obtidos unicamente para o fim entre eles estabelecido' (*A Simulação dos Negócios Jurídicos*, São Paulo, Saraiva, 1939, p. 76). III – No negócio simulado há uma distância entre a vontade real e a vontade manifestada, ao contrário do negócio fiduciário, no qual a vontade declarada corresponde à realidade. IV – No cotejo entre dois valores protegidos pelo Direito, cabe ao julgador prestigiar o de maior relevo e que no caso se manifesta com maior nitidez".

43. Menezes Cordeiro, ob. cit., p. 707.

terreno alheio; além disso, consistirá na criação da propriedade sobre a construção ou plantação.[44]

Em se tratando de direito de construir ou plantar sobre solo alheio, fica claro que o direito de superfície representa exceção ao chamado princípio da acessão. O direito de superfície pode então ser desmembrado em duas realidades: consistirá no direito de utilizar o domínio útil do solo alheio, excluído o subsolo, e também resultará na criação de uma propriedade superficiária, que terá por objeto a construção ou plantação lançada ao solo alheio. O direito de superfície é, portanto, o direito real sobre coisa alheia, e também uma forma de criação de propriedade resolúvel (art. 1.375). Portanto, para que se produzam os efeitos esperados, é vital a sua consignação no Registro de Imóveis.

O instituto não foi introduzido no Direito brasileiro, todavia, pelo Código Civil de 2002. A previsão inicial do direito de superfície se deu no chamado Estatuto da Cidade, Lei 10.257/2001. O direito de superfície se encontra regulado nos arts. 21 e ss. deste diploma legal, que tem por objetivo servir de instrumento para a criação de políticas urbanas nas cidades brasileiras. A superfície, neste quadro, insere-se com o objetivo de "democratizar o acesso à terra urbana e o de dinamizar o mercado imobiliário, permitindo a separação do direito de construir do direito de propriedade, barateando o processo de construção civil e fomentando a produção habitacional".[45] A superfície, com efeito, facilita o adequado cumprimento da idéia de função social da propriedade, porque elemento dinamizador da ocupação do solo urbano, evitando, em muitos casos, o ônus excessivo decorrente da compra do terreno, e possibilitando a renovação urbanística, dado que sempre temporária (art. 1.374, Código Civil; Estatuto da Cidade, art. 21).

Ocorre que esta superposição de regimes legais é problemática. Alguns, por exemplo, poderiam afirmar que a entrada em vigor do Código serve de meio de revogação dos dispositivos do Estatuto da Cidade atinentes ao direito de superfície. Os comentadores do Estatuto fazem entender que a superfície urbana será regrada pela Lei especial, enquanto a rural será normatizada pelo Código Civil. Por exemplo, vejamos a opinião de Maria Sylvia Di Pietro: "uma primeira conclusão, portanto, é no sentido de que o direito de superfície, tal como disciplinado nessa lei, não abrange imóveis rurais. Já no Projeto de Código Civil a extensão do instituto é maior, por que não distingue propriedade urbana ou rural. O art. 1.368 estabelece que 'o proprietário pode conceder a outrem o direito de construir ou de plantar em seu terreno por tempo determinado, mediante escritura pública devidamente inscrita no registro de Imóveis'. Uma vez promulgado o novo Código Civil, e entrando em vigor, o direito de superfície poderá ser indistintamente utilizado pelo proprietário rural ou urbano".[46]

Entendemos que não se trata nem de revogação, nem de especialização legislativa: o Estatuto da Cidade estabelece diretrizes de política urbana. É sabido que os instrumentos urbanísticos (art. 4º, Estatuto) podem ser concretizados por meio da atuação direta de particulares (vide o próprio *caput* do art. 21). Isto, contudo, não retira do Estatuto o seu caráter de lei sumamente administrativa, cujas normas sobre direito privado são aplicadas na falta de dispositivos específicos e por analogia. Assim, se a superfície for instituída através

44. Ricardo Pereira Lira, *Temas de Direito Urbanístico*, p. 14. Em sentido oposto, Henrique Viegas de Lima, *O Direito de Superfície como Instrumento de Planificação Urbana*, pp. 377 e ss.; entendo que não existe propriamente uma propriedade superficiária no Direito brasileiro.

45. Letícia Marques Osório, "Direito de superfície", in Letícia Marques Osório (org.), *Estatuto da Cidade e Reforma Urbana*, *passim*.

46. "Direito de superfície", in Adilson de Abreu Dallari e Sergio Ferraz (orgs.), *Estatuto da Cidade*, p. 181.

da intervenção do Poder Público, com o dispêndio de recursos do Erário (art. 4º, § 3º, Estatuto), aplicar-se-ão as regras do Estatuto da Cidade, pois a superfície será instrumento de intervenção urbanística (que depende sempre da vontade estatal); se dois particulares, para o atendimento de seus negócios, sem que haja implicação na estrutura urbana alguma, decidem realizar um contrato superficiário, sem a intervenção e a promoção por parte do Estado, a normatividade aplicável será a do Código Civil.[47]

A superfície não se confunde com o usufruto porque não é *intuitu personae*, fora as demais distinções de efeitos, nem com a servidão, porque prescinde de duplicidade de prédios e representa meio de suspensão do princípio da acessão. De qualquer modo, o regramento da superfície se parece, em muitos casos, com o do usufruto.

Superfície como método de planejamento tributário

Na citada operação Imboassica, a Petrobras, proprietária de terreno, constituiu superfície em benefício da Rio Bravo S/A; a referida, como estatuído na escritura, construiu nos termos avençados com a Petrobras, e locou o bem para ela (locação *built to suit*). A superfície, inicialmente concebida no Estatuto da Cidade como instrumento de planificação urbana, acaba encontrando uso como meio de planejamento tributário, alienando-se à Rio Bravo o dever de arcar com os tributos relativos ao imóvel (Código Civil, art. 1.371). A Petrobras, além disso, arca com o custo decorrente do pagamento do aluguel, restando todo custo imobiliário concentrado no passivo mobilizado, o que é interessante do ponto de vista tributário. Do ponto de vista operacional, também é alternativa benéfica, pois representa alienação de custos operacionais e de depreciação, pagando-se preço fixo.

A única ressalva fica por conta da possível reconsideração da operação sob os auspícios da norma antielisiva, introduzida com o advento da Lei Complementar 104/2001, passando o art. 116 do Código Tributário Nacional a contar com a seguinte redação: "A autoridade administrativa poderá desconsiderar atos ou negócios jurídicos praticados com a finalidade de dissimular a ocorrência do fato gerador do tributo ou a natureza dos elementos constitutivos da obrigação tributária, observados os procedimentos a serem estabelecidos em lei ordinária".

A prática de negócios indiretos, objetivando finalidades que desbordem de sua causa, passa a ser desconsiderada no âmbito do Direito Tributário. Contudo, não imaginamos que a superfície no caso em comento tenha por objetivo dissimular nada, porque é, como verifica-se da própria escritura instituída, superfície, e a superficiária, Rio Bravo, não se comporta nem desejará se comportar como proprietária. Desta feita, as vantagens tributárias devem ser asseguradas, porquanto não se tenha buscado encobrir nada, apenas planejar.

Superfície e incorporação imobiliária

A superfície pode ser utilizada ainda para implementar uma incorporação imobiliária, a despeito da opinião contrária de Henrique Viegas de Lima.[48] Logo, em vez de uma escritura de incorporação nos moldes do art. 32 da Lei 4.591/1964, teríamos uma escritura de constituição de superfície, determinando como seriam exercidos os direitos pelos superficiários, vedada a cobrança de sucessivas verbas pelo dono do terreno, quando da transmissão. Uma vez terminado o prazo da superfície (art. 1.369, Código Civil), retornaria o bem ao dono do

47. Neste sentido, Ricardo Lira, "O direito de superfície e o novo Código Civil", in *Aspectos Controvertidos do Novo Código Civil*, p. 554.

48. Ob. cit., p. 383.

terreno, que daria o destino que considerasse adequado ao mesmo. Reforçando essa opinião, a Medida Provisória 292, de 26 de abril de 2006, reconheceu a possibilidade de financiamento imobiliário nos contratos de aquisição de superfície, em seu art. 6º, dentro do âmbito do Sistema Financeiro de Habitação.[49] Seria também possível a cumulação da constituição da superfície com a garantia do patrimônio de afetação nas incorporações imobiliárias, que protegeria *in casu* os adquirentes superficiários.[50]

Superfície como negócio de garantia

A admissão da superfície como instrumento de garantia de dívidas esbarra em alguns óbices, que precisam ser necessariamente contornados. Em primeiro lugar, deve se ter em conta se é possível a constituição de superfície por cisão, uma vez que o art. 1.369 menciona o terreno como objeto da superfície, o que poderia ser interpretado como a possibilidade de constituição somente sobre terra nua.[51] Ricardo Lira, em posicionamento diverso, que adotamos, entende possível a superfície constituída por cisão, de modo que o proprietário anterior se torna superficiário, alienando-se a propriedade do terreno para terceiro, ou mesmo a operação ocorrendo inversamente.[52] O primeiro uso, contudo, é o mais relevante, pois é o que possibilita o uso da superfície em garantia.[53]

Entendemos lícita a superfície por cisão, e seu uso em garantia. A propriedade do terreno seria alienada ao credor, que, em caso de não pagamento, consolidar-se-ia como dono do bem. A tese é compatível com a atipicidade do negócio fiduciário, tantas vezes afirmada pelo Ministro Sálvio de Figueiredo Teixeira, nos acórdãos por ele relatados no Superior Tribunal de Justiça.[54] Não se ignora, entretanto, que pensamento diverso pode prevalecer, desde que se ignore o fato de que a abusividade e o caráter usurários dos negócios só podem ser aferidas diante do caso concreto, e que em uma operação entre grandes *players* do mercado, na qual se admitisse figuras limítrofes no direito nacional como a fiança *omnibus* e a assunção fidejussória de dívida, poder-se-ia admitir o uso da superfície como garantia. Não se pode, em caso como esse, imaginar que a superfície é instrumento para burlar a vedação do pacto comissório (Código Civil, art. 1.428), consideração que atiraria a superfície para o campo da fraude à lei.[55] Infelizmente, a hi-

49. "Art. 6º. A concessão de uso especial para fins de moradia, a concessão de direito real de uso e o direito de superfície podem ser objeto de garantia real, assegurada sua aceitação pelos agentes financeiros no âmbito do Sistema Financeiro da Habitação."

50. Art. 30 da Lei 4.591/1964, com a redação dada pela Lei 10.931/2004.

51. Opinião de Viegas de Lima, ob. cit., p. 379.

52. "O direito de superfície...", cit., p. 543.

53. O Enunciado 250 da *3ª Jornada de Estudos sobre o Novo Código Civil*, do Conselho de Justiça Federal, admite que o direito de superfície pode ser constituído por cisão.

54. Outro exemplo, REsp 57.991-SP, Rel. Ministro Sálvio de Figueiredo Teixeira: "*Civil. Negócio fiduciário. Transferência de propriedade de imóvel em garantia de dívida. Pedido de declaração de existência do pacto. Efeito natural de retorno ao estado anterior. Com anulação da escritura. Prescrição. Incidência da norma do art. 177 e não do art. 178, § 9º, V, 'b', Código Civil. Inexistência de ação anulatória e nem mesmo de simulação. Recurso desacolhido.* I – O negócio fiduciário, embora sem regramento determinado no direito positivo, se insere dentro da liberação de contratar própria do direito privado e se caracteriza pela entrega fictícia de um bem, geralmente em garantia, com a condição de ser desenvolvido posteriormente. II – Reconhecida a validade do negócio fiduciário, o retorno ao estado anterior e mero efeito da sua declaração de existência, pelo que o bem dado em garantia de débito deve retornar, normalmente, a propriedade do devedor. III – Inocorre, assim, qualquer pretensão desconstitutiva de contrato, mas sim declarativa de validade, o que afastaria a prescrição definida no art. 178, § 9º, V, 'b' do Código Civil. E nem mesmo se trata de simulação, porque no negócio simulado há um distanciamento entre a vontade real e a vontade manifestada, inexistente no negócio fiduciário".

55. Como na decisão do STJ, REsp 41.233-SP, Rel. Ministro Eduardo Ribeiro: "*Pacto comis-*

pótese não nos parece distante, sobrelevando-se a cada dia a necessidade de reforço doutrinário sobre a especificidade da interpretação dos negócios empresariais, sempre pautados pela consensualidade.

Conclusão

O Direito Privado vive um dilema na contemporaneidade: como se adaptar à interferência da esfera pública, sem perder as suas características mais essenciais. Uma delas, não nos esqueçamos, é a elaboração social, que ocorre sempre em um processo indutivo. Por conseguinte, institutos originariamente concebidos como instrumentos de proteção da família, ou ainda como instrumentos de planificação urbana, podem ganhar outros usos e contornos, desde que a autonomia privada alce seu vôo e os leve para outras paragens.

Quando a funcionalização dos institutos, questão cara ao direito privado contemporâneo, é utilizada como método de incentivo à atividade empresarial, tende a ser repudiada. Não há, por outro lado, nenhuma associação apriorística entre funcionalização e interesses existenciais. Podem e devem os interesses patrimoniais sofrer os resultados da funcionalização não somente para sua submissão aos interesses existenciais, bem como também para sua otimização e exploração de todas as suas potencialidades, no percurso da livre iniciativa.

Não há como retirar a criatividade do direito privado, pois ela é o seu esteio mais firme. E, conquanto existam leituras existenciais dos direitos reais, e sejam elas teoricamente importantes,[56] não se pode ignorar tão relevante vocação do direito privado, para que haja funcionalização e distribuição da riqueza, mas para haja sobretudo riqueza, potencializada e incrementada pelo direito privado.

sório. Simulação a proibição atinge todas as hipóteses em que, para garantir o pagamento de mútuo, se convencione deva o credor ficar com bem de propriedade do devedor. A dação em pagamento é lícita quando visa simplesmente a saldar o débito, não se vislumbrando que a ela se tenha condicionado o mútuo. Hipótese em que isso não ocorreu, pois a renegociação da dívida, com a concessão de novo prazo, vinculou-se a negócio simulado em que o credor recebeu bens e, na mesma oportunidade, prometeu vendê-los ao devedor, mediante pagamentos mensais que, em realidade, correspondiam a amortizações do empréstimo. Nulidade reconhecida".

Bibliografia

ARONNE, Ricardo. *Por uma Nova Hermenêutica dos Direitos Reais Limitados.* Rio de Janeiro, Renovar, 2001.

ASSIS, Araken de. *Manual do Processo de Execução.* 7ª ed., São Paulo, Ed. RT, 2001.

BARBOSA MOREIRA, José Carlos. "Aspectos do usufruto de imóvel ou de empresa no processo de execução", in *Temas de Direito Processual Civil.* 3ª Série, São Paulo, Saraiva, 1984.

BARRETO FILHO, Oscar. *Teoria do Estabelecimento Comercial.* São Paulo, Max Limonad, 1969.

BESSONE, Darcy. *Direito Reais.* 2ª ed., São Paulo, Saraiva, 1996.

BEVILACQUA, Clóvis. *Código Civil dos EUB Comentado.* v. III, Rio de Janeiro, Francisco Alves, 1956.

BEZERRA FILHO, Manoel. *Nova Lei de Recuperação e Falências Comentada.* São Paulo, Ed. RT, 2006.

BORGES, João Eunápio. *Curso de Direito Comercial Terrestre.* 2ª ed., Rio de Janeiro, Forense, 1964.

CAMINHA, Uinie. "Penhorabilidade de cotas sociais nas sociedades por cotas de sociedades limitadas", *RDM* 112/104-126.

CARDOSO, Patrícia. *A Oponibilidade do Contrato de Operação de Posto de Gasolina em Relação a Terceiros.* Monografia inédita depositada na Faculdade de Direito

56. Além do trabalho de Viegas de Lima, já citado, o livro de Ricardo Aronne, *Por uma Nova Hermenêutica dos Direitos Reais Limitados, passim.*

da Universidade do Estado do Rio de Janeiro.

CARVALHO DE MENDONÇA, Manuel Inácio. *Do Usufruto, do Uso e da Habitação*. Rio de Janeiro, Coelho Branco Editor, 1922, p. 29.

CARVALHO SANTOS, J. M. *Código Civil Brasileiro Interpretado*. Rio de Janeiro, Freitas Bastos, 1976.

CHALHUB, Melhim. *Negócio Fiduciário*. Rio de Janeiro, Renovar, 2003.

______. *Trust*. Rio de Janeiro, Renovar, 2001.

FAZZIO JR., Waldo. *Nova Lei de Falência e Recuperação Judicial de Empresas*. 2ª ed., São Paulo, Atlas, 2005.

GOMES, Orlando. *Sucessões*. 12ª ed., Rio de Janeiro, Forense, 2004.

LACERDA DE ALMEIDA. *Direito das Cousas*. v. I, Rio de Janeiro, J. Ribeiro Santos, 1910, p. 347.

LEÃES, Luiz Gastão Paes de Barros. "O direito de voto de ações gravadas com usufruto vidual", in *RTDC* 14/240.

LESSA, António Campos. *Usufruto e Arrendamento*. Coimbra, Almedina, 1984.

LIMA, Frederico Viegas de. *O Direito de Superfície como Instrumento de Planificação Urbana*. Rio de Janeiro, Renovar, 2005.

LIRA, Ricardo César Pereira. *Temas de Direito Urbanístico*. Rio de Janeiro, Renovar, 1998.

______. "O direito de superfície e o novo Código Civil", in *Aspectos Controvertidos do Novo Código Civil*. São Paulo, Ed. RT, 2003.

MENEZES CORDEIRO, António. *Direitos Reais*. Lisboa, Lex, 1993.

OLIVEIRA ASCENSÃO, José de. *Direitos Reais*. 5ª ed., Coimbra, Coimbra, 1993.

OSÓRIO, Letícia Marques (org.). *Estatuto da Cidade e Reforma Urbana*. Porto Alegre, Sérgio Antônio Fabris, 2002.

SILVA PEREIRA, Caio Mário. *Instituições de Direito Civil*. v. IV, 3ª ed., Rio de Janeiro, Forense, 1978.

VASCONCELOS, Pedro Pais de. *Contratos Atípicos*. Coimbra, Almedina, 1995.

VENOSA, Sílvio de Salvo. *Direito Civil*. v. 3, 3ª ed., São Paulo, Atlas, 2003.

VIANA, Marco Aurélio. *Comentários ao Novo Código Civil*. v. XVI, Rio de Janeiro, Forense, 2003.

WALD, Arnoldo. "Do regime jurídico do usufruto de cotas de sociedade de responsabilidade limitada e de ações de sociedades anônimas", *RDM* 77/7.

A LEI COMPLEMENTAR N. 126 E A ABERTURA DO MERCADO DE RESSEGURO

RENATO BURANELLO

1. Introdução. 2. Resseguro, co-seguro e retrocessão. 3. Disciplina da contratação de seguro no exterior e em moeda estrangeira. 4. A regulação de sinistro no novo regime legal. 5. Conclusões sobre o novo modelo ressegurador.

1. Introdução

A Lei Complementar n. 126, de 15 de janeiro de 2007, visa estabelecer a política de resseguros e retrocessão e respectiva intermediação, regulando, assim, parte do Sistema Financeiro Nacional (SFN), nos atuais termos do art. 192 da Constituição Federal. Adicionalmente, a nova norma dispõe sobre operações de co-seguro, seguro no exterior e a contratação de seguro em moeda estrangeira. Evidente que o principal aspecto da lei disciplina a abertura do mercado de resseguros, uma vez que, desde o advento da Emenda Constitucional n. 13, de 1997, o resseguro deixou de ser constitucionalmente monopólio do Estado. Apesar da Lei n. 9.932, de 1999, ter sido introduzida visando à transferência de atribuições regulatórias do IRB-Brasil Resseguros S/A (IRB)[1] para a Superintendência de Seguros Privados (SUSEP), bem como a abertura desse mercado, sua implementação foi prejudicada na discussão de sua constitucionalidade pelas ADI ns. 2.244-0 e 2.223-7, em razão do art. 192 da Constituição Federal dispor que a regulamentação do SFN seja feita por leis complementares. Tais incertezas prejudicavam a concretização de investimentos no setor, motivo pelo qual restou revogada a Lei n. 9.932, com a introdução do regramento geral da atividade através da lei complementar em estudo.

Como veremos, o IRB fica autorizado a continuar exercendo suas atividades de resseguro e de retrocessão, sem qualquer solução de continuidade, independentemente de requerimento e autorização governamental, qualificando-se como ressegurador local. Além de tratar do modelo de abertura, transfere-se as atribuições reguladora e fiscalizadora do segmento para o órgão regulador e fiscalizador da atividade de seguros no país, Superintendência de Segu-

1. O Instituto de Resseguros do Brasil (hoje IRB-Brasil Re) foi criado em 1939, pelo então presidente Getúlio Vargas, com o objetivo de fortalecer o desenvolvimento do mercado segurador nacional, através da criação do mercado ressegurador brasileiro. A medida pretendia ainda aumentar a capacidade seguradora das sociedades nacionais, retendo maior volume de negócios em nossa economia, ao mesmo tempo em que captaria mais poupança interna. Hoje, o IRB é o maior ressegurador da América Latina, a empresa está em processo de reestruturação, adaptando novas ferramentas de informação e gestão de risco, o que deverá resultar no maior rigor técnico-científico, necessários à competição que o mercado deverá proporcionar.

ros Privados (SUSEP), conforme definido em lei (arts. 2º e 3º), convergindo nossa legislação à do mercado internacional. Tendo em vista o acervo que a instituição, como monopolista, reguladora e fiscalizadora da atividade no país, acumulou ao longo de seus mais de sessenta anos de atuação, propõe-se que tal acervo seja fornecido ao novo órgão fiscalizador da atividade (art. 3º, parágrafo único), permitindo o aproveitamento do histórico das informações do setor, na medida em que a realidade assim impuser. O IRB, neste contexto, perde suas funções de órgão regulador e fiscalizador do co-seguro, resseguro e retrocessão, bem como de colocações das operações de seguro no exterior.

2. *Resseguro, co-seguro e retrocessão*

O resseguro é um instrumento de distribuição da cobertura do risco entre duas ou mais seguradoras. É um novo seguro contratado pelo segurador para exonerar-se no todo ou em parte do risco tomado. O segurador aparece nesse contrato como segurado. O elemento básico do resseguro, em sentido estrito, é a efetiva transferência do risco do segurador primário a seu próprio segurador, é dizer, o ressegurador.[2] Na definição de Fábio Ulhoa Coelho, "o resseguro é instrumento de distribuição da cobertura de risco entre duas companhias, sendo uma delas a seguradora, que contrata com os segurados, e a outra, a resseguradora, que cobre parte da prestação, na hipótese de verificação de sinistro".[3] No conceito do Projeto de Lei n. 3.555, de 2004, denominado "Lei do Seguro", *resseguro* é a relação obrigacional pela qual o ressegurador, mediante o recebimento do prêmio, garante o interesse da seguradora contra os riscos, próprios de sua atividade, decorrentes da celebração e execução de negócios de seguro. Nessa trilha, além da função pulverizadora, o resseguro apresenta outras importantes funções: a mercadológica, a gestão de riscos, a financeira.

As seguradoras, hoje, raras vezes recorrem a outras companhias para ressegurar um único risco, geralmente formalizam contratos gerais em que cedem reciprocamente a outras seguradoras (co-seguro) ou a outras companhias resseguradoras (resseguro) a parte dos riscos segurados, que pela classificação excedem o limite técnico autorizado. As seguradoras conseguem, assim, obter pela equiparação e aumento da massa de riscos, maior equilíbrio entre a importância dos prêmios cobrados e a dos capitais devidos aos segurados. Como referimos, esses valores são fixados pela SUSEP, seguindo as diretrizes do Conselho Nacional de Seguros Privados (CNSP), através da Resolução n. 40, de 2000, levando em consideração a capacidade da seguradora. Há duas formas mais comuns nas contratações de resseguro. Nos contratos automáticos ou contratos gerais de resseguro, a seguradora-cedente ressegura, em princípio, todos os riscos, respeitados os limites de responsabilidade, ramo e outros aspectos pré-definidos. De outro modo, são realizados os contratos não-automáticos ou contratos individuais de resseguro, também denominado contrato facultativo, onde o segurador transfere ao ressegurador parte de suas responsabilidades, mas não relativamente a todas as suas apólices, implicando diferentes percentuais de cessão, em cada caso.

Com o co-seguro, porém, o sistema é outro. Diversamente da operação de resseguro, na operação de co-seguro estão envolvidos o segurado e as seguradoras que estão aceitando o risco, nas condições e proporções definidas na apólice de seguro. O segurado, quando da ocorrência de um sinistro, deve legalmente ser ressarcido pelas várias seguradoras que, em co-seguro, deram cobertura proporcional ao interesse segurado. Conforme dispõe a própria lei complementar em destaque, em seu art. 2º, o co-seguro caracteriza-se pela opera-

2. Orlando Hugo Alfano, *El Control de Seguros y Reaseguros*, p. 239.

3. Fábio Ulhoa Coelho, *Curso de Direito Comercial*, v. 3, p. 151.

ção de seguro na qual duas ou mais seguradoras, com anuência do segurado, distribuem entre si, percentualmente, os riscos de determinada apólice, sem solidariedade entre elas. Ainda, na compreensão da lei, é importante definir a retrocessão como operação de transferência de riscos de resseguro de resseguradores originários para outros resseguradores ou de resseguradores originários para seguradoras locais. Mediante a retrocessão, o ressegurador cede alguns riscos e, portanto, o respectivo prêmio, ao retrocessionário, que assume o risco de garantir, na medida convencionada, a função de resseguro.

Dentro das operações típicas, agora conceituadas, a lei complementar coerentemente atende a um dos princípios gerais e constitucionais da atividade econômica: a livre concorrência (art. 170, IV, da CF). Contudo, preocupa-se também em criar condições para o desenvolvimento do mercado de resseguros nacional, motivo pelo qual prevê oferta preferencial pelas seguradoras aos resseguradores que se instalarem localmente, sendo essa preferência de pelo menos sessenta por cento nos dois primeiros anos após a regulamentação dos requisitos específicos para atuação de resseguradores (além do IRB-Brasil Re) no país e de quarenta por cento nos anos subseqüentes. Naturalmente, essa preferência poderá ser ou não exercida pelos resseguradores locais, em face da natureza do risco envolvido e das estratégias das empresas, entre outros fatores (art. 11), mas observando-se a garantia de que a oferta dê-se em base equânime aos concorrentes internacionais (art. 11, § 2º). A oferta estabelece um incentivo às empresas instaladas não apenas no momento inicial de captação de negócios, mas no período de estabilização de sua atividade empresarial, permitindo melhor planejamento e projeção de atuação em mais longo prazo. A preferência, no entanto, poderá ser ajustada, por meio de lei ordinária, após o quarto ano, pressupondo-se que a partir deste prazo o mercado aberto já estará consolidado e as empresas a ele adaptadas (art. 11, § 1º), motivo pelo qual o ajuste é limitado a quarenta por cento das cessões.

O órgão regulador disporá sobre a forma em que tal oferta ocorrerá, podendo realizar as adaptações que se façam necessárias no dia-a-dia do mercado, ao mesmo tempo em que regulará os demais aspectos da atividade do ressegurador local, em consonância com a legislação aplicável ao setor de seguros, mas observando-se as peculiaridades do resseguro (art. 5º). Como falamos, dentro deste contexto, integra-se o IRB como ressegurador local (art. 22), sem solução de continuidade, concedendo-lhe a lei um prazo de 180 dias para a adaptação de suas operações de resseguro e retrocessão ao novo ordenamento jurídico (art. 22, parágrafo único). Neste ínterim, mantêm-se as disposições legais referentes aos seus aspectos operacionais em vigor, revogando-se inicialmente apenas suas funções e dispositivos de natureza típica de Estado. Desta forma, a nova lei traz a qualificação técnica dos resseguradores, através dos quais as operações de resseguro e retrocessão podem ser realizadas, a saber:

a) ressegurador local: ressegurador sediado no país constituído sob a forma de sociedade anônima, tendo por objeto exclusivo a realização de operações de resseguro e retrocessão;

b) ressegurador admitido: ressegurador sediado no exterior, com escritório de representação no país, que, atendendo às exigências previstas nesta lei complementar e nas normas aplicáveis à atividade de resseguro e retrocessão, tenha sido cadastrado como tal no órgão fiscalizador de seguros para realizar operações de resseguro e retrocessão; e

c) ressegurador eventual: empresa resseguradora estrangeira sediada no exterior sem escritório de representação no país que, atendendo às exigências previstas nesta lei complementar e nas normas aplicáveis à atividade de resseguro e retrocessão, tenha sido cadastrada como tal no órgão fiscalizador de seguros para realizar operações de resseguro e retrocessão.

Aplicam-se, ainda, aos resseguradores locais, observadas as peculiaridades técnicas, contratuais, operacionais e de risco da atividade e as disposições do órgão regulador de seguros, o Decreto-lei n. 73, de 21 de novembro de 1966, e as demais leis aplicáveis às sociedades seguradoras, inclusive as que se referem à intervenção e liquidação de empresas, mandato e responsabilidade de administradores. Complementa as regras estabelecidas para as sociedades seguradoras, ao ressegurador admitido ou eventual, os seguintes requisitos mínimos: *a*) estar constituído, segundo as leis de seu país de origem, para subscrever resseguros locais e internacionais nos ramos em que pretenda operar no Brasil e que tenha dado início a tais operações no país de origem, há mais de cinco anos; *b*) dispor de capacidade econômica e financeira não inferior à mínima estabelecida pelo órgão regulador de seguros brasileiro; *c*) ser portador de avaliação de solvência por agência classificadora reconhecida pelo órgão fiscalizador de seguros brasileiro, com classificação igual ou superior ao mínimo estabelecido pelo órgão regulador de seguros brasileiro; *d*) designar procurador, domiciliado no Brasil, com amplos poderes administrativos e judiciais, inclusive para receber citações, para quem serão enviadas todas as notificações; além de outros requisitos que venham a ser fixados pelo órgão regulador de seguros brasileiro. Em particular, constituem-se ainda requisitos para os resseguradores admitidos, a manutenção de conta em moeda estrangeira vinculada ao órgão fiscalizador de seguros brasileiro, na forma e montante definido pelo órgão regulador de seguros brasileiro para garantia de suas operações no país e apresentação periódica de demonstrações financeiras, na forma definida pelo órgão regulador de seguros brasileiro (arts. 5º e 6º).

Assim, o modelo de abertura prevê não apenas a possibilidade de que haja mais competidores instalados no país, mas também que as cedentes nacionais (seguradoras, entidades de previdência complementar e resseguradores locais) possam realizar operações com resseguradores estrangeiros (art. 4º). Trata-se de uma prática comum internacionalmente e atualmente no mercado nacional, e que ocorre no modelo em vigor, uma vez que o ressegurador IRB-Brasil Resseguros S/A, ao não dispor de capacidade para reter todos os riscos por ele subscritos, transfere para resseguradores estrangeiros uma parcela destes. Considerando que as necessidades de transferência de risco às vezes demandam a pulverização em diversos resseguradores, especialmente nos casos de seguros vultosos, e considerando a possibilidade de haver resseguradores especializados que não tencionem atuar diretamente no país, são propostas duas modalidades de resseguradores estrangeiros: o admitido e o eventual (art. 4º, II e III). O primeiro é aquele com efetivo interesse de atuação no mercado nacional, mas sem pretensão de se instalar como empresa local, e o segundo aquele que não dispõe de interesse em atuar localmente, podendo, entretanto, vir a fazê-lo em função do risco transferido. Para ambos, são previstas exigências de cunho jurídico, econômico-financeiro e de qualificação (art. 6º), a serem detalhadas pelo ordenamento infralegal, propiciando, com isso, uma maior sintonia com a dinâmica das alterações da sociedade. Entretanto, a exigibilidade será maior para o ressegurador que opte por não se instalar de qualquer forma no país (ressegurador eventual), uma vez não estar sujeito à fiscalização direta, mas indireta via cedentes.

Deste modo, considerando que os resseguradores eventuais não estão sujeitos à fiscalização direta dos órgãos governamentais locais e dada a natureza de mais longo prazo das operações de previdência complementar e de seguro de vida por sobrevivência, restringe-se o resseguro destes segmentos (art. 9º, parágrafo único) exclusivamente aos resseguradores dispostos a atuar efetivamente no país (locais e admitidos). Trata-se de medida que resguarda o consumidor, à qual se agrega aquela que permite que o ressegurador ou retrocessionário pague diretamente ao segurado em caso de insolvência ou falência da empresa que cedeu os riscos, nos casos tecnicamente possíveis e previstos contratualmente (art. 14). É medida de relevo, especialmente minimizando o risco dos segurados de riscos vultosos, que têm contratos de resseguro firmados especificamente para cobertura de seus riscos e para os quais é elevada a cessão de resseguro. Nesses casos, há uma vinculação direta entre a operação de seguro e a de resseguro, nem sempre existente, uma vez que o resseguro cobre a seguradora ou entidade de previdência complementar e não o segurado/participante. O pagamento direto, entretanto, somente poderá ocorrer caso não tenha sido realizado pela entidade insolvente ao beneficiário, nem pelo ressegurador à cedente, uma vez que, neste caso, o ressegurador estaria pagando duas vezes e levando o ônus para toda a carteira de contratantes, pelo aumento de seu custo não estimado. Ressalvados os casos de cláusula de pagamento direto, prevê-se a manutenção das responsabilidades do ressegurador perante a massa liquidanda (art. 13) nas situações de insolvência das cedentes mesmo que estas não tenham realizado o pagamento dos sinistros, o que pode ter ocorrido, por exemplo, em função de sua própria solvabilidade.

As operações de transferência de risco poderão ser feitas tanto diretamente quanto através de corretor de resseguro (art. 8º), se este for qualificado como corretor de seguros habilitado e especializado na atividade vinculado à corretora autorizada. No que tange às corretoras de resseguro e sua relação contratual com as cedentes e resseguradores, são previstos algumas salvaguardas, além do seguro, àqueles que têm suas operações por elas intermediadas. Em primeiro lugar, a atuação da corretora não pode limitar ou restringir a relação direta entre as partes que intermedeie (art. 15). Em segundo lugar, a transparência da responsabilidade quanto à tramitação financeira através da corretora deve ser caracterizada contratualmente, de modo a inibir práticas inadequadas (art. 16, *caput*). Em terceiro lugar, resguarda-se, em última instância, o segurado ou participante da atuação intermediadora da corretora, uma vez que a entrega do prêmio à corretora implica a cobertura nos termos contratuais e a recuperação de sinistro a ela tramitado não libera o ressegurador, somente ocorrendo quando concluída a operação, regra que demanda um melhor monitoramento deste da atuação da corretora, melhor seletividade e maior profissionalização (art. 16, parágrafo único), justificável em face dos volumes financeiros envolvidos nesse mercado.

3. Disciplina da contratação de seguro no exterior e em moeda estrangeira

De acordo com a lei complementar em estudo serão exclusivamente celebrados no país: (i) os seguros obrigatórios e (ii) os seguros não obrigatórios contratados por pessoas naturais residentes no país ou por pessoas jurídicas domiciliadas no território nacional, independentemente da forma jurídica, para garantia de riscos no país. As pessoas jurídicas poderão contratar seguro no exterior para cobertura de riscos no exterior, informando essa contratação ao órgão fiscalizador de seguros brasileiro no prazo e nas condições determinadas pelo órgão regulador de seguros brasileiro. A contratação de seguros no exterior por pessoas naturais residentes no país ou por pessoas jurídicas domiciliadas no território nacional é restrita às situações enumeradas em seu no art. 20:

a) cobertura de riscos para os quais não exista oferta de seguro no país, desde que sua contratação não represente infração à legislação vigente;

b) cobertura de riscos no exterior em que o segurado seja pessoa natural residente no País, para o qual a vigência do seguro contratado se restrinja, exclusivamente, ao período em que o segurado se encontrar no exterior;

c) seguros objeto de acordos internacionais referendados pelo Congresso Nacional; e

d) seguros que, pela legislação em vigor, na data de publicação desta Lei Complementar, tiverem sido contratados no exterior.

No aspecto de controle do fluxo de capitais está disposto que os ativos garantidores das provisões técnicas, bem como os recursos exigíveis no país para os resseguradores ficam subordinados à regulação do Conselho Monetário Nacional (CMN), como ocorre com todas as cedentes seguradoras e entidades de previdência complementar. Também caberá ao Conselho dispor sobre as operações de seguro, resseguro e retrocessão em moeda estrangeira (art. 18), observada a legislação em vigor, sendo que as especificidades de tais operações caberão ao órgão regulador da atividade de seguros. O dispositivo se enquadra dentro da competência do CMN, conforme definida no inciso V do art. 4º da Lei n. 4.595, de 31 de dezembro de 1964, alterado pelo Decreto-lei n. 581, de 14 de maio de 1969, voltado no presente caso ao setor securitário. Ao CMN, ainda, caberá dispor sobre a abertura e manutenção de contas em moeda estrangeira, necessária para operacionalidade nesta moeda. A lei complementar comentada introduz dispositivo que possibilita a troca de informações entre os órgãos que fiscalizam o setor (art. 23), objetivando-se maior eficiência de sua atuação perante as pessoas físicas e jurídicas de que trata a lei proposta, estendendo-se ao órgão fiscalizador de seguros, no âmbito de suas responsabilidades, as disposições aplicáveis à Comissão de Valores Mobiliários previstas na Lei Complementar n. 105, de 10 de janeiro de 2001, para cujo setor também a referida lei se aplica. Deste modo, as entidades fiscalizadas estão sujeitas a sigilo em suas operações e ao órgão fiscalizador é dada a amplitude fiscalizatória necessária para melhor aferir a realidade das operações realizadas e das movimentações financeiras correspondentes, podendo inclusive firmar convênios com outros órgãos internacionais que favoreçam à sua melhor atuação. Tal função assume especial relevância diante da abertura do mercado de resseguros, devido às operações que envolvem riscos vultosos, em certa medida realizadas com o mercado internacional, algumas das vezes sem a supervisão direta do órgão fiscalizador local. Dentro deste contexto e diante de situações de risco, como insolvência, que podem vir a afetar as empresas cedentes de riscos, o órgão fiscalizador de seguros poderá solicitar à autoridade competente, mediante a instauração de inquérito administrativo, o levantamento do sigilo de informações relativas a bens, direitos e obrigações das instituições por ele supervisionadas, propiciando sua ação mais ágil na solução dos problemas e nos efeitos correlatos. São medidas possibilitadas pela Lei Complementar n. 105, de 2001.

Ainda, introduz-se o regime sancionatório (art. 21), por descumprimento à lei que ora se propõe e também à sua regulamentação infralegal, aplicável pelo órgão fiscalizador de seguros, especificando-se a exigibilidade de depósito de multa por força do § 2º do art. 56 da Lei n. 9.784, de 29 de janeiro de 1999, uma vez que sua inexistência pode induzir à entrada de recursos como veículo de postergação para o respectivo pagamento, situação não salutar para o sistema. Adicionalmente, elevam-se (art. 24) os montantes das multas aplicáveis às sociedades seguradoras e de capitalização, igualando-os àqueles incidentes às entidades de previdência complementar, conforme Lei Complementar n. 109, de 2001, e aos ora propostos para as operações relacionadas a resseguro e retrocessão. Por fim, de ordem geral, as cedentes, os resseguradores locais, os escritórios de representação de ressegurador admitido, os corretores e corretoras de seguro, resseguro e retrocessão e os prestadores de serviços de auditoria independente bem como quaisquer pessoas naturais ou jurídicas que descumprirem as normas relativas à atividade de resseguro, retrocessão e corretagem de resseguros estarão sujeitos às penalidades previstas nos arts. 108, 111, 112 e 128 do Decreto-lei n. 73, aplicadas pelo órgão fiscalizador de seguros, conforme normas do órgão regulador de seguros. As infrações a que se refere o *caput* deste artigo serão apuradas mediante processo administrativo regido em consonância com o art. 118 do citado decreto-lei.

4. A regulação de sinistro no novo regime legal

Destacamos que estabelecer semelhanças e diferenças entre seguro e resseguro é tarefa importante na demonstração da relação de simbiose operacional, mas não obrigacional, entre os dois contratos.[4] Maria Concepción Hill Prados sustenta ter o contrato de resseguro as mesmas características do contrato de seguro, "partiendo de la base de que el reaseguro es un verdadero seguro, se puede afirmar que participa de los caracteres propios de aquél, aunque con algunas precisiones o matizaciones. Así pues, es un contrato consensual, bilateral, oneroso, aleatorio, de estricta buena fe, de ejecución continuada y única".[5] Em linhas gerais, parece que há certa coincidência em considerar que a natureza jurídica do contrato de resseguro é similar a de um contrato de seguro. Daí a comum expressão de que resseguro é o seguro do seguro, mas poderíamos questionar em qual classe de seguro se enquadra o resseguro. Para Domingo Saavedra e Héctor Perucchi, a natureza jurídica do contrato de resseguro corresponde a um seguro de responsabilidade civil contratual que cobre a responsabilidade do segurador,[6] emergente do contrato ou contratos de seguro que tenha celebrado. O objeto do contrato de resseguro é manter a integridade patrimonial da seguradora cedente, patrimônio afetado pela pretensão da indenização no caso de sinistro. Destaca-se a distinta natureza dos riscos de cada um dos contratos; assim Carlos Jaramillo: "En el seguro, estará determinado por el hecho de carácter futuro e incierto. Y en el reaseguro, en cambio, por la posibilidad de afectación del patrimonio del asegurador, mejor aún por el surgimiento potencial de una deuda que grave su patrimonio, con prescidencia del hecho físico en si mismo considerado".[7]

Com relação ao tema da regulação de sinistro, a disciplina central da nova lei identifica o dever do segurador, procedimento que em nome da seguradora há de ser exercido, não se admitindo o controle desta prestação por parte do ressegurador. Segue, assim, adequadamente normas os regimes adotados internacionalmente. Com efeito, que, nas disposições finais, depois de dizer, no seu art. 30, que a lei entra em vigor na data da sua promulgação, no art. 31, revoga expressamente, dentre outros, o art. 44 do Decreto-lei n. 73, de 21 de novembro de 1966, cujo inciso I, letra *g*, dotava o IRB de competência para "proceder às liquidações de sinistro", e toda a "Seção V – Das Liquidações de Sinistro" do Capítulo VI do mesmo decreto-lei. Desse modo, elimina-se a aberração que existia no país, no sentido de submeter as seguradoras às normas e decisões do IRB, conquanto ressegurador oficial, em matéria de liquidação de sinistro. A moderna doutrina já há muito destacava o dever inerente das seguradoras de regularem os sinistros, no modo, forma e tempo devidos. Reforçando esse tratamento, a nova lei reafirma a autonomia contratual das operações de seguro e de resseguro, dispondo, no art. 14, que "Os resseguradores e os seus retrocessionários não responderão diretamente perante o segurado, participante, beneficiário

4. Renato Buranello, *Do Contrato de Seguro: o Seguro Garantia de Obrigações Contratuais*, p. 133.

5. *El Reaseguro*, p. 35.

6. *El Contrato de Reaseguro: Temas de Responsabilidad Civil y Seguros*, p. 14.

7. *Distorsión del Reaseguro Tradicional*, p. 94.

ou assistido pelo montante assumido em resseguro e em retrocessão, ficando as cedentes que emitiram o contrato, integralmente responsáveis por indenizá-los". Esta cláusula final, aliás, afasta qualquer dúvida sobre caber ao segurador a prestação da obrigação indenizatória em caso de sinistro. Prestação cujo integral cumprimento pressupõe o procedimento prévio de regulação e liquidação do sinistro a ele avisado por seu segurado, e que deverá realizar dentro do universo próprio do contrato de seguro havido com ele exclusivamente, e não também com o ressegurador.

Fica claro, em outros termos, que, no mercado aberto o ressegurador não poderá, ele próprio, conduzir e definir uma regulação de sinistro de seguro qualquer, ou condicionar de um modo ou de outro a prestação indenizatória ressecuritária à adoção de determinada atitude pelo segurador, como a contratação deste ou daquele regulador de sinistro ou empresa de regulação de sinistro, ou ao atendimento de suas orientações ou sugestões. No aspecto operacional, o ressegurador poderá cooperar com o segurador na prestação da dívida regulatória, de modo mais eficiente possível. Mas não poderá interferir nas normas e decisões deste, não se admitindo que recuse a recuperação ressecuritária quando não for atendido. Por princípio, só caberá ao ressegurador, seja ele o IRB, seja qualquer outro ressegurador local, ou ainda um ressegurador admitido ou eventual, recusar recuperação ressecuritária, com fundamento em fatos atinentes à regulação de sinistro, caso o segurador, ao prestá-la, tenha atuado danosa e dolosamente.

Finalmente, com a entrada em vigor da nova lei, toda a disciplina haverá de ser observada de imediato. Portanto, como as normas e decisões do IRB já não estarão mais obrigando as seguradoras, então a direção e decisão acerca dos processos de sinistro, hoje conduzidos pelo IRB, caberão às seguradoras cedentes. Vale dizer, sem embargo da ressalva feita, até mesmo na hipótese de discordância, deverá o IRB acompanhar a decisão da seguradora de procedência de uma reclamação de sinistro. Não lhe caberá mais emitir autorizações para a liquidação de um sinistro (ALS) pela seguradora, mas prestar ele, nos termos do contrato de resseguro, a recuperação ressecuritária que lhe competir. A lei complementar ao conceder um prazo de cento e oitenta dias para a readequação do IRB à condição exclusiva de ressegurador, impediria o efeito imediato das disposições acima referidas. Afinal, tal dispositivo diz respeito ao aspecto regulatório, ou seja, à transposição da competência de regulamentação administrativa da atividade e das operações de co-seguro, resseguro e retrocessão. Esse prazo, em outros termos, volta-se ao cumprimento, pelo IRB, das solicitações do órgão regulamentador e do órgão fiscalizador de seguros, que, responderão imediatamente também pela regulamentação administrativa da atividade e das operações de co-seguro, resseguro e retrocessão.

Fica a conclusão de que a partir do novo regime, as seguradoras contratadas deverão, isoladamente, responder pela regulação não apenas dos novos sinistros que lhe sejam avisados, como também pelos processos de sinistro pendentes. Portanto, enfim, enquanto aparece nítida a relação operacional entre o seguro e resseguro, juridicamente, o contrato de resseguro reduz-se por completo nas relações entre segurador e ressegurador enquanto o segurado conserva integralmente todos os seus direitos para com o segurador, não pode exercer por si ação direta contra o ressegurador. Os resseguradores e os seus retrocessionários não responderão diretamente perante o segurado, participante, beneficiário ou assistido pelo montante assumido em resseguro e em retrocessão, ficando as cedentes que emitiram a apólice, integralmente responsáveis por indenizá-los. Novamente aparece o aspecto de relação operacional, na hipótese de insolvência, de decretação de liquidação ou de falência da cedente, situação na qual é permitido o pagamento direto ao segurado, participante, beneficiário ou assistido, da parcela de indenização ou benefício correspondente ao resseguro, desde que o pagamento da respectiva parcela não tenha sido realizado ao segurado pela cedente nem pelo ressegurador à cedente, quando o contrato de resseguro for considerado facultativo na forma definida pelo órgão regulador de seguros e nos demais casos, se houver cláusula contratual de pagamento direto.

5. *Conclusões sobre o novo modelo ressegurador*

Além de novos investimentos, acreditamos que a abertura do mercado de resseguro contribuirá de forma significativa para o desenvolvimento do mercado securitário local e, conseqüentemente, para o desenvolvimento econômico brasileiro, em sentido amplo. A possibilidade de instalação de novos resseguradores trará consigo elementos facilitadores para a ampliação da retenção nacional, o incremento da capacidade de subscrição das seguradoras e o aperfeiçoamento dos agentes econômicos envolvidos, ajudando, inclusive, a eliminar ineficiências hoje existentes que são importantes entraves ao desenvolvimento do mercado securitário nacional. A participação de novos agentes contribuirá para o aperfeiçoamento institucional, das seguradoras e dos próprios resseguradores locais, facilitando também a introdução de novos produtos. Todo esse movimento esperado levará à ampliação da demanda por especialistas no segmento, gerando novos postos de trabalhos que, dada a qualificação específica, levará à ampliação da demanda acadêmica, gerando um círculo virtuoso.

Por outro lado, os consumidores provavelmente serão os principais beneficiados pela perspectiva de maior oferta de produtos inovadores e menores custos. Esta vantagem não se restringe ao setor de seguros propriamente dito, alcançando também o segmento de previdência complementar, na medida em que a Lei Complementar n. 109, de 2001, previu, em seu art. 11, a possibilidade de contratação de operações de resseguro pelas entidades de previdência, o que é ratificado neste projeto através da inclusão dessas entidades como cedentes de risco em operações de resseguro (art. 2º, § 1º, I). Ainda, entendemos que a abertura do mercado deverá maximizar a retenção no País, adequar os limites técnicos, induzir ao devido monitoramento dos níveis indevidos de retenção e aprimorar os negócios de seguros na estruturação de novas e mais complexas operações. Restam claros, de outro modo, desafios relacionados à liberação de tarifação, diminuição das cessões obrigatórias, liberalizações locais na alocação de patrimônio líquido estrangeiro, construção de estatísticas de mercado e, por fim, monitoramento da solvência através de controle corporativo. Enfim, acreditamos que com a evolução do mercado local e na co-relação com os mercados mundiais, haverá uma tendência de regulação global de maneira *standard*, uma nítida propensão à transferência de riscos ressegurados para o mercado de capitais internacional e uma normatividade adequada, evitando-se arbitragens regulatórias.

Atualidades

DO ENDOSSO-MANDATO (Código Civil, art. 917)*

Marcelo Vieira von Adamek

1. Introdução. 2. A disciplina legal e o seu objeto: relações externas. 3. Conceito. 4. Local e requisitos: 4.1 Expressões características; 4.2 Endosso-mandato em branco; 4.3 Endosso-mandato simultâneo. 5. Atuação e poderes no endosso-mandato: 5.1 Forma de atuação e exceções oponíveis ao endossatário-mandatário; 5.2 Poderes legitimados pelo endosso-mandato: 5.2.1 Propositura de ações e execuções; 5.2.2 Pedidos de falência e habilitação de crédito; 5.2.3 Ação de anulação e substituição de título extraviado; 5.3 Atos não legitimados pelo endosso-mandato. 6. Endosso do endossatário-mandatário: 6.1 Endosso sem especificação; 6.2 Responsabilidade do endossatário-mandatário; 6.3 Restrição de poderes em novo endosso-mandato. 7. Direitos, deveres e responsabilidades no endosso-mandato: 7.1 Direitos do endossatário-mandatário; 7.2 Deveres e responsabilidade do endossatário perante o endossante-mandante; 7.3 Responsabilidade do endossatário-mandatário perante terceiros; 7.4 Deveres do endossante-mandante perante o endossatário-mandatário; 7.5 Responsabilidade do endossante-mandante por atos do endossatário-mandatário. 8. Extinção do endosso-mandato: 8.1 Morte ou incapacidade superveniente do endossante-mandante; 8.2 Morte ou incapacidade superveniente do endossatário-mandatário; 8.3 Falência; 8.4 Revogação; 8.5 Renúncia; 8.6 Endosso-mandato e cadeia de endossos. 9. Endosso-mandato encoberto: 9.1 Endosso-fiduciário; 9.2 Endosso translativo e terceiro de boa-fé; 9.3 Oponibilidade das exceções; 9.4 Deveres e responsabilidades do endossatário; 9.5 Falência do endossatário e direitos do endossante frente à massa. 10. Outras questões polêmicas: 10.1 O endossatário-mandatário frente às medidas de sustação de protesto e ações declaratórias; 10.2 Responsabilidade do endossatário-mandatário pelo protesto indevido de título.

1. Introdução

O endosso-mandato, também conhecido por endosso-procuração,[1] constitui uma espécie de endosso-impróprio,[2] por meio da qual o endossante-mandante, sem

* O presente artigo corresponde a parte do trabalho apresentado no Curso de Pós-Graduação da Faculdade de Direito da USP (2º semestre de 2003), na disciplina "Títulos de Crédito em Direito Comercial Comparado: Teoria Geral da Circulação em Face do Novo Código Civil", ministrada pelo Prof. Associado Dr. Mauro Rodrigues Penteado, com acréscimos de atualização. A primeira parte do trabalho original foi publicado na *RDM* 141, sob o título "Endossos próprios e impróprios, endosso póstumo e circulação imprópria dos títulos de crédito (Código Civil, arts. 919 e 920)". Nesta segunda parte, analisar-se-á o endosso-mandato.

1. Apesar de ser utilizada como sinônima de endosso-mandato, não empregaremos a expressão "endosso-procuração", pois ela pode gerar confusão com a situação, bem diversa, em que o endosso é lançado no título por um procurador (cf. Waldirio Bulgarelli, *Títulos de Crédito*, 9ª ed., São Paulo, Atlas, 1992, nota 7, p. 154). José Maria Whitaker já alertava ser "preciso não confundir o endosso-mandato com o endosso por procuração: naquele se cons-

transferir os direitos inerentes ao título, apenas legitima a prática de atos de cobrança, em seu nome e por sua conta, pelo endossatário-mandatário.

A relevância do endosso-mandato resulta não *apenas* da possibilidade de atribuir a prática dos atos de cobrança a terceira pessoa designada pelo credor, evitando gastos e perda de tempo com deslocamentos,[3] já que idêntico resultado pode ser também alcançado através de um simples mandato. Na realidade, a sua relevância prática evidencia-se precisamente na simplicidade e na agilidade com que essa atribuição pode ser feita, prescindindo de outorga solene de poderes por instrumento em separado; basta a mera aposição da cláusula de endosso-mandato no título, sem outros formalismos.[4]

Neste estudo, iremos analisar o endosso-mandato no direito pátrio.

2. A disciplina legal e o seu objeto: relações externas

O endosso-mandato encontra-se regulado no art. 917 do Código Civil[5] (cuja redação foi baseada no art. 2.013, do Código Civil italiano[6]), aplicável aos títulos atípicos *e* aos títulos típicos que não possuam regra ou remissão própria nas suas respectivas leis de regência (Código Civil, art. 903). Além disso, e com praticamente idêntica conformação, o endosso-mandato vem também disciplinado no art. 18 da Lei Uniforme sobre Letras de Câmbio e Notas Promissórias (incorporada ao direito interno pelo Decreto n. 57.663, de 24 de janeiro de 1966),[7] e no art. 26, da Lei do Cheque (Lei

titui um mandato, neste, apenas se lhe dá execução" (*Letra de Câmbio*, 5ª ed., São Paulo, Ed. RT, n. 78, p. 147). De igual modo, reputamos inadequado denominar o endosso-mandato de endosso "incompleto", "irregular", "menos pleno" ou "impróprio", como faz Theophilo de Azeredo Santos (*Do Endosso*, Rio de Janeiro, Forense, 1962, p. 35), já que o endosso-mandato é apenas uma espécie de endosso-impróprio (mas não a única) e, além disso, não é "menos pleno" (não é pleno, e ponto), tampouco é incompleto ou irregular – convindo, pois, evitar a utilização de qualificativos com conotações jurídicas bem distintas.

2. O endosso-mandato é espécie de "endosso-impróprio"; não é "falso endosso", como o qualificou Fran Martins (*Títulos de Crédito*, v. I, 3ª ed., Rio de Janeiro, Forense, 1991, n. 41, p. 169). Para Vilson Rodrigues Alves, "qualificá-lo 'falso', dizendo-o 'falso endosso' é, a despeito do uso na doutrina, incorrer em atecnia, na medida que, a despeito de impróprio em função dos elementos conceptuais do 'endosso', o endosso não é falso" (*Responsabilidade Civil dos Estabelecimentos Bancários*, 1ª ed., 2ª tir., São Paulo, Bookseller, 1997, n. 21.1, nota 682, p. 180).

3. Cf. Fran Martins, *Títulos de Crédito*, cit., v. I, n. 41, p. 169.

4. Com razão, Luiz Emygdio F. da Rosa Jr. observou que "o endosso-mandato se justifica porque simplifica a outorga de poderes ao endossatário para a cobrança da soma cambiária, por resultar de simples cláusula aposta no título, sem necessidade, portanto, da lavratura de instrumento em separado" (*Títulos de Crédito*, São Paulo, Renovar, 2000, p. 252).

5. O preceito do CC tem o seguinte teor: "Art. 917. A cláusula constitutiva de mandato, lançada no endosso, confere ao endossatário o exercício dos direitos inerentes ao título, salvo restrição expressamente estatuída. § 1º. O endossatário de endosso-mandato só pode endossar novamente o título na qualidade de procurador, com os mesmos poderes que recebeu. § 2º. Com a morte ou a superveniente incapacidade do endossante, não perde eficácia o endosso-mandato. § 3º. Pode o devedor opor ao endossatário de endosso-mandato somente as exceções que tiver contra o endossante".

6. O art. 2.013 do Código Civil italiano prescreve: "Art. 2.013. Endosso para cobrança ou por procuração. Se ao endosso é aposta uma cláusula que implica conferir um mandato para a cobrança, o endossatário-mandatário poderá exercer todos os direitos inerentes ao título, mas não poderá endossar o título senão com o efeito de um endosso-mandato. O emitente somente poderá opor ao endossatário-mandatário as exceções que seriam oponíveis ao endossante. A eficácia do endosso-mandato não cessa pela morte ou pela superveniente incapacidade do endossante".

7. O art. 18 da Lei Uniforme dispõe: "Art. 18. Quando o endosso contém a menção 'valor a cobrar' (*valeur en recouvrement*), 'para cobrança' (*pour encaissement*), 'por procuração' (*par procuration*), ou qualquer outra menção que implique um simples mandato, o portador pode exercer todos os direitos emergentes da letra, mas só pode endossá-la na qualidade de procurador. Os coobrigados, neste caso, só podem invocar contra o portador as exceções que eram oponíveis ao endossante. O mandato que resulta de um endosso por procuração não se extingue por morte ou sobrevinda incapacidade legal do mandatário" (leia-se mandante).

n. 7.357, de 2 de setembro de 1985).[8] Em todos os casos, a disciplina pátria é convergente e encontra-se alinhada às modernas tendências de direito comparado; avançou muito em relação à revogada Lei Saraiva (Decreto n. 2.044, de 31 de dezembro de 1908), cujo art. 8º, § 1º, regulava o endosso-mandato de forma bastante lacônica, suscitando várias dúvidas às quais adiante iremos nos referir.

Nesta altura, porém, e até mesmo para evitar incompreensões, insta destacar o real alcance da disciplina legal sobre endosso-mandato, à qual freqüentemente se atribui amplitude bem maior do que a que efetivamente possui. Para corretamente compreender o papel do endosso-mandato e de sua particular disciplina legal, é preciso, de início, afastar a equivocada idéia, bastante difundida, de que o endosso-mandato constitui, de per si, o próprio mandato, quando é certo que ele é, simplesmente, o modo cartular para legitimar o endossatário-mandatário à prática dos atos próprios de cobrança, em nome e por conta do endossante-mandante. Por outra retórica, o endosso-mandato não define como, quando e sob quais condições o endossatário-mandatário deve ou pode praticar os atos de cobrança; não estabelece os direitos e os deveres das partes; apenas legitima, perante terceiros, a prática dos atos de cobrança.

O objeto próprio da disciplina legal do endosso-mandato não são as *relações internas* estabelecidas entre endossante e endossatário (= negócio jurídico representativo), as quais se regem pelo direito comum pertinente ao negócio subjacente[9] (normalmente de mandato, mas, eventualmente, de locação de serviços ou outra natureza qualquer). O seu objeto são apenas as *relações externas* envolvendo aquelas partes e os terceiros (= poder de representação).[10]

8. O art. 26 da Lei do Cheque (Lei n. 7.357, de 2.9.1985) possui a seguinte redação: "Art. 26. Quando o endosso contiver a cláusula 'valor em cobrança', 'para cobrança', 'por procuração', ou qualquer outra que implique apenas mandato, o portador pode exercer todos os direitos resultantes do cheque, mas só pode lançar no cheque endosso-mandato. Neste caso, os obrigados somente podem invocar contra o portador as exceções oponíveis ao endossante. Parágrafo único. O mandato contido no endosso não se extingue por morte do endossante ou por superveniência de sua incapacidade". Esta disposição corresponde à incorporação ao direito interno brasileiro do art. 23 da Lei Uniforme em matéria de cheques, da qual o Brasil é signatário, do seguinte teor: "Art. 23. Quando um endosso contém a menção 'valor a cobrar' (*valeur en recouvrement*), 'para cobrança' (*pour encaissement*), 'por procuração' (*par procuration*), ou qualquer outra menção que implique um simples mandato, o portador pode exercer todos os direitos resultantes do cheque, mas só pode endossá-lo na qualidade de procurador. Os coobrigados, neste caso, só podem invocar contra o portador as exceções que eram oponíveis ao endossante. O mandato que resulta de um endosso por procuração não se extingue por morte ou pela superveniência de incapacidade legal do mandatário" (leia-se mandante).

9. Neste sentido (relações internas são regidas pelo direito comum): António Pereira de Almeida, *Direito Comercial*, v. III: *Títulos de Crédito*, Lisboa, AAFDL, 1986, p. 210; J. X. Carvalho de Mendonça, *Tratado de Direito Comercial Brasileiro*, v. V, Parte II, 5ª ed., Rio de Janeiro, Freitas Bastos, 1955, n. 703, p. 293; e Luiz Emygdio F. da Rosa Jr., ob. cit., p. 253.

10. Sendo assim, se o endossatário-mandatário realmente pode praticar os atos, para os quais se encontra legitimado pelo endosso-mandato, e sob quais condições deve fazê-lo, são questões estranhas à sua disciplina legal. Esta particularidade, normalmente desconsiderada pelos estudiosos de títulos de crédito, não passou despercebida por Marc Grüniger, Bruno Hunziker e Gerhard Röth, ao argutamente anotarem que o objeto da disciplina legal sobre endosso-mandato é "regular o *relacionamento externo* entre endossante, endossatário-mandatário e devedor cambiário sob o ponto de vista da proteção à circulação. O que vale no *relacionamento interno* entre endossante e endossatário-mandatário – sobre se o último especialmente não está apenas autorizado a cobrar mas também obrigado a fazê-lo, se ele *pode* reendossar o título (de acordo com a lei ele *está autorizado*) etc. – não está regulado" nos preceitos sobre endosso-mandato (*Basler Kommentar zum Schweizerischen Privatrecht – Obligationenrecht II (art. 530-1186 OR)*, 2 Aufl. Helbing & Lichtenhahn, Basel, Genf, Munique, 2002, nota 4 ao art. 1.008, p. 1.894). E os civilistas suíços ainda enfatizam: "O endossatário-mandatário pode exercer todos os direitos decorrentes da letra de câmbio, contudo em nome do endossante. Se ele também precisa fazê-lo, respectivamente sob quais condições ele pode fazê-lo, é uma questão a ser regulada *internamente* entre

3. *Conceito*

À vista das considerações apresentadas no item precedente, percebe-se que, conquanto ilustrativo, não seria mais rigorosamente exato afirmar, como fazia a doutrina clássica, que "o endosso-mandato é um mandato escrito, formal e especial",[11] na medida em que o endosso-mandato (= ato unilateral) não é o mandato em si (= contrato), mas o instrumento de legitimação da pessoa designada pelo credor ao "exercício e conservação dos seus direitos cambiários, sem dispor deles", como advertiu Pontes de Miranda.[12] Neste sentido, o endosso-mandato é o registro, no título e para conhecimento de terceiros, que o endossatário está legitimado a praticar todos os atos necessários à cobrança, exceção feita àqueles expressamente restringidos no contexto do endosso ou que não se enquadrem dentro do mister próprio da cobrança.

Por isso, ao invés de confundi-lo com o próprio mandato (que apenas em via presuntiva se pode divisar na relação subjacente[13]), consideramos mais apropriado conceituá-lo como sendo a forma cartular pela qual o credor cambiário, sem transferir o título ou assumir qualquer garantia, legitima o endossatário-mandatário a exercer os direitos de cobrança, em seu nome e por sua conta.

O endosso-mandato, como se vê, é uma espécie de endosso-impróprio na qual o endossatário-mandatário atua sempre em nome e por conta do endossante-mandante, com as seguintes particularidades, adiante melhor esmiuçadas, a saber: (*i*) o endossante para cobrança não transfere o título nem garante o seu pagamento; (*ii*) com a aposição do endosso, o endossante não deixa de ser proprietário da cártula e não fica impedido de exercer os direitos cambiários;[14] (*iii*) o endossatário só poderá endossar novamente o título com a mesma qualidade com que o possui, sendo ineficaz o seu endosso pleno; (*iv*) ao endossatário-mandatário poderão ser opostas as exceções oponíveis ao endossante-mandante, e apenas estas; e (*v*) o mandato subjacente ao endosso-mandato não se extingue com a morte do endossante ou a sua superveniente incapacidade.

4. *Local e requisitos*

Os requisitos formais e subjetivos para a instituição do endosso-mandato são es-

ele e o endossante. No relacionamento *externo* pode ele, em todo o caso, com eficácia legal cobrar, protestar, acionar o devedor, como também reendossar a letra para fins de cobrança" (ob. cit., nota 3 ao art. 1.008, p. 1.894). Joaquín Garrigues também diferenciou as relações externas e as internas (*Curso de Derecho Mercantil*, t. III, Colômbia, Temis, 1987, p. 215).

11. José Maria Whitaker, ob. cit., n. 78, p. 147.

12. Pontes de Miranda, *Tratado de Direito Privado*, t. XXXIV, 3ª ed., 2ª tir., São Paulo, Ed. RT, 1984, § 3.890, p. 353. Para Luiz Emygdio F. da Rosa Jr., endosso-mandato é "a cláusula cambiária pela qual o endossante constitui o endossatário seu mandatário para a prática de todos os atos necessários ao recebimento da soma cambiária, e para tal lhe transfere o exercício de todos os direitos decorrentes do título" (ob. cit., p. 252).

13. Cf. Federico Martorano, *Titoli di Credito*, Milão, Giuffrè, 2002, p. 806. Giovanni Luigi Pellizzi e Giulio Partesotti fazem referência à opinião de Fiorentino, o qual também negou se pudesse divisar um mandato de cobrança no endosso-mandato, porquanto, em primeiro lugar, nem o poder de representação deriva sempre e necessariamente de um mandato, nem a este é sempre e necessariamente conexo aquele; em segundo lugar, o mandato é contrato e não poderia, por isso, ser posto em existência por meio de um ato unilateral como o endosso. Do mandato se poderia falar-se, apenas, com referência à relação interna entre endossante e endossatário, mas isto nem mesmo sempre porque a situação subjacente à procuração pode ter as mais variadas naturezas (*Commentario Breve alla Legislazione sulla Cambiale e sugli Assegno*, 2ª ed., Milão, CEDAM, 1995, nota 22-1, p. 72).

14. Pontes de Miranda, com precisão, anotou: "O endossante-mandante mantém o direito cambiário e pode exercê-lo, ainda que a letra de câmbio não esteja, materialmente, em seu poder; porque o endossatário só possui por ele. Em conseqüência disso, são admitidos os atos cambiários que praticar, inclusive o protesto e a apresentação para pagamento" (ob. cit., § 3.890, p. 357). Também neste sentido, v. Pedro Sampaio, *Letra de Câmbio e Nota Promissória Consoante a Lei Uniforme*, São Paulo, Saraiva, 1975, n. 180, p. 151.

sencialmente os mesmos do endosso translativo,[15] mas com certas particularidades em relação às pessoas legitimadas a instituí-lo, à época em que poderá ser lançado e, sobretudo, às suas expressões características (item 4.1, infra).

Assim é que o endosso-mandato poderá ser aposto no título pelo seu proprietário (tomador ou possuidor legitimado por uma série ininterrupta de endossos translativos) e, também, por quem o recebeu através de um endosso-caução (CC, art. 918; LU, art. 19) ou, até mesmo, por endosso-mandato (CC, art. 917, § 1º; LU, art. 18; e LCh, art. 26) – neste último caso, porém, valendo o novo endosso-mandato como substabelecimento.

Além disso, o endosso-mandato não sofre restrições temporais. Poderá ser lançado indistintamente antes ou depois do vencimento ou do protesto do título, e sempre gozará da mesma eficácia,[16] ao contrário do que sucede com o endosso translativo póstumo.

No mais, como qualquer declaração cartular, é preciso que o endossante seja agente capaz[17] e, também, que a sua assinatura e as expressões características do endosso-mandato sejam apostas no verso ou no anverso do próprio título; se lançadas fora do título, terceiros não terão como aferir a legitimidade do endossatário-mandatário do contexto do próprio documento e, portanto, o endosso será ineficaz, por não atendido o princípio da literalidade. Também o endosso parcial é vedado; não, porém, o endosso simultâneo ou conjunto.

4.1 Expressões características

Para que se possa cogitar do endosso-mandato é preciso que seja aposta no título alguma expressão apta a revelar a terceiros o propósito do endossante de legitimar o endossatário apenas à prática dos atos de cobrança, até mesmo para diferenciá-lo de outra espécie de endosso.[18] Lembre-se, ademais, que, em matéria de representação, a regra geral é a de que o representante é obrigado a provar às pessoas, com quem tratar em nome do representado, a sua qualidade e a extensão de seus poderes (CC, art. 118).

Em muitos casos, a própria lei fornece exemplos de cláusulas características de endosso-mandato (LU, art. 18; e LCh, art. 26), mas, segundo anotaram Georges Ripert e René Roblot, "il ne défend pas d'en imaginer d'autres".[19] Nesta linha, são características as seguintes cláusulas apostas com o endosso: "endosso-mandato", "endosso-procuração", "valor em cobrança", "para cobrança", "por mandato", "por minha conta", "para me ser pago", "valor para encai-

15. Não se aplicam ao endosso-mandato as regras próprias de mandato do art. 654, §§ 1º e 2º, do CC.

16. Escrevendo na vigência da Lei Saraiva, Magarinos Torres assinalava que "o endosso procuratório, ao contrário do translativo, não depende, em sua natureza, de ser feito antes ou depois do vencimento do título; e pode ser feito indefinidamente, ainda depois de prescrito o título (para cobrança deste), sem que jamais tal endosso possa induzir em responsabilidade civil o endossador" (*Nota Promissória*, 4ª ed., São Paulo, Saraiva, 1935, n. 98, nota 46-A, p. 143). No mesmo sentido, Giovanni Luigi Pellizzi e Giulio Partesotti, ob. cit., nota 24-11, p. 77; e Theophilo de Azeredo Santos, ob. cit., p. 41.

17. Para endossar é necessário ter capacidade de exercício, isto é, capacidade para praticar validamente atos da vida civil. Contudo, "para a legitimação cambial do possuidor de boa-fé é, pois, suficiente a regularidade formal da série de endossos não precisando ele preocupar-se nem com a capacidade real dos endossadores nem com a autenticidade de suas firmas" (João Eunápio Borges, *Títulos de Crédito*, 2ª ed., 5ª tir., Rio de Janeiro, Forense, 1975, n. 84, p. 77).

18. Cf. Lauro Muniz Barretto, *O Novo Direito do Cheque em Face da Convenção de Genebra*, 1º v., São Paulo, Leud, 1973, p. 170; e Pedro Sampaio, ob. cit., n. 176, p. 149. Theophilo de Azeredo Santos, a propósito, lembra que existiu na França, no passado e hoje não mais, a figura do endosso-mandato por presunção (entendido como tal o endosso que não reunisse certas declarações exigidas por lei, como data ou nome do endossatário), mas tal figura jamais foi prevista entre nós (ob. cit., pp. 36-38).

19. Georges Ripert e René Roblot, *Traité de Droit Commercial*, t. 2, 12ª ed., Paris, LGDJ, 1990, n. 2.052, p. 205.

xe", dentre outras.[20] A cláusula "valor em conta", por si só, não indica a existência de endosso-mandato.[21]

O endosso-mandato, como anota José Oliveira Ascensão, "não depende de fórmulas sacrais",[22] mas deverá resultar de cláusula expressa em termos claros e unívocos,[23] pois, do contrário, prevalecerá a presunção de que se trata de endosso translativo.[24] Assim os tribunais pátrios vêm reiteradamente decidindo.[25]

Portanto, se o endossante acidentalmente deixar de incluir a expressão típica de endosso-mandato, prevalecerá perante terceiros de boa-fé o ato aparente, como se fosse um efetivo endosso translativo, provido de todos os seus efeitos; mas, entre as partes, há de vigorar o negócio realmente desejado. Contudo, pode ainda suceder que a omissão do endossante na designação da natureza da declaração cambiária seja intencional e, já neste caso, estaremos perante um endosso-mandato encoberto, que será analisado noutra parte deste estudo (no item 9, infra).

4.2 Endosso-mandato em branco

O endosso considera-se em branco, lecionava João Eunápio Borges, quando "omite o nome do endossatário, podendo ser *totalmente* em branco quando reduzido à simples assinatura do endossador lançada

20. Não há necessidade de estas expressões serem lançadas de próprio punho pelo endossante; poderão ser inscritas por terceiro ou até mesmo podem vir impressas ou carimbadas no documento (cf. Magarinos Torres, ob. cit., n. 99, p. 143).

21. A cláusula "valor em conta" indica substancialmente a destinação a ser dada ao numerário, sem revelar a existência de endosso-mandato. Logo, o endosso feito apenas sob tal cláusula é endosso translativo. Este é o entendimento que, de há muito, prevalece entre nós (v., José Maria Whitaker, ob. cit., n. 79, p. 148, e Magarinos Torres, ob. cit., n. 88 *tris*, nota 41, pp. 124-128) e em outros países. Em França, p. ex., Michel Jeantin e Paul Le Cannu observaram que "les tribunaux admettent que la mention 'valeur en compte' n'est pas suffisante pour démontrer l'existence d'un endossement de procuration. Elle traduit, au contraire, un endossement translatif de propriété: telle est la position de la jurisprudence qui reproduit, sur ce point, la solution retenue en matière de chèque" (*Droit Commercial: Instruments de Paiement et de Crédit; Entreprises en Difficulté*, 5ª ed., Paris, Dalloz, 1999, n. 315, p. 200). Na Itália, outro não é o entendimento, segundo registra Antonio Pavone La Rosa: "Diversa dalla clausola 'per procura' è la clausola 'valore in conto', la quale non limita l'effetto traslativo della girata, ma serve soltanto a precisare che il rapporto sottostante è stato regolato mediante un'operazione di accreditamento dell'importo indicato nella cambiale: in tal senso, Portale, *Girata 'valeur en compte'* e *girata 'per procura'*, in *Bianca, Borsa*, 1979, I, p. 333 ss." (*La Cambiale*, 2ª ed., Milão, Giuffrè, 1994, n. 98, nota 69, p. 331).

22. José Oliveira Ascensão, *Direito Comercial*, v. III, Lisboa, AFDL, 1992, n. 59, p. 154.

23. "La limitazione di legittimazione deve risultare da una clausola espressa in termini chiari e univoci" (Giorgio Cian e Alberto Trabucchi, *Commentario Breve al Codice Civile*, 6ª ed., Pádua, CEDAM, 2002, p. 1.950). V. também José Maria Whitaker, ob. cit., n. 79, p. 148; Lauro Muniz Barretto, ob. cit., p. 171; Luiz Emygdio F. da Rosa Jr., ob. cit., p. 254; e Wilson de Souza Campos Batalha, *Títulos de Crédito: Doutrina e Jurisprudência*, Rio de Janeiro, Forense, 1989, n. 1.8.2.2.1, p. 111.

24. "Une mention non équivoque doit figurer sur le titre: à défaut la présomption d'endossement translatif jouera" (Michel Jeantin e Paul Le Cannu, ob. cit., n. 315, p. 200). No mesmo senso: "En l'absence de toute indication sur la nature de l'endossement, celui-ci est présumé translatif de propriété et un signataire antérieur peut se prévaloir de la situation apparente" (Nicolas Rontchevsky *et alli*, *Code de Commerce*, 101ª ed., Paris, Dalloz, 2006, nota 1 ao art. 511-9, p. 677). No relacionamento imediato entre endossante e endossatário, porém, é possível a discussão sobre a real natureza do endosso praticado (cf. Nicolas Rontchevsky, ob. cit., nota 1 ao art. 511-13, p. 681).

25. *V.g.*, "O endosso-mandato, por não se tratar de verdadeiro endosso, não se presume, devendo constar do título expressão adequada que revele a existência do mandato" (1º TACivSP, 3ª Câm., Ap. 282.446, Rel. Juiz Nelson Schiavi, v.u., j. 26.8.1981, *RT* 559/145). "Para que se verifique a constituição do mandato, é mister que, no endosso, destinado, precipuamente, à transmissão da propriedade do título, se insira, de maneira inequívoca, a cláusula de mandato" (*RF* 97/429). No mesmo sentido (expressão deve ser inequívoca): TARS, 1º Gr. Câm., EI 186.040.861, Rel. Juiz Waldemar Luiz de Freitas Filho, m.v., j. 24.1.1986, *JTARS* 68/153. Na mesma linha, ainda, *RT* 352/295 e *RTJ* 73/301.

no verso do título, ou *parcialmente* em branco quando, embora omitindo o nome do beneficiário, a declaração contiver, além da assinatura do endossador, uma expressão qualquer indicativa do endosso".[26]

Diante disso, e à vista das considerações apresentadas no item anterior, não há dúvida de que o endosso-mandato não poderá ser totalmente em branco, pois, sem a sua expressão característica, será reputado endosso translativo perante terceiros.

Cabe indagar, no entanto, se poderia ser parcialmente em branco. Vale dizer, admite-se o endosso mandato que, contando com a assinatura do endossante e a sua expressão característica, deixe de enunciar o nome do endossatário? A questão é polêmica.

Para certos estudiosos, o endosso-mandato não poderia ser parcialmente em branco, pois isso equivaleria admitir a existência de mandato ao portador (CC, art. 654, § 1º). Luiz Emygdio F. da Rosa Jr., por exemplo, defende esta posição, ponderando que "o endosso-mandato deve, necessariamente, indicar a pessoa do endossatário (endosso em preto) porque, traduzindo verdadeiro mandato, rege-se pelos princípios do direito comum, que não admite procuração ao portador (CC/1916, art. 1.288, e CCom, art. 149). Além do mais, o 'mandatário está sujeito à prestação de contas', o que, evidentemente, é impossível, quando se trata de mandatário desconhecido. Se o título pode transferir-se de mão em mão, a quem iria pedir contas o endossante? Acresce que, sendo a confiança um dos elementos do mandato, por mais essa razão não se admite que seja formalizado mediante endosso em branco".[27]

Contudo, outros doutrinadores, aos quais nos filiamos, discordam desta visão e, portanto, admitem o endosso-mandato em branco. À guisa de simples exemplo, poder-se-ia invocar a lição de Antonio Pavone La Rosa, para quem "non diversamente da ogni altra girata, anche la girata per procura può essere stilata in bianco, ossia senza indicazione del nome del giratario. In tal caso legittimato all'esercizio dei diritti cartolari sarà il detentore materiale del documento o la persona il cui nome sia stato successivamente inserito nella girata in bianco (cf. Angeloni, ob. e loc. cits.)".[28]

Realmente, o endosso-mandato sem a indicação do endossatário não importa em admitir um mandato ao portador, precisamente porque, segundo explicado (no item 2 do presente estudo), o endosso-mandato (ato unilateral) não é o mandato em si; não se confunde com o próprio mandato (contrato). De modo que as relações internas entre mandante e mandatário regem-se pelas regras próprias de direito comum do negócio subjacente e, portanto, será com base nelas que o endossante saberá de quem pedir contas e tornar efetiva as responsabilidades, inclusive pela eventual substituição não-consentida na execução das tarefas. De mais a mais, se no direito comum privado o mandato pode ser verbal e até mesmo tácito (CC, art. 656)[29] e, se nestas situações, também a confiança e o dever de prestar contas continuam a existir, não se vê óbice algum à aceitação do endosso-

26. João Eunápio Borges, ob. cit., n. 81, p. 75. No mesmo senso, Pedro Sampaio, ob. cit., n. 161, p. 139.

27. Luiz Emygdio F. da Rosa Jr., ob. cit., p. 254.

28. Antonio Pavone La Rosa, ob. cit., n. 98, nota 69, p. 330. No mesmo sentido (endosso-mandato pode ser em branco ou em preto), Giovanni Luigi Pellizzi e Giulio Partesotti, ob. cit., nota 22-4, p. 73; Guido Uberto Tedeschi, *L'Assegno e la Cambiale*, Turim, UTET, n. 37, p. 86; e José Maria Whitaker, ob. cit., n. 248, p. 148.

29. Com efeito, a outorga de poderes pode resultar da simples tolerância consciente do mandante para com a prática de atos de representação pelo mandatário perante terceiros – dando ensejo ao que na doutrina alemã se denomina de mandato tolerado (*Duldungsvollmacht*), que nada mais é do que uma espécie de mandato tácito (CC, art. 656). Sobre este interessante tema, pouco versado na doutrina pátria (ao menos sob a ótica dogmática correta), recomenda-se a leitura do excelente ensaio de Fábio Konder Comparato ("Aparência de representação: a insustentabilidade de uma teoria", *RDM* 111/39-44).

mandato em branco. Neste caso, legitimar-se-á ao exercício dos direitos cartulares quem estiver de posse do título e com ele se apresentar para exercer os atos de cobrança, sempre em nome e por conta do endossante. É claro que há o risco de extravio ou do verdadeiro mandatário fazer-se substituir no exercício da tarefa, sem o consentimento do mandante. Mas tais riscos não são de molde a impedir o endosso-mandato e os eventuais desvios haverão de ser solucionados pelas regras de direito comum. Além disso, o endossante não está obrigado a lançar endosso-mandato em branco (embora possa ter interesse em fazê-lo, notadamente quanto atribuir a tarefa de cobrança a uma agência de cobradores), de tal modo que, em última análise, a escolha é sua e, caso enfrente problemas, deve arcar com as correlatas conseqüências.

4.3 Endosso-mandato simultâneo

Da mesma forma como admitimos o endosso-mandato em branco, também consideramos perfeitamente admissível o endosso-mandato simultâneo, quando o endossante-mandante designar dois ou mais endossatários. Também neste caso, legitimar-se-á à prática dos atos de cobrança quem estiver de posse do título e tiver nele o seu nome inscrito.[30]

5. Atuação e poderes no endosso-mandato

Até este ponto, colocamos em realce as características do endosso-mandato, o objeto de sua particular disciplina e os requisitos exigidos para a sua instituição. Agora, apreciaremos a forma de atuação do endossatário-mandatário perante terceiros e os poderes para os quais se encontra legitimado, destacando-os com maior vagar nos itens seguintes.

5.1 Forma de atuação e exceções oponíveis ao endossatário-mandatário

Consoante realçado por várias vezes, o endosso-mandato constitui espécie de endosso impróprio. O endossatário-mandatário, por isso, não é titular dos direitos cartulares, exercidos sempre em nome e por conta do endossante-mandante (CC, art. 653); não age nem pode agir, em juízo e fora dele, em nome próprio.[31]

Segue-se daí, em primeiro lugar, que, com a aposição do endosso-mandato, o próprio endossante-mandante não fica inibido de agir, pois conserva a titularidade dos direitos e a legitimidade primária, de tal modo que pode praticar atos para os quais não se exija a posse direta da cártula. "O endossante-mandante" - advertia Pontes de Miranda - "mantém o direito cambiário e pode exercê-lo, ainda que a letra de câmbio não esteja, materialmente, em seu poder; porque o endossatário só possui por ele. Em conseqüência disso, são admitidos os atos cambiários que praticar".[32]

Além disso, e em segundo lugar, porque o endossatário-mandatário não é o titular dos direitos, e apenas os exerce em nome e por conta do endossante-mandante, segue-se que só lhe podem ser opostas as exceções oponíveis ao endossante-mandante.[33] Por conseqüência, não pode o de-

30. Neste sentido, Magarinos Torres, ob. cit., n. 104, nota 50, p. 150.

31. Werter R. Faria lembra que "a concessão do poder de realizar o crédito cambiário não significa que o endossatário por procuração possa fazê-lo em nome próprio. Ele deve atuar em nome do mandante" (*Ações Cambiárias*, Rio Grande do Sul, Sergio Antonio Fabris Editor, 1987, n. 22, p. 40). No mesmo sentido, Christian Gavalda e Jean Stoufflet, *Droit Commercial*, v. 2: *Chèques et Effets de Commerce*, Paris, PUF, 1978, n. 128, p. 158; João Eunápio Borges, ob. cit., n. 88, p. 78; Lauro Muniz Barretto, ob. cit., p. 179; Luiz Emygdio F. da Rosa Jr., ob. cit., p. 259; e Pontes de Miranda, ob. cit., § 3.890, p. 355.

32. Pontes de Miranda, ob. cit., § 3.890, p. 357. No mesmo sentido, José Maria Whitaker, ob. cit., n. 78, p. 147; Pedro Sampaio, ob. cit., n. 180, p. 151; e Federico Martorano, *Titoli di Credito*, cit., p. 810.

33. Nas palavras de Gastone Cottino, "il giratario acquista i diritti *ex titulo utendo juribus* del girante-mandante, e quindi esponendosi alle

vedor pretender invocar as exceções pessoais que poderia ter contra o endossatário-mandatário.[34] As modernas leis sobre títulos de crédito colocam esta particularidade em expressa evidência (CC, art. 917; LU, art. 18, 2ª parte; e LCh, art. 26, 2ª parte), mas, como bem observou Fran Martins, mesmo à falta de regra expressa outra não poderia ser a conclusão, já que o endossatário-mandatário age em nome e por conta do endossante-mandante.[35]

5.2 Poderes legitimados pelo endosso-mandato[36]

A cláusula constitutiva de endosso-mandato, lançada no título, legitima o endossatário-mandatário à prática dos atos de cobrança em nome do endossante-mandante. Se não houver delimitação no contexto do endosso, dar-se-á a legitimação para a prática de todos os atos relacionados à cobrança e à conservação dos direitos cartulares, mesmo para aqueles atos em relação aos quais, de outra forma, se exigiriam poderes específicos, por não se incluírem no âmbito de um mandato em termos gerais (CC, art. 661).[37]

Portanto, a mera aposição da cláusula de endosso-mandato, sem restrições, legitima o endossatário-mandatário a praticar um número muito grande de atos – tais como: (*i*) apresentar o título ao devedor para aceite e pagamento; (*ii*) protestar o título por falta de aceite ou pagamento (em que pese a isolada opinião contrária de Rubens Requião[38]); (*iii*) receber e dar quitação àquele que efetuar o pagamento, entregando-lhe o título; (*iv*) praticar os atos de preservação do direito cartular (como tirar protesto necessário e promover o protesto interruptivo de prescrição);[39] (*v*) reivindicar o título de quem injustamente o possua; (*vi*) propor ação de anulação e substituição de título extraviado (Lei Saraiva, art. 36) ou danificado; e (*vii*) ajuizar as ações próprias para o recebimento da prestação cambiária (ações de cobrança, ação monitória, execução, pedido de falência etc.) e habilitar o crédito na falência ou na recuperação de devedor cambiário, "não havendo necessidade que constem da cláusula poderes para

eccezioni (e solo ad esse: art. 22 cpv. l.c.; Cass., 13 marzo 1970, n. 640, in *Giur. it.*, 1970, I, 1, 1.016) che si potrebbero opporre nei di lui confronti" (*Diritto Commerciale*, v. 2, t. I, 2ª ed., Pádua, CEDAM, 1992, n. 80, p. 312). Confira-se, também, Federico Martorano, *Titoli di Credito*, cit., p. 810; e Giovanni Luigi Pellizzi e Giulio Partesotti, ob. cit., nota 22-10, pp. 73-74.

34. Neste sentido, "No endosso-mandato, o emitente de nota promissória pode invocar contra o endossatário as exceções oponíveis ao endossante" (STJ, 4ª T., REsp 50.633-PE, Rel. Ministro César Asfor Rocha, v.u., j. 3.9.1996, *DJU* 7.10.1996, *RT* 736/163 e *RDR* 7/287).

35. Lembra Fran Martins que a Lei Uniforme atualmente dispõe "que 'os coobrigados, neste caso, só podem invocar contra o portador as exceções que eram oponíveis ao endossante' (art. 18, 2ª al.), norma que não constava expressamente da lei brasileira, mas que estava incluída na teoria geral do mandato, como confirma a doutrina" (*Títulos de Crédito*, cit., v. I, n. 41, p. 169).

36. Pelos motivos anteriormente explicitados (nos itens 2 e 3, supra), reputamos mais correto falar em "poderes legitimados", ao invés de "poderes conferidos", pois o endosso-mandato refere-se ao relacionamento externo. O que realmente foi conferido, sob quais condições e com que extensão, são sempre questões atinentes ao relacionamento interno estabelecido entre mandante e mandatário, as quais não podem ser solucionadas pelo endosso-mandato.

37. Para João Eunápio Borges, "a expressão *todos os poderes* é ampla e ilimitada e, ao contrário do simples mandato geral, o que resulta do endosso-mandato habilita o endossatário a praticar em nome do mandante mesmo aqueles atos que, normalmente, exigem poderes especiais. Não há restrição além da que constar expressamente do endosso-mandato" (ob. cit., n. 89, pp. 78-79).

38. Rubens Requião entendia que o endossatário-mandatário, "para protestar o título, deve ser investido de poderes especiais" (*Curso de Direito Comercial*, 2º v., 13ª ed., São Paulo, Saraiva, 1984, n. 555, p. 342). Trata-se de opinião isolada na doutrina. O endossatário-mandatário está legitimado a protestar o título e, em muitos casos, se deixar de fazê-lo e o endossante-mandante sofrer prejuízos, surgirá a sua responsabilidade civil, salvo se, de acordo com as regras próprias do relacionamento interno de mandato, não estava ele obrigado a tirar o protesto.

39. Cf. Giovanni Luigi Pellizzi e Giulio Partesotti, ob. cit., nota 22-5, p. 73.

o foro em geral, para que o endossatário possa constituir advogado para propor ação", segundo bem lembrou Luiz Emygdio F. da Rosa Jr.[40]

As únicas restrições eficazes serão aquelas expressamente referidas no título. O endossante pode, pois, através de restrições apostas na cláusula de endosso, limitar a atuação do endossatário à fase extrajudicial, impedir o protesto, excluir a propositura de certas ações, e assim sucessivamente.[41] "No restringir os poderes", anotou Pontes de Miranda, "o endossante pode ir ao extremo de só os conferir para cobrança, ou para se receber a soma devida, ou para os atos conservativos, ou para determinada apresentação".[42]

A possibilidade de restringir a legitimação para certos atos de cobrança vem, atualmente, claramente prevista no Código Civil (art. 917, *in fine*), mas, mesmo frente à disciplina da Lei Uniforme (art. 18), não vemos razão plausível para imaginar que isso não fosse possível. De toda forma, se no passado havia alguma margem para dúvida, cremos que agora, à vista da aplicação supletiva da disciplina codificada a todas as leis especiais sobre títulos de crédito (CC, art. 903), as divergências não mais têm qualquer razão de ser.

5.2.1 Propositura de ações e execuções

O endossatário-mandatário, pelo especial endosso, está legitimado a propor ações e execuções, independentemente de qualquer menção ou autorização especial do endossante-mandante.[43] Contudo, só pode fazê-lo em nome do endossante-mandante,[44] já que os diversos preceitos legais reguladores do endosso-mandato não lhe atribuíram legitimidade para agir como substituto processual do credor, pleiteando direito alheio em nome próprio (CPC, art. 6º). Nos tribunais, não há divergência.[45]

40. Luiz Emygdio F. da Rosa Jr., ob. cit., p. 255.

41. Em tal senso, decidiu-se que a cláusula "cobrança simples" não legitima à propositura de medida judicial: "Se o endosso-mandato é dado para cobrança simples, não tem o endossatário – que é simples procurador do endossante – poderes para executar o sacado" (TAMG, 1ª CC., Ap. 19.222, Rel. Juiz Bady Curi, v.u., j. 18.11.1981, *RT* 562/214). Lê-se ainda no julgado: "Quem recebe mandato para proceder apenas a 'cobrança simples' não pode passar disto, não pode executar, pois execução não é 'cobrança simples'".

42. Pontes de Miranda, ob. cit., § 3.890, pp. 353-354. No mesmo sentido, Luiz Emygdio F. da Rosa Jr., ob. cit., p. 259; e Pedro Sampaio, ob. cit., n. 179, p. 151. Em sentido contrário, porém, posicionou-se Rubens Requião: "Tem-se indagado se é válida, ou não, qualquer restrição aos poderes do procurador assim investido (...). Não vemos compatibilidade de restrições aos poderes do mandato e à própria natureza do endosso. Se o endosso deve ser *puro e simples*, o mandato nele inserido deve ser também puro e simples, não admitindo cláusula restritiva, que ensejaria ao terceiro interpretá-la, o que não é consentâneo com a transmissibilidade rápida da cambial" (ob. cit., n. 555, p. 342).

43. O endossatário-mandatário pode agir em juízo; se deve e sob quais condições deve fazê-lo, são questões reguladas pela relação subjacente. No silêncio, todavia, entende-se que o endossatário-mandatário apenas está obrigado somente a tomar os atos de preservação de direito (lavrar o protesto *necessário* e promover a interrupção da prescrição), mas não a agir em juízo (v., Giovanni Luigi Pellizzi e Giulio Partesotti, ob. cit., nota 22-6, p. 22).

44. Trata-se de lição corrente: Cândido Rangel Dinamarco, *Instituições de Direito Processual Civil*, v. IV, 2ª ed., São Paulo, Malheiros Editores, 2005, n. 1.494, p. 264; J. X. Carvalho de Mendonça, ob. cit., n. 703, p. 291; Pontes de Miranda, ob. cit., § 3.890, p. 354; José Maria Whitaker, ob. cit., n. 78, p. 147, e n. 81, p. 149; Luiz Emygdio F. da Rosa Jr., ob. cit., p. 259; Magarinos Torres, ob. cit., n. 100, p. 147; Marc Grüniger, Bruno Hunziker e Gerhard Röth, ob. cit., nota 8 ao art. 1.008, p. 1.894; e Theophilo de Azeredo Santos, ob. cit., p. 42.

45. Assim: "O endosso-mandato não transfere a propriedade do título ao endossatário, sendo, pois, este parte ilegítima para estar em juízo como autor ou réu, vez que é simples procurador do endossante" (*RTJ* 94/765). "Em nota promissória, o endosso-procuração habilita o endossatário a acionar em nome do endossador" (*RF* 156/279). "Tratando-se de endosso-mandato a ação de cobrança deve ser ajuizada em nome do mandante e não do mandatário" (*RT* 291/736). V., ainda, *RT* 232/212, 244/524, 267/669 e 269/359. Em sentido contrário, a seguinte decisão isolada: "O endosso-mandato confere, pela lei cambial uniforme, ao mandatário a con-

Dentre as ações, cuja propositura torna-se legitimada pelo endosso-mandato, incluem-se as execuções fundadas em título extrajudicial, as ações de cobrança e as ações monitórias; não, porém, as ações causais.

5.2.2 Pedidos de falência
e habilitação de crédito

Ainda pelo endosso-mandato, o endossatário-mandatário resta legitimado a requerer a falência do devedor, bem como a habilitar o crédito do endossante em falência ou recuperação judicial, independentemente da outorga de poderes especiais.[46] Só não poderá fazê-lo em nome próprio.[47]

5.2.3 Ação de anulação e substituição
de título extraviado

Por fim, o endossatário-mandatário também fica legitimado a propor ação de anulação e substituição de título extraviado, mas apenas em nome do endossante-mandante, pois também aqui não poderá fazê-lo em nome próprio.[48]

dição de substituto processual do endossante-mandante" (*RT* 502/217).

46. Neste sentido, José da Silva Pacheco, *Processo de Falência e Concordata*, 5ª ed., Rio de Janeiro, Forense, 1988, n. 446, p. 359; Luiz Emygdio F. da Rosa Jr., ob. cit., p. 259; Magarinos Torres, ob. cit., n. 77, nota 47, p. 147; Pedro Sampaio, ob. cit., n. 178, p. 150; Pontes de Miranda, ob. cit., p. 358; e Waldemar Martins Ferreira, *Manual do Comerciante*, 2ª ed., São Paulo, Monteiro Lobato, 1923, p. 129.

47. "O endossatário procurador não se pode habilitar, na falência, em seu próprio nome, mas no do endossante" (*RT* 106/295).

48. Neste sentido: "Comercial. Duplicatas. Ação de anulação. Ilegitimidade *ad causam*. O art. 36 do Decreto n. 2.044, de 1908, não legitima aquele que tinha o título sob sua guarda, mediante endosso-mandato, a propor a ação de anulação em caso de extravio; é do proprietário a titularidade dessa ação" (STJ, 3ª T., REsp 55.655-PA, Rel. Ministro Ari Pargendler, v.u., j. 17.6.1998, *DJU* 2.8.1999, p. 182). Ainda: TAPR, 2ª CC., Ap. 298/85, Rel. Juiz Franco de Carvalho, v.u., j. 20.8.1985, *RT* 605/177.

*5.3 Atos não legitimados
pelo endosso-mandato*

O endosso-mandato legitima o endossatário-mandatário a exercer todos os atos de cobrança (mesmo aqueles para os quais, de outra forma, seria necessária a outorga de poderes especiais), exceção feita às restrições expressamente inseridas no contexto do próprio endosso. Dentro do objeto da cobrança, todos os atos estão legitimados.

Contudo, a prática de quaisquer outros atos *estranhos* à tarefa de cobrança (fora de seu objeto) não resta autorizada pelo endosso-mandato. Assim, o endossatário-mandatário não pode, sem ter poderes específicos, praticar atos de "renúncia, alienação, oneração, transação, novação, concessão de abatimento, prorrogação do prazo de vencimento do título e cancelamento da assinatura", como lembra Luiz Emygdio F. da Rosa Jr.[49] Se os praticar, sem ter poderes, a solução não pode ser outra senão a de que tais atos serão considerados ineficazes perante o endossante (CC, art. 662), sem prejuízo da responsabilidade do endossatário por perdas e danos, notadamente quando executar atos materiais irreversíveis (como a riscadura de assinatura, quitação e entrega de título contra o recebimento de soma inferior à devida etc.).

6. Endosso do endossatário-mandatário

Além de exercer os atos de cobrança, poderia o endossatário-mandatário endossar novamente o título a terceiro? E com qual extensão? Somente poderia lançar novo endosso-mandato ou também estaria autorizado a endossar o título de forma plena, transferindo-o a terceiro? Eis as questões que aqui se colocam.

Frente à revogada Lei Saraiva (Decreto n. 2.044, de 31 de dezembro de 1908),

49. Luiz Emygdio F. da Rosa Jr., ob. cit., p. 255. Em sentido contrário, José Maria Whitaker, ob. cit., n. 80, pp. 148-149.

que regulava o endosso-mandato de forma muito lacônica (item 2, supra), discutiu-se vivamente se o endossatário-mandatário poderia endossar o título novamente de forma plena ou apenas como endossatário-mandatário. Como não havia restrição legal expressa, o entendimento majoritário na doutrina de então era no sentido de que o endossatário poderia endossar o título de forma plena, transferindo a sua propriedade e obrigando cambiariamente o endossante-mandante.[50] Contudo, mesmo naquela época, autores de peso insurgiram-se contra esta orientação. João Eunápio Borges, com razão, observava à época que o endosso-mandato autoriza o endossatário a praticar todos os atos para o recebimento do título, mas não para "obrigar cambialmente o mandante. Dir-se-á que a lei não distingue e confere todos os poderes. Mas poderia o endossatário-procurador, armado de todos os poderes assumir obrigações outras em nome do mandante, alienar-lhe os bens e praticar outros atos para os quais se exigem poderes especiais? (...) O entendimento literal daquela expressão conduziria ao absurdo de autorizar o procurador não apenas a reendossar o título, mas até a agravar ainda mais a situação do endossador-mandante, tornando-se, em nome deste, avalista do aceitante, por exemplo. Ou cousa pior, se possível".[51]

Felizmente, as leis mais modernas sobre títulos de crédito cuidaram de regrar o tema de forma exaustiva, evidenciando que o endossatário-mandatário só pode endossar o título novamente na condição de procurador (CC, art. 917, § 1º; LU, art. 18; e LCh, art. 26). Trata-se de solução lógica, pois, se o endosso-mandato não transfere a propriedade do título ao endossatário-mandatário e apenas lhe confere legitimação contida (para o exercício e não para a disposição de direitos cartulares), não se haveria de admitir que ele pudesse atribuir a um terceiro a legitimação plena, transferindo algo que não possui.[52]

Assim, pode o endossatário-mandatário lançar novo endosso-mandato. Mas, neste caso, o novo endossatário-mandatário não será procurador do primeiro endossatário-mandatário, já que também deverá agir em nome e por conta do endossante-mandante. O novo endosso do endossatário-mandatário equivalerá, pois, a um substabelecimento.

No entanto, também neste ponto, definir se o endossatário-mandatário deveria ou não substabelecer é questão estranha ao próprio endosso-mandato, pois depende da averiguação do que foi convencionado extracartularmente pelas partes; no plano externo, todavia, o endossatário em princípio estará legitimado a substabelecer, salvo restrição expressa inserida no contexto da própria declaração cartular.

6.1 Endosso sem especificação

O endossatário-mandatário só pode endossar o título novamente na condição de procurador. Daí porque, segundo o entendimento majoritário, se o endossatário lançar no título endosso sem especificação de sua natureza, o ato não será inválido, mas terá apenas a eficácia de (outro) endosso-mandato.[53] Como lembra Newton De Lucca, "o endossatário de um endosso impróprio não poderá, de fato, pretender transferir o título para outro, podendo fazê-lo ape-

50. Sobre a discussão existente frente à lei cambial revogada, v., Theophilo de Azeredo Santos, ob. cit., pp. 38-41; e Waldirio Bulgarelli, ob. cit., p. 155.

51. João Eunápio Borges, ob. cit., n. 89, pp. 78-79.

52. Ou ainda, nas palavras de Federico Martorano, "essendo il beneficiario titolare di una legittimazione 'derivata', è precluso allo stesso di attribuire ad altri la legittimazione 'piena o primaria', essendogli solo consentito di delegare il potere di riscossione a lui conferito attraverso una successiva girata di identico tenore" ("Titoli di credito", in *Enciclopedia del Diritto*, v. XLIV, Milão, Giuffrè, pp. 617-618).

53. Cf. Georges Ripert e René Roblot, ob. cit., n. 2.054, p. 206; Giorgio Cian e Alberto Trabucchi, ob. cit., p. 1.950; e Marc Grüniger, Bruno Hunziker e Gerhard Röth, ob. cit., nota 6 ao art. 1.008, p. 1.894.

nas por endosso-mandato: se, por acaso, o fizer com um endosso sem limitação (endosso próprio), este somente terá a eficácia de um endosso-mandato".[54] Em sentido diverso, porém, há quem entenda que o endosso pleno lançado pelo endossatário-mandatário seria inerruptivo da cadeia regular de endossos.[55]

6.2 Responsabilidade do endossatário-mandatário

Se o substabelecimento tiver sido expressamente proibido no contexto do título, o endosso-mandato lançado pelo endossatário-mandatário não terá eficácia[56] e a própria cadeia de endossos de legitimação secundária estará irregular (CC, art. 911, parágrafo único). Porém, se uma tal proibição não existir, o endosso-mandato praticado será eficaz perante terceiros e o novo endossatário estará, *ipso facto*, legitimado a praticar os atos de cobrança em nome e por conta do endossante-mandante, sendo que, em semelhante caso, a responsabilidade do primeiro endossatário-mandatário frente ao endossante-mandante dependerá do que foi convencionado entre as partes no âmbito do relacionamento interno.

Assim, se, malgrado a ausência de restrição cartular, o substabelecimento tiver sido proibido no âmbito das relações subjacentes e, apesar disso, o endossatário-mandatário se fizer substituir na execução do encargo, "responderá ao seu constituinte pelos prejuízos ocorridos sob a gerência do substituto, embora provenientes de caso fortuito, salvo provando que o caso teria sobrevindo, ainda que não tivesse havido substabelecimento" (CC, art. 667, § 1º). Por outro lado, se o substabelecimento tiver sido autorizado, o endossatário-mandatário responderá apenas pela idoneidade da pessoa substituída, se a escolha do substabelecido tiver sido sua (e não do próprio endossante-mandante), bem como pelas instruções passadas ao substabelecido: "Havendo poderes de substabelecer, só serão imputáveis ao mandatário os danos causados pelo substabelecido, se tiver agido com culpa na escolha deste ou nas instruções dadas a ele" (CC, art. 667, § 2º). Por fim, se o substabelecimento não tiver sido vedado, o endossatário-mandatário será responsável se o substabelecido proceder culposamente (CC, art. 667, § 3º).

6.3 Restrição de poderes em novo endosso-mandato

O art. 917, § 1º, do Código Civil contempla a possibilidade do endossatário-mandatário endossar novamente o título na qualidade de procurador "com os mesmos poderes que recebeu". Esta partícula final ("com os mesmos poderes que recebeu") não consta nem da Lei Uniforme (art. 18) nem da Lei do Cheque (art. 26).

Diante disso, pareceu a Fran Martins que, frente à disciplina do Código Civil, o endossatário-mandatário só poderia endossar com os mesmos poderes que recebeu, sem os restringir.[57] Contudo, não conside-

54. Newton De Lucca, *Comentários ao Novo Código Civil*, v. XII, Rio de Janeiro, Forense, 2003, p. 287.

55. Cf. Federico Martorano, *Titoli di Credito*, Milão, Giuffrè, 2002, p. 808 (anotando que "se il giratario per procura gira ulteriormente il titolo *tout court*, in pieno o in bianco, deve ritenersi interrotta la serie continua di girate, proprio perché carente del requisito della 'regolarità'").

56. O art. 667, § 3º, do Código Civil prevê ainda que "se a proibição de substabelecer constar da procuração, os atos praticados pelo substabelecido não obrigam o mandante, salvo ratificação expressa, que retroagirá à data do ato".

57. Analisando o Projeto de Código Civil, Fran Martins pronunciou-se da seguinte forma: "O dispositivo declara que o endossatário por procuração só pode reendossar o título 'com os mesmos poderes que recebeu'. Acreditamos, com Paulo Lacerda (ob. cit., n. 81) que o endossatário por procuração não pode limitar no novo endosso os poderes que recebeu do endossante. Sugerimos, dentro desse ponto-de-vista, que seja suprimida no § 1º do art. 963 a locução 'com os mesmos poderes que recebeu do endossante'" ("Os títulos de crédito no Projeto de Código Civil", *RDM* 17/132).

ramos ser essa a interpretação correta. De fato, nada impede que o endossatário-mandatário venha a limitar os poderes;[58] apenas não poderá pretender legitimar o terceiro a praticar atos para os quais ele próprio não estava legitimado. Em todo caso, as restrições haverão de constar expressamente no contexto do próprio endosso-mandato, a fim de serem eficazes perante terceiros.

7. *Direitos, deveres e responsabilidades no endosso-mandato*

Em várias passagens deste estudo (especialmente no item 2, supra), frisamos que as regras sobre endosso-mandato regulam essencialmente o relacionamento externo entre endossante, endossatário e terceiros, sob o ponto de vista da proteção à circulação, e, por isso, as relações internas estabelecidas entre endossante e endossatário são regidas pelas regras de direito comum, próprias do negócio subjacente.[59] Normalmente, esse negócio subjacente será de simples mandato, de modo que os direitos e deveres das partes serão regidos pelo que foi entre elas convencionado e pelas regras específicas do contrato de mandato (CC, arts. 652 a 692).[60] Além disso, se houver relação de consumo, também serão aplicáveis no âmbito interno as disposições do Código de Defesa do Consumidor.

Nos itens seguintes, realçaremos os direitos e os deveres, bem como as responsabilidades, do endossatário-mandatário e do endossante-mandante entre si e perante terceiros, com a ressalva, porém, de que aqui estaremos tratando especificamente do relacionamento subjacente, e não propriamente das regras sobre endosso-mandato.

7.1 Direitos do endossatário-mandatário

O mandato porventura subjacente ao endosso-mandato presume-se oneroso (CC, art. 658, 2ª parte), de modo que o endossatário-mandatário tem direito a receber a remuneração ajustada ou a que lhe for arbitrada (CC, arts. 658, parágrafo único, e 676) e deve ser ressarcido pelas despesas feitas com a cobrança do título (CC, art. 676), ainda que não tenha obtido sucesso, salvo se agiu com culpa. Para tanto, o endossatário-mandatário tem o direito de reter quanto baste do valor recebido, ou o próprio título, para pagamento de tudo que lhe for devido em conseqüência do mandato (CC, arts. 664 e 681). Além disso, o endossatário-mandatário deve ser ressarcido das perdas sofridas com a execução do mandato, sempre que não resultem de culpa sua ou de excesso de poderes (CC, art. 678).

7.2 Deveres e responsabilidade do endossatário perante o endossante-mandante

O endossatário-mandatário deve prestar contas dos atos praticados ao endossante-mandante[61] e transferir as vantagens

58. Neste sentido, Fernando Netto Boiteux, "A circulação dos títulos de crédito no novo Código Civil", *RAASP* 71/42; e Luiz Emygdio F. da Rosa Jr., ob. cit., p. 256.

59. "As relações entre o endossador-mandante e o endossatário-mandatário", já dizia J. X. Carvalho de Mendonça, "são reguladas pelos princípios de direito comum" (ob. cit., n. 703, p. 293). Neste sentido, António Pereira de Almeida, ob. cit., p. 210; Fábio O. Penna, *Da Duplicata*, São Paulo, José Bushatsky, 1954, n. 291, p. 290; Guido Uberto Tedeschi, ob. cit., n. 37, p. 86; Joaquín Garrigues, ob. cit., p. 215; Luiz Emygdio F. da Rosa Jr., ob. cit., p. 253; Magarinos Torres, ob. cit., n. 102, p. 147; Marc Grüniger, Bruno Hunziker e Gerhard Röth, ob. cit., nota 4 ao art. 1.008, p. 1.894; e Pontes de Miranda, ob. cit., § 3.890, p. 355.

60. Assim é que, p. ex., o mandato subjacente ao endosso-mandato poderá ser até mesmo irrevogável "quando se tiver convencionado que o seja, ou quando tiver sido dado em causa própria, ou ainda quando for condição implícita de contrato bilateral de que ele resulte, como se dá no caso de caução (Cód. Civ., art. 1.317, ns. I e II)" (José Maria Whitaker, ob. cit., n. 82, p. 151).

61. Cf. Magarinos Torres, ob. cit., n. 102, p. 147; Lauro Muniz Barretto, ob. cit., p. 180; e A. Ferrer Correia, *Lições de Direito Comercial*, Coimbra, Lex, 1994 (*reprint*), n. 54, p. 513.

provenientes de sua atuação (CC, art. 668). Não pode pretender compensar os prejuízos a que deu causa com os proveitos que, por outro lado, tenha granjeado ao mandante (CC, art. 669). E, se retiver indevidamente soma do mandante ou utilizar em proveito próprio dinheiro recebido para custear despesas, pagará juros desde o momento em que abusou (CC, art. 670).

Sobretudo, porém, o endossatário-mandatário "é obrigado a aplicar toda a sua diligência habitual na execução do mandato, e a indenizar qualquer prejuízo causado por culpa sua ou daquele a quem substabelecer, sem autorização, poderes que devia exercer pessoalmente" (CC, art. 667). Isso porque, como explica Luiz Emygdio F. da Rosa Jr., "aceito o mandato, o mandatário é obrigado a cumpri-lo segundo as ordens e instruções do mandante e deve empregar na sua execução a mesma diligência que qualquer comerciante probo costuma empregar na gerência dos seus próprios negócios".[62] Se, aceito o mandato (CC, art. 659), deixar de praticar algum ato e, com isso, ocasionar prejuízo ao endossante-mandante, ficará obrigado a reparar os danos causados.[63]

As hipóteses das quais se pode irradiar a responsabilidade contratual do endossatário-mandatário perante o endossante-mandante são as mais diversas, de modo que neste estudo nem haveria como esgotá-las. De toda forma, cabe indicar os casos de maior incidência nos tribunais pátrios.

Neste sentido, tem-se decidido, por exemplo, que o endossatário-mandatário responde civilmente se *deixar de diligenciar o protesto necessário* de título entregue em cobrança e, com isso, o endossante-mandante sofrer algum prejuízo.[64]

Da mesma forma, em caso de *extravio de título entregue em cobrança*, o endossatário-mandatário responde perante o endossante-mandante.[65] Nesta situação, já se decidiu, a nosso ver de modo equivocado, que o endossatário-mandatário estaria obrigado apenas a ressarcir os prejuízos e as despesas com a propositura da ação de anulação e substituição do título extraviado,[66] sem poder o mandante agir contra

62. Luiz Emygdio F. da Rosa Jr., ob. cit., p. 253. Sobre o tema, há parecer de Waldemar Ferreira ("Letra de câmbio: endosso para cobrança, mediante comissão; responsabilidade do endossatário", *RT* 51/78-84).

63. V., Nicolas Rontchevsky, ob. cit., nota 4 ao art. 511-13, p. 682.

64. Cf. Lauro Muniz Barretto, ob. cit., p. 180; e Vilson Rodrigues Alves, ob. cit., n. 21.3.1, nota 682, p. 182. Nesta linha: "Se o portador de um título transferiu-o mediante endosso-mandato e, além disso, deu ordens expressas para que ele fosse levado a protesto, caso não resgatado no seu vencimento, e assim não tendo procedido o banco endossatário, o que importou em perda de direito de regresso do endossante contra co-obrigado, responde dito endossatário pelos prejuízos decorrentes de sua omissão" (TJSP, 1ª CC., Ap. 71.872, Rel. Desembargador Eryx de Castro, v.u., j. 20.3.1956, *RT* 251/169).

65. Trata-se de entendimento de há muito firmado: "Responsabilidade civil. Cambial. Endosso em cobrança. Extravio. Negligência. Indenização. Ação procedente. É negligente o banco que não providencia as medidas necessárias para resguardar os direitos do seu cliente" (1º TACivSP, 2ª Câm., Ap. 247.929, Rel. Juiz Hélio Arruda, v.u., j. 23.8.1978, *RT* 522/128). "Extraviado o título de crédito depositado para custódia e administração por culpa do banco depositário, responde este pelo inadimplemento contratual, devendo reembolsar o credor na quantia correspondente ao valor da cártula corrigido monetariamente desde o seu vencimento" (1º TACivSP, 3ª Câm., Ap. 366.348, Rel. Juiz Alexandre Germano, v.u., j. 1.12.1986, *RT* 615/114). "O banco que recebe títulos em cobrança torna-se mandatário do credor, devendo ser diligente no cumprimento do mandato, objetivando a cobrança e o creditamento do valor na conta do mandante. Assim, extraviados os títulos e caracterizada a desídia do mandatário, é este responsável pela indenização dos danos causados" (1º TACivSP, 2ª Câm., Ap. 410.703-7, Rel. Juiz Sena Rebouças, v.u., j. 26.4.1989, *RT* 646/114).

66. Cf. TASP, 6ª Câm., Ap. 153.763, Rel. Juiz Paula Bueno, m.v., j. 18.3.1971, *RT* 427/167. Sobre o tema, Arnoldo Wald emitiu parecer no sentido de que "no caso de extravio do título, a responsabilidade do banco depende da prova, que o titular do direito deverá fazer, da existência de culpa ou dolo da instituição financeira, da relação de causalidade da ocorrência de dano efetivo" e, "além da prova da culpa do banco e da relação de causalidade, o autor da ação de perdas e danos (cliente de instituição financeira) deverá fazer a prova do dano que sofreu,

o mandatário antes de propor a referida ação.[67] Esta orientação, porém, não prosperou e, assim, tem-se entendido que o mandante não está obrigado a previamente propor a ação de anulação e substituição do título e, caso queira, pode agir diretamente contra o mandatário que falhou no cumprimento de seu dever.[68] A escolha da via a seguir, com efeito, é exclusiva do credor.[69]

Por fim, o mandatário também responde civilmente perante o mandante, se *liberar o título ao devedor sem exigir o seu pagamento.*[70]

Note-se, porém, que em todos esses casos a responsabilidade do endossante-mandante perante o endossatário-mandatário não é de natureza cambiária, mas de direito comum, fundada nas regras contratuais subjacentes.[71]

7.3 Responsabilidade do endossatário-mandatário perante terceiros

Em princípio, se o endossatário-mandatário atuar dentro dos limites dos poderes conferidos e se agir licitamente em nome e por conta do endossante-mandante, não assume responsabilidade contratual perante terceiros (CC, art. 663, 1ª parte).[72]

não se identificando o extravio do título com a perda do direito". E ainda concluiu: "descabe qualquer presunção fática ou legal que equipare o extravio do título à perda do direito, introduzindo, de modo indireto, o banco cobrador na relação cambial, para que pague o credor e se sub-rogue nos direitos do mesmo contra o devedor" ("Do regime legal da responsabilidade das instituições financeiras pelo extravio de títulos de crédito que lhes foram entregues para cobrança através de endosso-mandato", *RT* 718/64).

67. Cf. 1º TACivSP, 2ª CC., Ap. 242.870, Rel. Juiz Hélio Arruda, v.u., j. 19.4.1978, *JUTACivSP-Lex* 54/66; e 1º TACivSP, 4ª CC., Ap. 305.332, Rel. Juiz Rafael Granato, m.v., j. 23.3.1983, *JUTACivSP-Lex* 80/35.

68. Cf.: "Nota promissória. Extravio. Extraviando-se o título, por culpa de prepostos de estabelecimento bancário, a que entregue para cobrança, tem esse a obrigação de indenizar, não estando adstrito o beneficiário a ajuizar ação para anular e substituir a promissória. Efetuado o pagamento, sub-roga-se o banco nos direitos do credor" (STJ, 3ª T., REsp 2.337-SP, Rel. Ministro Eduardo Ribeiro, v.u., j. 14.5.1990, *DJU* 4.6.1990, p. 5.059). Na mesma linha: STJ, 4ª T., REsp 6.298-DF, Rel. Ministro Fontes de Alencar, m.v., j. 26.4.1994, *DJU* 27.6.1994, p. 16.981, *RT* 707/156; STJ, 3ª T., REsp 22.687-SP, Rel. Ministro Waldemar Zveiter, v.u, j. 14.9.1992, *DJU* 3.11.1992, p. 19.763; STJ, 4ª T., REsp 27.036-SP, Rel. Ministro Sálvio de Figueiredo Teixeira, v.u., j. 6.6.1995, *DJU* 7.8.1995, p. 23.041; STJ, 4ª T., REsp 37.889-SP, Rel. Ministro Fontes de Alencar, v.u., j. 25.10.1993, *RSTJ* 55/255; STJ, 4ª T., REsp 54.568-SP, Rel. Ministro Barros Monteiro, v.u., j. 4.2.1997, *DJU* 17.3.1997, p. 7.505, *RT* 744/181; STJ, 4ª T., REsp 71.140-PR, Rel. Ministro Barros Monteiro, v.u., j. 16.9.1997, *DJU* 10.11.1997, p. 57.768, *JSTJ* 103/98; STJ, 3ª T., REsp 182.477-SP, Rel. Ministro Carlos Alberto Menezes Direito, v.u., j. 19.11.1999, *DJU* 7.2.2000, p. 155; STJ, 3ª T., REsp 238.016-SP, Rel. Ministro Carlos Alberto Menezes Direito, v.u., j. 15.9.2000, *DJU* 6.11.2000, p. 201; TJSP, 11ª CC., Ap. 198.917-2, Rel. Desembargador Itamar Gaino, v.u., j. 10.12.1992, *RJTJESP* 141/192; TJSP, 8ª CC., Ap. 71.065-1, Rel. Desembargador Arthur de Godoy, v.u., j. 13.8.1986, *RJTJESP* 105/137; TJSP, 5ª CC., Ap. 103.363-1, Rel. Desembargador Jorge Tannus, v.u., j. 23.2.1989, *RJTJESP* 119/157; dentre tantos outros.

69. Com razão, Vilson Rodrigues Alves ao registrar: "Acerca dessa questão há entendimentos de que, extraviado o título, não se justificaria impor ao banco o dever indenizatório, pois a seu titular cumpre a anulação, a pretexto de que a titularidade da cártula não se confunde com a titularidade do direito de crédito cartulado (...). A solução diversa, que confere ao cliente opção entre a ação para recuperação do título e a ação de indenização é a que se impõe" (ob. cit., n. 21.3.3.1, p. 186). E mais adiante acrescenta: "Se há opção, e ela existe, cabe ao titular o exercício da escolha por uma das alternativas que o sistema jurídico lhe faculta. Colocá-lo na obrigação do exercício de uma delas é infringir o inc. II do art. 5º da Constituição da República, segundo o qual ninguém está obrigado a fazer algo senão em virtude de lei" (ob. cit., n. 21.3.3.1, nota 712, p. 187).

70. Cf. "Banco. Títulos em cobrança. Entrega por equívoco ao devedor sem qualquer pagamento. Culpa. Indenização. Ação procedente" (TJSC, 2ª CC., Ap. 14.873, Rel. Desembargador Geraldo Gama Salles, v.u., j. 2.10.1981, *RT* 563/190).

71. Cf. J. X. Carvalho de Mendonça, ob. cit., n. 703, p. 293; e Pontes de Miranda, ob. cit., § 3.890, p. 355.

72. Jérôme Huet assinala que "à première vue, parce qu'il a pour vocation de s'effacer une fois la relation contractuelle établie par son intermédiaire, pour le compte du mandant, le mandataire n'est pas destiné à entretenir de rapports avec tiers. En par-

Na realidade, a responsabilidade do endossatário-mandatário perante terceiros será sempre de índole extracontratual e apenas surgirá se, concretamente, o interessado puder demonstrar o nexo de causa a efeito, direto e imediato, entre uma conduta culposa do próprio endossatário-mandatário e o dano sofrido (CC, art. 927).[73] Para tanto, porém, será de rigor que tanto o dano, como a conduta culposa e o nexo causal possam ser imputados diretamente ao endossatário-mandatário (ainda que em concurso com o endossante-mandante), e jamais apenas àquele que ele representa. As faltas do endossante-mandante não se comunicam ao endossatário-mandatário, de modo que, se não for viável imputar-lhe alguma conduta própria culpável (ainda que essa conduta resulte do próprio cumprimento de instruções passadas pelo endossante-mandante, quando essas forem de per si objetivamente ilícitas), não terá responsabilidade perante terceiros.

Nesta linha, o endossatário-mandatário responde diretamente perante terceiro caso venha a protestar o título em cobrança, apesar de ter recebido do devedor a soma devida[74] ou se ignorar a instrução do devedor para cessar a cobrança.[75] Contudo, em casos que tais, a responsabilidade do endossatário decorrerá sempre de *ato próprio*. Descaberia cogitar da sua responsabilidade, por exemplo, se o credor tivesse recebido o valor devido diretamente do devedor e deixasse de avisar o endossatário-mandatário para não prosseguir com o protesto da cártula.[76]

Na prática, porém, os parâmetros da responsabilidade civil do endossatário-mandatário têm sido freqüentemente desconsiderados. Por tal razão, tornaremos a apreciar essa questão com maior vagar, linhas adiante (no item 10.2, infra), quando estivermos tratando da eventual responsabilidade civil da instituição financeira que, antes de enviar o título para protesto, é advertida pelo devedor de que o mesmo não tem causa ou já foi pago.

7.4 Deveres do endossante-mandante perante o endossatário-mandatário

O endossante-mandante também assume deveres perante o endossatário-mandatário. Subjacente ao endosso-mandato, há um relacionamento presumidamente oneroso (CC, art. 658, 2ª parte), do qual derivam deveres expressos para o endossante-mandante, como os de ressarcir as despesas feitas pelo endossatário e pagar-lhe a retribuição devida ou a que for arbitrada (CC, arts. 658, parágafo único, e 676); adiantar a importância das despesas necessárias à execução do mandato (CC, art. 675); e ressarcir ao mandatário as perdas que este sofrer

ticulier, on s'accorde à penser qu'il'échappe à toute responsabilité pour les conséquences du contrat, auquel il reste en principe étranger" (*Traité De Droit Civil – Les Principaux Contrats Spéciaux*, Paris, LGDJ, 1996, n. 31.239, p. 1.047).

73. François Collart Dutilleul e Philippe Delebecque observam que "le mandataire est responsable personnellement envers les tiers des délits et quasi-délits qu'il peut commettre, soit spontanément, soit même sur les instructions du mandant, dans l'accomplissement de sa mission (Cass., Ch. Mixte, 26 mars 1971, *Bull. ch. Mixte*, n. 6, *Sem. jur.*, 1971.II.16762. V. aussi, Civ. 1re, 9 fév. 1949, *Bull. civ.*, I, n. 52; 28 janv. 1964, *Bul. civ.*, I, n. 51; Com., 9 mai 1985, *Bull. civ.*, IV, n. 143; Aix, 31 janv. 1978, *Bull. Aix*, n. 16)" (*Contrats Civils et Commerciaux*, Paris, Dalloz, 1991, n. 658, p. 444). V., ainda, Jérôme Huet, ob. cit., n. 31.240, p. 1.048.

74. Cf. STF, 2ª T., RE 98.592-GO, Rel. Ministro Aldir Passarinho, v.u., j. 2.12.1983, *DJU* 24.2.1984, *RT* 587/233; STJ, 3ª T., AG 604.533-MG-AgRg, Rel. Ministro Humberto Gomes de Barros, v.u., j. 19.5.2005, *DJU* 27.6.2005, p. 373; e TJSP, 2ª CC., Ap. 142.932-1/3, Rel. Desembargador Urbano Ruiz, v.u., j. 21.5.1991, *RT* 675/100.

75. Cf. TJSP, 6ª CC., Ap. 188.486-1, Rel. Desembargador P. Costa Manso, v.u., j. 1.7.1993, *RJTJESP* 146/118.

76. Analisado a situação, Yussef Said Cahali, com acuidade, observa que, "regra geral, feito o pagamento da dívida diretamente ao credor originário, ainda que levado a protesto o título pelo banco portador do mesmo, a pretensão indenizatória tem sido dirigida contra aquele, na consideração de que lhe cumpre dar conhecimento imediato do recebimento direto da dívida; não o fazendo na forma e a tempo

com a execução do mandato, sempre que não resultem de culpa sua ou de excesso de poderes (CC, art. 678).

7.5 Responsabilidade do endossante-mandante por atos do endossatário-mandatário

Para encerrar a análise das responsabilidades, cabe ainda mencionar que o endossante-mandante pode vir a responder pelos atos do endossatário-mandatário do qual resultem prejuízos a terceiro. Trata-se de hipótese de responsabilidade indireta ou complexa (CC, arts. 932, III, e 933), existente nos casos em que restarem provadas todas as condições de responsabilidade civil extracontratual do próprio endossatário-mandatário e, ainda, o liame de preposição entre este e o endossante-mandante.[77] Ressalve-se, uma vez mais, que aqui estamos tratando da relação subjacente.

Assim, por exemplo, se o endossatário-mandatário protestar o título, apesar da ordem do endossante-mandante para que não o fizesse porque o valor foi pago diretamente, ambos responderão pelos danos causados ao devedor.[78] O endossante-mandante poderá até mesmo responsabilizar regressivamente o endossatário-mandatário, mas, perante o terceiro, ambos responderão solidariamente (CC, art. 942, 2ª parte).[79]

8. Extinção do endosso-mandato

De início, convém esclarecer que, nesta parte do estudo, centraremos a nossa atenção na análise das causas extintivas do mandato porventura subjacente ao endosso, já que a extinção do endosso-mandato em si não apresenta maiores dificuldades.

De fato, assim como para a instituição do endosso-mandato exige-se a aposição expressa de cláusula característica no contexto do título, de igual modo, a sua extinção deve também nele ser registrada, sob pena de, em ambos os casos, a instituição e a extinção não serem oponíveis a terceiros

de evitar o protesto, responde pelos danos causados" (*Dano Moral*, 2ª ed., São Paulo, Ed. RT, 1998, n. 9.4, p. 371). Isto porque, segundo o mesmo civilista, "a responsabilidade é do mandante, que recebeu diretamente a dívida" (ob. cit., n. 9.4, p. 373).

77. François Collart Dutilleul e Philippe Delebecque lembram que, pelos atos do mandatário perante terceiros, será admissível cogitar da "responsabilité du mandant en sa qualité de commettant. Cela suppose bien sûr que toutes les conditions de la responsabilité delictuelle pour fait d'autrui soient réunies et spécialement que l'on prouve le lien de préposition entre le mandant et le mandataire" (ob. cit., n. 658, p. 444).

78. Confira-se: "Os fatos são induvidosos e admitidos por ambos os apelantes: o autor celebrou negócio com a ré do qual resultou a emissão de duplicata, no valor de Cr$ 45.879,82, que foi por esta transferida ao banco-denunciado, por endosso-mandato, para cobrança. No vencimento o autor procurou a ré e pagou sua dívida diretamente a ela. Mas, embora tenha ela solicitado ao banco a baixa do título, providência alguma foi tomada, disso resultando o protesto da cártula. Não há como ser elidida a responsabilidade da ré sob o fundamento de que o banco-denunciado não cumpriu, em tempo hábil, suas instruções. Transferindo o título por endosso-mandato é responsável, frente ao autor, pelo descumprimento de suas ordens pelo mandatário, que ligação alguma negocial mantinha com esse autor. Por outro lado, também é evidente a responsabilidade do denunciado, uma vez que não cumpriu, com a eficiência e a presteza necessárias, as ordens da ré-mandante, tudo como bem reconhecido pela respeitável sentença" (TJSP, 6ª CC., Ap. 188.786-1, Rel. Desembargador P. Costa Manso, v.u., j. 1.7.1993, *RJTJESP* 146/118).

79. Cf.: "Na linha da orientação deste Tribunal, no endosso-mandato, por não haver transferência da propriedade do título, o mandante é responsável pelos atos praticados por sua ordem pelo banco endossatário. Não há negar, ademais, a responsabilidade do endossante também por não ter sido eficiente em impedir que o banco encarregado da cobrança efetivasse o protesto da cártula, consoante os fatos registrados na sentença (...). Fica ressalvado, no entanto, o direito de regresso do endossante contra o endossatário, nos termos do art. 1.313 do Código Civil" (STJ, 4ª T., REsp 389.879-MG, Rel. Ministro Sálvio de Figueiredo Teixeira, v.u., j. 16.4.2002, *DJU* 2.9.2002). Noutro julgado, o mesmo tribunal admitiu a denunciação da lide pelo endossante ao endossatário, nos autos de ação proposta por terceiro prejudicado: "O endossatário-mandatário responde perante o endossante-mandante pelos atos que praticar no cumprimento do mandato, pertinente, portanto, a

de boa-fé, por força do princípio da literalidade. Daí porque, sob tal perspectiva, a extinção da cláusula de endosso-mandato em si resulta da prática de um dos seguintes atos cartulares: (*i*) cancelamento (ou riscadura) do endosso-mandato (CC, art. 910, § 3º); (*ii*) reendoso do título pelo endossatário-mandatário ao endossante-mandante, como forma especial de renúncia do mandato;[80] ou (*iii*) aposição de novo endosso, próprio ou impróprio, pelo endossante-mandante, que também se constitui em forma especial de revogação do mandato.[81]

Apreciaremos aqui, portanto, especialmente as causas de extinção do mandato subjacente ao endosso-mandato, causas essas que são as mesmas pelas quais se extingue o mandato pelo direito comum (CC, art. 682), porém com certas particularidades destinadas a tutelar as posições do credor, do devedor e de terceiros de boa-fé.

8.1 Morte ou incapacidade superveniente do endossante-mandante

A morte ou incapacidade superveniente do endossante-mandante não causa a extinção do mandato subjacente ao endosso (CC, art. 917, § 2º; LU, art. 18, 3ª al.;[82] e LCh, art. 26, parágrafo único). Há, neste ponto, o afastamento da regra geral sobre mandato (CC, art. 682, II),[83] inspirado por dois propósitos bastante louváveis.

Em primeiro lugar, quer-se, com isso, tutelar a posição de terceiros adquirentes e do próprio devedor, dando prevalência à aparência e tornado mais seguro, no interesse da circulação cartular, o pagamento realizado ao endossatário.[84] Isto porque, como destacou Rubens Requião, "se a morte e a incapacidade pusessem fim ao mandato, aconteceria freqüentemente que o sacado, tendo pago ao endossatário na ignorância de ter sido extinto o mandato, ficaria na obrigação de efetuar um segundo pagamento, não sendo liberatório o pagamento feito ao mandatário após a extinção do mandato".[85]

incidência do art. 70, III, do CPC, deferida corretamente a denunciação" (STJ, 3ª T., REsp 332.839-MG, Rel. Ministro Carlos Alberto Menezes Direito, v.u., j. 26.8.2002, *DJU* 25.11.2002, p. 229).

80. Cf. J. M. Othon Sidou, *Do Cheque*, 3ª ed., Rio de Janeiro, Forense, 1986, n. 84, p. 141.

81. Pontes de Miranda bem observou: "constitui revogação do endosso-procura o fato de endossar-se a outrem, por endosso próprio ou impróprio, o título antes endossado impropriamente" (ob. cit., p. 354).

82. O art. 18 da Lei Uniforme possui um manifesto erro de tradução, pois alude à subsistência do mandato em caso de morte do "endossatário", quando evidentemente pretendeu se referir ao "endossante" (cf. Rubens Requião, ob. cit., n. 555, p. 342). O erro não provém de uma tradução brasileira da Convenção de Genebra porque, como anotou Fran Martins, "não houve, na realidade, *tradução brasileira* da Lei Uniforme. O que foi feito, no nosso entender, foi simplesmente a juntada, ao Decreto n. 57.663, da tradução portuguesa, de Portugal, da Lei Uniforme, posta em vigor, naquele país, 'como Direito interno português', pelo Decreto n. 26.556, de 30.4.1936" ("A tradução da Lei Uniforme sobre Letras de Câmbio e Notas Promissórias", *RDM* 5/11). O erro de tradução, portanto, encontra-se na versão lusitana, da qual se aproveitou o legislador brasileiro, sem maiores preocupações.

83. António Pereira de Almeida argutamente observa que, neste ponto, houve realmente o afastamento da regra geral sobre a extinção de mandato, "afastamento esse que, aliás, já poderia resultar da parte final do art. 1.175 do Código Civil" (ob. cit., p. 211). A parte final do art. 1.175, do Código Civil português, corresponde ao art. 674, do nosso Código Civil, que prescreve: "Embora ciente da morte, interdição ou mudança de estado do mandante, deve o mandatário concluir o negócio já começado, se houver perigo na demora". Diante disso, seja à vista do art. 674 do Código Civil seja porque a regulamentação do endosso-mandato *exige* tratamento diferenciado, não julgamos procedente a crítica tecida por Wille Duarte Costa, para quem existiria uma "contradição" entre as normas dos arts. 682, II, e 917, § 2º, do Código Civil, pois "numa, a morte extingue o mandato. Na outra, do mesmo Código, a morte não o extingue" ("Títulos de crédito e o novo Código Civil", in *Direito da Empresa no Novo Código Civil*, coord. Frederico Viana Rodrigues, Rio de Janeiro, Forense, 2004, p. 547).

84. Cf. Christian Gavalda e Jean Stoufflet, ob. cit., n. 128, p. 158; Lauro Muniz Barretto, ob. cit., p. 178; e Luiz Emygdio F. da Rosa Jr., ob. cit., p. 261.

85. Rubens Requião, ob. cit., n. 555, p. 343. A nosso ver, porém, mesmo se o mandato porventura

Em segundo lugar (e este é o real fundamento do regime especial ditado pelo direito dos títulos de créditos), busca-se por essa regra especial tutelar a posição dos sucessores do credor, os quais poderiam ser prejudicados com o atraso na prática de atos necessários à preservação dos direitos cartulares. Assim também pensa Guido Uberto Tedeschi, para quem a ultratividade do mandato é estabelecida no interesse do mandante e de seus herdeiros pela urgência em serem exercitados os direitos inerentes ao título, já que do retardamento na apresentação do título e na eventual tirada do protesto pode derivar a perda da ação de regresso.[86]

8.2 Morte ou incapacidade superveniente do endossatário-mandatário

A morte ou superveniente incapacidade do endossatário-mandatário acarreta a extinção do mandato (CC, art. 682, II) e, nestes casos, o evento "deve ser comunicado, imediatamente, ao endossante pelos herdeiros, sucessores ou representantes legais, para que a demora não implique em dano para o endossante", consoante lembra Luiz Emygdio F. da Rosa Jr.[87]

8.3 Falência

A falência do endossante-mandante, pelo regime falimentar pretérito (Decreto-lei n. 7.661/1945, art. 49), não acarretava a extinção do mandato (e dos poderes decorrentes do endosso-mandato),[88] o que somente resultava da eventual revogação promovida pelo síndico, de sorte que, enquanto isso não viesse a ocorrer, o endossatário-mandatário deveria continuar a diligentemente exercer os seus misteres, sob pena de responder civilmente à massa pelos prejuízos causados.

Contudo, mesmo à luz da atual lei concursal (Lei n. 11.101/2005) – que, inovando profundamente em relação ao regime falimentar precedente, consagra a regra segundo a qual "o mandato conferido pelo devedor, antes da falência, para a realização de negócios, cessará seus efeitos com a decretação da falência, cabendo ao mandatário prestar constas de sua gestão" (LRF, art. 120, *caput*),[89] excepcionando da regra

subjacente ao endosso-mandato se extinguisse pela morte do mandante e, portanto, ainda que não houvesse a regra da ultratividade dos poderes, o pagamento feito pelo devedor de boa-fé sempre teria efeitos liberatórios, por ser essa também a solução dada pelas regras gerais do mandato: "São válidos, a respeito dos contratantes de boa-fé, os atos com estes ajustados em nome do mandante pelo mandatário, enquanto este ignorar a morte daquele ou a extinção do mandato, por qualquer outra causa". Daí porque entendemos que a necessidade de tutela da posição de terceiros não é a verdadeira justificativa da regra da ultratividade do endosso-mandato; a sua verdadeira explicação está justamente na tutela dos sucessores do credor.

86. Guido Uberto Tedeschi, ob. cit., n. 37, p. 86. Também se manifestaram no mesmo sentido Federico Martorano ("Titoli di credito", in *Enciclopedia del Diritto*, v. XLIV, Milão, Giuffrè, p. 618) e Antonio Pavone La Rosa (ob. cit., n. 98, p. 331), sendo que esse último estudioso ainda acrescenta: "Naturalmente gli eredi del girante, che sia deceduto, o il legale rappresentante del girante, in caso di sopravvenuta incapacità dello stesso, potranno revocare il mandato conferito con la girata per incasso e provvedere direttamente all'esercizio dei diritti cambiari, salvo che non si tratti di mandato conferito anche nell'interesse del mandatario (art. 1.723, comma 2º)" (ob. e loc. cits.).

87. Luiz Emygdio F. da Rosa Jr., ob. cit., p. 262.

88. Cf. J. X. Carvalho de Mendonça, ob. cit., n. 703, p. 292; J. M. Othon Sidou, ob. cit., n. 84, p. 141; José Maria Whitaker, ob. cit., n. 82, p. 151; Luiz Emygdio F. da Rosa Jr., ob. cit., p. 262; Magarinos Torres, ob. cit., n. 105, p. 151; e Pontes de Miranda, ob. cit., § 3.890, p. 354; e Theophilo de Azeredo Santos, ob. cit., p. 48.

89. O art. 120 da LRF cuida da extinção, pela falência, do mandato conferido pelo devedor "para a realização de negócios", passando a impressão de que, *a contrario sensu*, o mandato estranho à atividade empresarial não se extinguiria pela falência do mandante. A análise conjugada dos arts. 103, da LRF, e 682, III, do CC, no entanto, revela que a sorte do mandato estranho à atividade empresarial não é diversa daquela própria dos mandatos outorgados para a realização de negócios; apenas os mandatos judiciais, porque expressamente regulados de forma diversa, é que gozam de outro destino.

apenas a extinção do mandato conferido para representação judicial do devedor (LRF, art. 120, § 1º) – julgamos que os poderes legitimados pelo endosso-mandato não se extinguem *ipso facto* pela quebra. Assim pensamos, em primeiro lugar, porque as regras de ultratividade dos poderes do endosso-mandato (CC, art. 917, § 2º; LU, art. 18, 3ª al.; e LCh, art. 26, parágrafo único) constituem regras especiais, não afetadas pela lei geral ou, *a fortiori*, por outra lei especial. Em segundo lugar, a expressão "superveniente incapacidade" sempre foi interpretada, em nosso e em outros países (notadamente os signatários da Convenção de Genebra) de modo a abarcar inclusive a decretação a falência.[90] Em terceiro lugar, por fim, porque o regime jurídico dos títulos de crédito busca tornar segura a circulação cartular e, de maneira geral, não empresta eficácia *ultra partes* a atos que não sejam dessumíveis do teor literal do próprio documento. Portanto, a nosso ver, a falência do endossante-mandante continua a não implicar na extinção dos poderes legitimados pelo endosso-mandato. Neste ponto, é preciso bem distinguir, de um lado, o possível efeito extintivo da relação subjacente pela falência de uma das partes (e a partir do qual se assegura o direito de restituição do título por quem de direito) e, de outro, o efeito da quebra perante terceiros, notadamente perante o devedor cambiário, a quem não se poderia recusar a eficácia liberatória do pagamento feito de boa-fé ao aparente portador legitimado (CC, art. 901). Aliás, bem pensado, a solução que pretendesse emprestar eficácia extintiva do endosso-mandato pela falência iria, em última análise, prejudicar apenas os credores concursais, com o retardamento (e eventual inviabilização futura) da cobrança do crédito cambiário.

Diversa, porém, é a solução para o caso da morte do endossatário-mandatário. Pelo direito concursal, a falência do endossatário-mandatário extingue o mandato que o falido houver recebido antes da falência (salvo os que versem sobre matéria estranha à atividade empresarial, que continuam hígidos, até mesmo porque a falência implica na perda do poder de administração e disposição sobre os próprios bens, e não sobre os bens de terceiros). No plano cambiário, por isso, com a falência do endossatário-mandatário, a massa deverá restituir o título ou o seu valor ao endossante-mandante.[91]

8.4 Revogação

A revogação constitui causa de extinção do mandato (CC, art. 682, 1ª parte). Contudo, para torná-la eficaz perante terceiros de boa-fé, evidentemente não basta a simples notificação do endossante-mandante ao endossatário-mandatário, pois se torna necessário dar publicidade ao ato, registrando-o no contexto do próprio título através do cancelamento do respectivo endosso; do contrário, a revogação não será oponível a terceiros. Assim já pensava José Maria Whitaker, aduzindo, com razão, que "a revogação só produzirá efeitos *erga omnes* quando resultar explicitamente da própria letra. Se não houver cancelamento, a revogação, mesmo intimada judicialmente,

90. No direito italiano, p. ex., a doutrina e os tribunais entendem aplicável a regra de ultratividade do endosso-mandato à situação de falência do endossante-mandante, pouco importando que, pela lei falimentar italiana, o mandato se extinga por efeito da falência de uma das partes. Neste sentido (falência não extingue os poderes legitimados pelo endosso-mandato): Giovanni Luigi Pellizzi e Giulio Partesotti, ob. cit., nota 22-12, p. 74; e Federico Martorano, *Titoli di Credito*, Milão, Giuffrè, 2002, p. 812 (que invoca as opiniões concordantes de De Semo e Fiorentino).

91. Pontes de Miranda também entendia que "falido o endossatário-procurador, cabe à massa restituir ao endossante, pois que cessou a procura, a letra de câmbio impropriamente endossada. Já tendo sido recebida a soma, essa é que deve ser restituída" (ob. cit., § 3.890, p. 354). V., também, Marc Grüniger, Bruno Hunziker e Gerhard Röth, ob. cit., nota 7ª ao art. 1.008, p. 1.894; e Giovanni Luigi Pellizzi e Giulio Partesotti, ob. cit., nota 22-15, p. 74.

só prevalecerá para os notificados, não produzindo efeito em relação a terceiros".[92]

Portanto, ao notificar o endossatário-mandatário da revogação do mandato, o endossante-mandante deverá também exigir a restituição do título, para cancelar o endosso; se, apesar de notificado, o endossatário não restituir o título, caberá ao endossante propor a ação para reaver a sua posse[93] e, se da demora em reavê-la advier-lhe algum prejuízo, exsurgirá a responsabilidade civil do endossatário-mandatário.

Note-se, ademais, que, além da revogação poder resultar da notificação feita ao mandatário, também pode decorrer, tacitamente, do simples fato do endossante-mandante "endossar a outrem, por endosso próprio ou impróprio, o título antes endossado impropriamente".[94] Contudo, não constitui revogação tácita a prática de atos de cobrança pelo próprio endossante-mandante.[95]

8.5 Renúncia

Simetricamente ao que acabamos de expor sobre a revogação, a renúncia também é causa extintiva do mandato subjacente ao endosso (CC, art. 682, I, 2ª parte), mas, para torná-la eficaz perante terceiros de boa-fé, é indispensável que haja o cancelamento do endosso-mandato no título. Portanto, se o endossatário-mandatário renunciar ao mandato, deverá imediatamente restituir o título ao endossante-mandante; se não o fizer ou tardar em fazê-lo, responderá pelas perdas e danos a que der causa, e o endossante-mandante terá direito de propor a ação para recuperar o título. Além disso, deverá ser providenciado o cancelamento do endosso-mandato no próprio título ou, o que a tanto equivale, o endossatário-mandatário deverá reendosá-lo ao endossante-mandante.

8.6 Endosso-mandato e cadeia de endossos

O endosso-mandato é espécie de endosso-impróprio e, como tal, apenas atribui legitimação secundária ao endossatário-mandatário para o *exercício* de direitos cartulares, sem tolher a própria legitimação primária do endossante-mandante, que continua a ser o titular dos direitos e não fica privado de receber e nem de exigir o cumprimento da prestação cambiária.

Portanto, a existência de endosso-mandato não cancelado não obsta a que o endossante-mandante, de posse do documento, venha a exercer os direitos cartulares[96] e não o impede de agir, em juízo e fora dele, para receber a prestação devida.[97]

92. José Maria Whitaker, ob. cit., n. 82, nota 219, p. 151. Com igual orientação, Giovanni Luigi Pellizzi e Giulio Partesotti registram que "la revoca si attua mediante cancellazione della girata o restituzione del titolo al girante. In caso diverso, la revoca resta un fatto interno, irrelevante per i terzi, a meno che di essa non sia stata data comunicazione con mezzi idonei al debitore" (ob. cit., nota 22-16, p. 74).

93. Magarinos Torres, ob. cit., n. 106, p. 152.

94. Pontes de Miranda, ob. cit., § 3.890, p. 354.

95. Pedro Sampaio, com razão, destacou que, "ao contrário do que se poderia supor, o fato de o mandante praticar um ou mais atos inclusos na cláusula procuratória em concorrência com o mandatário não implica a revogação tácita do mandato, como acontece na órbita civilista, segundo a preleção de Mosa" (ob. cit., n. 181, pp. 151-152).

96. Marc Grüniger, Bruno Hunziker e Gerhard Röth, ob. cit., nota 2 ao art. 1.008, p. 1.894.

97. Cf.: "Tratando-se de endosso-mandato, não há a transferência da propriedade dos títulos. Legitimidade de parte do exeqüente, em cuja posse se encontram as notas promissórias objeto da execução" (STJ, 4ª T., REsp 261.554-MG, Rel. Ministro Barros Monteiro, v.u., j. 22.6.2004, *DJU* 4.10.2004, p. 302). "O endosso-mandato não transfere a propriedade. Devolvido o título ao endossante, este continua como titular do crédito, ainda que não tenha sido o endosso expressamente cancelado" (TJSC, 2ª CC., Ap. 14.425, Rel. Desembargador Hélio Mosimann, v.u., j. 9.8.1979, *RT* 550/201). "O não-cancelamento do endosso mandato do título não impede a propositura da execução pelo credor originário" (TJMS, Turma Cível, Ap. 358/83, Rel. Desembargador Rui Garcia Dias, v.u., j. 20.6.1983, *RT* 576/229). No mesmo sentido: *RT* 80/403, 201/452, 233/403, 270/271, 342/381, 412/229 508/253 e 764/210; *RF* 134/505; e *JTARS* 34/235. V. também os julgados citados por Humberto Theodoro Júnior (*Títulos*

Mais do que isso, na realidade, se o endossante-mandante tornar a endossar o título a terceiro (de forma própria ou imprópria), mesmo sem antes cancelar o endosso-mandato anterior, "a existência do endosso intermédio por procuração não se pode considerar interruptiva da série contínua de endossos", como aponta Werter R. Faria.[98] Até mesmo porque, se o endossante tornar a endossar o título a outrem, estará, *ipso facto*, tornando sem efeito o respectivo endosso-mandato.[99]

9. Endosso-mandato encoberto

Os diversos preceitos sobre endosso-mandato, aos quais aqui nos reportamos (CC, art. 917; LU, art. 18; e LCh, art. 26), regulam o endosso-mandato aberto ou ostensivo (*offenes Vollmachtindossament*). Contudo, além desta modalidade de endosso-mandato, que se extrai da simples análise literal da declaração cambiária aposta no título, a doutrina ainda aponta a existência do endosso-mandato dissimulado, oculto ou encoberto (*verdecktes Vollmachtindossament*) – entendido como tal o endosso que se apresenta formalmente como endosso pleno ou translativo, mas que, por efeito de convenções extracartulares, se destina apenas a permitir que o endossatário providencie a cobrança do título. Como lembra Luiz Emygdio F. da Rosa Jr., "isto ocorre quando uma pessoa, por razões diversas, não deseja aparecer cobrando ou executando o título de crédito".[100] No mais das vezes, essas razões resumem-se a contornar as exceções pessoais que o devedor teria contra o endossante.[101]

Sob tal perspectiva, o endosso-mandato oculto ou encoberto seria espécie de endosso-simulado,[102-103] pois endossante e endossatário formalizam no título um ato aparente quando, de fato, o seu desejo é outro: insere-se no título um endosso pleno, para encobrir um endosso-mandato (endosso-mandato simulado). Existe, pois, o ato aparente (ato simulado) e o negócio realmente desejado pelas partes (negócio dissimulado).

Nesta situação, há evidente dissonância entre a titularidade real e legitimação cartular do portador.[104] O endossatário-mandatário formalmente apresenta-se a ter-

de Crédito e outros Títulos Executivos, 1ª ed., 2ª tir., Rio de Janeiro, Forense, 1988, pp. 26-28, 60, 67-68 e 158).

98. Werter R. Faria, ob. cit., n. 22, p. 40. Idêntica é a opinião de Federico Martorano, para quem "il girante, purché conservi la detenzione del titolo, non si può considerare spogliato del potere di riscuoterne direttamente l'importo, consegue che, laddove egli effettui una successiva girata piena, anche senza procedere alla cancellazione di quella all'incasso, la presenza di quest'ultima non può ritenersi interruttiva della serie continua" ("Titoli di credito", in *Enciclopedia del Diritto*, v. XLIV, Milão, Giuffrè, p. 618). V., também, Giovanni Luigi Pellizzi e Giulio Partesotti, ob. cit., nota 22-11, p. 74.

99. Cf. Pontes de Miranda, ob. cit., § 3.890, p. 354.

100. Luiz Emygdio F. da Rosa Jr., ob. cit., p. 257. Na prática negocial, aliás, é muito comum a entrega de títulos para cobrança a banco, através de endosso pleno (cf. Lauro Muniz Barretto, ob. cit., p. 170).

101. Cf. Federico Martorano, *Titoli di Credito*, Milão, Giuffrè, 2002, p. 817.

102. A expressão endosso-simulado, embora utilizada habitualmente em doutrina, não é feliz, já que a simulação não reside propriamente no endosso (declaração cartular unilateral e abstrata), mas no negócio de transmissão (cf. Tullio Ascarelli, *Teoria Geral dos Títulos de Crédito*, São Paulo, Saraiva, 1943, n. 20, p. 324). Federico Martorano, indo além, considera imprecisas tanto a expressão "endosso-simulado" como, também, a expressão "endosso-fiduciário", pois ambas qualificam a relação subjacente, e não o endosso em si: "tali espressioni, di origine dottrinale, appaiono pertinenti più che alla dichiarazione di girata, che si presenta sotto il profilo documentale secondo la tipologia illustrata nei paragrafi precedenti, al rapporto intervenuto tra girante e giratario inerente il trasferimento del titolo" ("Titoli di credito", in *Enciclopedia del Diritto*, v. XLIV, Milão, Giuffrè, p. 618). A observação é de todo pertinente.

103. O endosso-simulado poderá se caracterizar como endosso-mandato simulado, endosso pleno simulado ou endosso-caução simulado – variando o qualificativo pela natureza do ato aparente inscrito no título.

104. Esta particularidade foi explicada, com ampla superioridade, por Federico Martorano: "La

ceiros como plenamente legitimado a exercer e a dispor dos direitos cartulares, mas, de fato, por força do negócio oculto, a titularidade remanesce com o endossante-mandante. Daí poder dizer-se que, nessas situações, o endossatário não tem um interesse econômico autônomo na transferência formalmente feita pelo endossante.

Convém advertir, neste ponto, que não deve o endosso-mandato encoberto ser confundido com o endosso-fiduciário. Embora um e outro sejam categorias meramente doutrinárias (cujos qualificativos não decorrem de alguma particularidade específica dos endossos em si, mas das condições dos negócios subjacente e de transmissão do título), existem entre eles diferenças marcantes, como a seguir brevemente destacado.

9.1 Endosso-fiduciário

O endosso-fiduciário (*Treuhandindossament*) é o endosso pleno em que a transmissão da propriedade do título ocorre em fidúcia.[105] Perante terceiros, apresenta-se apenas como endosso pleno ou translativo, como de fato ele é. Mas, entre endossante e endossatário, existe ainda um negócio extracartular subjacente, regulando as condições de transferência fiduciária da propriedade (CC, arts. 1.361 a 1.368). Com razão, observa Luiz Emygdio F. da Rosa Jr. que "o endosso fiduciário não caracteriza fraude à lei e nem consubstancia ânimo doloso para prejudicar terceiros porque baseado na fidúcia. Trata-se de negócio real, desejado pelas partes, e realizado com o propósito de suprir uma lacuna no ordenamento, e não negócio ficto, com o propósito de suscitar uma ilusão, como ocorre com o negócio simulado".[106] Como é típico dos negócios fiduciários, pratica-se ato de maior intensidade (a transferência da propriedade do bem) mesmo que seja para atingir objetivo mais restrito (a constituição de garantia, representada pela propriedade resolúvel).

O que se observa, portanto, é que a nota característica do endosso-fiduciário é a inexistência de discrepância entre a titularidade real e a legitimação atribuídas ao portador: o endossatário torna-se realmente proprietário e titular dos direitos cartulares, desfrutando, pois, de legitimação plena.[107] Mais do que isso, o endossatário possui interesse econômico, legítimo e próprio, na transferência fiduciária do título que lhe é feita.

Realçadas, pois, as principais diferenças entre o endosso-mandato encoberto e o endosso-fiduciário, convém doravante ana-

cosiddetta girata 'simulata' esprime una contraddizione tra la posizione apparentemente attribuita al giratario sotto il profilo della legittimazione e quella allo stesso attribuita sotto il profilo della titolarità: tale divergenza è invocabile dal debitore sia per contestare il difetto di titolarità (laddove si tratti di simulazione assoluta) sia per oppore eccezioni personali al girante o al giratario (laddove si tratti di una girata piena cui sottostà un mero mandato ad incassare ovvero si tratti di una girata per incasso cui sottostà una reale attribuzione della proprietà del titolo)" ("Titoli di credito", in *Enciclopedia del Diritto*, v. XLIV, Milão, Giuffrè, pp. 618-619).

105. Segundo registrou João Eunápio Borges, a figura do endosso-fiduciário chegou a ser prevista no "Projeto do Código de Obrigações, cujo art. 928 assim dispõe: 'No endosso-fiduciário, é obrigado o fiduciário à prestação de contas, tendo neste caso o endossador direito à restituição do título, na falência do endossatário'" (ob. cit., n. 93, p. 81).

106. Luiz Emygdio F. da Rosa Jr., ob. cit., p. 258.

107. É novamente Federico Martorano quem realça: "La cosiddetta girata 'fiduciaria', nella quale al contrario esiste piena coerenza fra la posizione attribuita al giratario sul piano della legittimazione e quella allo stesso attribuita sul piano della titolarità, allude alla presenza di particolari pattuizioni che hanno accompagnato il trasferimento del titolo, le quali limitano in vari modi il potere del giratario di appropriarsi definitivamente della utilità economica rappresentata dal documento, imponendogli, al verificarsi di determinate condizioni, la retrocessione al girante del titolo o della prestazione riscossa ovvero il loro trasferimento ulteriore a terzi. Tali limitazioni, avendo mera efficacia obbligatoria *inter partes*, non incidono sull'esercizio del diritto cartolare e sul regime delle eccezioni opponibili dal debitore" ("Titoli di credito", in *Enciclopedia del Diritto*, v. XLIV, Milão, Giuffrè, pp. 618-619).

lisar no que diferem, e se é que diferem, as suas eficácias perante terceiros e os regimes de oponibilidade de exceções. É do que iremos nos ocupar nos próximos itens.

9.2 Endosso translativo e terceiro de boa-fé

A literalidade do título impõe-se a benefício de terceiros de boa-fé em todos os casos de endosso, inclusive naqueles casos em que, por mero esquecimento, deixou-se de incluir a fórmula restritiva no título. Vale dizer, seja no endosso-mandato encoberto seja no endosso-fiduciário, a posição formal do endossatário é a de pleno legitimado, de tal modo que, se vem a endossá-lo plenamente a terceiro de boa-fé, há a transferência da propriedade, sem que possa o prejudicado pretender argüir o negócio extracartular para reivindicar o título das mãos daquele que, de boa-fé, o adquiriu de acordo com as regras próprias de circulação (CC, art. 896). Para o terceiro de boa-fé, prevalece em seu proveito a forma externa da declaração cartular.[108] Ainda que no plano interno o endossatário não estivesse autorizado a transferir o título, mas apenas agir em cobrança, o terceiro adquirente não terá como aquilatar esta situação do contexto do título e, por isso, não poderá ser prejudicado.[109] Prevalece a especialidade das regras próprias da circulação cartular (CC, art. 896).

Esta também é a opinião de Antonio Pavone La Rosa, que, referindo-se às particularidades dos endossos ora versados, observa que "se, malgrado tali limitate finalità, la girata apposta sulla cambiale è *piena*, ossia non indica il 'titolo' che giustifica la *traditio* del documento, nei rapporti esterni si presumerà che il sottostante rapporto abbia per oggetto il trasferimento della *titolarità* del credito. Conseguentemente, se il giratario dispone del titolo in favore di un terzo in violazione degli accordi intercorsi col girante, gli accordi stessi saranno irrilevanti per il terzo, che acquisterà ugualmente la titolarità del diritto menzionato nel documento".[110]

9.3 Oponibilidade das exceções

Na realidade, é em tema de limites de oposição de exceções pessoais que se registra o grande dissenso entre os doutrinadores.[111]

Há quem entenda, por exemplo, que tanto no endosso-mandato encoberto como no endosso-fiduciário prevalece a literalidade e, portanto, os terceiros não poderiam pretender argüir o negócio extracartular para, com isso, opor ao endossatário as exceções oponíveis ao endossante (como o poderiam fazer, se de um endosso-mandato expresso se cuidasse); preponderaria o que se encontra expresso no título, em todos os casos.[112] Trata-se de posição que,

108. Neste sentido, José Maria Whitaker, ob. cit., n. 81, pp. 150-151; Lauro Muniz Barretto, ob. cit., p. 171; Luiz Emygdio F. da Rosa Jr., ob. cit., p. 258; e Pontes de Miranda, ob. cit., § 3.890, p. 359.

109. Referindo-se ao endosso-mandato encoberto, Hans Brox observa: "Der Indossatar darf entsprechend den Abmachungen im Innenverhältnis den Wechsel nicht durch ein Vollindossament übertragen. Tut er es doch, erwirbt sein Indossatar kraft guten Glaubens das Eigentum am Wechsel, da aus dem Wechsel nicht erkennbar ist, daß der Indossant nur zur Einziehung bevollmächtigt ist" (*Handelsrecht und Wertpapierrecht*, 6. Aufl., Munique, C. H. Beck, 1987, n. 577, p. 296). Ou seja: "O endossatário não está autorizado, segundo os entendimentos do relacionamento interno, a transferir a cambial por meio do endosso normal. Se o fizer, adquire o seu endossatário, pela boa-fé, a propriedade da cambial, em se considerando que não se depreende da cambial que o endossante apenas está legitimado para fins de cobrança". No mesmo senso, Karl-Heinz Gursky, *Wertpapierrecht*, 2 Aufl., Heidelberg, C. F. Müller, 1997, p. 75.

110. Antonio Pavone La Rosa, ob. cit., n. 98, pp. 329. E, mais adiante, acrescenta: "Tali accordi hanno però carattere *personale*, sicché la loro violazione determina delle responsabilità tra le parti, ma restano salvi i diritti acquistati dai terzi" (ob. e loc. cits.). V., ainda, Michel Jeantin e Paul Le Cannu, ob. cit., n. 315, p. 201.

111. Sobre o tema, Giorgio Cian e Alberto Trabucchi, ob. cit., p. 1.951.

112. O tratamento literal foi aparentemente defendido por Georges Ripert e René Roblot, ao

colocada em termos absolutos, a nosso ver não deve prevalecer.

Outros estudiosos, no entanto, sustentam posição bem diversa. Embora até admitam a diferença entre endosso-mandato encoberto e endosso-fiduciário, reputam que, em ambos os casos, o devedor poderia opor ao endossatário as exceções que teria contra o endossante, até mesmo porque, na prática, é muito difícil saber se, de fato, há um negócio fiduciário efetivo ou a mera intenção de dificultar a oposição de exceções. Para fins de oposição de exceções, não prevaleceria nem o negócio simulado nem o negócio fiduciário em prejuízo de terceiros, como incisivamente destacou Antonio Pavone La Rosa.[113]

Por fim, e como sói ocorrer em qualquer debate jurídico, existe ainda uma posição intermediária, segundo a qual o tratamento jurídico do endosso-mandato encoberto e do endosso-fiduciário seria diverso. Assim, no endosso-mandato encoberto, o interessado de boa-fé poderia provar a ocorrência da simulação (nocente, no caso) e, com isso, opor ao endossatário as exceções que poderia opor ao endossante, como se de um endosso-mandato aberto se tratasse, com a vantagem de que, se lhe interessar, poderá dar prevalência ao negócio simulado (CC, art. 167, § 2º) para, com isso, opor as exceções próprias que teria contra o endossatário. Contudo, se se tratar de endosso-fiduciário, prevaleceria o ato formal e o devedor não poderia opor ao endossatário as exceções que teria contra o endossante (salvo se este tiver agido de má-fé, segundo o que ordinariamente ocorre nos endossos plenos); o negócio fiduciário não poderia ser combatido pelos terceiros, mas, bem entendido, desde que se trate de um efetivo negócio fiduciário em que o endossatário-fiduciário possua também um interesse econômico autônomo e próprio (a tanto não se podendo considerar o mero desejo das partes de dificultar a oposição de exceções[114]). Esta é, na essência, a posição

mencionar que "a *l'egard des tiers*, l'endossement à forme translative doit être réputé translatif, et il n'est pas possible de soutenir contre eux qu'il s'agit seuelement d'un endossement de procuration (Cass. com., 5 décembre 1955, J.C.P., 1956. 2. 9134; Paris, 1er février 1983, D.S., 1983, I.R., 410, obs. Vasseur, en matière de cheque)" (ob. cit., n. 2.055, p. 206).

113. Antonio Pavone La Rosa, com maestria, destacou: "È da escludere che l'apparente effetto traslativo conseguente alla girata *fiduciaria* possa operare in danno del debitore. Al debitore deve ritenersi in ogni caso consentito, fornendo la prova che la girata ordinaria maschera una semplice girata per l'incasso, far valere nei confronti del giratario le eccezioni opponibili al girante, al quale, in virtù dei rapporti sottostanti alla girata, la somma cambiaria deve essere corrisposta od accreditata" (ob. cit., n. 98, pp. 329-330). Em prol desta visão, cita as posições de Cariota Ferrara, Asquini e Chiomenti, "il quale incisivamente rileva che la tutela cartolare non può operare in favore del soggetto 'alla cui posizione formale (legittimazione) di possessore autonomo non corrisponde la posizione sostanziale di titolare di un *interesse economico autonomo*" (ob. cit., n. 98, nota 69, p. 330). Antonio Pavone La Rosa lembra ainda a posição de Martorano, já referida neste trabalho, "il quale aderisce alla soluzione indicata nel testo per l'ipotesi di girata c.d. *simulata*. Senonché, a parte l'evidente difficoltà di distinguere le due figure di girata, essendo l'intento delle parti in entrambe le ipotesi diretto ad attribuire al giratario un potere di disposizione del titolo che, in apparenza pieno, ha in effetti, in forza degli accordi interni, un suo definito contenuto ed una sua specifica destinazione (vedi sul punto Distaso, *La simulazione dei negozi unilaterali*, in *Banca cred. ag.*, 1957, p. 365 ss.), è da escludere, anche ammettendo la possibilità di una utilizzazione alternativa delle due figure giuridiche, che le parti possano far ricorso alla figura della girata *fiduciaria* allo scopo di precludere al debitore la possibilità di far valere eccezioni altrimenti proponibili. Pertanto, ove possa comunque dimostrarsi che la somma indicata nella cambiale debba essere dal giratario corrisposta, in virtù di vincoli 'reali' o 'personali' al girante, non potrà negarsi al debitore la facoltà di avvalersi di eccezioni a questo personali" (ob. cit., n. 98, nota 69, p. 330).

114. Neste sentido é a advertência ponderável de Hans Brox, que, embora diferencie o endosso-mandato oculto (*verdecktes Vollmachtsindossament*) do endosso-fiduciário (*Treuhandindossament*), destacando que no endosso-fiduciário o devedor pode fazer valer as exceções que tiver contra o endossatário, porém ressalvando que, se o endosso-fiduciario não houver sido (também) efetuado a benefício do endossatário (como, p. ex., na cessão para cobrança), pode o devedor, então, também fazer valer as exceções que tiver contra o endossante. Seria

defendida também por Giovanni Luigi Pellizzi, Giulio Partesotti, Federico Martorano e Guido Uberto Tedeschi.[115] Ou seja, os partidários desta corrente têm a mesma opinião do que os da corrente anterior, em se tratando de negócio simulado;[116] mas divergem no que toca ao negócio fiduciário, ao qual emprestam validade e eficácia perante terceiros.

Esta última posição, com efeito, é a que julgamos deva entre nós prevalecer (mas com a ressalva já feita quanto ao objeto do negócio fiduciário), notadamente diante do atual quadro legislativo (CC, arts. 1.361 a 1.368). Até mesmo porque, assim, estar-se-ia coerentemente submetendo o endosso-fiduciário a regime análogo ao do endosso-penhor (CC, art. 918, § 2º), que, afinal de contas, também exerce função de garantia.

9.4 Deveres e responsabilidades do endossatário

Os deveres e as responsabilidades derivados do endosso, como já estudado, regem-se pelas regras próprias do negócio subjacente. Em todo caso, porém, o endossatário (fiduciário ou em mandato encoberto) é obrigado a agir de forma diligente[117] e, inclusive, deve prestar contas dos atos praticados.[118]

9.5 Falência do endossatário e direitos do endossante frente à massa

Em caso de falência do endossatário por endosso-fiduciário, entende-se que o endossante poderia provar o negócio subjacente e pedir a restituição do título.[119] No

desleal se viesse o endossatário a invocar sua formal condição jurídica para o fim de privar o devedor do exercício de fundadas exceções contra o endossante (ob. cit., n. 577, p. 296). Neste último caso, não haveria verdadeiro negócio fiduciário. Herbert Wiedemann explica que "isto se deduz da reflexão de que a exigência do crédito é exercida exclusivamente por conta de terceiro. Em se situando, ao contrário, o saque não apenas a benefício do endossante, mas visa também o endossatário a intenções próprias, estão excluídas as exceções do devedor cambiário, fundadas em suas relações com o garantidor (= endossante), perante o fiduciário em garantia (= endossatário), uma vez que seja bastante o seu interesse à proteção" (ob. cit., p. 47).

115. Guido Uberto Tedeschi afirma que "nel caso di girata simulata – assolutamente o relativamente, conformemente alle possibilità di simulazione del negocio giuridico in generale – si riscontra solo una situazione esteriore di possesso qualificato, non avendo avuto luogo un trasferimento effettivo del titolo, circostanza che rileva per opporre, da parte del debitore, la simulazione per contestare il difetto di titolarità, oppure se la girata piena copra una procura ad incassare, per opporre a chi domanda il pagamento del titolo le eccezioni personali al girante; ciò senza considerare gli altri problemi in tema di simulazione riguardo ad un titolo di credito. Si parla invece di girata fiduciaria qualora le parti abbiano voluto trasferire effettivamente la cambiale, ma con accordi per cui il giratario, in presenza di determinate circostanze, debba ritrasferire al girante, o a terzi, il titolo o la prestazione riscossa; il credito cartolare è insensibile alle eccezioni personali al girante" (ob. cit., n. 32, pp. 83-84). Entre nós, v., Pontes de Miranda, ob. cit., § 3.890, p. 359; e Waldirio Bulgarelli, ob. cit., p. 157.

116. Em sentido semelhante (admitindo a averiguação de negócio simulado): "Au regard des tiers, l'application de la théorie de la simulation est, à juste titre, préconisée en doctrine (Lescot et Roblot, t. I, n. 333). Un débiteur cambiaire pourrait invoquer le mandat pour obtenir la prise en considération d'une exception personnelle à l'endosseur" (Christian Gavalda e Jean Stoufflet, ob. cit., n. 126, p. 155).

117. "Há ponto comum entre o endosso-mandato e o endosso fiduciário, e é o que faz obrigado o endossatário a todas as diligências necessárias à salvaguarda dos direitos do endossante" (Pontes de Miranda, ob. cit., § 3.890, p. 359). No mesmo sentido, Waldirio Bulgarelli, ob. cit., p. 157.

118. V., João Eunápio Borges, ob. cit., n. 93, p. 81.

119. Como o endossante permanece titular do direito, pode, "par conséquent, au cas de redressement judiciaire du preneur, revendiquer son titre (voy. Aix, 8 juillet 1977, J.C.P., 1979. 2. 19111, note Stoufflet)" (Georges Ripert e René Roblot, ob. cit., n. 2.052, p. 205). No mesmo sentido, João Eunápio Borges, ob. cit., n. 93, p. 81; Pontes de Miranda, ob. cit., § 3.890, p. 359; e Waldirio Bulgarelli, ob. cit., p. 157. Tratando especificamente do negócio fiduciário, J. A. Penalva Santos é enfático: "Na falência, tanto do fiduciante quanto na do fiduciário, tem este direito de haver a propriedade da coisa. Se a falência for do fiduciário, o síndico reclamará a

endosso-mandato simulado, a mesma solução é defendida por parcela da doutrina, ponto de vista esse que ainda merece ser repensado à luz das regras do vigente Código Civil (CC, art. 167, *caput* e § 2º).

10. Outras questões polêmicas

Para finalizar o estudo do endosso-mandato, julgamos ser interessante ainda repisar, com maior vagar, duas questões abordadas anteriormente (nos itens 5.2.1 e 7.3), dado que, na prática forense, elas tendem a sofrer variações, nem sempre bem justificadas, quando uma instituição financeira aparece atuando como endossatária-mandatária.

10.1 O endossatário-mandatário frente às medidas de sustação de protesto e ações declaratórias

Ainda hoje tem sido bastante usual que, apontado o título para protesto, o devedor receba a notificação expedida pelo cartório e, ao verificar do seu teor a existência de endosso-mandato, acabe por propor a medida cautelar de sustação de protesto e a ação principal (declaratória ou anulatória de título de crédito) contra o endossatário-mandatário, isoladamente ou em litisconsórcio com o credor cartular. Tal forma de agir, porém, não se justifica, pois o endossatário-mandatário age em nome e por conta do endossante-mandante (item 5.1). E, da mesma forma como o endossatário-mandatário não tem legitimidade para propor ações em nome próprio (item 5.2.1), também não tem legitimidade *ad causam* para respondê-las em nome próprio. Segundo registra, com felicidade, Luiz Emygdio F. da Rosa Jr., "o endossatário-mandatário é parte ilegítima para figurar no pólo passivo em ação cautelar de sustação de protesto de título de crédito e falece competência ao endossatário para agir em nome próprio por não ser o proprietário do título. Quando a alínea 1ª do art. 18 da LUG dispõe que 'o portador pode exercer todos os direitos emergentes da letra', não lhe está conferindo legitimidade para agir em nome próprio, deduzindo, como substituto processual, direito do endossante mandante".[120] É claro, ademais, que esta orientação não sofre, e nem poderia sofrer, variações apenas porque, como endossatária-mandatária, figura uma instituição financeira. Neste ponto, aliás, os tribunais pátrios têm, de forma prevalente, resolvido a questão com muita felicidade, proclamando a ilegitimidade *ad causam* do endossatário-mandatário para figurar no pólo passivo de ação cautelar ou ação em que o devedor pede *apenas* a anulação ou a declaração de inexigibilidade do título.[121]

coisa que pertence à massa; se for a do fiduciante, a massa devolvê-la-á ao verdadeiro proprietário" (*Obrigações e Contratos na Falência*, Rio de Janeiro, Renovar, 1997, n. 23, p. 63). A solução é exata em relação à falência do endossatário, mas, na do endossante, o mesmo desate é questionado. De fato, embora tratando da cessão fiduciária de crédito, o ilustre jurista argentino Rubén H. Compagnucci de Caso critica decisão que acolheu a tese da reivindicação, com o seguinte registro: "En un fallo de la Cámara Nac. de Comercio, se resolvió: '(...) que por tratarse de una cesión fiduciaria, el crédito debía ser integrado a la masa y el cesionario concurrir a verificar en el concurso' (CNCom, sala D, 24/X/74 en E.D. 60-184). A mi entender, la solución debe ser la opuesta, ya que la transmisión fiduciaria es perfectamente oponible a la masa concursal que carece de derecho a reinvidincar el objeto del negocio fiduciario. El cesionario puede hacer efectivo el cobro para sí, sin tener que aportar a la masa del concurso las sumas a percebir" (*Cesión de Créditos*, Buenos Aires, La Ley, 2002, n. 28, p. 38).

120. Luiz Emygdio F. da Rosa Jr., ob. cit., p. 260. Celso Barbi Filho também possuía idêntico ponto de vista: "Com isso, fica evidente que a eventual ação judicial do sacado vitimado com a cobrança indevida de duplicata simulada não poderá dirigir-se contra o endossatário-mandatário. Como prevê o próprio art. 18 da LUG, só se pode invocar contra o portador as exceções oponíveis ao endossante. O endossatário-mandatário não adquire a propriedade da letra e não é titular dos direitos dela emergentes, pelo que não pode ser réu nos pleitos judiciais formulados pelo sacado" ("Protesto de duplicata simulada e procedimentos judiciais do sacado", *RT* 754/64).

121. "O endosso-mandato não transfere a propriedade do título ao endossatário, sendo, pois, este

10.2 Responsabilidade do endossatário-mandatário pelo protesto indevido de título

Outra questão, que ainda continua a suscitar grande controvérsia em juízo, refere-se à responsabilidade civil do endossatário-mandatário perante terceiros (item 7.3), em virtude do protesto indevido de título sem origem ou previamente pago.

Observe-se que, neste ponto, não estamos a discutir a legitimidade *ad causam* do endossatário-mandatário para figurar no pólo passivo de ações em que, de forma simples ou cumulada, o devedor pede indenização por protesto indevido. Esta legitimidade *ad causam*, na realidade, existirá sempre que, na respectiva petição inicial, for atribuída ao endossatário a prática de algum ato ilícito próprio, independentemente da análise da procedência ou não da imputação (pois esse juízo de procedência ou não da pretensão já será de mérito da ação). Lembre-se, com efeito, que o exame da legitimidade *ad causam*, assim como o das demais condições da ação, é feito sempre aceitando-se provisoriamente a versão exposta na inicial e com abstração do juízo de mérito,[122] de modo que, se o devedor

parte ilegítima para estar em juízo como autor ou réu, vez que é simples procurador do endossante" (STF, 1ª T., RE 89.147-RS, Rel. Ministro Cunha Peixoto, v.u., j. 13.6.1978, *RTJ* 94/765). "Ações cautelar e de inexistência de obrigação. Endosso-mandato. Precedentes da Corte. Já assentou a Corte que o endossatário, tratando-se de endosso-mandato, age em nome do endossante. Não deve figurar, em nome próprio, em ação de sustação de protesto ou de anulação do título" (STJ, 3ª T., REsp 255.634-SP, Rel. Ministro Carlos Alberto Menezes Direito, v.u., j. 19.4.2001, *DJU* 11.6.2001). No mesmo sentido: STJ, 4ª T., REsp 38.879-MG, Rel. Ministro Aldir Passarinho, v.u., j. 6.8.2003, *DJU* 16.9.2002, p. 187; STJ, 3ª T., REsp 52.937-GO, Rel. Ministro Carlos Alberto Menezes Direito, v.u., j. 15.10.1996, *DJU* 3.2.1997, *RSTJ* 94/177 e *RT* 740/251; STJ, 3ª T., REsp 73.473-GO, Rel. Ministro Carlos Alberto Menezes Direito, v.u., j. 25.3.1997, *DJU* 9.6.1997, p. 25.533; STJ, 3ª T., REsp 140.721-MG, Rel. Ministro Carlos Alberto Menezes Direito, v.u., j. 29.6.1998, *DJU* 13.10.1998, p. 91; STJ, 3ª T., REsp 149.365-MG, Rel. Ministro Eduardo Ribeiro, v.u., j. 16.3.2000, *DJU* 15.5.2000; STJ, 4ª T., REsp 280.778-MG, Rel. Ministro Sálvio de Figueiredo Teixeira, v.u., j. 24.4.2001, *DJU* 11.6.2001, p. 232; STJ, 3ª T., REsp 248.856-SP, Rel. Ministro Carlos Alberto Menezes Direito, v.u., j. 26.10.2001, *DJU* 11.12.2000, p. 195; STJ, 4ª T., REsp 470.519-RO, Rel. Ministro Aldir Passarinho Júnior, v.u., j. 6.2.2003, *DJU* 31.3.2003; TJSP, 26ª Câm. Dir. Priv., AI 369.256-4/4, Rel. Desembargador Gilberto dos Santos, v.u., j. 2.5.2005, *JTJ* 291/479; 1º TACivSP, 3ª Câm. Extr. A, Ap. 667.795-2, Rel. Juiz Antonio Rigolin, v.u., j. 23.9.1997, *RT* 748/253; 1º TACivSP, 3ª Câm., Ap. 829.298-8, Rel. Juiz Luiz Augusto de Salles Vieira, v.u., j., 19.3.2002; 1º TACivSP, 11ª Câm., Ap. 842.546-7, Rel. Juiz Melo Colombi, v.u., j. 6.2.2003; 1º TACivSP, 11ª Câm., AI 944.510-7, Rel. Juiz Melo Colombi, v.u., j. 14.8.2000; 1º TACivSP, 8ª Câm., Ap. 1.042.517-1, Rel. Juiz Rubens Cury, v.u., j. 5.6.2002; 1º TACivSP, 3ª Câm., AI 1.102.817-6, Rel. Juiz Maia da Rocha, v.u., j. 22.10.2002; e TJSE, 1ª CC., Ag. 423/2000, Rela. Desembargadora Marilza Maynard Salgado de Carvalho, v.u., j. 10.4.2001, *RT* 793/403. É diversa, porém, a solução para o caso de endosso-caução (cf. STJ, 4ª T., REsp 3.266-PR, Rel. Ministro Fontes de Alencar, v.u., j. 14.8.1990, *DJU* 25.11.1991, p. 17.078, *RSTJ* 25/319; 1º TACivSP, 4ª Câm., AI 1.026.551-3, Rel. Juiz Rizzatto Nunes, v.u., j. 19.9.2001; e 1º TACivSP, 3ª Câm., Ap. 789.503-0, Rel. Juiz Térsio Negrato, v.u., j. 22.2.2000, *RT* 780/250) e, maior razão, quando se trata de endosso translativo: "Não se tratando de endosso-mandato, não tem aplicação a jurisprudência da Corte que, nesses casos, afasta a instituição financeira do pólo passivo na ação de sustação de protesto ou de anulação do título" (STJ, 3ª T., REsp 620.200-CE, Rel. Ministro Carlos Alberto Menezes Direito, v.u., j,. 25.10.2005, *DJU* 13.2.2006, p. 795).

122. Com maior autoridade e clareza, José Carlos Barbosa Moreira ensina que "o exame da legitimidade, pois – como o de qualquer das condições da ação –, tem de ser feito com abstração das possibilidades que, no juízo de mérito, vão deparar-se ao julgador: a de proclamar existente ou a de declarar inexistente a relação jurídica 'in statu assertionis', ou seja, à vista do que se afirmou. Tem ele de raciocinar como quem admita, por hipótese, e em caráter provisório, a veracidade da narrativa, deixando para a ocasião própria (o juízo de mérito) a respectiva apuração, antes os elementos de convicção ministrados pela atividade instrutória (...). Todo o problema, quer de interesse processual, quer de legitimidade *ad causam*, deve ser proposto e resolvido admitindo-se, provisoriamente e em via hipotética, que as afirmações do autor sejam verdadeiras; só nesta base é que se pode discutir e resolver a questão pura da legitimação ou do interesse" ("Legitimação para agir; indeferimento da petição inicial", in *Temas de Direito Processual*, 1ª série, 2ª ed., São Paulo, Saraiva, 1988, pp. 199-201).

imputar ao endossatário a prática de ato ilícito próprio, é claro então que será parte legítima para figurar no pólo passivo da respectiva ação de indenização, ainda que, ao final, se decida pela inexistência do dever de indenizar (em julgamento de mérito). Na realidade, a ilegitimidade passiva *ad causam* do endossatário-mandatário apenas despontará naqueles casos em que não lhe for imputada a prática de ato ilícito próprio ou, o que a tanto equivale, nos casos em que apenas for feita alusão ao comportamento antijurídico do endossante.

A questão aqui colocada é, porém, outra. Nesta parte do estudo, indaga-se especificamente acerca da responsabilidade civil da instituição financeira que, agindo como endossatária-mandatária (item 7.3), envia para protesto título de crédito que, ao depois, se verifica não ter origem ou ter sido pago.

Contra a existência de uma tal responsabilidade do endossatário-mandatário, coloca-se em evidência o fato dele agir em nome e por conta do endossante-mandante, de modo que, ao protestar um título por ordem deste, não está praticando pessoalmente ato ilícito. Além do mais, o endossatário-mandatário não pode ser colocado na contingência de descumprir o seu mister (deixando de tirar o protesto), e responder perante o endossante, ou cumpri-lo, e responder perante terceiros. Tampouco se afigura razoável supor que o endossatário-mandatário seja obrigado a exigir do endossante um dossiê sobre a origem de cada título entregue em cobrança.

"O que importa destacar", segundo adverte Arnoldo Wald, "é que, no caso do endosso-mandato, o banco é mero representante ou mandatário do endossante-mandante e exerce apenas e tão-somente uma função administrativa de cobrança, agindo sempre por conta e ordem do mandante (...). O banco não é parte nem na relação cambial, nem na relação creditícia desta decorrente".[123] Nesta linha, já se decidiu que "o endossatário-mandatário, levando o título a protesto por instrução do endossante, em cujo nome age, não pode ser responsabilizado pelas suas conseqüências – perdas e danos".[124] Yussef Said Cahali é de igual sentir, destacando que "na responsabilidade civil resultante da emissão indevida e protesto de título de crédito, responde o emitente pelas perdas e danos causados à pessoa contra quem o título foi emitido; o mandatário do emitente, em princípio, não é responsável, salvo se ficar provado que agiu dolosamente".[125] E, depois de analisar as prescrições do Código Civil, o douto civilista ainda aduz ser "fácil deduzir-se que, atuando o banco-endossatário nos estritos limites dos poderes outorgados pelo emitente-mandante, e segundo as instruções deste recebidas, não se lhe pode imputar

123. Arnoldo Wald, ob. cit., p. 66.

124. Cf. STF, 1ª T., RE 89.417-RS, Rel. Ministro Cunha Peixoto, v.u., j. 13.6.1978, *RTJ* 94/765. "Anulação de duplicatas, com perdas e danos. Endosso-mandato a estabelecimento bancário, para cobrança e protesto. No endosso-mandato, o endossatário não adquire a propriedade cambiariforme, mas apenas a posse direta. Age amigável ou processualmente em nome do endossador. Não deve o banco ser condenado ao pagamento de perdas e danos em favor do sacador, que criou o título abusivamente. Código Civil, art. 1.300. Cumpria ao mandatário aplicar sua diligência na execução do mandato, sob as instruções do mandante, inclusive tentando o protesto das cambiais. Recurso especial conhecido e provido" (STJ, 4ª T., REsp 1.013-RJ, Rel. Ministro Athos Carneiro, v.u., j. 30.10.1989, *DJU* 11.12.1989, p. 18.140, *JBCC* 156/182, *RJTJRS* 143/27). "Ilegitimidade *ad causam*. Cambial. Duplicata. Endosso-mandato. Responsabilidade do banco, mandatário tão somente por eventual excesso, o que não ocorreu, e não pelo protesto indevido. Ilegitimidade da instituição financeira reconhecida. Extinção do processo com relação àquela, com fundamento no art. 267, inc. VI, do CPC. Recurso provido para esse fim" (1º TACivSP, 12ª Câm., Ap. 863.143-6, Rel. Juiz Araldo Telles, v.u., j. 11.2.2003). Confira-se ainda: 1º TACivSP, 1ª Câm., Ap. 305.791, Rel. Juiz Orlando Gandolfo, v.u., j. 1.11.1983, *JUTACivSP-Lex* 89/58; 1º TACivSP, 6ª Câm., Ap. 393.049-2, Rel. Juiz Castilho Barbosa, v.u., j. 29.8.1989, *JUTACivSP-Lex* 121/131; 1º TACivSP, 11ª Câm., Ap. 959.637-6, Rel. Juiz Antonio Marson, v.u., j. 1.2.2001; e 1º TACivSP, 4ª Câm., AI 1.033.506-9, Rel. Juiz J. B. Franco de Godoi, v.u., j. 12.12.2001.

125. Yussef Said Cahali, ob. cit., n. 9.4, p. 373.

responsabilidade civil pelos danos causados em razão do protesto indevido do título, que tenha levado a efeito no interesse exclusivo daquele".[126]

Apesar disso, tem cada vez mais prosperado em nossos tribunais pátrios o entendimento de que a instituição financeira, ainda quando atue apenas na condição de endossatária-mandatária, responde civilmente pelos danos causados, se protestar o título de crédito depois de ter sido advertida pelo devedor de que o mesmo não é devido.[127] Vilson Rodrigues Alves aplaude e justifica esta orientação, sob o argumento de que "o estabelecimento bancário, se avisado da falsidade da assinatura do devedor, ainda assim deliberar tirar o protesto sem previamente adotar as providências que lhe incumbe, entre as quais pode estar – não, necessariamente – a de apurar o fato, assume o risco da imprudência ou negligência".[128]

Esta última orientação, que atribui responsabilidade à instituição financeira, conquanto justificada em certos casos, merece ser melhor equacionada.[129] Pois, se admi-

126. Yussef Said Cahali, ob. cit., n. 9.4, p. 376.

127. Cf.: "Civil e processual. Ação de indenização. Julgamento *extra petita*. Não configuração. Protesto indevido de duplicata. Comunicação prévia da devedora sobre a falta de higidez do título. Banco cobrador. Endosso-mandato. Responsabilidade. Dano moral. Pessoa jurídica. Súmula n. 227 do STJ. I. Há responsabilidade do banco quando este, recebendo a duplicata em endosso-mandato, mas previamente advertido por escrito pela sacada, sobre a falta de higidez da cártula, ainda assim promove o protesto, sem antes certificar-se junto à empresa credora, o que é muito fácil, sobre a veracidade daquela informação, causando dano moral. II. 'A pessoa jurídica pode sofrer dano moral' – Súmula n. 227/STJ. III. Recurso especial não conhecido" (STJ, 4ª T., REsp 259.277-MG, Rel. Ministro Aldir Passarinho, v.u., j. 27.6.2002, *DJU* 19.8.2002, p. 171). "Ação de indenização. Danos morais e materiais. Protesto indevido de duplicata paga no vencimento. Banco endossatário. Endosso-mandato. Ciência do pagamento. Legitimidade passiva. O banco endossatário, ainda que por endosso-mandato, que, advertido do pagamento da duplicata, leva o título a protesto, tem legitimidade passiva para ação de indenização pelo dano experimentado pela sacada, relativamente aos efeitos do ato indevido. Recurso especial não conhecido" (STJ, 4ª T., REsp 285.732-MG, Rel. Ministro Cesar Asfor Rocha, v.u., j. 5.12.2002, *DJU* 12.5.2003, p. 304, *RSTJ* 171/325). "Comercial, civil e processual. Ação de indenização. Duplicata. Protesto indevido. Endosso-mandato. Prévia ciência do banco quanto à possível falta de higidez das cártulas. Responsabilidade pela ilicitude do ato. CC, art. 159. Danos materiais (...) Correto o aresto *a quo* ao concluir pela responsabilidade do banco, porquanto o risco da atividade de cobrança a ele pertence, para o que é remunerado, competindo-lhe, uma vez previamente advertido da possibilidade de estar promovendo protesto indevido, certificar-se, o que é muito fácil, da veracidade ou não da informação previamente passada por escrito pela sacada, quanto à possível falta de higidez da cártula. II. Recurso especial conhecido e parcialmente provido, para determinar que o Tribunal de Justiça prossiga no exame da apelação do réu, no tocante à impugnação alusiva à ocorrência e montante dos danos materiais" (STJ, 4ª T., REsp 397.304-BA, Rel. Ministro Aldir Passarinho, v.u., j. 17.10.2002, *DJU* 10.2.2003, p. 216). V. ainda: STJ, 3ª T., REsp 434.467-PB-AgRg, Rel. Ministro Carlos Alberto Menezes Direito, v.u., j. 8.11.2002, *DJU* 10.3.2003, p. 193; STJ, 3ª T., REsp 433.954-MG, Rela. Ministra Nancy Andrighi, v.u., j. 15.5.2003, *DJU* 23.6.2003, *RSTJ* 185/375 (embora a hipótese fosse de endosso translativo, e não de apenas endosso-mandato); STJ, 4ª T., REsp 621.821-MG, Rel. Ministro César Asfor Rocha, v.u., j. 2.9.2004, *DJU* 16.11.2004, *RSTJ* 186/441 (mesma ressalva do caso anterior).

128. Vilson Rodrigues Alves, ob. cit., n. 21.3.4, p. 189. Sem fazer distinção e creditando aos bancos responsabilidade pelo protesto indevido de títulos, Sérgio Cavalieri Filho, *Programa de Responsabilidade Civil*, 3ª ed., São Paulo, Malheiros Editores, 2002, n. 92.1, pp. 354-355.

129. Já há respeitáveis julgados que corretamente fazem esta necessária distinção e avaliam o comportamento do endossatário-mandatário à luz do caso concreto: "Tratando-se de endosso-mandato, no qual a instituição financeira age em nome e por conta do endossante, somente responde aquela por perdas e danos se comprovada sua negligência por ato próprio. Hipótese em que não é exigível do Banco averiguar previamente a causa da duplicata" (STJ, 4ª T., REsp 265.432-RJ, Rel. Ministro Barros Monteiro, v.u., j. 10.8.2004, *DJU* 16.11.2004, p. 282). V. ainda: STJ, 4ª T., REsp 332.813-MG, Rel. Ministro Aldir Passarinho Jr., v.u., j. 9.10.2001, *DJU* 27.6.2005, *RSTJ* 197/363; STJ, 4ª T., REsp 541.477-RS, Rel. Ministro Barros Monteiro, v.u., j. 18.10.2005, *DJU* 19.12.2005, p. 413; STJ, 4ª T., REsp 566.552-RS, Rel. Ministro Barros Monteiro, v.u., j. 4.10.2005,

tida indistintamente, levará a que os bancos não mais se disponham a praticar quaisquer atos pelos quais possam se expor a responsabilidades frente a terceiros,[130] com a conseqüência direta de tornar-se mais dificultosa e onerosa a cobrança de valores pelas empresas.[131] De mais a mais, esta orientação contribui para o surgimento de um inusitado tipo de contencioso bancário, no qual a instituição financeira se vê colocada na inusitada posição em que, recebida qualquer correspondência acoimando o título de indevido, deve optar entre protestá-lo, e responder perante o devedor, ou não o protestar, e com isso responder perante o endossante-mandante pela sua desídia. Ou, ainda, deve apreciar o próprio mérito da objeção levantada pelo devedor, exigir esclarecimentos suplementares e, depois, decidir se protesta ou não. Mas, cabe indagar, seria esse o seu papel como simples endossatária-mandatária? Como solucionar, então, esta questão?

A nosso ver, consideramos que, se a instituição financeira atuar dentro dos limites dos poderes conferidos e se agir em nome e por conta do endossante-mandante, não assume jamais responsabilidade contratual perante terceiros (CC, art. 663, 1ª parte). A sua responsabilidade perante terceiros, com efeito, será sempre extracontratual (segundo detalhado no item 7.3, supra) e apenas poderá despontar se, concretamente, o interessado puder demonstrar o nexo causal, direto e imediato, entre uma conduta culposa da própria endossatária-mandatária e o dano sofrido (CC, art. 927). Em todo caso, será sempre de rigor que tanto o dano, como a conduta culposa e o nexo causal possam ser imputados diretamente ao endossatário-mandatário (ainda que em concurso com o endossante-mandante), e jamais apenas àquele que ele representa.

Portanto, caso a instituição financeira venha a receber correspondência do devedor acoimando o título de indevido e, mesmo assim, decida protestá-lo, será preciso, antes de imputar-lhe responsabilidade, verificar cuidadosamente todas as particularidades do caso concreto – em especial a extensão e a confiabilidade das informações e dos documentos porventura fornecidos pelo devedor (nota fiscal de devolução, comprovante de entrega da mercadoria etc.), o tipo de título de crédito, as declarações cartulares apostas no documento e as próprias informações recebidas do credor – para então saber se, de fato, seria razoável esperar que *outro* tivesse sido o comportamento da instituição financeira. Isto é, apreciar se, em casos de idêntica natureza, poder-se-ia esperar que ela tivesse tomado outra medida de cautela (como exigir esclarecimentos adicionais do credor) e se, mesmo ao tomá-las, deveria ter dado cumprimento à ordem do credor (à vista da refutação das objeções suscitadas pelo devedor) ou, pelo contrário, se deveria recusá-la. Em última análise, em suma, o que preside a responsabilidade civil do endossatário-mandatário, nestas situações, é o princípio da boa-fé objetiva (CC, art. 422),

DJU 7.11.2005, p. 290; STJ, 3ª T., REsp 651.830-RN, Rel. Ministro Carlos Alberto Menezes Direito, v.u., j. 21.2.2006, *DJU* 21.8.2006, p. 247; e 1º TACivSP, 12ª Câm., Ap. 880.572-1, Rel. Juiz Matheus Fontes, v.u., j. 23.11.2004, *JUTACivSP-Lex* 211/180.

130. Foi o que acabou sucedendo na França, tal como anotam Michel Jeantin e Paul Le Cannu: "Lorsque l'endossataire est une banque, ce qui est le cas le plus fréquent, les conditions générales prévoient le plus souvent une clause excluant sa responsabilité et la dispensant notamment de faire donner prôtet. Ces clauses exclusives ou limitatives de responsabilité sont valables et, selon le droit commun, elles ne cesseront de produire leur effet exonératoire qu'en présence d'une faute lourde de la banque" (ob. cit., n. 317, p. 202).

131. Na prática, aliás, as instituições financeiras têm deixado de usar o endosso-mandato e, no seu lugar, atuam com base em procurações comuns ou simples ordens de protesto – pois, destarte, como mandatárias ordinárias, não aparecem mais no título e, assim, não são pessoalmente acionadas: o protesto, devido ou não, é normalmente tirado, sem que os devedores fiquem sabendo quem executou materialmente a tarefa...

como fonte jurígena de deveres sociais de conduta.

Como se observa, o fato de a endossatária-mandatária ser uma instituição financeira não implicará em prescindir da concorrência dos pressupostos do dever de indenizar, mas influirá, sim, na determinação da regra geral de conduta que, à luz do princípio da boa-fé objetiva, dela se poderia esperar em casos de semelhante natureza.

Atualidades

PRINCÍPIOS DE GOVERNANÇA CORPORATIVA

JORGE LOBO

I – Introdução. II – Princípio da eticidade. III – Princípio da moralidade. IV – Princípio do ativismo societário. V – Princípio da proteção ao acionista minoritário. VI – Princípio do tratamento eqüitativo. VII – Princípio da transparência. VIII – Princípio da independência dos administradores. IX – Princípio da responsabilidade do administrador. X – Princípio da razoabilidade. XI – Princípio da função social da empresa.

I – Introdução

"Os códigos de governança corporativa estão proliferando... Contudo, os escândalos corporativos continuam surgindo... O que pode e deve ser feito?" (John Plender e Avinash Persaud).[1]

Anualmente, nos quatro primeiros meses seguintes ao término do exercício social, as sociedades limitadas, com mais de dez sócios, e as sociedades anônimas, pequenas, médias e grandes, qualquer que seja o número de acionistas, são obrigadas a realizar assembléias gerais ordinárias com a finalidade precípua de (*a*) tomar as contas dos administradores, (*b*) examinar, discutir e votar as demonstrações financeiras, (*c*) deliberar sobre a destinação do lucro líquido do exercício e a distribuição de dividendos e (*d*) eleger os gestores, quando for o caso, ocasião em que, ademais, os sócios das sociedades limitadas e os acionistas das sociedades anônimas têm a oportunidade de verificar se os administradores, por eles selecionados e eleitos, cumpriram à risca os "Códigos de Conduta Ética", difundidos em todo mundo sob a denominação de "Códigos de Governança Corporativa".

Mas, têm-se indagado, com insistência: o que significa e para que serve a "Governança Corporativa"?

Governança Corporativa é o conjunto de normas, consuetudinárias e escritas, de cunho jurídico e ético, que regulam os deveres de cuidado, diligência, lealdade, informação e não intervir em qualquer operação em que tiver interesse conflitante com o da sociedade; o exercício das funções, atribuições e poderes dos membros do conselho de administração, da diretoria executiva, do conselho fiscal e dos auditores externos, e o relacionamento entre si e com a própria sociedade, seus acionistas e o mercado em geral.

Surgida há mais de um século na Inglaterra, no alvorecer do capitalismo moderno nos países anglo-saxões e praticamente hibernada durante décadas, a governança corporativa reapareceu, com força e vigor, nas décadas de 70 e 80 do século XX e, nos últimos dez anos, passou a ser assunto do cotidiano de políticos, empresários, administradores de empresas, economistas, juristas e auditores, no país e no ex-

1. John Plender e Avinash Persaud, "Ética e governança precisam ir além do manual", *Valor*, ed. de 25.8.2005, p. B2.

terior, em virtude de gravíssimas crises e falências de empresas nacionais e multinacionais, provocadas por gestão temerária e ruinosa, escândalos financeiros, fraudes contábeis, falsificação e deturpação de dados e documentos, manipulação de balanços, dilapidação de ativos patrimoniais, etc.

Processos bilionários (em dólares americanos) de fusões e aquisições (F&A), que se multiplicaram na década de 90 do século passado e no limiar deste novo milênio, aliás em número crescente e deveras impressionante, estão invariavelmente repletos de "armadilhas", das quais sobressaíram sempre o superfaturamento e superestimativas de sinergia e, outrossim, falhas de governança corporativa, não detectadas por *due diligence* pré-aquisição, como ficou patente nos litígios Sunbeam/Coleman, MCI/WorldCom, Cendant e AOL/Time Warner.

Falhas de governança corporativa são comuns, também, quiçá sobretudo, na fase de integração pós-aquisição, quando aumentam os riscos de fraudes e de perda da garantia dos direitos dos acionistas minoritários, com a agravante de essas falhas poderem ocorrer no curto prazo, durante o período de transição, e no longo prazo, sendo certo que, "enquanto os efeitos do curto prazo podem ser custosos e traumatizantes, os de longo prazo podem ser fatais" (Laurence Capson e Karen Schnatterly).

A reiteração das falhas pré e pós-aquisição e a seqüência de quebras de megacompanhias transnacionais produziram uma pletora de obras sobre governança corporativa, redigidas, nos últimos vinte anos, por professores de direito, administradores de empresas e economistas, e, outrossim, uma série de "Códigos de Condutas", por alguns vistos com ceticismo, porquanto imporiam um exercício apenas retórico e assaz burocrático de cumprimento de normas, pois "muitos códigos são exercícios cínicos de relações públicas",[2] enquanto, para outros, as companhias "devem elevar seus padrões de governança corporativa e reconhecer que a ética nos negócios é a opção mais lucrativa".[3]

No firme propósito de colaborar no debate, organizei o seguinte decálogo de "Princípios de Governança Corporativa": eticidade; moralidade; ativismo societário; proteção ao acionista minoritário; tratamento eqüitativo; transparência e divulgação de informações; independência dos administradores; responsabilidade dos administradores; razoabilidade ou proporcionalidade e função social da empresa, e deles tratarei a seguir.

II – Princípio da eticidade

"Falta ética e decência" (Des. Raul Celso Lins e Silva).

No auge da crise mundial da Parmalat – "um escândalo contábil cada vez mais complicado"[4] –, a auditora-chefe da Comissão Européia afirmou, com ares de previsão, que "*estamos no início de uma onda de novos escândalos financeiros na Europa*", para, a seguir, advertir: "não adiantam normas se não houver ética por parte dos executivos".[5]

Em virtude dos escândalos da Parmalat, Arthur Andersen, Enron, WorldCom e tantos outros, hoje, mais do que nunca, aqui e no exterior, fala-se, escreve-se, discute-se sobre "a ética na política", "a ética ambiental", "a ética na mídia", "a ética nos esportes", "a ética nos negócios" e, até mesmo, "a ética da felicidade", e, por conseguinte, sobre o "princípio da eticidade" e os valores que ele encerra e busca realizar.

O princípio da eticidade, autêntico paradigma das normas sobre governança

2. John Plender e Avinash Persaud, no livro *A Reality Check on Business and Finance Ethics*.

3. Harvey Pitt, ex-presidente da SEC – Securities and Exchange Commission, in *Capital Aberto*, n. 2, ano 5.

4. *O Globo*, ed. 29.1.2004, p. 23.

5. *O Globo*, ed. 1.2.2004, p. 43.

corporativa, impõe que se dedique "o homem a fazer a cousa certa" (Sartre e Kierkeggard), através de "comportamentos valiosos, obrigatórios e inescapáveis" (Adolfo Sanchez Vazquez).

A partir dessa concepção, a melhor doutrina estrangeira vem pregando, de forma reiterada e candente, nos EUA, na Europa e na Ásia, que as informações, de qualquer natureza e espécie, em especial quanto aos balanços e demonstrações financeiras, veiculadas pela mídia impressa ou televisiva, devem primar pela veracidade como uma "escolha ética e política da empresa",[6] para evitar "erros que levem a fraudes",[7] em prejuízo da sociedade, seus acionistas, empregados, credores e consumidores, o que levou a Lei Sarbanes-Oxley a estabelecer que as companhias de capital aberto devem informar se criaram um Código de Conduta Ética – CCE – para diretores financeiros de primeiro escalão; na falta de um CCE, são obrigadas a declinar as razões e a justificar-se.

É curial que a companhia não é obrigada a divulgar determinadas informações, mas, se decidir fazê-lo, deve dizer toda a verdade, sob pena de responsabilidade dos diretores e funcionários que se comunicam com analistas de mercado e investidores privados ou institucionais, prevendo a regra 10b-5, do *Securities Exchange Act* de 1934, primeira disposição antifraude americana sobre valores mobiliários, aplicável, inclusive, a atos praticados fora dos Estados Unidos, que devem ser punidos os autores de relatórios inexatos e os responsáveis por omissões de fatos materiais significativos, que levem a decisões equivocadas com base em informações distorcidas.

6. Janet Dine, *The Governance of Corporate Groups*, Cambridge, Cambridge University Press, 2000, p. 138.

7. Michael R. Young, "The origin of financial fraud", in Michael R. Young (ed.), *Accounting Irregularities and Financial Fraud, A Corporate Governance Guide*, Harcourt Professional Publishing, 2000, p. 3.

Determinadas matérias, de relevante interesse para a companhia, seus acionistas e credores, como, por exemplo, o processo de auto-avaliação (*assessment*) dos membros do conselho de administração, em especial seu desempenho; a remuneração dos executivos; os planos de opção de ações como estímulo à maximização dos lucros; as doações políticas; a destituição de administradores por má-*performance*, por erros acidentais (*errors*) e por irregularidades (*irregularities*), devem reger-se por um rigoroso código de conduta ética.[8]

A par da transparência e veracidade das informações, o princípio da eticidade inspira e orienta a atuação diuturna dos administradores de empresas, pautando o exercício de suas funções, atribuições, poderes e, em especial, de seus deveres fiduciários, o que os compele a agir com discrição e cautela e jamais se porem em situações de conflito de interesses potencial ou real.

A propósito, relembre-se que a nossa Lei de Anônimas sabiamente coíbe a conduta antiética do acionista controlador, que induz o administrador à prática de ato ilegal ou a descumprir os deveres próprios de seu cargo (LSA, art. 117, § 1º, alínea *c*).

III – Princípio da moralidade

> "Os escândalos financeiros são conseqüência de comportamentos desonestos" (Hélène Ploix).[9]

Como a palavra justiça ultrapassa os limites estreitos e frágeis do direito e abarca e engloba preceitos de ordem ética e moral, os Princípios da Eticidade e da Moralidade vão muito além das normas dos "Códigos de Governança Corporativa" ou "Códigos de Conduta Ética", editados no país e no exterior.

8. Idem, loc. cit.

9. *Le Dirigeant et le Gouvernement d'Entreprise*, Paris, Village Mondial, 2003, p. 24.

Ao iniciar este estudo pelos Princípios da Eticidade e da Moralidade, tenho por finalidade precípua deixar patente que, tão ou mais importante do que as regras, escritas e consuetudinárias, de Governança Corporativa, que visam, sem dúvida, à realização da Justiça e do Direito, são as idéias, impregnadas de valores perenes, que nos legou a cultura grega, de "homem bom e justo", de "homem prudente e temperante", das virtudes, que ornam a sua personalidade e o seu caráter, e dos vícios, que a maculam.

Embora o cientificismo pregue, com estrépito, que nada existe de permanente e que tudo muda ao longo da história, os problemas essenciais da Filosofia – e também os do Direito – permanecem os mesmos, a desafiar a ciência dos especialistas num mundo que se pauta pela *praxis* e que segue o lema *primun vivere, deinde philosophari* (primeiro viver, depois filosofar).

Por isso, só o Princípio da Moralidade, aliado ao da Eticidade, pode combater procedimentos corriqueiros das empresas, sobretudo das grandes empresas, e dos empresários, os intocáveis "capitães de empresas", que vêm sendo denunciados em todo mundo, pois, frise-se, partindo da noção de Direito ministrada por Aristóteles, enquanto o direito se encontra nas cousas, no real, no exterior, a moral viceja no sujeito, no interior do homem, em sua consciência, daí porque o domínio da Moral é muito mais vasto do que o do Direito.

Se não vejamos, com base num caso concreto, noticiado pela imprensa de todo mundo.

A Revista *Exame*, edição 863, pp. 84-85, informa que a Wal-Mart, a maior companhia do mundo, com faturamento de 315 bilhões de dólares e 1,6 milhão de empregados em 15 países, foi acusada: (*a*) de explorar o trabalho de crianças hondurenhas; (*b*) de, nos últimos dez anos, haver levado à falência 31 varejistas americanos; (*c*) de sacrificar seus fornecedores com a imposição de baixíssimos preços, "preços asfixiantes", que os levam a comprometer a qualidade do produto, a pôr em risco o futuro da própria companhia, a burlar as leis trabalhistas e a manter suas instalações em precárias condições de higiene.

É curial que a Wal-Mart agiu de comum acordo com os pais dos trabalhadores infantis (ressalve-se, por oportuno, que a reportagem esclarece que a direção da companhia afirma que desconhecia o fato e, quando dele tomou ciência, interrompeu os contratos), com os varejistas e com os fornecedores, razão pela qual provavelmente não feriu o direito, nem a lei, pois, anote-se, de novo, o fim do Direito não é fiscalizar a virtude do indivíduo, nem a busca da verdade, mas atribuir a cada um o que é seu (*suum cuique tribuere*), porém, se procedentes as denúncias, violou o Princípio da Moralidade.

Registre-se, a propósito, que não haveria necessidade de os mais diversos países do mundo ocidental, como, por exemplo, atualmente, a Inglaterra, de estabelecer padrões de demonstrativos financeiros, operacionais e de risco, nem, tampouco, de minuciosos e exaustivos regulamentos sobre transparência e divulgação de "informações cruciais de desempenho" e "material prospectivo",[10] caso o Princípio da Moralidade fosse observado e seguido à risca.

IV – Princípio do ativismo societário

> "O acionista é um tolo e um arrogante; tolo, porque nos dá seu dinheiro; arrogante, porque deseja ainda receber dividendos" (Frase atribuída ao banqueiro Fürstenberg).

A assembléia geral de acionistas é o órgão supremo e soberano da sociedade anônima, o "parlamento" onde são examinados, debatidos e decididos o passado – o que foi feito e se foi bem feito – e o futuro – o que fazer e como e quando fazer – das

10. Robert Bruce, do *Financial Times*, de Londres.

atividades e negócios sociais, afirmam inúmeros acadêmicos, estudiosos do Direito Societário.

A assembléia geral de acionistas da sociedade anônima é uma abstração, uma ficção legal, um arremedo de congresso democrático, eis que raros acionistas dela participam, no que se convencionou denominar "fenômeno do absenteísmo dos acionistas", apregoam os pragmatistas.

De fato, durante longo período, reinou o absenteísmo, aqui e no exterior, pois os acionistas, se satisfeitos com a valorização de suas ações e a distribuição de dividendos, não compareciam às assembléias gerais, por confiarem na administração; se insatisfeitos, vendiam-nas e migravam para investimentos mais rentáveis.

Hoje, todavia, a participação dos acionistas, com expressivo ou diminuto número de ações, nas assembléias gerais das companhias, em especial das de capital aberto, vem aumentando consideravelmente devido à crescente preocupação dos governos de valorizar o papel dos acionistas, no que passou a ser conhecido por "ativismo societário".

Na França, por exemplo, com o firme propósito de estimular o interesse dos acionistas pelo destino das empresas e o seu comparecimento às assembléias gerais, a lei aprimorou as condições de funcionamento e de voto nos conclaves, impôs a eleição de administradores independentes, inibiu as restrições e limitações ao direito de voto, facilitou a formação de associações de acionistas, etc.[11]

No Reino Unido e nos Estados Unidos da América, a tônica é exigir dos investidores institucionais – acionistas com grandes lotes de ações com vocação para investimentos duradouros – um exercício ativo, consciente e responsável dos poderes e direitos inerentes e decorrentes de seus *portfolios*, com a finalidade de obter melhores desempenhos das companhias e melhor governança corporativa.

O resultado dessa nova postura pode ser aferido, por exemplo, em dois episódios marcantes: um, no âmbito administrativo – as reformas do regulamento da SEC para garantir uma série de direitos para os acionistas ativos; outro, no societário – a pressão de investidores institucionais para demissão de executivos, como ocorreu com a exoneração do CEO da GM Robert Stempel.[12]

Todavia, anote-se, por oportuno, o princípio do ativismo societário não tem beneficiado somente os grandes e poderosos investidores institucionais, mas, por igual, pequenos acionistas, como se dá em França, eis que a legislação francesa assegura às associações, que detenham apenas 1% (um por cento) do capital social, o direito de convocar assembléias gerais e propor ações em juízo, inclusive para responsabilizar e exigir indenização por perdas e danos dos administradores.

Ressalte-se, ainda, que pequenos e grandes investidores, reunidos em associações ou individualmente, estão sendo também estimulados a defender os seus direitos e interesses e a cobrar dos administradores das anônimas melhores resultados, inclusive sob o aspecto da responsabilidade social da empresa moderna, pelos novos métodos de participação nas assembléias, como o mecanismo de voto à distância, por carta ou por meios eletrônicos, e pela prática de oposições esclarecidas, através de protestos, impugnações e votos divergentes.

V – Princípio da proteção ao acionista minoritário

> "As pessoas físicas já respondem por 25% dos negócios da BOVESPA" (Revista *Exame*, n. 864, p. 26).

11. Karine Le Joly e Bertrand Moingeon (dirs.), *Gouvernement d'Entreprise: Débats Théoriques et Pratiques*, Paris, Ellipses, 2001, p. 154.

12. Margareth M. Blair, *Ownership and Control Rethinking Corporate Governance for the Twenty-First Century*, Washington, D.C., The Brookings Institution, 1995, p. 169.

Desde 2000, a Bolsa de Valores de São Paulo não pára de crescer, pois "a média diária dos negócios quase dobrou e hoje supera um bilhão de dólares"; "o valor das empresas listadas cresceu 76% desde 2004"; "o volume de contratos futuros de ações na BM&F triplicou em três anos"; "são estimados 30 lançamentos iniciais de ações (IPOs) em 2006, em comparação com apenas 2 entre 2001 e 2002", e, por fim, "nunca tanta gente investiu em ações – as pessoas físicas já respondem por 25% dos negócios".[13]

Para os analistas de mercado, nacionais e estrangeiros, a pujança da BOVESPA é produto da criação do "Novo Mercado", através de "Níveis Diferenciados de Governança Corporativa".

Para os juristas, a revolução do mercado de ações do país é resultado da conjugação do princípio do ativismo societário, tratado anteriormente, que estimula pequenos e grandes investidores a participar, de forma consciente e responsável, do processo decisório das companhias, com o princípio da proteção ao acionista minoritário, ambos inspiradores e orientadores das normas que presidem o "Novo Mercado".

A proteção ao acionista minoritário é fato notório e antigo no direito norte-americano, porquanto, fundado nos valores institucionais básicos da sociedade americana, como os da família, convivência e comunidade, as companhias financeiras, industriais, comerciais e de prestação de serviços são considerados governos na sociedade civil e não apenas empresas produtoras de bens e riquezas e molas geradoras de lucros, razão pela qual devem respeitar e atender aos interesses de seus acionistas, empregados, fornecedores, financiadores e da comunidade local e jamais usar o poder econômico e financeiro, que possuem (o chamado *governance structure*), para impor práticas nocivas aos interesses sociais e coletivos.

13. Revista *Exame*, n. 864, p. 26.

No Brasil, a Lei das Sociedades Anônimas e várias resoluções, instruções e pareceres de orientação editados pela CVM visam proteger os direitos individuais dos acionistas e, outrossim, da denominada "minoria qualificada", como ressaltei no estudo "Proteção à minoria acionária", publicado na *RDM* 105/25 a 36.

Os direitos da minoria qualificada são reunidos sob a forma de regras imperativas, que limitam o poder do controlador, e de direitos de bloqueio, quando o legislador, através de normas cogentes, inderrogáveis pela vontade dos acionistas, restringe, em benefício dos minoritários, a atuação dos controladores e administradores da companhia, como, por exemplo, se dá quanto: à forma especial de convocação e instalação das assembléias gerais de acionistas; à exigência peremptória de, nos avisos de convocação das assembléias gerais, constar, de forma clara e pormenorizada, as matérias que serão submetidas à deliberação; à prévia publicação dos documentos da administração; ao *quorum* qualificado para deliberar sobre determinadas matérias; ao uso do poder de controle; aos deveres de diligência, lealdade e informação dos administradores.

Os direitos individuais dos acionistas são: participar dos lucros sociais e do acervo da companhia, em caso de liquidação; fiscalizar, na forma prevista em lei, a gestão dos negócios sociais; preferência para subscrição de ações, partes beneficiárias conversíveis em ações e bônus de subscrição e retirar-se da sociedade nos casos previstos nesta lei.

Além desses direitos, intangíveis, irrenunciáveis e inderrogáveis, muitos outros, igualmente essenciais, prevê a Lei de S/A, como, por exemplo: na alienação de controle da companhia aberta, pagar-se aos minoritários 80% do que foi pago pelo bloco de controle; prerrogativa do acionista de negociar direitos patrimoniais isolados, tais como os de subscrição preferencial; direito de participar das assembléias e nelas discutir os assuntos da pauta; direito de exigir a autenticação de cópia ou exemplar das propostas, proposições, protestos e declarações de voto oferecidos em assembléia geral, cuja ata seja lavrada de forma sumária; direito de requerer a redução a escrito dos esclarecimentos prestados pelos administradores e de exigir o fornecimento pela mesa da assembléia da respectiva cópia; direito de propor ação de responsabilidade contra administradores, em nome próprio; direito de propor ação de responsabilidade contra os administradores, por substituição processual da companhia.

VI – Princípio do tratamento eqüitativo

"A cada ação correspondem um voto e um dividendo" (Hélène Ploix).[14]

Creio haver demonstrado que os princípios de base ética (da eticidade) e moral (da moralidade) buscam orientar e presidir o comportamento dos membros do conselho de administração, da diretoria executiva, do conselho fiscal, se em funcionamento, e do conselho consultivo, se houver, das companhias, em especial das companhias de capital aberto, bem como o exercício do poder de comando dos acionistas controladores e o desempenho das funções dos auditores independentes.

E, ademais, que os princípios do ativismo societário e da proteção ao acionista minoritário, a seu turno, têm por escopo propiciar, ao detentor de pequeno número de ações, meios de defender, nas assembléias gerais de acionistas, rotineiramente, junto à CVM, quando for o caso, e em juízo, se necessário, os seus direitos e interesses, ameaçados de lesão ou já lesionados por atos ou omissões, dolosas ou culposas, dos controladores e/ou administradores das companhias, às quais pertencem, na qualidade de minoritários.

Agora, vou cuidar do princípio do tratamento eqüitativo, que atende à necessidade, universalmente reconhecida e proclamada, de tratar-se de forma eqüitativa os sócios e acionistas das sociedades empresárias, isto é, de forma justa e razoável, adequando o preceito legal ao caso concreto.

Nos Estados Unidos da América, os fundos de pensão, que detém uma massa de recursos financeiros bilionária, só investem em empresas que privilegiem a divulgação de informações relevantes, a responsabilidade dos administradores, a visão estratégica de longo prazo, etc., mas, sobretudo, que provem estar havendo satisfatório funcionamento de suas práticas de governança corporativa, em especial tratamento equânime entre controladores e minoritários.

Na França, por igual, as sociedades francesas são obrigadas a pautar suas condutas pela transparência em relação a seus acionistas, fornecedores, financiadores e o mercado em geral; pelo respeito aos direitos dos minoritários e pelo estrito cumprimento das leis e das normas regulamentares e estatutárias por parte dos administradores, assinalando a doutrina que a adoção e prática de medidas que atentem contra a igualdade dos acionistas é condenada.[15]

No país, o IBGC, na cartilha denominada Código das Melhores Práticas de Governança Corporativa, elucida que a eqüidade ligada às boas práticas de governança corporativa "caracteriza-se pelo tratamento justo e igualitário de todos os grupos minoritários, sejam do capital ou das demais 'partes interessadas' (*stakeholders*), como colaboradores, clientes, fornecedores ou credores. Atitudes ou políticas discriminatórias, sob qualquer pretexto, são totalmente inaceitáveis".

A pedra de toque do princípio do tratamento eqüitativo está na arraigada noção de que "cada ação corresponde a um voto e a um dividendo", daí a acerba crítica ao "direito de voto duplo", "ações com divi-

14. Ob. cit., p. 32.

15. Frédéric Parrat, *Le Gouvernement d'Entreprise*, Paris, Máxima Laurent du Mesnil, 1999, p. 322.

dendos majorados sem direito de voto" (as nossas preferenciais), "limitação dos direitos de voto em assembléia", etc.

No país, foi objeto de acirrada discussão a questão do ágio na alienação de controle.

Para notáveis juristas, à frente os eméritos autores do Anteprojeto da Lei de Sociedade por Ações, obra-prima da legislação brasileira, Alfredo Lamy Filho e José Luiz Bulhões Pedreira, o ágio pertence exclusivamente aos acionistas controladores.[16]

Para outros de igual nomeada, como o eminente Prof. Arnoldo Wald, o ágio deve ser partilhado entre controladores e minoritários.[17]

Para alguns, o ágio pertence a todos os acionistas da companhia aberta.[18]

Para a 1ª Turma do STJ, só as ações com direito de voto fazem jus ao ágio, eis que os preferencialistas gozam de outras vantagens.[19]

Atualmente, a Lei de Sociedades por Ações, alterada pela Lei n. 10.303, de 2001, no art. 254-A, garante aos acionistas minoritários a alienação de suas ações por 80% do valor pago ao acionista controlador.

As regras do Novo Mercado da BOVESPA, todavia, exigem que seja assegurado tratamento igualitário entre controladores e minoritários.

VII – Princípio da transparência

> "A divulgação imediata de quaisquer informações que possam vir a afetar materialmente o mercado de ações é requisito fundamental da governança corporativa" (Joseph T. Baio).[20]

Um dos pilares da governança corporativa, o princípio da transparência visa assegurar, aos acionistas minoritários e preferencialistas, investidores de mercado, em especial os institucionais, financiadores e fornecedores de bens e de serviços, rápido e seguro acesso às informações relevantes sobre fatos, atos e negócios jurídicos realizados pelas sociedades empresárias.

Com efeito, divulgadas, pelas companhias, em especial as de capital aberto, de maneira ampla, através de jornais, revistas e meios eletrônicos, informações sobre as atividades sociais, os acionistas estarão mais aptos a avaliar as estratégias político-administrativas dos controladores e membros do conselho de administração e a sua implementação pela diretoria executiva; mais preparados e conscientes para eleger e reeleger administradores e para destituir e responsabilizar os que agiram em prejuízo da empresa; em melhores condições de examinar, debater e decidir sobre as contas dos exercícios sociais, balanços e demonstrações financeiras anuais, etc.

O princípio da transparência atende também aos interesses de potenciais investidores, sobretudo quanto à avaliação do preço das ações, às perspectivas de rentabilidade do negócio, aos mecanismos utilizados na tomada das principais decisões, à forma de remuneração global ou individual dos executivos e seu alinhamento com os interesses da companhia e dos acionistas,

16. *Fundamentos da Reforma das S/A*, 1ª ed., Rio de Janeiro, AEDE-SBERJ, 1976, pp. 22-23, *apud* Mauro Rodrigues Penteado, "Apontamentos sobre a alienação do controle de companhias abertas", *RDM* 76/17, ano XXVIII, 1989.

17. "A proteção dos acionistas minoritários na alienação do controle de companhias abertas", *Revista da CVM*, 4/2, n. 13, 1986, *apud* Mauro Rodrigues Penteado, ob. cit., p. 19.

18. São exemplos, Nelson Candido Motta, "Alienação de controle de instituições financeiras. Acionistas minoritários. Notas para uma interpretação sistemática da Lei das S/A", *RDM* 46/41, ano XXI, 1982; e Leslie Amendolara, *Os Direitos dos Acionistas Minoritários: com Alterações da Lei 9.457/97*, São Paulo, Ed. STS, 1998, p. 105.

19. REsp n. 2.276-RJ, Rel. Ministro Garcia Vieira, in Nelson Eizirik, *Sociedades Anônimas: Jurisprudência*, Rio de Janeiro, Renovar, 1996, pp. 367-372.

20. "Dealing with the regulators", in Michael R. Young, (ed.), *Accounting Irregularities and Financial Fraud*, cit., p. 171.

etc., o que levou a SEC (a CVM americana) a editar normas regulamentares para garantir a "lealdade do mercado" (*market fairness*) e a atuar na identificação, investigação e punição de fraudes contábeis, financeiras e corporativas.

Anote-se, por oportuno, que a transparência não se restringe ao fornecimento, oportuno e expedito, de informações contábeis, financeiras, fiscais, societárias, etc., mas, outrossim, na descrição pormenorizada e completa de todos os atos administrativos nos relatórios periódicos, particularmente nos relatórios anuais, que deverão passar pelo crivo da auditoria interna e da auditoria externa, respondendo a companhia por dados e informações que não correspondam à verdade.

No país, o IBGC recomenda que as companhias dêem amplo destaque e se empenhem na divulgação de todas as informações disponíveis, ressaltando que "as informações devem ser equilibradas e de qualidade, abordando tanto os aspectos positivos quanto os negativos, para facilitar ao leitor a correta compreensão e avaliação da sociedade. Toda informação que possa influenciar decisões de investimento deve ser divulgada imediata e simultaneamente a todos os interessados. Internet e outras tecnologias devem ser exploradas para buscar a rapidez e larga difusão de tais informações".[21]

A propósito, ressalte-se que o Nível 1 da BOVESPA estimula a prestação de informações ao mercado, através de relatórios trimestrais, de consolidação das demonstrações contábeis e de revisão especial de auditoria, de fatos relacionados a negociações de ativos e derivativos de emissão da companhia por parte de acionistas controladores ou administradores, da apresentação de calendário anual de eventos corporativos e das demonstrações do fluxo de caixa, entre outras.

21. *Código das Melhores Práticas de Governança Corporativa*, pp. 33-34.

Consoante anota, de início, Marta Barcellos, "obrigatória e nos prospectos e candidata a integrar os relatórios da administração, seção Fatores de Risco extrapola funções legais para se tornar um diferencial de transparência",[22] para, a seguir, esclarecer: "(...) muitas companhias avançam nas suas práticas internas de gerenciamento e análise de riscos. E (...) começam a ver vantagens em manter o mercado informado sobre cada detalhe que possa influenciar negativamente suas ações",[23] e, afinal, arrematar: "a divulgação de análises e informações adicionais sobre riscos pressupõe um monitoramento mais sofisticado, que interesse aos analistas e investidores".[24]

VIII – Princípio da independência dos administradores

> "Para estabelecer um julgamento justo com relação aos administradores operacionais, o conselho de administração deve construir sua independência, sem suprimir sua responsabilidade colegiada e coletiva" (Hélène Ploix).[25]

A Lei de Sociedades anônimas (LSA) estabelece, taxativamente, que, nas companhias abertas, nas sociedades de economia mista e nas sociedades de capital autorizado, a administração é cometida ao conselho de administração, órgão colegiado, e à diretoria executiva, responsável pela gestão e representação orgânica da companhia, apenas a sociedade de capital fechado podendo ter ou não conselho de administração.

É voz corrente que o conselho de administração é uma mini assembléia geral de acionistas, em que os representantes dos controladores e dos minoritários defendem, nas reuniões do colegiado, os direitos e in-

22. Revista *Capital Aberto*, n. 16, ano 2, p. 24.
23. Idem, p. 25.
24. Idem, p. 26.
25. Ob. cit., p. 25.

teresses dos grupos que os elegeram, não raro atuando em conflito de interesses, o que se choca com a idéia de que tanto os membros do conselho de administração quanto os da diretoria devem exercer suas funções, poderes e atribuições com o fim de fazer a companhia realizar o seu objeto e cumprir sua função social com autonomia e independência.

Por isso, a doutrina, nacional e estrangeira, vem pregando que é absolutamente indispensável que as companhias elejam conselheiros independentes, que não tenham vínculo de espécie alguma nem com os controladores, nem com os minoritários, nem com a própria sociedade, o que lhes permitirá proferir decisões baseadas exclusivamente no interesse dos acionistas e investidores do mercado; julgar os atos dos diretores executivos com isenção com fundamento em pareceres técnicos do conselho fiscal, da auditoria interna e dos auditores independentes; questionar, "sem pudores",[26] tudo o que se refere à gestão interna dos negócios sociais; não fraquejar diante de pressões expressas ou subliminares do presidente do CA, etc.

Discute-se, entretanto, qual o número ideal de administradores independentes deve ter uma companhia, recomendando o *Cadbury Report* que "deve ser tal que possa influenciar nas decisões do conselho", sobretudo em face de relevantes matérias como, por exemplo, rever o desempenho individual de cada membro do conselho e da diretoria, examinar e deliberar sobre casos de conflito real ou potencial de interesses, a repartição de poderes entre o presidente e demais conselheiros.

Como acentuaram Joly e Nioche,[27] a eficácia da fiscalização exercida pelo conselho de administração depende da capacidade real de detectar eventuais insuficiências na gestão da empresa, compreender a origem de tais insuficiências, definir medidas incitativas e corretivas pertinentes e impor tais medidas. O exercício dessas tarefas requer, em diferentes níveis, dos administradores, qualidades de independência e de objetividade (propiciadas, em especial, por administradores sem ligações com a empresa e seus diretores) e capacidade de ter um julgamento crítico, ou seja, esclarecido sobre as propostas elaboradas pela diretoria.

Anote-se que o IBGC recomenda que os conselheiros independentes não tenham qualquer vínculo com a sociedade, exceto eventual participação de capital; não sejam acionistas controladores ou membros do grupo de controle, cônjuge ou parente até segundo grau destes, ou vinculados a organizações relacionadas ao acionista controlador; não tenham sido empregados ou diretores da sociedade ou de alguma de suas subsidiárias; não estejam fornecendo ou comprando, direta ou indiretamente, serviços e/ou produtos à sociedade; não sejam funcionários ou diretores de entidade que esteja oferecendo serviços e/ou produtos à sociedade; não sejam cônjuge ou parente até segundo grau de algum diretor ou gerente da sociedade e não recebam outra remuneração da sociedade além dos honorários de conselheiro (dividendos oriundos de eventual participação no capital estão excluídos desta restrição).

IX – Princípio da responsabilidade do administrador

> "Os administradores são responsáveis frente à sociedade ou frente a terceiros, seja por infrações a disposições legais ou regulamentares, seja por violações aos estatutos, seja por faltas cometidas durante sua gestão" (art. 244 da Lei de Sociedades francesa de 1966).

Relembre-se, de pronto, mais uma vez, que, no direito brasileiro, nas companhias de capital aberto, de capital autorizado e

26. Bertrand Collomb, cit. por Hélène Ploix, ob. cit., p. 27.
27. "L'implication du conseil d'administration dans la formation de la stratégie", in Karine Le Joly e Bertrand Moingeon (dirs.), ob. cit., p. 75.

de economia mista, a administração é dúplice, dividida entre o conselho de administração, órgão de deliberação colegiada, e a diretoria executiva, órgão de gestão (interna) dos negócios sociais e de representação (externa) da sociedade perante terceiros; nas companhias fechadas e nas sociedades limitadas, é facultativa a criação do conselho de administração, desde logo cumprindo observar que *todos* os administradores devem pautar-se pelo "princípio da responsabilidade", um dos princípios basilares da Governança Corporativa.

De acordo com a Lei de Sociedades Anônimas, o administrador (*a*) "deve empregar, no exercício de suas funções, o cuidado e diligência que todo o homem ativo e probo costuma empregar na administração de seus próprios negócios" (art. 153, dever de diligência); (*b*) "deve servir com lealdade à companhia e manter reserva sobre os negócios" (art. 155, dever de lealdade); (*c*) "de companhia aberta deve declarar, ao firmar o termo de posse, o número de ações, bônus de subscrição, opções de compra de ações e debêntures conversíveis em ações, de emissão da companhia e de sociedades controladas ou do mesmo grupo econômico, de que seja titular" (art. 157, dever de informar); (*d*) não deve "intervir em qualquer operação em que tiver interesse conflitante com o da companhia" (art. 156, dever de abster-se de participar de situações de conflito real ou potencial de interesses).

A doutrina, pátria e alienígena, calcada em disposições legais e regulamentares, ensina, ademais, que são deveres dos administradores: (*a*) perseguir o interesse social, o que equivale dizer a empenhar-se na consecução do interesse comum de todos os sócios ou acionistas; (*b*) gerir os negócios sociais, com cuidado, diligência e lealdade, com a finalidade de a sociedade realizar o seu objeto e cumprir sua função social; (*c*) informar-se sobre todos os assuntos de interesse da empresa, para poder decidir com conhecimento de causa; (*d*) investigar, decorrente do dever de informar-se e do dever de fiscalizar, os fatos, atos e negócios jurídicos de interesse da sociedade, para apurar, quando for o caso, e definir, de modo claro e preciso, a responsabilidade dos membros do conselho de administração e da diretoria executiva; (*e*) fiscalizar os atos de cada administrador, nas chamadas relações intra-orgânicas, e, também, de procuradores e prepostos, para prevenir, sempre que possível, e punir, sempre que necessário, a atuação em conflito de interesses.

Como anota João Bosco Lodi,[28] a propósito do conselho de administração, ele deve agir sempre com *fairness* (senso de justiça e eqüidade), *disclosure* (transparência) e *compliance* (obediência e cumprimento das leis, regulamentos e estatutos sociais), prestando permanentemente conta de seus atos (*accountability*), o que levou a GM a instituir uma série de normas que a companhia e os seus conselheiros devem observar, a saber: (*a*) deve haver uma maioria de conselheiros externos; (*b*) os conselheiros independentes devem escolher um *lead director* (diretor principal); (*c*) os conselheiros independentes devem reunir-se isoladamente, de maneira regular e programada; (*d*) os conselheiros independentes devem assumir responsabilidade por todos os procedimentos do conselho de administração; (*e*) o conselho de administração deve ter responsabilidade pela seleção de candidatos a novos conselheiros; (*f*) o conselho de administração deve analisar o seu próprio desempenho; (*g*) os membros independentes devem avaliar o CEO e outros importantes executivos com base em programações regulares; (*h*) o conselho de administração deve conhecer e concordar na íntegra com as estratégias de longo prazo da empresa; (*i*) o conselho de administração deve dedicar tempo e atenção à se-

28. *Governança Corporativa. O Governo da Empresa e o Conselho de Administração*, Rio de Janeiro, Campus, 2000, p. 19.

leção do CEO, sua responsabilidade isolada mais importante.[29]

Em resumo, portanto, os administradores da sociedade limitada e os da sociedade anônima têm funções, atribuições e poderes, que devem exercer com diligência e probidade, e deveres, que devem cumprir com zelo e escrúpulo, sob pena de responderem, por ação ou omissão, dolosa ou culposa, civil e, nas hipóteses previstas em lei, criminalmente, pelos prejuízos causados à sociedade, a seus sócios ou acionistas, a seus credores, ao mercado em geral e ao ecossistema.

X – Princípio da razoabilidade

> "Com efeito, razoabilidade enseja desde logo uma idéia de adequação, idoneidade, aceitabilidade, logicidade, eqüidade" (Suzana de Toledo Barros).[30]

A Lei de Sociedades Anônimas (LSA), ao cuidar das atribuições e poderes e ao disciplinar os deveres e responsabilidades dos membros do conselho de administração e da diretoria executiva, através de normas de conteúdo indeterminado, intencionalmente vagas e elásticas, estimula os administradores a agirem com discricionariedade, sem, todavia, poderem descurar do cabal cumprimento dos deveres de diligência e cuidado, que fixam os limites de sua responsabilidade.

Com efeito, atento exame dos arts. 153 a 157, da LSA, autoriza afirmar que, fiel aos cânones do "sistema aberto de direito", a lei instituiu "modelos éticos de conduta" – "condutas exigidas" (arts. 153 a 155 e 157) e "condutas proibidas" (art. 156) – com o objetivo de pautar o comportamento dos administradores na consecução do seu mister de "produzir resultados" com o tirocínio e prudente arbítrio, conforme o paradigma de Drucker: "a missão institucional do administrador é produzir resultados", correndo riscos razoáveis, acrescento.

É curial que a observância estrita (e acanhada) dos deveres de diligência e cuidado dificulta e, por vezes, impede a companhia de "produzir resultados lucrativos", razão pela qual, mitigando o rigor dos deveres de diligência e cuidado, há o "prudente arbítrio", a "discricionariedade esclarecida", que se manifesta através da "ponderação" dos "prós e contras" dos atos dos administradores no exercício diuturno de suas atribuições e poderes de gestão interna e representação.

Essa imprescindível "ponderação dos prós e contras" das operações sociais é norteada pelo "princípio da razoabilidade ou proporcionalidade", o qual visa, na abalizada lição de Daniel Sarmento, "à contenção do arbítrio e à moderação do exercício do poder",[31] segundo uma "relação de causalidade entre meio e fim".[32]

A todo momento, jornais e revistas noticiam situações em que a administração das companhias é instada a tomar decisões de risco e, portanto, "*ponderar os prós e contras*" consoante o princípio da razoabilidade.

Eis alguns exemplos marcantes:

A Nutrella, empresa gaúcha fabricante de pães e bolos, atividade que conhece e exerce há muitos anos, porém que "impõe limites ao crescimento", viu-se compelida a "arriscar-se num mercado maior, mas desconhecido", dominado por "marcas tradicionais e líderes do seu setor, como Pullman e Seven Boys". Consciente que precisava inovar, a Nutrella, diz Daniel Neitzke, diretor de *marketing* e filho do fundador, acei-

29. *Harvard Business Review. Experiências de Governança Corporativa*, Rio de Janeiro, Campus, 2001, p. 186.

30. *O Princípio da Proporcionalidade e o Controle de Constitucionalidade das Leis Restritivas de Direitos Fundamentais*, 3ª ed., Brasília, Brasília Jurídica, 2003, p. 72.

31. Daniel Sarmento, *A Ponderação de Interesses na Constituição Federal*, Rio de Janeiro, Lumen Juris, 2000, p. 77.

32. Humberto Ávila, *Teoria dos Princípios*, 2ª ed., São Paulo, Malheiros Editores, 2003, p. 91.

tou o desafio e venceu, correndo riscos razoáveis, porquanto o faturamento, de R$ 37 milhões em 2000, passou para R$ 112 milhões em 2004.[33]

Exemplo de riscos bem sucedidos é, também, o da BRA, que, "em apenas dois meses de operação, se tornou a quarta maior companhia aérea do país", adotando uma estratégia de venda de diversos produtos ao mesmo tempo, como pacotes turísticos e diárias em hotéis, além de oferecer passagens aéreas com preços 30% mais baixos que os da concorrência (Revista *Exame*, ed. de 15.3.2006), e do hospital paulista Albert Einstein, que se "transformou num grande negócio de saúde integrada", ao entregar sua administração a um grupo de profissionais, sem experiência em medicina.[34]

Há, todavia, riscos preocupantes, como o da Ford Motor Company, que adotou, como meio de reestruturação, maciço investimento em veículos híbridos, menos poluentes que os carros convencionais, uma obsessão pessoal de Bill Ford, seu presidente, um ambientalista que assumiu a empresa prometendo uma "revolução verde", embora, como acentuou a Revista *Exame*, "os veículos híbridos ainda custem muito caro e pareçam uma aposta arriscada para uma montadora que precisa recuperar resultados em curto prazo".[35]

XI – Princípio da função social da empresa

> "A motivação da atividade corporativa inclui a preocupação com o bem-estar de algumas das partes envolvidas que não são os proprietários e um compromisso subjacente com princípios básicos como integridade, imparcialidade e respeito pelas pessoas" (Thomas Donaldson).[36]

O princípio da função social da empresa se dirige, em primeiro lugar, aos administradores das empresas, sobretudo das megacompanhias industriais, orientando-os a atentarem para as questões ambientais, quando forem decidir implantar ou expandir as instalações fabris da companhia; a privilegiarem o desenvolvimento sustentável, para evitar agredir e por em risco o ecossistema; a darem especial tratamento à extração de recursos naturais, para garantir um futuro saudável para as próximas gerações, etc.

Os arautos desse princípio têm sustentado, acerbamente, que somente quando acionistas controladores e principais executivos se conscientizarem da função social da empresa, as companhias transnacionais deixarão de exportar poluição dos países desenvolvidos e produzir por menores custos com o sacrifício das nações mais pobres.[37]

Pregam ainda que os objetivos das companhias não se limitam a maximizar os lucros e os ganhos de capital dos acionistas, já que elas devem zelar por seus empregados e pela comunidade onde atuam,[38] bem como que as companhias, no curso de seus negócios, devem devotar uma parte considerável de seus recursos ao bem-estar público e a propósitos humanitários, educacionais e filantrópicos.[39]

Nos EUA, embora "pátria do capitalismo selvagem", a intervenção do Poder Judiciário nas sociedades americanas não se restringe às matérias econômicas, eis que ela também prima por garantir valores institucionais básicos, como família, comunidade e convivência.

Como anota David Sciulli, desde a formação do governo americano, as cortes e legislações estaduais foram encarregadas

33. Revista *Exame*, ed. de 9.10.2005.
34. Revista *Exame*, ed. de 4.8.2004.
35. Revista *Exame*, ed. de 9.10.2005.
36. "Definindo o valor de fazer bons negócios", *Valor. Governança Corporativa*, 3ª parte, ed. de 7.7.2005, p. 2.
37. Dine, ob. cit., p. 177.
38. Blair, ob. cit., p. 203.
39. Lawrence E. Mitchell, Lawrence A. Cunningham e Lewis D. Solomon, *Corporate Finance and Governance Cases, Materials, and Problems for an Advanced Course in Corporations*, 2ª ed., Durham, Carolina Academic Press, 1996, p. 19.

da função de supervisionar e regular as atividades corporativas, tendo maior importância as cortes dos estados de Delaware, Nova Iorque, Nova Jérsei e Califórnia, podendo-se dizer, em síntese, que as cortes estaduais visam proteger as sociedades americanas dos possíveis danos causados pelo poder corporativo, além, por certo, de assegurar a observância dos direitos e interesses dos acionistas minoritários, credores, fornecedores, empregados e executivos de médio escalão.[40]

Também nos EUA desenvolveu-se a doutrina, consoante pontifica Thomas Donaldson, da "Responsabilidade Social Empresarial", segundo a qual as corporações têm deveres com o bem-estar da coletividade e "compromisso subjacente com princípios como integridade, imparcialidade e respeito pelas pessoas".[41]

Por fim, o IBGC, em seu Código das Melhores Práticas de Governança Corporativa, afirma: "Conselheiros e executivos devem zelar pela perenidade das organizações (visão de longo prazo, sustentabilidade) e, portanto, devem incorporar considerações de ordem social e ambiental na definição dos negócios e operações. Responsabilidade Corporativa é uma visão mais ampla da estratégia empresarial, contemplando todos os relacionamentos com a comunidade em que a sociedade atua. A 'função social' da empresa deve incluir a criação de riquezas e de oportunidades de emprego, qualificação e diversidade da força de trabalho, estímulo ao desenvolvimento científico por intermédio de tecnologia, e melhoria da qualidade de vida por meio de ações educativas, culturais, assistenciais e de defesa do meio ambiente".

40. David Sciulli, *Corporations vs. The Court: Private Power, Public Interest*, Londres, Lynne Reiner Publishing Inc., 1999, pp. 1-7.

41. Ob. cit., p. 2.

ENTRAVES À EFICÁCIA DA LEI DE RECUPERAÇÃO DE EMPRESAS EM CRISE. COMO SUPERÁ-LOS?

MARIA CELESTE MORAIS GUIMARÃES

I – Introdução. II – Breve histórico do instituto. III – Evolução do instituto no Direito brasileiro. IV – Do escopo da nova lei. V – Do processo de recuperação judicial de empresas. VI – Entraves à eficácia da lei de recuperação de empresas: 1. A não sujeição dos créditos tributários; 2. Exigência da certidão negativa de débitos fiscais; 3. Apreciação do plano de recuperação pelos credores; 4. Afastamento do devedor pela prática de atos lesivos à recuperação. VII – Soluções para os entraves suscitados.

Este artigo tem por objetivo analisar a eficácia da Lei n. 11.101/2005, que entrou em vigor em 9 de junho de 2006, em face dos processos em andamento, em especial o da Varig, cujo desfecho exitoso demonstrou, afinal, que a nova lei mostrou seus resultados.

Embora se reconheça que a nova lei tenha entraves à sua melhor aplicação, o princípio da função social da empresa deve ser tutelado pelo Estado, que é o primeiro interessado na manutenção dos empregos dos trabalhadores, da atividade produtiva e do crescimento econômico do país.

O que se impõe é a mudança na exegese para aplicação da lei, privilegiando-se a visão finalística em detrimento do aspecto formal. O processo de recuperação da Varig, com o recente anúncio da sua aquisição pela Gol Linhas Aéreas, demonstra que esta nova hermenêutica pretendida não é um sonho, mas uma realidade que se faz presente a cada dia.

I – Introdução

Inicio este artigo com a notícia da aquisição do controle acionário da VRG Linhas Aéreas S/A – companhia área que opera a marca "Varig", em recuperação judicial, pela Gol Linhas Aéreas, em uma bem-sucedida operação de salvamento de uma empresa em crise, na economia brasileira. Não se trata de uma empresa qualquer, mas da mais tradicional companhia do setor aéreo nacional, com reconhecida excelência na prestação de seus serviços, inclusive internacionalmente, constituindo-se uma referência no seu segmento, ao ponto de a mídia referir-se a ela como um verdadeiro "patrimônio nacional".

Tal operação provocou-me e, também, acredito, em todos aqueles que acreditavam na importância da edição da nova lei de recuperação, uma sensação de conforto e de regozijo em verificar que a Lei n. 11.101/2005, afinal, mostrou seus resultados.

"A eficácia de uma lei é questão de ordem sociológica", já nos ensinava o Prof. Osmar Brina Corrêa-Lima,[1] ao comentar a

1. Osmar Brina Corrêa-Lima, "Breve histórico da legislação sobre Sociedade Anônima no Brasil", *Revista da Faculdade de Direito Milton Campos*, v. 6, 2001, p. 235.

edição da Lei n. 6.404/1976 – Lei da S/A. Infelizmente, o grau de eficácia das leis no Brasil mostra-se abaixo do desejável. "Aqui, (diz o Professor) as leis são como vacinas: umas pegam, outras não". Não foi diferente com a edição da Lei n. 11.101/2005, cercada de muita desconfiança e descrença acerca da eficácia dos seus resultados.

A pergunta que se fazia era: pode uma lei recuperar uma empresa? É evidente que não. Uma norma não tem, por si só, este condão, este *fetiche*. Contudo, para os defensores do então Projeto de Lei n. 4.376/1993, dentre os quais sempre me incluí, estava claro que a inadequação legislativa, traduzida pelo Decreto-lei n. 7.661/1945, só agravava a situação de crise nas empresas, na medida em que não oferecia soluções técnicas necessárias para debelar os graves efeitos que o desaparecimento de uma empresa acarreta à sociedade. E aí está a demonstração cabal desta premissa. A solução da crise econômico-financeira da Varig não seria possível se não estivesse em vigor a Lei n. 11.101/2005. Ao tempo do Decreto-lei revogado, ela já estaria falida.

Por grande período da história, a solução da insolvência das empresas ficou restrita ao círculo privado dos interesses do devedor e de seus credores. A solução da crise econômica e financeira das empresas não reclamava uma ingerência do Estado, que, alheio, assistia o desenrolar do conflito. Os postulados do liberalismo reforçavam esta tendência. A eliminação da empresa seria o efeito seletivo das leis naturais da competência. O empresário insolvente tem de ser eliminado do mercado porque a insolvência demonstrou a sua incapacidade. Neste período, portanto, os procedimentos legais relativos à solução da insolvência das empresas eram essencialmente *liquidatários* e *solutórios*, vale dizer, para a satisfação dos créditos, se fosse preciso, chegar-se-ia à liquidação da sociedade com o desaparecimento da unidade produtiva.

No decorrer do século XX, principalmente a partir do final da Segunda Guerra Mundial, o interesse do Estado na conservação da empresa adquire indubitável relevo. De um lado, porque a especialidade, característica do século passado, deixa espaço a uma potencial generalidade, no sentido de que a conservação é legitimada pela dimensão da empresa – pela sua importância quantitativa e qualitativa – e não simplesmente pelo setor a que pertence. De outro, pela heterogeneidade de meios a que recorre o Poder Público para impedir a eliminação.

Nesta fase, ao interesse público, entendido como o interesse do Estado, acrescentou-se um novo: os dos trabalhadores que entraram na realidade da empresa. O interesse social adquire progressiva importância e obriga a uma revisão do *status quo*, na medida em que, direta ou indiretamente, condiciona a solução da crise econômica da empresa.

À oposição entre interesse público e interesse dos credores, de um lado, e entre este e o interesse dos trabalhadores, de outro, agrega-se um dado a que não se tinha por costume atentar, segundo Ángel Rojo Fernández-Rio (*apud* Guimarães): "É a ruptura da unidade dos próprios credores. No Direito vigente, do princípio da *par conditio creditorum* apenas restou uma pequena sombra. Ao privilégio que desde as origens da quebra se reconhecia aos créditos de natureza pública, foram sendo acrescentados, em confuso tropel, muitos outros, conforme a potência econômica de cada uma das categorias de credores. A história mostrou não só a proliferação de privilégios, mas também a luta entre os créditos privilegiados".[2]

Esta circunstância ocasionou as mais baixas cotas de satisfação na liquidação do patrimônio do devedor. Por todas estas razões, os próprios credores começaram a compreender que a liquidação da empresa

2. Maria Celeste Morais Guimarães, *Recuperação Judicial de Empresas*, Belo Horizonte, Del Rey, 2001, p. 161.

não era o melhor modo de satisfazer as suas expectativas de receber os créditos.

Desta forma, os interesses que gravitavam em torno da empresa: os trabalhadores, fornecedores, prestadores de serviços e a própria comunidade, que são atingidos pela crise da empresa, passaram a ser reconhecidos e tutelados pelo Poder Público, que assumiu, portanto, papel de relevância na solução do conflito, buscando a recuperação da empresa e a manutenção da atividade empresarial.

Tal situação propiciou um nítido deslocamento da matéria, antes de cunho eminentemente privatístico, para o campo publicístico. O Estado passou a tutelar os interesses coletivos, reconhecendo a imprescindível função social que a empresa tem na sociedade contemporânea, tornando possível a introdução no direito concursal do instituto da recuperação de empresas.

II – Breve histórico do instituto

A partir do *Chandler Act*, de 1938, surge nos Estados Unidos um novo instituto denominado *corporate reorganization*, cujo objetivo é salvaguardar a empresa, operando na companhia que a explora a reorganização econômica e administrativa necessária ao superamento da crise. O instituto, como o próprio nome já indica, só se aplica às sociedades anônimas. Não se trata de procedimento substitutivo da concordata, ao arbítrio do devedor, mas de uma solução aplicável apenas nas hipóteses em que a simples concordata (*arrangement proceeding*) se revele uma medida insuficiente para conjurar a crise empresarial. Por isso mesmo, em sua petição inicial de *corporate reorganization*, a companhia deve demonstrar por que a concordata não se aplica ao seu caso.

O inovador procedimento preconiza a tentativa de salvamento da empresa que demonstre ter viabilidade econômica, mas que passe por graves dificuldades financeiras, evitando-se, com as medidas de reorganização empresarial, que ela seja levada à falência.

Com o *New Bankruptcy Code*, as normas foram aperfeiçoadas em 1978, como nos dá notícia o Prof. Jorge Lobo,[3] com a ampliação dos poderes da *Securities and Exchange Commission* (SEC), representante do Governo Federal, incumbida de velar pela aplicação de sua política econômico-financeira no setor empresarial. A grande contribuição da *corporate reorganization*, dentre outras, é a apresentação, pelo devedor, do "plano de reorganização da companhia", que detalha as medidas a serem implementadas para o pagamento dos credores como as alterações estatutárias julgadas necessárias a um melhor desempenho da empresa.

Após esta exitosa experiência nos Estados Unidos, transformação análoga ocorreu na França, com a promulgação da Lei n. 67.563, de 13.7.1967, e com a Ordenação n. 67.820, de 23 de setembro do mesmo ano, que reformularam por completo o Direito Falimentar francês. A instituição do procedimento do *réglement judiciaire*, voltado para a recuperação da empresa em crise, teve por características superar as distinções entre processos de execução coletiva, fundadas em critérios jurídico-formais, de modo a estender o procedimento também às pessoas jurídicas não mercantis, ademais das propriamente mercantis.

A reforma empreendida no direito francês obedeceu a rigorosos princípios. Dentre eles, o mais importante foi o reforço das prerrogativas judiciais, em detrimento dos poderes dos credores, instituindo uma tendência que passou a ser dominante nos países europeus, a partir de então, de restringir-se a chamada "democracia de credores" nos procedimentos concursais.

Grande influência, também, deve ser creditada, no aperfeiçoamento dos procedimentos de recuperação de empresas, à

3. Jorge Lobo, *Direito Concursal*, Rio de Janeiro, Forense, 1996, p. 26.

experiência da legislação espanhola, hoje modelar na Europa. A Espanha reformou inteiramente o seu direito concursal por meio da "Ley Orgânica 8/2003", de 9 de julho de 2003, que modificou a "Ley Orgânica 6/1985", de 1 de julho de 1985.

A legislação anterior vinha provocando grande insatisfação no meio jurídico e econômico na Espanha, pois estava ancorada na inteligência de que a *função* primária do concurso ou da quebra é a satisfação dos credores, por meio da *liquidação* dos bens do devedor. Na busca, pois, de novas soluções para a patologia da empresa, a legislação espanhola passou a priorizar, utilizando-se de uma metáfora médica, o "*salvamento* da empresa", ou o seu "*saneamento*", em detrimento da sua liquidação.

Das inovações introduzidas no direito espanhol, podemos destacar a atenuação dos efeitos da declaração do concurso quanto à pessoa do falido. Estes efeitos agora são fixados a critério do juiz, em face das peculiaridades de cada concurso; da unificação do procedimento concursal que foi estendido aos não-comerciantes; da declaração do concurso, que também pode ser requerida pelo próprio devedor e não interrompe o exercício da sua atividade econômica, sem prejuízo dos efeitos que são produzidos nos seus direitos patrimoniais; e da simplificação dos órgãos concursais ao juiz e ao administrador concursal, vez que a junta de credores será constituída por vontade destes últimos.

Destaque-se, ainda, que a solução do concurso passa pela apresentação pelo devedor de um *acordo* (convênio) acompanhado de um *plano de viabilidade da empresa*, que demonstre a sua possibilidade de recuperação, como ocorre na lei brasileira.

III – Evolução do instituto no Direito brasileiro

Não há melhor descrição para o contexto da legislação brasileira sobre a solução da insolvência das empresas do que a expressão de Fábio Konder Comparato: *o dualismo pendular*. Ora a legislação pendia para a tutela dos interesses dos credores, ora para a do devedor, sem, contudo, levar em consideração os interesses sociais, absolutamente legítimos, que gravitam em torno da empresa. A legislação concursal brasileira, antes da edição da Lei n. 11.101/2005, segundo Comparato:[4] "protegia alternadamente o insolvente, ou os seus credores, ao sabor da conjuntura econômica e da filosofia política do momento".

O revogado Decreto-lei n. 7.661/1945 era um exemplo claro desse *dualismo pendular*. Várias alterações foram nele introduzidas, principalmente, no que concerne ao instituto da concordata preventiva; ora visando facilitar a sua impetração pelo devedor, ora dificultando o seu cumprimento, como no caso da exigência da correção monetária para os créditos tributários, antes mesmo de ser ela devida para os demais credores. Some-se a isso a visão eminentemente processualista do instituto concordatário, que estabelecia os requisitos legais para a sua concessão, sem que a questão da "viabilidade econômica" da empresa fosse apreciada.

O saudoso Prof. Nelson Abrão,[5] que contribuiu enormemente para o aperfeiçoamento do então Projeto de Lei n. 4.376/1993, que resultou na Lei 11.101/2005, sempre propugnou que o procedimento concursal não pudesse constituir-se apenas em um *favor legal* ao devedor, mas de um instrumento que estivesse voltado para "a salvaguarda da empresa, em função do valor e do interesse que ela representa para a economia regional ou nacional".

A Constituição Federal de 1988 veio, finalmente, consagrar a função social da empresa como corolária da função social da propriedade, prevista no inciso III, do

4. Fábio Konder Comparato, *Aspectos Jurídicos da Macro-Empresa*, São Paulo, Ed. RT, 1970, p. 97.

5. Nelson Abrão, *O Novo Direito Falimentar*, São Paulo, Ed. RT, 1985, p. 28.

art. 170, que trata da Ordem Econômica e Financeira da Nação. Faltava-nos, portanto, uma legislação infraconstitucional que pudesse dar cabo a esse tão reclamado princípio constitucional, o que foi atendido com a edição da Lei n. 11.101/2005.

IV – Do escopo da nova lei

Pelo voto do Relator, Deputado Osvaldo Biolchi, verifica-se que o projeto original do Poder Executivo espelhava a preocupação de oferecer ao nosso ordenamento jurídico uma lei consentânea com a atualidade, substituindo tanto o diploma legal de 1945, como as outras normas que o alteraram ao longo de cinqüenta anos.

Vê-se que os princípios inspiradores da reforma da Lei n. 11.101/2005 foram a busca do crescimento econômico por meio da tutela do crédito e da sua circulação, e a recuperação das empresas em crise, em face da sua função social.

O art. 47 da Lei n. 11.101/2005 consagra tal inspiração, quando define a recuperação judicial como: "A ação destinada a viabilizar a superação da situação de crise econômico-financeira do devedor, a fim de permitir a manutenção da fonte produtora, do emprego dos trabalhadores e dos interesses dos credores, promovendo, assim, a preservação da empresa, sua função social e o estímulo à atividade econômica".[6]

Erigido, assim, o instituto, à sombra da legislação americana e dos novos procedimentos concursais europeus, como anteriormente assinalado, tem a recuperação judicial da legislação brasileira características próprias.

O devedor deve atender a certos requisitos legais, conforme previstos no art. 48 e incisos,[7] o que dá ao instituto um cunho formalista, tão criticado no Decreto-lei revogado, para a concessão do pedido. Isto é injustificável, eis que a "empresa segue a sorte do empresário". Esta expressão, cunhada por Adrián Piera Jiménez (*apud* Guimarães), grande comercialista espanhol, traduz a característica dos procedimentos concursais, então reinantes, impregnados de uma concepção primitiva, na qual "o homem e a empresa quedam-se sujeitos à mesma sorte".[8]

Lamentavelmente, a Lei n. 11.101/2005 insistiu nessa concepção primitiva, quando condicionou a propositura do pedido de recuperação ao empresário não estar incluído nos impedimentos arrolados nos incisos do art. 48. Embora a empresa tenha "viabilidade econômica", a recuperação não poderá ser requerida. Por outro lado, se o empresário mantém-se *inerte*, *desinteressado* na manutenção da atividade econômica, e não requer a recuperação, a lei não previu que outros interessados possam fazê-lo, mitigando os relevantes interesses sociais que gravitam em torno da empresa e que sofrerão os custos de sua liquidação.

Era de se admitir que os credores, empregados, ou mesmo o Ministério Público, na sua função institucional, pudessem requerê-la, vez que o escopo da lei, como vimos, é a promoção da preservação da empresa, sua função social e o estímulo à atividade econômica, nos termos do citado art. 47.

Se a nova lei pecou por manter este formalismo injustificado, por outro lado, deve-se aplaudir a iniciativa de se prever a

6. Lei n. 11.101, de 9.2.2005.

7. "Art. 48. Poderá requerer recuperação judicial o devedor que, no momento do pedido, exerça regularmente suas atividades há mais de 2 (dois) anos, e que atenda aos seguintes requisitos, cumulativamente: I – não ser falido e, se o foi, estejam declaradas extintas, por sentença transitada em julgado, as responsabilidades daí decorrentes; II – não ter, há menos de 5 (cinco) anos, obtido concessão de recuperação judicial; III – não ter, há menos de 8 (oito) anos, obtido concessão de recuperação judicial com base no plano especial de que trata a Seção V deste Capítulo; IV – não ter sido condenado ou não ter, como administrador ou sócio-controlador, pessoa condenada por qualquer dos crimes previstos nesta Lei."

8. Maria Celeste Morais Guimarães, *Recuperação Judicial de Empresas*, cit., p. 208.

apresentação do *plano de recuperação*, pelo devedor, como condição para a concessão do pedido. O plano constitui, no nosso modo de ver, o rompimento com os procedimentos concursais anteriores de cunho nitidamente liquidatário-solutório. O devedor deverá demonstrar no Plano de Recuperação as medidas a serem implementadas visando à reorganização da sociedade e a demonstração da sua viabilidade econômica, e não apenas a forma de satisfação dos credores.

V – Do processo de recuperação judicial de empresa

Dentre as mais importantes inovações da nova lei, destaque-se o abandono dos característicos tradicionais dos concursos de credores, como a cessação de pagamentos e a insolvência, entendida esta como a incapacidade patrimonial, conforme prevista no Régio Decreto 267 de 1942, na Itália, como causa ensejadora do procedimento concursal.

As noções de insolvência,[9] de impontualidade e de inadimplemento, perfeitamente ajustadas no cenário concursal de concepção privatística (relação devedor-credores), estão hoje superadas pela de crise econômica da empresa.

Já não se fala mais em insolvência, mas, sim, de situação de crise econômica, conceito que, segundo Ángel Rojo Fernández-Río (*apud* Guimarães),[10] "é meta-jurídico, aberto e cambiante". A insolvência não esgota a patologia da empresa moderna em crise e, em conseqüência, não pode ser o pressuposto único – ou principal – para a abertura do concurso. A insolvência, como sempre foi considerada na doutrina italiana,[11] deve ser entendida como o último grau da patologia, vez que toda situação de insolvência constitui uma situação de crise econômica. Porém, a proposição inversa resulta *inexata*. Do que se conclui que a insolvência passou a ser apenas o elo final da corrente que se inicia com a "crise econômica da empresa", que, por sua vez, é resultante da ação concomitante de múltiplas causas – cujos efeitos finais se concretizam no estado de insolvência – que se opera no momento precedente ao da instauração dos procedimentos judiciais.

A partir, portanto, da inestimável contribuição do jurista espanhol Ángel Rojo, concebendo o "estado de crise econômica", este, em boa hora, acolhido pelo legislador brasileiro na Lei n. 11.101/2005, em seu art. 51, I,[12] a causa de pedir do processo de recuperação estará configurada na demonstração pelo devedor, na petição inicial, das causas concretas da sua situação patrimonial e das razões da crise econômico-financeira. As razões da crise não estão definidas na norma. É um conceito, portanto, aberto, cambiante, que dependerá de caso a caso para a sua caracterização.

Estando a documentação nos termos da lei, defere o juiz o processamento do pedido de recuperação, por meio de despacho, nos termos do art. 52, a partir do qual, vários efeitos serão produzidos no processo.

Importante registrar a esse respeito os efeitos produzidos pelo deferimento do despacho em relação aos credores comerciais, trabalhistas e tributários. Quanto aos *créditos comerciais*, o plano de recuperação deverá prever o seu pagamento, com os acréscimos legais, sem um *prazo limite* para tanto, como ocorria ao tempo da concordata preventiva, que era limitada a 24

9. Carlo D'Avack, ob. cit., p. 37; Salvatore Satta, ob. cit., p. 38; e Bonelli, ob. cit., p. 37.

10. Maria Celeste Morais Guimarães, *Recuperação Judicial de Empresas*, cit., p. 167.

11. Nesse sentido, Umberto Azzolina, *Il Fallimento e le altre Procedure Concorsuali*, Turim, UTET, 1953, p. 231; Francesco Ferrara, *Il Fallimento*, Milão, Dott A. Giuffrè Editore, 1959, p. 76; e Salvatore Satta, *Instituzione di Diritto Fallimentare*, Roma, Soc. Ed. del Foro It., 1957, p. 43.

12. "Art. 51. A petição inicial de recuperação judicial será instruída com: I – a exposição das causas concretas da situação patrimonial do devedor e das razões da crise econômico-financeira."

meses (a dilatória). Além do que, a lei, de maneira inovadora, fez enumerar no art. 50 os meios de recuperação da empresa, proporcionando alternativas para o devedor debelar a crise. A concordata preventiva, sabidamente, a esse respeito, era muito restrita, prevendo apenas, como solução do passivo, a remissão dos créditos ou a dilação dos prazos, nos termos do então art. 156, parágrafo único, do Decreto-lei n. 7.661, de 1945.

Em relação aos *créditos trabalhistas*, a lei determinou que o plano não poderá prever prazo superior a 1 (um) ano para o seu pagamento, além de prever que os valores até 5 (cinco) salários mínimos por trabalhador também devam ser pagos até 30 (trinta) dias, desde que vencidos nos 3 (três) meses anteriores ao pedido de recuperação, como forma de tutelar os interesses dos trabalhadores nos termos do art. 54.[13] O grande *entrave*, e agora haveremos de adentrar a tal questão, refere-se aos *créditos tributários* que ficaram isentos do juízo da recuperação.

VI – Entraves à eficácia da lei de recuperação de empresas

Destacaremos, a seguir, os problemas que a aplicação da nova lei tem suscitado:

1. A não-sujeição dos créditos tributários

Como antes assinalado, a execução dos créditos tributários não está sujeita à recuperação judicial, nos termos do § 7º, do art. 6º,[14] da nova lei, cabendo às Fazendas Públicas e ao Instituto Nacional do Seguro Social – INSS deferirem, nos termos da legislação específica, parcelamento dos créditos, em sede de recuperação judicial, como dispõe o art. 68.[15]

É lamentável que o novo instituto da recuperação, de tanta relevância social, possa não ter incluído os créditos tributários dentre aqueles sujeitos à sua jurisdição. Como solucionar a situação de uma empresa em crise se o seu *passivo fiscal* fica à margem do processo? Sabidamente, quando o empresário encontra-se em dificuldades financeiras, são exatamente os tributos e encargos financeiros aqueles que primeiro deixam de ser pagos ou recolhidos. Pretender resolver a crise da empresa sem que a Fazenda Pública possa dar a sua contribuição é um retrocesso.

Se a empresa tem uma função social a ser preservada, o Estado deve ser o primeiro interessado na manutenção da atividade produtiva, na manutenção dos empregos e no aumento da arrecadação. É inconcebível que o Fisco, além de não contribuir para a recuperação, frise-se, *coloque em risco* o salvamento da empresa, caso o parcelamento, conforme previsto no art. 68, não seja deferido. Tal postura não se coaduna com o Estado moderno voltado para os interesses sociais.

2. Exigência da certidão negativa de débitos fiscais

Está aí outra exigência injustificável, a qual a lei prevê no art. 57,[16] que é a apresentação das certidões negativas de débi-

13. "Art. 54. O plano de recuperação judicial não poderá prever prazo superior a 1 (um) ano para pagamento dos créditos derivados da legislação do trabalho ou decorrentes de acidentes de trabalho vencidos até a data do pedido de recuperação judicial."

14. Art. 6º, § 7º: "As execuções de natureza fiscal não são suspensas pelo deferimento da recuperação judicial, ressalvada a concessão de parcelamento nos termos do Código Tributário Nacional e da legislação ordinária específica".

15. "Art. 68. As Fazendas Públicas e o Instituto Nacional do Seguro Social – INSS poderão deferir, nos termos da legislação específica, parcelamento de seus créditos, em sede de recuperação judicial, de acordo com os parâmetros estabelecidos na Lei n. 5.172, de 25 de outubro de 1966 – Código Tributário Nacional."

16. "Art. 57. Após a juntada aos autos do plano aprovado pela assembléia-geral de credores ou decorrido o prazo previsto no art. 55 desta Lei sem objeção de credores, o devedor apresentará certidões negativas de débitos tributários nos termos dos arts. 151, 205, 206 da Lei n. 5.172, de 25 de outubro de 1966 – Código Tributário Nacional."

tos tributários pelo devedor. Ora, como registrado anteriormente, não se concebe que o empresário em dificuldades financeiras possa estar em dia com as suas obrigações tributárias, de forma a poder atender a esta exigência legal. A intenção do legislador com tal dispositivo só pode ser uma: obrigar o devedor a quitar suas dívidas antes do ajuizamento do pedido de recuperação ou, ao menos, providenciar o seu parcelamento. Ora, a solução dos créditos tributários deve ser buscada, como todos os demais, dentro de uma solução global inserida no contexto do plano de recuperação, não podendo ser tratada de forma isolada, como quer impor o legislador.

3. Apreciação do plano de recuperação pelos credores

Outra questão da maior relevância é a previsão da nova lei de submeter a aprovação do *plano de recuperação* à deliberação da Assembléia de Credores. A Lei n. 11.101/2005 instituiu um procedimento, antes previsto em leis anteriores, que é o de submeter a solução da crise do devedor à vontade dos credores. Vimos no tópico relativo à evolução histórica do instituto que os procedimentos concursais modernos, notadamente o norte-americano, o francês e o espanhol, primaram por restringir o voluntarismo dos credores e o fortalecimento dos poderes jurisdicionais.

Na contramão desta tendência, portanto, a Lei n. 11.101/2005 submete a aprovação do plano à Assembléia de Credores. Ora, se o instituto tem cunho social e o escopo da nova lei é exatamente o de privilegiar a função social da empresa, não se justifica mitigar o interesse coletivo em favor do interesse dos credores.

É bem verdade que a lei previu que o juiz convocará a assembléia de credores *se houver oposição por qualquer credor*, nos termos do art. 56.[17] Este "qualquer credor" também nos incomoda. A Lei não teve o cuidado de exigir que tal legitimidade devesse recair em um credor representativo do passivo ou que detivesse um percentual significativo de créditos para oferecer a *oposição* ao plano. Por que nos preocupa tal questão? Exatamente pelo fato de que um credor que não seja em nada relevante na solução do passivo da sociedade possa tumultuar o processo e dificultar a solução da recuperação. Não se pretende excluir a hipótese de manifestação dos credores, até porque são interessados na solução do conflito. Contudo, tal permissão a *qualquer credor* parece-nos muito benevolente e irrazoável.

Voltando à questão da Assembléia de Credores, gostaria de registrar que se, por um lado, entendo conflitante o interesse coletivo a ser perseguido, entregue ao voluntarismo dos credores, como fez a lei, por outro, é de se aplaudir a iniciativa do legislador ao prever no § 1º, do art. 58, que o juiz, nas condições ali previstas, poderá conceder a *recuperação*, com base em plano que não obteve aprovação pela Assembléia de Credores.

Vê-se que o legislador não esqueceu *de todo* as lições dos demais países nos quais o procedimento foi introduzido. A visão da recuperação judicial como um *grande contrato* entre o devedor e credores para pagamento do passivo é um retrocesso diante da evolução histórica do direito concursal contemporâneo, que legitimou a ingerência do Estado na solução do conflito.

4. Afastamento do devedor pela prática de atos lesivos à recuperação

A nova lei previu no art. 64 a possibilidade de *afastamento* do devedor ou de seus administradores no caso da prática dos atos ali enumerados. Nesta hipótese, o juiz convocará a assembléia de credores para

17. "Art. 56. Havendo objeção de qualquer credor ao plano de recuperação judicial, o juiz convocará a assembléia-geral de credores para deliberar sobre o plano de recuperação."

deliberar sobre o nome do gestor judicial que assumirá a administração das atividades do devedor nos termos do art. 65.[18] Neste particular, registre-se a ainda nebulosa atuação desse *gestor judicial*, figura criada pela nova lei que não se confunde com o administrador judicial, tampouco com o Comitê de Credores. Se ao administrador judicial incumbe o assessoramento ao juiz, a fiscalização da gestão do devedor, como também do cumprimento do plano, ao *gestor judicial*, competirá administrar a sociedade, gerir a empresa durante o afastamento do devedor.

É de se concluir que a sua função é eminentemente gerencial, devendo ser buscado no mercado um profissional de experiência comprovada para o exercício da função. Embora o nome que a lei lhe tenha dado seja *gestor judicial*, não é ele nomeado pelo juiz, mas eleito pelos credores na Assembléia convocada para tanto.

O que me leva à perplexidade é a situação daquela sociedade em recuperação, que gerida a contento pelo *gestor judicial*, saneada na sua crise econômica, será *novamente* entregue ao devedor ou aos seus administradores, que de forma criticável ou mesmo fraudulenta levou a empresa ao estado de crise econômica.

A legislação falimentar francesa[19] deu a melhor solução ao problema, ao atribuir ao Poder Judiciário, em hipótese da insolvabilidade da empresa, o poder de compelir os empresários, "dirigentes de direito ou de fato, aparentes ou ocultos, remunerados ou não", a ceder suas ações ou quotas de capital, podendo ainda *destinar* o produto dessa venda ao pagamento dos débitos sociais.

VII – Soluções para os entraves suscitados

Com tantos entraves listados, o leitor há de pensar: como pode, então, a nova lei ser eficaz na solução da crise econômico-financeira das empresas? As soluções existem e já estão sendo postas em prática.

Quanto a não-submissão dos *créditos tributários* ao processo de recuperação, os magistrados e demais operadores da lei estão dando o exemplo. Os Processos de Recuperação da Varig e da Parmalat, já deferidos pelo Judiciário, são emblemáticos nesse sentido. No que concerne ao da Parmalat, a Câmara de Recuperação Judicial e Falência do Tribunal de Justiça de São Paulo tem dado inegáveis demonstrações de como os entraves podem e estão sendo superados. As recentes decisões daquela Câmara têm *confirmado* as decisões monocráticas que vêem *dispensando* os devedores da apresentação das certidões negativas de débitos tributários, em uma clara demonstração de sensibilidade e compreensão do escopo da nova lei.[20]

Igualmente quanto ao processo da Varig, as decisões monocráticas proferidas foram no sentido da dispensabilidade do

18. "Art. 65. Quando do afastamento do devedor, nas hipóteses previstas no art. 64 desta Lei, o juiz convocará a assembléia-geral de credores para deliberar sobre o nome do gestor judicial que assumirá a administração das atividades do devedor, aplicando-se-lhe, no que couber, todas as normas sobre deveres, impedimentos e remuneração do administrador judicial."

19. "Exposição de Motivos da Lei Francesa" n. 67.820, de 23.9.1967 e Ordenance n. 67.563, de 13.7.1967.

20. "Parmalat Brasil S/A – Indústria de Alimentos requereu, em 24.6.2005, a sua recuperação judicial, nos termos da Lei 11.101/2005, obtendo o deferimento de seu processamento em 4.7.2005. Assim, requereu a empresa a concessão da recuperação judicial, *com dispensa das certidões negativas tributárias*, apresentando suas razões para contrariar o determinado no art. 57 da Lei 11.101/2005. Como amplamente demonstrado nos autos, a começar pela petição da Parmalat Brasil S/A – Indústria de Alimentos (f.), a exigência das certidões negativas, como pressuposto de admissibilidade para concessão da recuperação judicial, aprovada pelos credores a ela sujeita, *não pode, portanto, prevalecer o óbice do art. 57 da Lei 11.101/2005*, pois afronta os princípios que regem o instituto da recuperação judicial, regulado pela mesma lei, bem como a própria Constituição Federal" (grifos nossos).

cumprimento do exigido no art. 57, confirmando esta compreensão pelo Judiciário da finalidade da norma. Do que se conclui que, a solução para este entrave da nova lei, como para os demais aqui suscitados, está nas mãos dos aplicadores da norma. Precisamos de uma mudança de mentalidade no exercício da atividade exegética, menos formalista e abstrata, especialmente no que diz respeito às normas de conteúdo econômico, como a nova lei de recuperação de empresas. Os novos rumos do direito empresarial e os reclamos da sociedade pós-moderna exigem uma postura menos formalista de seus operadores.

Como nos mostra o Prof. Osmar Brina Corrêa-Lima,[21] lembrando Roscoe Pound, "freqüentemente, os princípios acabam escondidos e esquecidos atrás de uma montanha de regras deles deduzidas". A nova lei, acima de tudo, fixou princípios para que deles possam deduzir não regras, mas decisões. Para tanto, há que se exigir uma nova posição exegética pela doutrina e pela jurisprudência.

Este ajuste dos processos de hermenêutica evita a necessidade, sempre recorrente, de se alterar a lei, quando se encontram obstáculos a sua melhor aplicação.

A Profa. Rachel Sztajn,[22] respeitada Mestre da USP, lembrou-nos, em recente Seminário realizado em Belo Horizonte, que há um custo na reforma de uma lei, neste caso, ainda tão recente, com um ano apenas de vigência. Se há lacunas, omissões ou imperfeições na lei, e assim é de se esperar, sendo ela uma obra humana, portanto, imperfeita, a sua interpretação deve estar voltada para a persecução dos seus objetivos, privilegiando-se os valores maiores que devem ser tutelados.

O processo de recuperação da Varig e seu exitoso desfecho, que inspirou a elaboração deste artigo, volta à minha mente para ilustrar e demonstrar que esta nova hermenêutica pretendida não é um sonho, mas uma realidade, posta em prática, senão por todos os operadores do direito, mas por grande parte daqueles que receberam a missão primordial de aplicar a nova lei de recuperação judicial.

A r. decisão judicial do ilustre Juiz Luiz Roberto Ayoub,[23] que concedeu o pedido de recuperação da Varig, é o retrato fiel de como se deve aplicar a nova lei. Com esta nova exegese, esta nova postura diante da lei, aberta às transformações sociais, sem maniqueísmos, procurando sempre buscar o fim a que ela se propõe, o interesse coletivo e social estará sempre tutelado. Que muitos outros magistrados sigam o seu exemplo!

21. Osmar Brina Corrêa-Lima, *Sociedade Limitada*, Rio de Janeiro, Forense, 2006, p. 14.

22. "Seminário 1 Ano da nova Lei de Recuperação Judicial de Empresas", realizado pelo Instituto dos Advogados de Minas Gerais, nos dias 28 e 29.8.2006, no Hotel Mercure, Belo Horizonte-MG.

23. "Trata-se de requerimento de homologação do plano de recuperação judicial, aprovado em 19 de dezembro do corrente, formulado por Varig S/A, Viação Aérea Riograndense e demais empresas submetidas ao regime da Lei 11.101/2005, conforme descrito a f. A situação das empresas em regime de recuperação judicial, como cediço, é bastante delicada merecendo, por óbvio, toda atenção do Poder Judiciário. Desde o início do processo, quando foi deferido o processamento da recuperação judicial, o Poder Judiciário fluminense não mediu esforços. De fato, nem poderia ser diferente na medida em que se está convivendo com milhares de empregos de uma empresa mundialmente conhecida e que representa um verdadeiro patrimônio nacional. A nova legislação editada sob o n. 11.101/2005, retrata uma norma principiológica que objetiva a preservação da empresa, manutenção da unidade produtiva e, conseqüentemente, o emprego, a comunidade no recolhimento dos tributos, entre outros. Enfim, é uma legislação rica, aos fins sociais a que as empresas se destinam" (Luiz Roberto Ayoub, Juiz de Direito, Rio de Janeiro, 28.12.2005).

A DIMENSÃO SOCIAL DA PRESERVAÇÃO DA EMPRESA NO CONTEXTO DA NOVA LEGISLAÇÃO FALIMENTAR BRASILEIRA (LEI 11.101/2005). UMA ABORDAGEM ZETÉTICA[1]

ECIO PERIN JUNIOR

1. Introdução. 2. A dignidade da pessoa humana como núcleo da preservação da empresa e a aparente antinomia em relação à eficiência econômica. 3. A crise econômico-financeira da empresa: um componente permanente dos sistemas empresariais. 4. Da recuperação de empresa no Brasil. 5. Hipóteses concretas na novel legislação de estímulo à preservação da empresa e conseqüente dignificação da pessoa humana. 6. Da recuperação judicial. 7. Da recuperação extrajudicial. 8. Conclusão crítica. 9. Referências bibliográficas.

1. Introdução

A abordagem que se pretende dar a esta investigação científica consiste na apresentação da relevância objetiva e subjetiva da dimensão social na preservação da empresa como instrumento capaz de proporcionar a tutela da dignidade da pessoa humana em paralelo à busca pela eficiência econômica.

O nosso vetusto sistema legal (Decreto-lei 7.661/1945), bem como a recém sancionada legislação (Lei 11.101/2005), tratam do lado negativo da economia contemporânea, baseados em um modelo iniciado com a revolução industrial no século XVIII, com um desenvolvimento político sobressaltado que cresceu e vingou como opção na sociedade atual.

A figura da empresa, revela-se, como um dos principais alicerces desse sistema, posto que é vista como agente econômico e sustentáculo imprescindível da sua própria sobrevivência. Por isso, a ineficiência ou inoperacionalidade da empresa deve ser resolvida, através de tratamento específico sujeito a regras judiciais, destinadas ou ao seu regresso produtivo ou à sua extinção como operador econômico.

No século passado, o tema da empresa insolvente, bem como sua abordagem, modificou-se. Desde o período romano o objetivo era "*tutelar créditos*" abandonando-se a devedora à venda, por via executiva. Com o passar do tempo, germinou em várias legislações, dentre outras, a legislação norte-americana, inglesa, francesa, belga, alemã, portuguesa, espanhola e, em certa medida a italiana, além de, mais recentemente, nossa legislação brasileira, a preocupação com a preservação da empresa, como forma de reabilitá-la.

Em nosso ordenamento, particularmente, busca-se absorver essa corrente do pensamento europeu e, ao lado do meca-

1. Estudo resumido, extraído da Tese de Doutoramento, defendida em jul. 2006, na PUC/SP.

nismo falimentar, busca-se consagrar esquemas de viabilidade empresarial em harmonia com o princípio da preservação da empresa. Eis, pois, a questão que se levanta. Será que a adoção indiscriminada do princípio da preservação da empresa associada ao processo de recuperação proporcionará a tão desejada simplificação, celeridade e redução de riscos, no processo falimentar, e conseqüentemente a diminuição do chamado *spread* bancário?[2] É essa a questão que pretendemos debater, no curso deste estudo.

Nesse sentido, focamos nossa análise nessa nova direção dada ao direito falimentar, em congruência com as mudanças inseridas pelo novo Código Civil que substituiu o sistema francês da teoria dos *atos do comércio* pela *empresarialidade* do sistema italiano, trazendo à discussão a maior intervenção dos credores nas lides, com uma atuação de caráter dúplice decorrente da defesa do crédito e da busca pela recuperação da devedora.

Esta dualidade aparente é, talvez, o maior dilema a ser enfrentado e a maior preocupação dos agentes econômicos envolvidos no processo recuperatório, pois haveria, senão ostensivamente, de forma sutil um conflito de interesses entre a busca pela *eficiência econômica* na recuperação do crédito e a busca da manutenção da fonte produtiva que conseqüentemente conserva o emprego e tutela a *dignidade da pessoa humana*. Esse aparente conflito, na filigrana jurídica, muitas vezes parece insuperável.

O elemento econômico do direito, segundo Francesco Carnelutti,[3] é o que caracteriza o conflito de interesses, portanto, inafastável sua compreensão. Segundo o autor, "l'elemento economico del diritto è il conflitto di interessi. Dove il conflitto di interessi non c'è, non ha ragione di essere il diritto; non esiste un fenomeno giuridico alla radice del quale l'analisi non rintracci tale conflitto".

Outrossim, os credores, reunidos em assembléia geral ou em comitê, auxiliados por um gestor ou administrador judicial, impulsionam, orientam, fiscalizam e decidem o processo, debaixo da fiscalização do juiz, no objetivo de dirimir o controverso e, com maior ou menor contraditório, atingir o consenso.

É nesse sentido que a recuperação judicial deve ser tratada, como forma de preservar o agente econômico empresarial viável, respeitada a função social da empresa. O direito falimentar, em seu sentido lato, deve, mais do que tudo, proporcionar uma convivência saudável entre os agentes econômicos, assegurando o crédito, o que é essencial para a preservação das relações empresariais e o desenvolvimento da economia.

A empresa age essencialmente através do mecanismo do crédito, o que por si só indica o sentido de seu interesse público, característico da atividade econômica empresarial.

O empresário, figura relevante no processo da distribuição da riqueza, não é simplesmente um agente econômico de interesses privados, mas, também, participa diretamente da atividade econômica da coletividade, o que denota também sua responsabilidade social.[4]

2. Segundo definição do Banco Central do Brasil, *spread bancário* é a diferença entre a taxa de empréstimo e a taxa de captação de Certificado de Depósito Bancário (CDB). Cf. Eduardo Lundberg, *Economia Bancária e Crédito: Avaliação de 3 Anos do Projeto Juros e Spread Bancário*, p. 50 (*http:// www.bcb.gov.br*, 29.1.2005).

3. Francesco Carnelutti, *Teoria Generale del Diritto*, p. 25.

4. Através de práticas de boa governança corporativa, tais como: *a*) As assembléias gerais devem ser realizadas em data e hora que não dificultem o acesso dos acionistas. O edital de convocação deve conter descrição precisa dos assuntos a serem tratados. O Conselho de Administração deve incluir na pauta matérias relevantes e oportunas, sugeridas por acionistas minoritários, independentemente do percentual exigido em lei para convocação de assembléia geral. *b*) Quando os assuntos objeto da pauta forem complexos, a Cia. deve convocar a Assem-

Essa participação mais clara se fortalece quando ocorre a hipótese de falência, uma vez que se torna índice de desequilíbrio financeiro do empresário repercutindo com maior ou menor intensidade, na lesão dos credores.

O mecanismo da circulação de riquezas tem, pois, no crédito um dos elementos essenciais de sua propulsão. As organizações empresariais modernas, quaisquer que sejam, sem o crédito, não podem desenvolver com amplitude os seus negócios, atuar de forma eficiente em um mercado concorrencial acirrado.

Quando afirmamos que a lei falimentar deve assegurar o crédito,[5] não fazemos referência ao crédito individualmente considerado, dos credores contra o devedor, mas sim ao meio ou o ambiente em que se praticam inter-relacionamentos de créditos privados. Protegido esse ambiente coletivo de concessão de crédito, cria-se uma atmosfera mais segura para a concessão do crédito privado, isto é, entre os agentes econômicos individualmente considerados.

Em outras palavras, ao assegurarmos instrumentos eficazes de recuperação de crédito, estamos protegendo, por via de conseqüência, esse ambiente propício que facilita a criação, bem como a manutenção de um sistema saudável de concessão de créditos privados aos empresários para o desenvolvimento das mais diversas atividades econômicas.

Sob o ponto de vista econômico, o crédito é, como dissemos, fator de crescente relevância para o desenvolvimento das atividades econômicas das mais diversas naturezas, correspondendo ao combustível indispensável para a geração de riquezas.

O capital, ainda sob a ótica econômica, apenas pode multiplicar-se pela sua disponibilização em favor da atividade produtiva, verdadeira renovadora e geradora de riquezas. O dinamismo da economia depende dessa disponibilização de capital, com o escopo de financiar os investimentos necessários à produção.

Deve-se, portanto, encontrar uma fórmula para que o crédito possa ser eficientemente disponibilizado com a necessária segurança, fazendo com que o detentor do capital seja seduzido a colocá-lo em circulação também com a certeza de contar com formas eficazes de recuperação em caso de inadimplência do tomador.

A segurança que favorece o credor da mesma forma beneficia o devedor de boa-fé, que, nesta circunstância, conta com mais oferta de crédito, numa espiral de virtuosidade econômica.

Não se pode, contudo, afirmar categoricamente que a segurança na recuperação do crédito seja fator determinante do custo de obtenção de recursos (dinheiro), uma vez que depende de uma complexidade de fatores econômicos, políticos e sociais, que não conseguiremos analisá-los integralmente nos limites deste trabalho.

bléia com antecedência mínima de 30 dias. A Cia. deve tornar plenamente acessíveis a todos os acionistas quaisquer acordos de seus acionistas de que tenha conhecimento, bem como aqueles em que a Cia. seja interveniente. *c*) A Cia. deve adotar e dar publicidade a procedimento padrão que facilite ao acionista obter a relação dos acionistas com suas respectivas quantidades de ações, e, no caso de acionista detentor de pelo menos 0,5% de seu capital social, de seus endereços para correspondência. *d*) O estatuto da Cia. deve estabelecer que as divergências entre acionistas e Cia. ou entre acionistas controladores e acionistas minoritários serão solucionadas por arbitragem.

5. Hodiernamente se destaca o significado econômico da empresa, em uma realidade distinta daquela que vigorava no momento da criação da legislação falimentar (1945), não podendo vislumbrar-se nesse procedimento, uma finalidade meramente coercitiva ou um fim último privatista, direcionado ao simples pagamento dos direitos creditícios. A expansão do crédito privado, possibilitando a ampliação do espectro das operações empresariais de compra e venda, vincula intensamente os interesses da coletividade com a vida da empresa. Desta forma, como resultado dessa interação, a falência da empresa tem um efeito de repercussões amplas, que exigem do poder disciplinador do Estado a criação de mecanismos legais capazes de possibilitar a recuperação e sobrevivência das empresas em momentos críticos de sua vida econômica.

Todavia, é inegável que a capacidade de recuperação de crédito compõe a chamada "*taxa de risco*", que é levada em consideração para a formação do preço da disponibilização do capital, os malfadados juros.

Para a teoria econômica, maiores chances na recuperação do crédito implicam menor risco, o que tende a fomentar a circulação do crédito a custos mais baixos. Quanto maior a disponibilização de capital, como mencionado, menores serão os juros, nessa espiral econômica virtuosa.

A redução dos juros é uma das componentes essenciais para o desenvolvimento econômico e viabiliza o investimento a um custo menor, num ciclo gerador de riquezas. O menor custo da produção implica baixa do preço do produto final em benefício do consumidor, desde que a atividade econômica como um todo esteja inserida num sistema concorrencial saudável, o que se procura obter através de leis antitruste[6] e órgãos governamentais de defesa da concorrência que, principalmente nos últimos anos, têm cumprido, com muito acerto e competência, sua função.

Portanto, pode-se afirmar que a livre iniciativa é um dos princípios constitucionais basilares para o atendimento dos fins reservados à ordem econômica e social.

Segundo Modesto Carvalhosa,[7] "os limites impostos ao princípio da livre iniciativa, quer de ordem 'positiva', quando o Estado condiciona a atividade às vetorealizações propostas nos planos econômicos globais, setoriais ou regionais, visando o desenvolvimento nacional e à justiça social, ou 'negativa', quando o Estado exerce as funções de controle, colocando os limites à livre iniciativa, a fim de que não se desenvolva contrariamente aos interesses sociais também erigidos em princípios de ordem econômica (harmonia e solidariedade entre as categorias ecossociais de produção e a abstenção de abuso de poder econômico) devem ser entendidos restritivamente".

O produto cujo acesso ao mercado é facilitado é, inexoravelmente, mais consumido, o que gera aumento de produção, de empregos, requerendo mais investimento e, novamente, mais crédito. A empresa, neste cenário, como atividade econômica, é elemento fundamental e a base sobre a qual se processa todo o ciclo virtuoso.

Dessa forma, nesse mesmo diapasão em que deve ser protegido o ambiente propício à concessão do crédito, deve ser preservada a empresa. Nesse sentido, no nosso pensar, essa talvez seja uma das grandes, complexas e paradoxais tarefas daqueles que se dedicam à aplicação do direito falimentar: encontrar uma fórmula capaz de proteger a possibilidade de concessão de crédito, eliminando agentes econômicos que colocam esta verdadeira instituição em risco, e, na mesma medida, buscar preservar a empresa, sob o ponto de vista de sua dimensão social.

Aproveitando a experiência francesa, a pretensão finalística é preservar a empresa, dissociada da figura do empresário, titular da empresa, que de alguma forma a controla, direta ou indiretamente, através de participação societária.

A empresa é, numa visão moderna e menos obtusa, muito mais social do que privada. Social no sentido de que ao mesmo tempo em que serve aos interesses do empresário, credores e acionistas em geral, serve também aos interesses da sociedade.

A empresa serve ao empresário e acionistas em geral como fonte de obtenção de lucros decorrentes do capital investido para sua constituição e desenvolvimento; aos

6. A repressão civil decorre da atribuição genérica de responsabilidade pela indenização dos danos derivados de ilícitos (art. 159 do Código Civil de 1916). Da responsabilidade administrativa cuida a Lei 8.884/1994. A repressão penal concentra-se no art. 178 do Decreto-lei 7.903/1945, que define os crimes de concorrência desleal, e nos arts. 4º a 7º da Lei 8.137/1990, que tipificam os crimes contra a ordem econômica e as relações de consumo.

7. Cf. Modesto Carvalhosa, *A Ordem Econômica na Constituição de 1969*, p. 140.

credores, como garantia de venda de seus produtos, e por conseqüência, também a obtenção de lucros; à sociedade serve uma vez que gera empregos, recolhe tributos e produz ou circula bens ou serviços, exercendo, desta forma, função social indispensável, que proporciona em sentido lato a tutela da dignidade da pessoa humana.

2. *A dignidade da pessoa humana como núcleo da preservação da empresa e a aparente antinomia em relação à eficiência econômica*

Inicialmente, devemos observar a significação de *dignidade da pessoa humana*. O vocábulo *dignidade* possui múltiplos significados, daí poder-se afirmar que é dotado de amplitude conceitual que extravasa o campo do direito positivo, assumindo conotações de ordem subjetiva, moral, religiosa e social, dentre outras, como, aliás, todos os direitos fundamentais comportam.

Etimologicamente, dignidade, do latim *dignitas*,[8] significa valor, distinção, princípio ao qual está baseado o proceder que enseja respeito, e corresponde à tradução feita pelos escolásticos da palavra grega *aksióma* – axioma –, que segundo Aristóteles significa a proposição primeira a qual parte qualquer demonstração.

Para Norberto Bobbio[9] tanto a liberdade quanto a igualdade interagem sob o ponto de vista político e histórico e ambos "se enraízam na consideração do homem como pessoa. Ambos pertencem à determinação do conceito de pessoa humana, como ser que se distingue ou pretende se distinguir de todos os outros seres vivos. Liberdade, indica um estado; igualdade, uma relação. O homem como pessoa – ou para ser considerado como pessoa – deve ser, enquanto indivíduo em sua singularidade, livre; enquanto ser social, deve estar com os demais indivíduos numa relação de igualdade".

Immanuel Kant,[10] em clássica obra, talvez traga o melhor conceito lógico-filosófico da dignidade da humana. Ele procura demonstrar que o *ser humano* possui um valor em si mesmo, uma *dignidade*, e constrói o famoso imperativo prático: "Age de tal maneira que uses a humanidade, tanto na tua pessoa como na pessoa de qualquer outro, sempre e simultaneamente como fim e nunca simplesmente como meio". Para que o ser humano identifique a limitação que esse imperativo prático impõe às suas ações, Kant propõe a seguinte reflexão: "Age sempre segundo aquela máxima cuja universalidade como lei possa querer ao mesmo tempo". E, essa seria a fórmula para extrair ou identificar uma vontade boa. Atualmente, esse *imperativo prático* kantiano é muito citado como significado da expressão "*dignidade da pessoa humana*".

Cumpre ainda mencionar que Kant emprega o termo para significar que a razão humana é livre em matéria de moral e que as leis que ela impõe à vontade são universais e absolutas. É neste ponto que se insere a tão conhecida distinção estabelecida pelo referido filósofo entre o uso público e o uso privado do entendimento – que irá servir de eixo para toda a sua argumentação. A moral kantiana se rege por três princípios: a universalidade da lei, a *dignidade absoluta do indivíduo humano* e a autonomia da vontade.

Dignidade, pois, apresenta-se como um conjunto de atributos inerentes à *pessoa humana* e dela indissociáveis, de conteúdo inegavelmente axiológico, pois retrata valores próprios do *homem*, mas que refletem no coletivo. Tais valores não são passíveis de substituição nem de alteração, nem se sujeitam a qualquer ordem de hierarquia ou classificação, pois não estão no

8. Antônio Geraldo da Cunha, *Dicionário Etimológico Nova Fronteira da Língua Portuguesa*, 2ª ed., 14ª impr., p. 265.

9. Norberto Bobbio, *Igualdade e Liberdade*, p. 7.

10. Immanuel Kant, *Fundamentos da Metafísica dos Costumes*, trad. Lourival de Queiroz Henkel, Rio de Janeiro, Edições de Ouro, 1975, p. 109.

campo da relatividade. São absolutos e embora formem um conjunto, são autônomos em sua individualidade.

Esses preceitos morais e religiosos transferiram-se com facilidade aos cânones jurídicos, ampliando a noção do que seja a dignidade da pessoa humana, no contexto em que tudo se volta para o homem, existe pelo homem e tem no homem sua finalidade essencial.

Pode-se, portanto, dizer que a dignidade é um estado, uma condição de todo ser humano, que deve ser tutelada pelo ordenamento positivo e assegurada pela ação efetiva do Estado. Nesse sentido é que entendemos o princípio da preservação da empresa no contexto da Lei 11.101/2005, ou seja, como forma imperiosa de tutela da dignidade da pessoa humana.[11] O aspecto social é, pois, fundamental para a compreensão da dimensão do ser humano.

Por outro lado, uma questão que já foi trazida à baila no âmbito deste trabalho, diz respeito a busca da eficiência econômica, como forma de sustentabilidade da recuperação da empresa. Haveria um aparente paradoxo, entre a preservação da empresa, sob o ponto de vista da dignidade da pessoa humana e a busca pela eficiência econômica, o que desde já refutamos.

Nesse aspecto, entendemos que a eficiência econômica é mitigada com o princípio da preservação da empresa, uma vez que não se excluem, se complementam. Exatamente, porque não exortamos o discurso maniqueísta das virtudes da preservação da empresa sob o ponto de vista humano, em detrimento da implacável perseguição da eficiência econômica que poderia destruir a base da empregabilidade.[12] Não. Definitivamente, esta não é nossa intenção, como já pudemos salientar e ainda sustentaremos no item seguinte, a empresa deve buscar, em uma análise criteriosa, sob o auspício do Judiciário e de todos os atores envolvidos nesse processo reorganizatório, um equilíbrio entre a efetiva busca da eficiência econômica, com a redução de salários, transferência de ativos e do controle da empresa, fusões, cisões, etc., e a manutenção da fonte produtiva, como forma de humanização das relações empresarias.

Esse ponto de equilíbrio é, talvez, a grande dificuldade na análise dos casos em concreto, contudo, se mostra essencial, diante da dimensão social que a preservação da empresa encerra.

Para os economistas defensores da ortodoxia, em uma economia capitalista e de mercado, é absolutamente natural esperar o encerramento da atividade econômica de empresas insolventes que se mostram incapazes de gerar e manter ativos necessários para a satisfação de seus compromissos com fornecedores, empregados, instituições financeiras, previdência e o fisco.

Da mesma forma, é também comum observar empresas em crise econômico-financeira demandando uma reestruturação de dívidas e/ou o suporte financeiro de seus credores e da comunidade para manter suas atividades em funcionamento.

Essas operações de reestruturação e salvamento de empresas devem ser colocadas e avaliadas de forma imediata, pois é sempre melhor dar solução a essas eventuais dificuldades em fase de gestação, quando ainda há solução, do que deixá-lo evoluir a caminho da irreversibilidade.

11. Nesse sentido, a dignidade da pessoa humana é um dado ôntico; está no mundo do *ser* e opera como um valor fundante, ou valor fonte, que paira sobre todas as Ciências e inspira o ordenamento jurídico, nele se enraizando através dos preceitos objetivados.

12. Uma das críticas que se desenvolve a respeito da busca incessante pela eficiência econômica consiste no seguinte fato: se a empresa estiver em profunda crise econômico-financeira e tiver que optar, p. ex., pela substituição de 100 empregados por tecnologia robótica capaz de maximizar seus resultados econômicos e assim tentar superar a crise, deverá adotar tal procedimento, independentemente do impacto social que a perda desses empregos possa acarretar.

Contudo, nem sempre essa atitude é possível no campo prático das relações interempresariais, aliás, uma característica interessante, sob o ponto de vista psicológico, quando a empresa se vê diante da crise, é a refratária oposição dos dirigentes estatutários à implementação de medidas alternativas radicalizando a condução dos negócios.

Em muitos casos, considerando-se o universo empresarial brasileiro,[13] o empresário tenta, de forma desesperada, reconduzir a empresa ao caminho da obtenção de lucro, retardando ainda mais as medidas saneadoras que poderiam estancar a crise instalada, o que acaba definitivamente por inviabilizar sua atividade econômica, tornando a superação da crise econômico-financeira irreversível.

Retornando à questão da eficiência, sob o ponto de vista econômico, os defensores da chamada "utopia liberal",[14] consideravam-na uma medida para a verificação da capacidade dos agentes de melhor atingir seus objetivos, de produzir o efeito deles esperados, em função dos recursos utilizados.

Em 1989, Francis Fukuyama[15] "escandalizou" o mundo ao afirmar que a queda do Muro de Berlim era a prova de que a *utopia liberal*, na iminência de se realizar, marcava o culminar da evolução histórica e ideológica da humanidade. Com a *utopia liberal*, a história, no sentido hegeliano, teria chegado ao fim porque se teria alcançado a perfeição e a verdade humana teria, finalmente, sido reconhecida na realidade.

Segundo os utópicos do liberalismo econômico os atores sociais, no exercício de sua liberdade, possuem a missão de definir o espaço que o mercado deve ocupar na sociedade.

A expansão da importância do mercado, sob o ponto de vista do racionalismo econômico, tem como catalisador um argumento liberal poderoso, que defende que a única solução para resolver as eventuais imperfeições do mercado é exatamente a sua expansão, isto é, parte do pressuposto de que se o mercado é imperfeito, só o alargamento da sua área de influência na sociedade poderia gerar o seu aperfeiçoamento.

Com o triunfo do racionalismo, surgiu o conceito de "eficiência econômica". Os liberais colocam o acento tônico no racionalismo como denominador comum das relações interpessoais, o que segundo seus defensores, é perfeitamente compatível com a visão individualista da natureza humana, visão essa em que se baseia a *utopia liberal*.

Contudo, ao deixar as relações humanas entregues ao calculismo frio das transações econômicas e ao defender a expansão do mercado até onde esse mercado puder chegar – sob a ótica da eficiência –, asfixiando a sociedade e condicionando a liberdade das relações interpessoais, cria as novas empresas "funcionais" que se baseiam no intercâmbio volátil dos seus atores e na despersonalização das suas relações pessoais, efêmeras, por definição.

E, aqui está o verdadeiro paradoxo e a incoerência do liberalismo, sob o ponto de vista da eficiência econômica, quando por um lado, pretende defender a felicidade humana reforçando o espaço privado do cidadão, ao mesmo tempo em que, com a defesa do crescimento sem restrições do mercado, ameaça de morte essa mesma área privada da sociedade.

13. Característica peculiar das sociedades empresariais brasileiras é a quantidade expressiva de empresas de cunho familiar.

14. Na utopia liberal, a economia se beneficia de um grau de autonomia extremamente amplo. Em realidade, na esfera social, os laços entre membros da sociedade são limitados a trocas comerciais governadas pelos mecanismos do *marketing*. Depois do *homo sovieticus* e do *homo sistemicus*, surge o *homo economicus*.

15. Francis Fukuyama, cientista político nipo-americano, ex-funcionário da Rand Corporation (empresa que presta serviços ao Pentágono), ficou famoso há mais de uma década atrás com a tese do *"fim da história"* (com o colapso do comunismo a democracia liberal não tinha mais inimigos pela frente, encerrando-se assim a concepção hegeliana-marxista da história que entendia tudo como resultante do conflito dos contrários).

Por outro lado, o conceito ortodoxo, expresso pelo *ótimo de Pareto*,[16] vê como eficiente uma condição onde os agentes maximizam seus resultados econômicos, ou seja, segundo Vilfredo Pareto, é eficiente, para a empresa, maximizar o lucro ou minimizar os custos de produção e, para o consumidor, maximizar a satisfação ou minimizar as despesas.

Jairo Saddi,[17] abordando a questão do *ótimo de Pareto*, faz a seguinte observação: "Daí porque muitos acabam entendendo que o objetivo do movimento de Direito & Economia é sobrepor a justiça pela eficiência. Isso é parcialmente falso. Quando uma mudança leva a uma situação Pareto superior, pelo menos uma pessoa ficou melhor, sem que ninguém tenha ficado pior. O conceito do ótimo de Pareto é exatamente este: melhorar a situação de A, sem piorar a de B. Claro que se trata de um conceito econômico que não leva em consideração quem tem ou não tem razão, se a decisão prolatada é justa, equânime ou mesmo correta. Porém, a constatação de que se obteve ganho de eficiência, do ponto de vista econômico, ainda que a nova situação possa ou não ser mais eqüitativa, depende da posição relativa de quem se beneficiou. Pelo princípio da eficiência, e sem considerações morais, mudanças de regras que levem a uma situação Pareto superior são sempre desejáveis. Entretanto, uma mudança que não seja eqüitativa, no longo prazo acarreta problemas de distribuição de renda, por exemplo. Assim, eficiência e eqüidade não são necessariamente divorciadas".

Contudo, insistimos que esse equilíbrio presente na proposição *paretiana*, deve ser mitigado com os benefícios sociais da manutenção da atividade econômica sob o ponto de vista da manutenção do emprego, da arrecadação de tributos e da circulação de bens ou serviços.

Em última análise, com o ideal da justiça social cresceu o número de normas imperativas, as quais entendemos enquadrar-se a nova lei falimentar, destinadas a proteger a situação da parte considerada social ou economicamente mais débil e a tutelar certos valores que passam a ser considerados fundamentais. Passaremos agora a abordar a questão da crise econômico-financeira, como componente permanente dos sistemas empresariais.

3. A crise econômico-financeira da empresa: um componente permanente dos sistemas empresariais

Não obstante, tenhamos até aqui abordado a necessária mitigação do conceito de *eficiência econômica* com o princípio da preservação da empresa como forma de *dignificação da pessoa humana*, devemos destacar que a partir dos anos 1970, e em um ritmo crescente, as crises econômico-financeiras das empresas deixaram de ser um fenômeno episódico, ligadas à incapacidade dos empresários e seus administradores, especialmente vinculados a um comportamento culposo ou mesmo delituoso. Passam a ser um fenômeno, recorrente, diariamente veiculado na mídia.

Nessa realidade, percebe-se a entrada de inteiros setores, e não apenas específicas empresas; empresas que a um tempo

16. Na obra *Manuale d'Economia Politica* (1906), considerada a mais importante, analisou a natureza e os objetos da teoria nas ciências sociais, desenvolveu a teoria geral do equilíbrio econômico e discutiu os três fatores de produção: capital, trabalho e recursos naturais. Pareto é conhecido pelo conceito de *ótimo de Pareto*. O produto é um *ótimo de Pareto* se, somente se, nenhum agente ou situação pode estar em uma posição melhor sem fazer com que outro agente ou situação assuma uma posição pior. Outrossim, uma situação econômica é "ótima" no sentido de Pareto, se não for possível melhorar a situação, ou mais genericamente a utilidade de um agente sem degradar a situação ou utilidade de qualquer outro agente econômico. Numa estrutura ou modelo econômico podem coexistir diversos "ótimos de Pareto". Um "ótimo de Pareto" não tem necessariamente um aspecto socialmente benéfico ou aceitável. P. ex., a concentração de rendimento ou recursos num único agente pode ser ótima no sentido de Pareto.

17. Jairo Saddi, "Eficiência ou equidade?", in jornal *O Valor Econômico*, de 29.11.2005.

eram prósperas e bem administradas, e agora passam por perigosa e rápida redução de sua capacidade de gerar lucro.

Percebe-se, pois, que a freqüência dos períodos de crise na vida da empresa se torna constante, caracterizando-se hoje como um fenômeno difuso, coligado ao dinamismo da instabilidade do ambiente empresarial. Este não é um fenômeno apenas brasileiro, mas diz respeito a uma ampla gama de países economicamente desenvolvidos ou não.

Desta forma, procuraremos descrever uma série de circunstâncias e fatores que assumem particular relevância ao tema da crise, senão vejamos:

1) Devemos nos recordar, primeiramente, das variações espaciais dos níveis de custo do trabalho. Esse fenômeno anula para alguns países vantagens concorrenciais, em decorrência dos baixos custos de trabalho (para não mencionarmos o chamado *dumping social*), que acreditavam alguns, teria uma dinâmica lenta de alteração. Contudo, a velocidade desse processo ocorreu rapidamente e com o desenvolvimento de países como a China, por exemplo, será cada vez mais célere;

2) Outro fator relevante diz respeito às correntes mundiais de exportação que são objeto de consideráveis e rápidas modificações em relação à entrada no mercado de novos países produtores, há um custo baixo de produção, em decorrência da mão-de-obra barata, nos quais incluímos o Brasil, a China, a Coréia do Sul, Taiwan, etc.

3) Os preços do petróleo e de outras matérias-primas fundamentais, nos últimos 15 anos, sofreram fortes aumentos, provocando acentuadas variações nos custos de produção e, conseqüentemente, amplos movimentos financeiros provocaram uma maior migração de recursos de alguns países a outros, em particular, aqueles que são demasiadamente dependentes de importação de fontes de energia e de matéria-prima;

4) A instabilidade das correntes mundiais de importação e exportação acabam por refletir nos sistemas operacionais de câmbio. Essa variação constante abre e fecha mercados exportadores e modifica as barreiras alfandegárias de entrada de produtos estrangeiros. Desta forma, é comum acontecer que os mercados a um tempo acessíveis, em decorrência dos níveis favoráveis de câmbio, passam a ser inviáveis rapidamente, instalando-se a crise em determinados setores;

5) A aceleração da evolução técnica e dos rápidos processos inovativos relacionados aos processos produtivos (otimização de recursos para a maximização de resultados) são, em muitos setores, um fator extremamente relevante. A automatização ligada à computação, à robótica, à transformação do trabalho mecânico em eletrônico, são os aspectos essenciais desse fenômeno. Assim, o alto dinamismo que caracteriza os produtos (e via de regra os processos produtivos) se tornam insustentáveis para as empresas caracterizadas de uma escassa capacidade inovativa. O abreviamento do chamado "*ciclo vital*" dos produtos incide sobre chamado "*portfolio de produtos*" de muitas empresas, impondo uma capacidade de substituição e dados de inventivos que nem sempre estão disponíveis;

6) Outro fator, não menos importante, diz respeito à constante elevação da carga tributária incidente sobre a atividade produtiva, o que asfixia a capacidade de concorrer em mercados já extremamente acirrados, proporcionando uma instabilidade econômica relevante, capaz de propiciar a quebra de empresas.

Portanto, nessas condições, a empresa em crise econômico-financeira, em particular aquelas de pequeno porte, tendem a sofrer uma acentuada diminuição no mercado, podendo ocasionar uma crise de proporções ainda maiores, afetando diretamente o aspecto social.

Por outro lado, não podemos deixar de concordar que ocorrerá somente a manutenção de empresas mais eficientes sob o ponto de vista econômico, e em razão disso, com capacidade inovativa maior ou que pelo menos tenham compreendido quais são os mecanismos de proteção aos riscos.

Nessa medida, esse acaba sendo um processo natural de seleção, no qual o resultado é um melhoramento dos níveis médios de eficiência que pode gerar o estímulo à busca de inovações tecnológicas. A bem da verdade, isso significa endereçar de forma sustentável, recursos disponíveis, muitas vezes escassos, a fim de proporcionar uma maximização de resultados.

Em reforço dessa observação, fazemos referência à posição esposada por M. Bione,[18] que discorrendo sobre a subestimação da empresa no ordenamento italiano,[19] expõe o seguinte: "il ruolo secondario dell'impresa (...) risponde tuttavia all'ideologia e all'assetto di una economia liberale. Lo stato garantisce ai privati la più ampia liberta di intraprendere attività economiche e si astiene dall'intervenire nella organizzazione e nella direzione delle stesse. Il compito di discriminare le imprese in ragione della rispettiva efficienza e funzionalità è rimesso alla dinamica de mercato e alle leggi naturali della concorrenza; il fallimento consacra sul piano formale gli effetti relativi naturalmente prodotti; l'eliminazione dal mercato dell'operatore insolvente, evita la propagazione del dissesto (...)."

Partindo-se destas premissas, derivam algumas relevantes conseqüências. Se é certo que a razão social possui enorme relevância na manutenção de empresas sanáveis, por outro lado, a política indiscriminada de proteção e de defesa *a todo custo* das empresas em estado de crise econômico-financeira, para superá-la e conservar os postos de trabalho é uma ilusão. O alto custo de similares interventos pode revelar-se totalmente despropositado em relação às vantagens efetivamente obtidas.

Em realidade deve-se observar atentamente e valorar-se os riscos *caso a caso*, para se verificar a conveniência ou não de uma intervenção de fato na empresa em crise. Isto porque, alguns interventos equivocados[20] de "*salvamento*" da empresa em crise, ineficiente e obsoleta, pode gerar custos sociais ainda maiores e desproporcionais que significarão a manutenção das condições de dificuldade econômico-financeira dessa empresa.

Desta forma, esses interventos, na inútil esperança de recuperar empresas de fato condenadas, podem por via oblíqua acabar colocando em risco, e contaminado empresas saudáveis, com vitalidade suficiente para competir no mercado.

Nesse sentido, Natalino Irti, discorrendo sobre, o que chama "luta entre competidores", descreve que toda empresa corre o *risco do insucesso* de sua atividade e que o próprio mercado deve acomodar situações de desequilíbrio, portanto a falência teria essa função sistêmica. Assim, nas palavras de Irti,[21] "L'istituto del fallimento acquista cosi la sua propria collocazione sistematica, come fase insopprimibile del circuito competitivo. Esso va riguardato nella regolare funzionalità del mercato, e non già tenuto per eccezione ed anomalia".

Ainda, nesse mesmo sentido, destacamos a posição de Maria Isabel Candelario Macías:[22] "No es necesario señalar que el

18. M. Bione, "Della dichiarazione di fallimento", in *Commentario Scialoja-Branca alla Legge Fallimentare, Sub Art. 5*, p. 221.

19. No âmbito deste trabalho, já nos havíamos manifestado anteriormente sobre a subestimação do fenômeno da empresa no ordenamento italiano.

20. Em alguns casos, por vezes, as dificuldades econômicas decorrem do chamado "excesso de capacidade", do mercado, ou seja, há uma oferta infinitamente superior à demanda necessária, o que acaba inviabilizando a manutenção de uma empresa, nessas condições. A crise pode ser resultado da própria necessidade de, como dizem os italianos, "*alleggerimenti dell'offerta*".

21. Natalino Irti, *L'Ordine Giuridico del Mercato*, 3ª ed., p. 142.

22. Maria Isabel Candelario Macías, "Algunas consideraciones sobre la intervención estatal en el derecho concursal", João Pessoa, *Dataveni@*, Publi-

'riesgo de quiebra' constituye un elemento esencial en las relaciones comerciales junto con el conocimiento de las normas aplicables a las empresas, de ahí que tal riesgo quizás deba ser asumido por todo empresario sin necesidad de acudir a la intervención estatal perturbadora de la competencia. Creemos en la idea que el riesgo es consustancial con la economía de mercado, y por ello es necesario mantener un cierto grado de inseguridad que obligue a una dinámica competitiva en el sistema, ya que en caso contrario, el salvamento de una empresa en crisis podría favorecer las actuaciones irresponsables y de competencia desleal, y resultaría intolerable el derecho de quien abusa de la libertad para acogerse a la solidaridad de la sociedad y de los contribuyentes, puesto que deberá evitarse que el saneamiento de la empresa en crisis afecte al eficiente funcionamiento del sistema de mercado como asignador de recursos. Tampoco sería admisible si la empresa de grandes dimensiones está hasta tal punto arruinada y resultará insanable, y las ventajas consiguientes de la continuación del complejo empresarial se preanunciarán irrisorias. Sin embargo, se podría defender la conservación de la empresa siempre y cuando tal conservación cumpla su función sólo en presencia de determinados condicionantes, tales como que el sacrificio de ciertos acreedores no sea desproporcionado, o de su mantenimiento se deriven posibles beneficios para el pago de los acreedores. No obstante y en nuestra opinión, esta intervención debe constituir una solución última y desesperada en la medida en que, la solicitud de salvamento público se formule una vez desatendidas las solicitudes de salvamento privado o, lo que es lo más frecuente, a las entidades crediticias y financieras privadas y siempre que existan posibilidades reales de salvamento sin excesivos costes".

cação da Universidade Estadual da Paraíba, ano III, n. 18, ago. 1998 (disponível em *http://www.datavenia.net/artigos/artigos_1998.htm*, acesso em 3.5.2006, às 18h45).

A decisão pela recuperação da empresa, portanto, em nossa opinião, deve estar fundada em uma prévia e profunda verificação das causas que levaram à crise, dos instrumentos idôneos para a reestruturação empresarial e respectivos custos, inclusive sociais, e por último, da avaliação da possibilidade de sucesso em relação aos resultados esperados na intervenção. A análise criteriosa da crise e o plano de recuperação são, pois, dois momentos essenciais deste necessário processo de verificação.

4. Da recuperação de empresa no Brasil

Uma coisa é a empresa ter atingido uma irreversível inviabilidade econômica, outra, assaz diversa, é atravessar conjunturalmente uma crise passível de superação.

Tratar com a mesma panacéia as duas hipóteses é divórcio da realidade, ou seja, é incluir num único saco, realidades completamente distintas; é arredio do verdadeiro cerne da questão; é, em síntese, prejudicar gregos e troianos.

Todavia, o que a novel legislação bem separa, foi até pouco tempo, objeto de similar tratamento: passível ou não de recuperação, a falência constituía a vala comum da empresa cujo passivo superava seu ativo.

Percebe-se que esse *status quo* é superado com a promulgação da nova lei falimentar. O processo comum de execução, como o processo falimentar, deixou de responder *in totum* à vida concreta do vigente universo empresarial.

Deve-se salientar que agora, para além do binário credor/devedor, surgem outros interessados: os dadores de trabalho, ou seja, aqueles que ao concederem ao trabalhador a possibilidade de emprego, executam função social importantíssima, capaz de gerar e manter a atividade econômica e, por conseqüência, o desenvolvimento econômico e social do país.

E mais: a empresa atual não constitui apenas o instrumento jurídico da atividade lucrativa dos sócios ou uma fonte abastecedora da remuneração dos trabalhadores. Com maior ou menor preponderância, a empresa passou a ser peça fundamental da atividade produtiva nacional e um decisivo elemento, quer de economia regional, quer da vida local. Desta forma, a eliminação judicial da empresa representa uma verdadeira agressão ao equilíbrio social, de que o Estado não poderá se desinteressar.

Por outro lado e ainda, a liquidação advinda de um processo de falência, não contempla a possibilidade de uma recuperação econômica mediante o recurso à utilização das mais diversas formas de auxílio financeiro e de assistência técnica.

Daí surge, a pertinência da introdução no nosso ordenamento jurídico, com caráter sistemático e coerente, de um direito préfalimentar, intencionalizado à recuperação da empresa e à adequada proteção dos credores; com isso, obviamente, haverá a tutela dos interesses dos trabalhadores.

Resta, pois, a falência para as empresas com situação econômico-financeira irremediável, deixando o processo de recuperação reservado a todas quantas se encontrem em condições de sobreelevação de crise.

Contudo, vale ressaltar a observação de Fábio Ulhoa Coelho,[23] quanto à recuperação da empresa em crise "a questão (...) tem recebido respostas diferentes dos direitos que dela se ocuparam. Até o momento, por exemplo, não está em pauta na Comunidade Européia nenhuma proposta de harmonização da disciplina jurídica sobre a matéria. No tema relacionado à crise das empresas, a Europa limitou-se a aprovar regras de competência jurisdicional para os procedimentos falimentares,[24] que entraram em vigor em 2002".

E, ainda, o autor conclui o raciocínio: "Como se vê, cada direito procura seus próprios caminhos no emaranhado da difícil questão da recuperação das empresas em crise. A grande diversidade das respostas dadas parece sugerir que ninguém tem a solução para o problema. E talvez não haja quem saiba mesmo o que fazer quando o assunto é a superação 'fora do mercado' do estado crítico de uma atividade empresarial".

23. Fábio Ulhoa Coelho, *Comentários à Nova Lei de Falências e de Recuperação de Empresas (Lei n. 11.101, de 9.2.2005)*, pp. 113-115.

24. Trata-se do Regulamento (CE) n. 1.346/2000, que trata dos procedimentos de insolvência.

5. *Hipóteses concretas na novel legislação de estímulo à preservação da empresa e conseqüente dignificação da pessoa humana*

Objetivamente, no que se refere à preservação da empresa cumpre destacar, como forma de contribuição à discussão doutrinária, dispositivos previstos na novel legislação que entendemos adequados à tese, ora guerreada, bem como alguns dispositivos que afrontam tal princípio.

1) O art. 27, II, alínea *c*, prevê uma atuação direta e objetiva do Comitê de Credores,[25] que possui função fiscalizatória,[26] primeiro na defesa dos seus interesses próprios e de seus pares, e segundo, numa perspectiva mais ampla e conseqüente, de preservação da unidade produtiva..

Isso ocorre, pois a lei determina que, na hipótese excepcional de nomeação de gestor judicial em decorrência do afastamento do devedor, autorizado pelo juiz, o Comitê poderá promover a alienação de bens do ativo permanente, constituição de ônus reais e outras garantias e a assunção de dívidas necessárias à continuação da atividade econômica, como medidas de urgência para o período que antecede a aprovação do plano recuperatório.

25. Não nos esqueçamos que a constituição do Comitê de Credores é facultativa.

26. O Comitê de Credores é órgão previsto na LFRE para, dentre outras atribuições, fiscalizar os atos do administrador judicial. Percebe-se, pois, o duplo crivo fiscalizatório que a empresa sofre, para a manutenção e conservação da atividade produtiva. Há também diante dessa fiscalização a diminuição das possibilidades de fraude.

2) Depois, encontramos como principal mecanismo legal de preservação da empresa, o art. 47 da LFRE que demonstra o espírito paradigmático da conservação da unidade produtiva, quando supera a idéia *paternalista*[27] da concordata, que previa a hipótese de concessão de um "favor legal" (pelo Estado) ao comerciante que, preenchidos determinados requisitos legais, *obrigava*, nas palavras do art. 147 do Decreto-lei 7.661/1945, todos os credores quirografários à sujeição das condições estabelecidas pelo concordatário e aprovadas pelo juízo competente.

Essa profunda alteração conceitual se percebe quando analisamos a redação do artigo em comento que dispõe que, o objetivo precípuo da recuperação judicial é "viabilizar a superação da situação de crise econômico-financeira do devedor, a fim de permitir a manutenção da fonte produtora, do emprego dos trabalhadores e dos interesses dos credores, promovendo, assim a preservação da empresa, sua *função social* e o estímulo à atividade econômica" (grifos nossos).

Nota-se que o Estado deixa de conceder um *favor legal* e passa a auxiliar o devedor propondo a *viabilização da superação da crise*, como forma de exercício do legítimo interesse social. Algo que nos parece completamente distinto, pois deixa ao arbítrio dos credores em compasso com o devedor, ou seja, a quem possui legítimo interesse, a discussão quanto ao mérito da dívida global e a possibilidade de seu equacionamento.

3) O art. 49, por sua vez, ampliou a gama de credores sujeitos à recuperação judicial, o que pode viabilizar a superação da crise econômico-financeira, uma vez que o devedor pode controlar melhor a negociação e o pagamento dos credores sujeitos aos efeitos do plano recuperatório. Algo que na legislação passada não era possível diante da concordata, pois, como já dissemos, lá apenas os credores quirografários se sujeitavam aos seus efeitos, o que engessava a recuperação da empresa.

4) O art. 50 é outro exemplo importante de estímulo à preservação da empresa, pois apresenta um amplo rol exemplificativo (não exaustivo) de hipóteses de reorganização societária, sem limitá-lo a outras soluções possíveis.[28] O que nos parece acertado. Nesse sentido, houve um grande avanço em relação à legislação passada, pois o modelo na concordata era tão rígido, que na prática inviabilizava a condução da recuperação da empresa levando uma maioria esmagadora à falência.

5) Por sua vez, o art. 57, revela uma flagrante antinomia da norma falimentar em relação ao princípio da preservação da empresa, pois quando trouxe a exigência da apresentação das certidões negativas de débitos tributários, sem a previsão de seu parcelamento regulamentada em lei especial, impôs uma condição para a concessão da recuperação judicial que inviabiliza, na prática, a possibilidade de recuperar a empresa, posto que um dos primeiros sintomas da crise econômico-financeira é justamente a insuperável satisfação dos compromissos tributários e previdenciários.

27. Já mencionado no âmbito deste trabalho.

28. Poderíamos mencionar, à título de ilustração, como forma alternativa não prevista nesse rol exemplificativo, a possibilidade da constituição de um FIP. Os Fundos de Investimento em Participações (FIP) foram regulamentados pela Instrução Normativa CVM 391, de 16.7.2003. Mencionados fundos são condomínios fechados cujos recursos destinam-se a compra de ações, debêntures, bônus de subscrição ou outros títulos e valores mobiliários conversíveis ou permutáveis em ações de emissão de companhias abertas ou fechadas. Os FIPs devem participar do processo decisório das companhias onde investem, definindo políticas estratégicas e atuando na gestão, portanto se coadunam com a *ratio legis* da novel legislação falimentar, particularmente no que se refere às hipóteses de recuperação judicial previstas no art. 50, incisos II, III, VI, X, XIII, XIV, XV e XVI, da Lei 11.101/2005 (LFRE). Desta forma, nos chamados FIPs, somente investidores qualificados podem investir. O valor mínimo da subscrição é de R$ 100.000 (cem mil reais). É um fundo fechado, sem direito a resgate de cotas antes do prazo de encerramento – portanto seu regulamento deve definir prazos para subscrição, prazo de duração e formas de desinvestimento.

Em nossa opinião, a medida adequada caracterizadora da boa-fé do devedor, considerando a até então ausência de regulamentação do parcelamento, consiste na apresentação da quitação pelo menos das três últimas parcelas dos tributos incidentes à empresa, nas três esferas (Federal, Estadual e Municipal). Assim, estaria também preservada uma arrecadação mínima por parte do Estado.[29]

6) O art. 58, § 1º, como dissemos no âmbito desta investigação, prevê o mecanismo do *cram down*, que é uma forma de o juiz forçar a aprovação do plano de recuperação judicial, preenchidos determinados requisitos legais. Esse mecanismo copiado do sistema norte-americano outorga, em certa medida, discricionariedade ao juiz para decidir pela preservação da empresa, mesmo que não tenha sido aprovado em assembléia pela maioria dos credores.[30] Trata-se de uma exceção importante que reforça nossa tese.

7) O art. 71, I, também, nosso ponto de vista, afronta na prática o princípio da preservação da empresa, pois como é cediço no direito falimentar brasileiro, as concordatas preventiva e suspensiva, eram consideradas mecanismos obsoletos uma vez que não atingiam seu escopo precípuo, ou seja a recuperação da empresa.

A maioria esmagadora das empresas concordatárias convolava em falência, em decorrência do âmbito de incidência da norma, pois somente os credores quirografários estavam sujeitos aos efeitos da concordata.

Portanto, quando o legislador determinou no dispositivo acima descrito que apenas os quirografários[31] estarão sujeitos aos efeitos da recuperação judicial para microempresas e empresas de pequeno porte, muito embora tenha ampliado o prazo de parcelamento (36 meses), engessou, ou melhor, diminuiu em muito, como no passado sua possibilidade de vir a recuperar-se.

29. Interessante notar, a título de ilustração, a decisão proferida nos autos do processo 390/2005, da 1ª Vara Cível de Ponta Grossa, Estado do Paraná, em que o juiz, Luiz Henrique Miranda, discorre sobre a necessária interpretação do art. 57 da Lei 11.101/2005 à luz do princípio da dignidade da pessoa humana, como sustentamos nessa tese: "(...) Enfim, aprovado o plano de recuperação, pelos credores, resta verificar se a Autora merece ver deferido seu pedido, uma vez que ela não cumpriu com a exigência ditada pelo art. 57 da Lei que rege a matéria. (...) Trata-se de norma cogente: aprovado o plano, de forma tácita ou em assembléia, cabe ao devedor, para ver deferido o pedido de recuperação, apresentar prova de estar quite com o fisco. E, como a Autora não satisfaz essa exigência, a conseqüência lógica seria o indeferimento de seu pleito, com a conseqüente extinção do processo. A solução, contudo, não pode ser tão simplista. Como é sabido, o instituto da recuperação judicial foi inspirado no princípio constitucional da função social da empresa, que, por sua vez, se coliga com o princípio da dignidade da pessoa humana. *A empresa, na ordem constitucional vigente, tem – ou deve ter – uma função social, não podendo se prestar apenas à satisfação dos interesses do empresário. Acima destes, estão os postulados básicos da sociedade pretendida pelo constituinte, onde a empresa se encaixa como veículo para a livre iniciativa e livre concorrência, para a produção de riquezas compartilháveis (mercê da tributação dos resultados positivos obtidos, e para, sobretudo, a dignificação do ser humano, através da geração de empregos que permitam às pessoas valorizar-se pelo trabalho e pela renda por meio dele obtida)*. E uma empresa que cumpre com essa função não poderia ficar desprotegida no cenário econômico e sujeita, indefesa, à inconstância do mercado, notadamente nestes tempos de economia globalizada, sob pena de, em algum momento, o interesse de um ou de poucos credores sobrepor-se ao interesse maior da coletividade, como, aliás, vinha sistematicamente ocorrendo durante a vigência do Decreto-lei 7.661/1945 (...). Enfim, a exigência de apresentação de certidões negativas – que, na prática, equivale a impor ao empresário estar em dia com as obrigações fiscais e previdenciárias – inviabiliza a recuperação judicial. *Fazendo-o, conflita com o princípio constitucional da função social da empresa e com os outros que a ele se ligam, entre os quais o da dignidade da pessoa humana. E, na colisão de princípio e norma, prevalece aquele, devendo ser dispensada a Autora, destarte, da apresentação das certidões*" (grifos nossos).

30. Nos termos do que dispõe o art. 45, da LFRE.

31. Inclusive trazendo exceções, como p. ex.: credores quirografários decorrentes de repasses de recursos oficiais; os créditos decorrentes da propriedade móvel e imóvel, nos termos do art. 49, § 3º; e os chamados ACC (Adiantamentos de Contrato de Câmbio), nos termos do art. 86, II.

8) O art. 75, parágrafo único, em certa medida reforça o princípio da dignidade da pessoa humana, dentro da dimensão social da preservação da empresa, pois informa que o procedimento falimentar deverá atender aos princípios da celeridade e da economia processual, buscando, desta forma, minimizar os efeitos da falência em relação aos seus credores.

9) Fazemos ainda, referência ao art. 83, I, da LFRE. Mencionado dispositivo, diante de sua redação precária que raia a ambigüidade, poderia em tese, demonstrar uma antinomia da norma falimentar aos princípios norteadores da preservação da empresa e da dignidade da pessoa humana. Isso porque em sua redação o legislador fixou a limitação de 150 salários mínimos ao crédito trabalhista, como classe privilegiada, remetendo o excedente, se existente, à condição de crédito quirografário. Acontece que, com a limitação determinada entre vírgulas, em *aposto*, poder-se-ia, em tese, suscitar que essa limitação seria extensiva aos acidentários do trabalho, pois se interpretássemos o dispositivo em ordem inversa, teríamos: "*os créditos trabalhistas e os decorrentes de acidente do trabalho, limitados a 150 (cento e cinqüenta) salários mínimos*".

Contudo, refutamos veementemente essa argumentação relacionada a aspectos sintáticos da linguagem jurídica, pois feririam de morte os aspectos principiológicos que permeiam a própria lei, em particular a dignidade da pessoa humana, caso pudéssemos interpretá-la como forma de imposição de limitação ao credor por acidente do trabalho.

10) Por sua vez, o art. 94, I, ao abordar a hipótese de falência por impontualidade injustificada, quando, de acordo com a própria redação, "o devedor sem relevante razão de direito, não paga obrigação líquida materializada em título ou títulos executivos protestados", trouxe uma inovação caracterizadora da preservação da empresa, pois estabeleceu um limite mínimo[32] de salários para a realização do pedido de falência, o que desestimula a propositura de ações com valores irrisórios (como era possível na vigência da lei passada[33]). Muito embora o permissivo legal previsto no § 1º do mencionado dispositivo preveja a possibilidade de reunião de credores em litisconsórcio ativo para atingir o valor mínimo, entendemos que o princípio da preservação da empresa está mantido, pois dificilmente os credores conhecerão seus pares para buscarem a via judicial, pelo menos nos grandes centros econômicos.

11) O art. 95 ao prever a hipótese inovadora de, em contestação, pleitear sua recuperação judicial, também caracteriza a preservação da unidade produtiva, pois dá ao devedor uma possibilidade alternativa ao depósito elisivo ou contestatório de requerer o processamento do pedido recuperatório.

12) Destacamos ainda, o art. 98, em paralelo ao que dispõe o art. 95, pois demonstra novamente a intenção do legislador em ampliar a possibilidade de superação da crise, quando altera o prazo para a apresentação da contestação. Na legislação passada, inúmeras empresas sofriam a *quebra*, pois existia na lei um prazo extremamente exíguo para que o devedor pudesse efetuar o depósito elisivo ou embargasse o pedido falimentar. Esse prazo era de 24 horas, da citação válida do devedor. Portanto, com a ampliação do prazo para 10 (dez) dias, da citação válida, e a possibilidade mencionada no item anterior, percebe-se o caráter preservacionista da novel legislação.

13) Mencionamos ainda, o disposto no art. 99, XI, que mantém a hipótese, excep-

32. Estabeleceu que o título ou os títulos deverão em sua soma ultrapassar o equivalente a 40 (quarenta) salários mínimos na data do pedido.

33. Não havia dispositivo legal impedindo tal fato, muito embora a jurisprudência já tivesse sedimentado a o indeferimento do prosseguimento de pedidos de falência de caráter meramente executório.

cional de continuação do negócio do falido, como fora previsto no art. 74 do Decreto-lei 7.661/1945. Contudo, a diferença relevante consiste no fato de que cabe na novel legislação ao juiz pronunciar-se *ex officio*,[34] se haverá a continuação ou não com a condução do administrador judicial.

Essa medida, muito embora não tenha o significado direto de manter a unidade produtiva, acaba por via oblíqua preservando os ativos do falido para futuro pagamento dos credores e, fundamentalmente, mantendo os empregos dos trabalhadores. Desta forma, proporcionaria, mesmo que indiretamente, a dignificação da pessoa humana, em decorrência da valorização do trabalho humano.

14) Finalmente, temos o art. 161, que prevê a possibilidade de recuperação extrajudicial. Além de ser uma inovação, caracterizadora de um novo paradigma legal, pois na legislação passada qualquer hipótese de acordo extrajudicial era considerado *ato de falência*[35] (também chamada de falência presumida), a nova legislação estimula a composição amigável através desse mecanismo homologatório. O que o insere como uma forma alternativa de preservação da unidade produtiva.

Desta forma, após reconhecermos hipóteses concretas de preservação da empresa e eventuais antinomias relacionadas a esse princípio, passaremos a abordar o tema da recuperação judicial, posto que é uma das espécies do gênero recuperação da empresa.

6. Da recuperação judicial

A Lei 11.101/2005 inseriu no direito brasileiro a figura da recuperação da empresa a qual poderá ser realizada de forma judicial ou extrajudicial. Constitui-se em importante instrumento legal posto à disposição da sociedade. Não se trata de um substituto da concordata que é extirpada da lei de falência.

A recuperação pretende estabelecer novos paradigmas para o tratamento da empresa que se encontrar com problemas. A crise econômico-financeira da atividade empresarial, que poderá levar à quebra, passa a ser vista não mais como um problema individual daquela empresa, mas sim, um problema coletivo em que estão inseridos – *agrade ou não* – todos aqueles que mantêm relações diretas ou indiretas – comerciais, trabalhistas ou mesmo institucionais – com aquela empresa.

A partir da assunção da problemática pela coletividade envolvida, é possível pensar até mesmo no afastamento do empresário ineficaz com a nomeação de um administrador (gestor), o qual terá a função de comandar a recuperação da empresa. Não se trata apenas de administrar os créditos ou garantir a satisfação dos credores, é muito mais do que isso.

O objetivo principal do instituto da recuperação é a manutenção da atividade empresarial, como fonte de alto interesse social (como já analisamos), o pagamento dos credores será apenas a conseqüência. Daí, também, uma mudança paradigmática.

Ao empresário é viabilizada a oportunidade de reunir seus credores, expor as dificuldades econômicas e propor uma composição sustentada por uma série de acordos para saneamento da empresa. Esta providência não mais se configurará em falência da empresa como acontecia no Decreto-lei 7.661/1945.

O interesse social na manutenção da empresa é evidente e já foi explorado no âmbito desta investigação. A atividade empresarial deve ser incentivada. Pequena, média ou grande empresa, todas contribuem para a manutenção e incremento de riquezas no país, gerando empregos, tributos,

34. O que na legislação passada era de incumbência do falido. Era ele quem requeria a continuação do seu negócio.

35. Basta verificarmos o art. 2º, III, do Decreto-lei 7.661/1945. Era inclusive denominada nos meios jurídicos de "concordata branca", caracterizadora de uma fraude.

promovendo a circulação dessas riquezas, portanto devem estar protegidas pelo instituto em comento.

O instituto da recuperação, inserido na lei, busca trazer os instrumentos necessários para que o espírito da recuperação se concretize. A gestão compartilhada – *empresário* e *gestor-credor* –, ou mesmo a gestão através dos credores, deverá ter como premissa a manutenção das atividades empresariais, criando recursos para sanear os pontos nevrálgicos em que se encontra a empresa, sejam esses financeiros, sejam produtivos ou mesmo administrativos.

O objetivo é salvar a empresa da falência, mantê-la ativa, preservando seus qualificativos alcançados e corrigindo as deficiências. Em suma, sanear a empresa financeiramente, porém mantendo a qualidade de seus produtos de forma a, no mínimo, conservar seu potencial de mercado, podendo ocorrer reformulações e adequações com vistas a melhorias e, assim, proporcionando, mesmo que indiretamente, a dignificação da pessoa humana, em decorrência da valorização do trabalho humano.

Diante disso, cumpre novamente destacar objetivamente o mecanismo fundamental da recuperação judicial e norteador desse novo paradigma do direito falimentar brasileiro. É ele, o art. 47 da Lei 11.101/2005 que traz uma definição do seu objetivo, com conteúdo ideológico extremamente relevante: "A recuperação judicial tem por objetivo *viabilizar a superação da situação de crise econômico-financeira do devedor*, a fim de permitir a manutenção da fonte produtora, do emprego dos trabalhadores e dos interesses dos credores, promovendo, assim, a preservação da empresa, sua função social e o estímulo à atividade econômica" (grifos nossos).

Ao estabelecer que a recuperação judicial é o instrumento pelo qual objetiva-se a superação da situação de crise da empresa, o art. 47 deixa claro a *ratio legis* do legislador no interesse de preservação da empresa, por seu valor social como fonte produtora, como fonte de empregos, fonte arrecadatória de tributos, fonte de fomento da circulação de bens ou serviços, pelo interesse dos credores.

Outrossim, o objetivo econômico genérico da recuperação judicial é permitir às empresas em dificuldades financeiras sérias que elas voltem a se tornar participantes competitivas e produtivas da economia.

Os beneficiados, sob esse ponto de vista, serão não somente os atores econômicos diretamente envolvidos (controladores, credores e empregados), mas, principalmente, a sociedade como um todo.

Cumpre novamente destacar as brilhantes palavras de Roger Houin,[36] jurista francês que na década de 1960 trouxe uma contribuição angular às letras jurídicas, quanto aos chamados procedimentos concursais, senão vejamos: "Numa economia de grandes empresas, tomando geralmente a forma de sociedades, ela interessa também aos assalariados, que a liquidação do negócio dispersa; interessa também aos sócios, especialmente aos acionistas, que não cometeram outra imprudência senão a de deixar dirigentes incapazes ou desonestos tomar o poder e exercê-lo. Enfim, ela pode concernir à economia do país, que sofrerá a desaparição de uma unidade econômica em estado de funcionamento que, melhor gerida, teria sido viável e produtiva".

O autor, conclui seu pensamento com a seguinte colocação: "De nossa parte, consideramos que uma legislação moderna da falência deveria dar lugar à necessidade econômica da permanência da empresa. A vida econômica tem imperativos e dependências que o Direito não pode, nem deve, desconhecer. A continuidade e a permanência das empresas são um desses imperativos, por motivos de interesse tanto social, quanto econômico. Eles deveriam ser as-

36. Roger Houin, *Aspects Économiques de la Faillite et du Règlement Judiciaire*, p. 138.

segurados pelo direito da falência todas as vezes que fosse útil. Assim contribuir-se-á para fazer aparecer melhor a noção de empresa na vida jurídica".

Para Fábio Ulhoa Coelho,[37] um dos vetores que viabilizam a recuperação da empresa e que devem ser analisados pelo Judiciário, diz respeito à relevância social da mesma. Pondera o autor que "a viabilidade da empresa a recuperar não é questão meramente técnica, que possa ser resolvida apenas pelos economistas e administradores de empresa. Quer dizer, o exame da viabilidade deve compatibilizar necessariamente dois aspectos da questão: não pode ignorar nem as condições econômicas a partir das quais é possível programar-se o reerguimento do negócio, nem a relevância que a empresa tem para a economia local, regional ou nacional. Assim, para merecer a recuperação judicial, a sociedade empresária deve reunir dois atributos: ter potencial econômico para reerguer-se e importância social. Não basta que os especialistas se ponham de acordo quanto à consciência e factibilidade do plano de reorganização do ponto de vista técnico. É necessário seja importante para a economia local, regional ou nacional que aquela empresa se reorganize e volte a funcionar com regularidade; em outros termos, que valha a pena para a sociedade brasileira arcar com os ônus associados a qualquer medida de recuperação de empresa não derivada de solução de mercado".

Por outro lado, como já discorremos ao longo deste trabalho, um sistema concursal, que se pretende, exercente de uma filosofia preservacionista da unidade produtiva não pode ficar refém de mecanismos indiscriminados de conservação de qualquer empresa.

O direito moderno não pode desprezar a questão fundamental de se saber em que casos, concretos, as empresas devem desaparecer, e quando devem ser preservadas.

A manutenção de empresas ineficientes, como já sustentamos, pode contaminar empresas saudáveis, em um mercado potencialmente concorrencial, assim o impacto social de sua preservação artificial atingiria em escala imensurável o interesse público.

Nesse sentido, nem sob o auspício do interesse exclusivo dos empregados pode prevalecer a manutenção da empresa em crise insuperável, pois os contribuintes, desta forma, pagariam as subvenções que artificiosamente mantenham essas empresas vivas.

Francisco Cabrillo,[38] como nos informa Paulo Penalva Santos, em brilhante análise econômica do direito concursal espanhol, anterior à recente modificação de seu sistema concursal, alerta para o fato de que dentre os custos com a preservação de uma empresa ineficiente, destaca-se o da baixa produtividade dos fatores de produção nela empregados.

Desta forma, segundo o autor espanhol, seria temerário elaborar uma lei que "facilitasse indiscriminadamente a preservação de empresas em momento de crise, sem considerar o custo com a sua manutenção. Seria, por exemplo, um erro grave decidir pela manutenção de empresas ineficientes apenas para evitar o desemprego, pois o resultado final dessa política dificultaria ainda mais a criação de empresas eficientes".

Interessante, neste sentido, como pudemos notar anteriormente, as legislações existentes no mundo que inseriram, em suas disposições, a idéia de que um procedimento adequado de reestruturação das empresas em crise deveria, em maior ou menor grau, concorrer com a preocupação pura e

37. Fábio Ulhoa Coelho, *Curso de Direito Comercial*, v. 3, 5ª ed., p. 383.

38. Francisco Cabrillo, *Quiebra y Liquidación de Empresas*, p. 39, *apud* Paulo Penalva Santos, "O novo projeto de recuperação da empresa", in *RDM* 117/129.

simples de liquidar os seus ativos para quitar, na medida do possível, os seus passivos, realizando-se o direito dos credores segundo o princípio da *par conditio creditorum*.

7. Da recuperação extrajudicial

A recuperação extrajudicial, procedimento de composição de interesses preliminar da recuperação, previsto nos arts. 161 a 167, da Lei 11.101/2005, como já dissemos, era na vigência do Decreto-lei 7.661/1945, considerado "*ato de falência*"[39] (art. 2º, III), caracterizador da decretação da quebra.

O empresário que convocasse seus credores para tentar uma composição extrajudicial poderia ter a falência decretada, em face de algum credor descontente com tal procedimento.

Diante disso, pode-se perceber que a Lei 11.101/2005, nesse novo espírito de preservação da unidade produtiva, estimula por meio da recuperação extrajudicial, uma composição que proporcione a superação da crise econômico-financeira da empresa.

A recuperação extrajudicial é importante, também, por dar maior amparo e proteção jurídica aos acordos informais que são cada vez mais comuns entre grandes empresas e instituições financeiras, proporcionando a redução dos custos de transação e, por conseqüência, conferindo maior transparência (*disclosure*) e segurança com a possibilidade de homologação judicial do plano de recuperação que resulte dessas negociações.

Instaura-se, como salienta Waldo Fazzio Júnior,[40] "o império da realidade: os acordos preventivos extrajudiciais são objeto de homologação judicial e aptos a detonar o procedimento de recuperação do agente econômico devedor, pela composição com parte ou a totalidade de seus credores".

Contudo, observa Fábio Ulhoa Coelho[41] que uma vez "alcançado o acordo com os credores, o instrumento contratual firmado entre eles e a sociedade devedora é já suficiente para a produção de todos os efeitos pretendidos pela iniciativa de recuperação. Quer dizer, se a sociedade imagina que pode superar a crise com a dilação dos prazos de pagamento de determinadas obrigações, procura os credores destas e obtém deles a concordância para a prorrogação, o instrumento de aditamento ao contrato ou contratos que formalizar a nova condição de pagamento será suficiente para alcançar o objetivo pretendido (ou seja, a dilação daqueles prazos)".

Ainda, segundo o autor, não seria necessário, que a empresa devedora propusesse o pedido de homologação judicial. O requerimento de homologação judicial, no caso da medida contratada ter sido eficaz para a recuperação da empresa, seria facultativo.

Mais adiante, Fábio Ulhoa Coelho,[42] discorre sobre o tema observando que ao lado da homologação facultativa do plano de recuperação extrajudicial ao qual aderiram todos os credores, nos termos do art. 162, da LFRE, há a possibilidade também da homologação obrigatória, conforme art. 163, da LFRE. Neste último caso, o devedor conseguiu a adesão substancial dos seus credores ao plano de recuperação, mas uma pequena minoria ainda resiste a suportar suas conseqüências.

Desta forma, a principal vantagem da homologação judicial de um acordo, aprovado pela maioria dos credores, é a de poder obrigar seu cumprimento por credores

39. Comumente chamado, como já dissemos anteriormente, de "concordata branca", onde a composição amigável através da convocação de credores para lhes propor a dilação, remissão ou cessão de bens, poderia determinar a falência da empresa em estado de crise econômico-financeira.

40. Cf. Waldo Fazzio Júnior, *Nova Lei de Falências e Recuperação de Empresas*, p. 115.

41. Cf. Fábio Ulhoa Coelho, *Curso de Direito Comercial*, v. 3, cit., p. 433.

42. Idem, p. 436.

minoritários, o que tende a aumentar a participação destes e dos demais, nas negociações do acordo. Outra vantagem importante é a de poder realizar a venda judicial de subsidiárias ou filiais de empresa sem o ônus da sucessão tributária.

Cumpre ressaltar que nas discussões do Congresso Nacional sobre a nova legislação, houve quem defendesse a manutenção do instituto da concordata em harmonia com as novas modalidades recuperatórias (judicial e extrajudicial), sob o argumento de que ela seria útil nos processos de renegociação de dívidas, mormente por parte de empresas de pequeno porte em situação de crise.

A novel legislação ao substituir as concordatas preventiva e suspensiva, não albergou ao falido a possibilidade de, depois de decretada a quebra, tentar como última medida a recuperação através da suspensão da falência, como era possível no Decreto-lei 7.661/1945, nos arts. 177 e ss. Portanto, em tese, houve uma supressão de direitos atinentes ao devedor. A justificativa residiu no fato de que, na prática, a concordata suspensiva só afastava os credores da efetiva satisfação de seus créditos, pois, comumente essa se convolava em falência.

Finalmente, o que de fato prevaleceu foi o entendimento de que os benefícios da concordata são muito contidos, em face dos novos institutos recuperatórios. Uma mera renegociação de dívidas pode ser realizada por qualquer empresa em dificuldade, seja na forma de composição extrajudicial, seja na forma de acordo homologado judicialmente (recuperação judicial), com a vantagem de flexibilizar as negociações entre devedor e credores e, poder por conseqüência, incluir outras questões que a legislação passada da concordata não contemplava.

8. *Conclusão crítica*

O tênue e precário desenvolvimento do mercado de crédito e as recentes pesquisas do Banco Mundial, que situam o Brasil dentre os piores países para recuperação de crédito, têm como contrapartida os elevados *spreads* cobrados pelo setor bancário que se sobrepõe à já elevada taxa de juros básica.

Boa parte desses problemas é originada pela vetusta Lei de Falências, que regeu nosso sistema legal de crédito desde 1945. O Decreto-lei 7.661/1945, além de desenhado para um ambiente empresarial simples, para não dizer rudimentar, é de uma época em que sequer tínhamos empresas a nível nacional.

Sem dúvida um dos objetivos precípuos de qualquer processo falimentar, mas não único, é a satisfação, pela forma mais eficiente possível, dos direitos dos credores. Quem intervém no tráfego jurídico, e especialmente quando aí exerce uma atividade empresarial, assume, por esse motivo, indeclináveis deveres, sobretudo, o de honrar os compromissos assumidos.

Do ponto de vista econômico, uma legislação falimentar, considerada moderna, tem como objetivo criar condições para que situações de crise econômico-financeira tenham soluções razoavelmente previsíveis, céleres e, fundamentalmente, transparentes, de modo que os ativos mobilizados e imobilizados, tangíveis e intangíveis, sejam preservados no intuito de cumprirem sua função social, gerando emprego, renda e circulação de bens ou serviços.

A vida econômica e empresarial é vida de interdependência, pelo que o descumprimento por parte de certos agentes repercute necessariamente na situação econômica e financeira dos demais. Urge, portanto, numa dimensão econômica, dotar estes, dos meios idôneos para fazer face à insolvência dos seus devedores, enquanto impossibilidade de pontualmente cumprir obrigações vencidas.

Na dimensão econômica da preservação da empresa, a garantia comum de todos os credores é o patrimônio do devedor e é a eles que cumpre decidir quanto à melhor efetivação dessa garantia, e é por essa via que, seguramente, melhor se satisfaz o interesse público da preservação do bom funcionamento do mercado.

Não podemos nos olvidar que quando na massa falida esteja compreendida uma empresa que não gerou os rendimentos necessários ao cumprimento das suas obrigações, a melhor satisfação dos credores pode passar tanto pelo encerramento da empresa, como também pela manutenção de sua unidade produtiva.

Nessa dimensão econômica, é sempre da estimativa dos credores que deve depender, em última análise, a decisão de recuperar a empresa, e em que termos, nomeadamente quanto à sua manutenção na titularidade do devedor insolvente ou na de outrem. E, repise-se, essa estimativa será sempre a melhor forma de realização do interesse público de regulação do mercado, mantendo em funcionamento as empresas viáveis e expurgando dele as que não o são (ainda que, nesta última hipótese, a inviabilidade possa resultar apenas do fato de os credores não verem interesse na continuação).

Entende-se que a situação não corresponde necessariamente a uma falha de mercado (*market failure*) e que os mecanismos próprios deste conduzem a melhores resultados do que intervenções autoritárias, como aquelas preconizadas pelas concordatas preventiva ou suspensiva em que não era dado aos credores sujeitos a elas a possibilidade de opinarem sobre a concessão das mesmas. O favor legal era do devedor, que impunha as regras previstas em lei a todos os credores quirografários.

Ao direito falimentar (de caráter eminentemente recuperatório) moderno compete, em um primeiro momento, a tarefa de regular juridicamente a eliminação ou a reorganização econômico-financeira de uma empresa segundo uma lógica de mercado, devolvendo o papel central aos credores, convertidos, por força da insolvência, em seus proprietários econômicos, e, mais importante, a busca da superação deste estado de desequilíbrio por sua humanização.

Contudo, vale relembrar ainda que, uma das causas de insucesso de muitos processos de recuperação ou de falência nas legislações alienígenas, residiu no seu tardio início, seja porque o devedor não era suficientemente penalizado, seja porque os credores eram negligentes no requerimento de providências de recuperação ou de declaração de falência, por falta dos convenientes estímulos, ou até mesmo, pelo aspecto psicológico que mencionamos anteriormente.

Uma lei falimentar, como nossa novel legislação, para ser considerada eficaz e atingir efetivamente aos fins a que se destina, deve contribuir para maximizar o valor do patrimônio do devedor sem por essa via constituir um estímulo para um comportamento negligente.

Fundamental para mudança de paradigma é a promoção da celeridade do processo, como é preconizada na própria lei,[43] tornando-se também necessária a adoção de medidas no plano da organização judiciária, que complementam o regime contido na novel legislação recuperatória.

Não basta modernizar a legislação se não tivermos um Poder Judiciário preparado para essa ruptura que enseja um preparo profissional dotado de capacitação não só na área jurídica, mas também na área econômica.

E, ainda, pelas razões expostas, somos absolutamente favoráveis à criação de varas e câmaras especializadas na área empresarial, como timidamente já ocorre em alguns Estados, diante das particularidades envolvidas, tanto nas questões falimentares, como também nas questões societárias de maior complexidade.

Insistimos que para realizar-se uma eficaz salvaguarda das empresas viáveis economicamente, deve-se ter em mente que

43. Art. 75, parágrafo único da Lei 11.101/ 2005 (LFRE).

há nítida distinção entre empresas que devem ser socorridas e salvas e empresas que devem encerrar suas atividades econômicas. E, mais além, o sistema legal para ser considerado eficaz deve diferenciar a aplicação de rígidas sanções ao empresário e não à empresa.

Contudo, no âmbito da dimensão social da preservação da empresa os argumentos acima expostos, não se sustentam livremente, ou seja, há uma necessária simbiose entre a busca pela eficiência econômica e a superação da crise sob o impacto humano.

Portanto, parece-nos claro – *e é essa a tese de nossa investigação* –, que os argumentos supramencionados da eficiência de mercado, com a decisão de recuperar sempre dependente de estimativa dos credores, não supera, como já sustentamos, as questões sociais diretamente envolvidas na manutenção ou não da fonte produtiva, como forma de preservação da empresa.

A essência deste ensaio numa abordagem zetética é a reflexão sobre a necessária mitigação da eficiência econômica com a humanização da tutela da empresa em estado crítico como forma de dignificação da pessoa humana, ou seja, deve haver uma desmistificação da eficiência neoliberal, no Estado contemporâneo.

O perigo da utilização irrestrita da eficiência como justificativa de conduta pode significar mais que um risco para a legalidade, pode significar um perigo à própria democracia.

Para que seja possível admitir uma interpretação diferenciada da eficiência econômica como princípio do Estado de Direito, mitigado com a razão humana, torna-se necessário um rompimento com o paradigma cultural em ascensão.

O viés pragmático, característica da nova racionalidade, volta-se contra o intervencionismo principiológico do Estado de bem-estar social. Em realidade, o mito neoliberal busca encobrir a concreta ineficiência do Estado Liberal, no atendimento das reais necessidades do cidadão, notadamente as de cunho social.

Nesse diapasão, a crise da empresa é tomada como justificativa para o fetichismo econômico neoliberal, que privilegia a crença em uma eficiência autônoma à justiça, especialmente no seu fundamento maior: a igualdade material.

A compatibilidade entre a chamada eficiência econômica e o princípio da dignidade da pessoa humana é uma decorrência necessária do constitucionalismo social imposto pela Constituição Federal de 1988.

Desta forma, torna-se premente o advento de uma nova mentalidade que desmistifique os preconceitos e falsas percepções da contemporaneidade que contrapõem eficiência e segurança jurídica.

A origem da eficiência como símbolo, valor e princípio, está intimamente vinculada ao advento da modernidade, com sua crença na capacidade do homem de forjar o seu destino, no âmbito do Estado Social, em razão de sua preocupação ética com a dignidade da pessoa humana, por conta de sua concreta capacidade de conter as falhas do setor privado e responsabilizar-se pelo atendimento das necessidades mínimas coletivas.

Parece-nos evidente que a empresa hoje não é simplesmente um repositório especulativo de acionistas ou sócios controladores que promovem políticas de desenvolvimento de suas atividades econômicas, de forma autônoma e irresponsável, sem sopesar as conseqüências da má gestão empresarial.

A empresa, muito mais do que estritamente econômica deve ser socialmente responsável, posto que o encerramento de suas atividades gera a extinção de empregos formais, informais e pode ocasionar o efeito "cascata" no encerramento de atividades de fornecedores diretamente vinculados a ela.

Além disso, com sua extinção, o Estado deixa de arrecadar tributos e fundamentalmente a economia e os consumidores sofrem com a falta de circulação de bens ou serviços, gerando conseqüências também na esfera concorrencial.

Como já dissemos, a doutrina clássica tem considerado a falência como um fenômeno patológico da sociedade que urge combater e nas últimas décadas, seguindo uma tendência mundial, percebeu-se a importância da adoção de um procedimento de reorganização empresarial com o escopo de promover a recuperação da empresa em crise, diferente dos modelos até então existentes, capaz de evitar o seu desaparecimento quando houvesse interesse social considerado relevante.

Para finalmente encerrar essas observações críticas, apenas por amor à argumentação, cumpre esclarecer que essa investigação está longe de ter a pretensão exaustiva de tema tão profundo e fecundo como a preservação da empresa em crise econômico-financeira.

Nem se pense, de forma maniqueísta, que os pontos de vista sustentados no âmbito deste trabalho, teriam uma tendência interpretativa da proteção dos interesses do devedor.

Em realidade, buscar incessantemente a sobrevivência da empresa considerada economicamente viável e socialmente relevante, proporciona na mesma medida, a preservação dos interesses dos credores, posto que o encerramento da atividade econômica implica, via de regra, na perda de seus créditos.

9. Referências bibliográficas

BIONE, M. "Della dichiarazione di fallimento", in *Commentario Scialoja-Branca alla Legge Fallimentare, Sub Art. 5*. Bolonha-Roma.

BOBBIO, Norberto. *Igualdade e Liberdade*. Trad. Carlos Nelson Coutinho, Rio de Janeiro, Ediouro, 1996.

CABRILLO, Francisco. *Quiebra y Liquidación de Empresas*. Madri, Unión Editorial, 1989.

CARNELUTTI, Francesco. *Teoria Generale del Diritto*. Roma, Società Editrice del "Foro Italiano", 1951.

CARVALHOSA, Modesto. *A Ordem Econômica na Constituição de 1969*. São Paulo, Ed. RT, 1972.

COELHO, Fábio Ulhoa. *Comentários à Nova Lei de Falências e de Recuperação de Empresas (Lei n. 11.101, de 9.2.2005)*. São Paulo, Saraiva, 2005.

______. *Curso de Direito Comercial. De Acordo com a Nova Lei de Falências*. v. 3, São Paulo, Saraiva, 2005.

CUNHA, Antônio Geraldo da. *Dicionário Etimológico Nova Fronteira da Língua Portuguesa*. 2ª ed., rev. e acrescida de um suplemento, 14ª impr., Rio de Janeiro, Nova Fronteira, abr. 2001.

FAZZIO JÚNIOR, Waldo. *Nova Lei de Falências e Recuperação de Empresas*. São Paulo, Atlas, 2005.

HOUIN, Roger. *Aspects Économiques de la Faillite et du Réglement Judiciaire*. Rapport de l'Inspection Générale des Finances, Paris, Librairie Sirey, 1970.

IRTI, Natalino. *L'Ordine Giuridico del Mercato*. 3ª ed., Roma-Bari, Editori Laterza, 2004.

KANT, Immanuel. *Grundlegung zur Metaphysik der Sitten*. Hamburgo, RdNr. 434, 1965.

LUNDBERG, Eduardo. *Economia Bancária e Crédito: Avaliação de 3 Anos do Projeto Juros e Spread Bancário*, 2002 (capturado: *http://www.bcb.gov.br*, em 29.1.2005, às 12h10).

MACÍAS, Maria Isabel Candelario. "Les procedures collectives en Espagne", in *Revue de Droit International et de Droit Compare*, Bruxelas, 2000.

PERIN JUNIOR, Ecio. *Curso de Direito Falimentar e Recuperação de Empresas*. 3ª ed., rev., atual. e ampliada, São Paulo, Editora Método, 2006.

______. *A Lei n. 10.303/2001 e a Proteção do Acionista Minoritário*. São Paulo, Saraiva, 2004.

SADDI, Jairo. "Eficiência ou equidade?", in *O Valor Econômico*, de 29.11.2005.

SANTOS, Paulo Penalva. "O novo projeto de recuperação da empresa", in *Revista de Direito Mercantil* 117, São Paulo, Malheiros Editores, jan.-mar. 2000.

REFLEXOS DA LEI 9.873/1999 NO PRAZO PRESCRICIONAL DOS PROCEDIMENTOS DE COMPETÊNCIA DO CONSELHO ADMINISTRATIVO DE DEFESA ECONÔMICA

ROGÉRIO F. TAFFARELLO

I – Introdução. II – Conceito e finalidade da prescrição. III – Natureza jurídica da sanção administrativa como óbice à retroatividade da "lex gravior". IV – Adequação ao devido processo legal. V – A Lei 9.873/1999. VI – Notas conclusivas. VII – Bibliografia.

I – Introdução

Tem-se verificado, hodiernamente, uma inesperada controvérsia entre operadores do direito no que concerne à interpretação devida pelo Conselho Administrativo de Defesa Econômica – CADE – de dispositivo inserido no ordenamento jurídico pátrio com o advento da Lei 9.873/1999, cujas conseqüências têm sido crescentemente notadas nos anos mais recentes.

Referido diploma legislativo, ao cuidar do estabelecimento de prazos de prescrição para o exercício de ação punitiva pela Administração Pública Federal direta e indireta, logrou modificar o *quantum* dos lapsos temporais respectivos para casos em que a infração administrativa averiguada também venha a constituir crime, quando a prescrição passa a ser regida pelo prazo observado na legislação penal, por força do art. 1º, § 2º, da Lei 9.873/1999.

No âmbito do direito concorrencial, a controvérsia exsurge do fato de que, dentre os dez tipos penais arrolados pela assim chamada "Lei das Licitações" (Lei 8.666/1993), seis cominam penas máximas superiores a dois anos de privação de liberdade, o que, de acordo com previsão do art. 109 do Código Penal Brasileiro, torna os respectivos prazos prescricionais superiores ao lapso temporal de cinco anos que fora expressamente previsto pela "Lei do CADE" (Lei 8.884/1994), em seu art. 28, e que, desde muito, vinha sendo tradicionalmente adotado no direito administrativo brasileiro de modo geral.

Questiona-se, pois, a aplicação do preceito em sede de direito intertemporal – ou seja, para infrações havidas antes da entrada em vigor da Lei 9.873/1999 sobre as quais somente haja incidido causa de suspensão ou interrupção do prazo prescricional após passados cinco anos ou mais desde a data do ato ou da cessação da infração permanente, porém antes de esgotado o novo prazo prescricional devido, em conformidade com a previsão da lei penal.

Apresentado o problema, cujas implicações têm sido discutidas em procedimentos ora correntes no CADE, cumpre realizar um acurado (ainda que breve, pois, ao final, pretende-se demonstrar não se estar tratando de questão demasiadamente complexa) estudo da legislação administrativa brasileira atinente à matéria e de sua devida interpretação – tanto em sede jurisprudencial quanto, e, sobretudo, doutrinária. Destarte, poder-se-á obter suficientes subsídios para demonstrar aquela que nos parece ser a única conclusão possível a respeito.

II – Conceito e finalidade da prescrição

Assim como a decadência, o instituto jurídico da prescrição decorre de um imperativo de ordem pública, fazendo-se presente em todas as áreas do direito público e privado. Seus fundamentos são de importância basilar em um Estado Democrático de Direito, cuja ordem jurídica gravita em torno dos valores essenciais da segurança e da justiça.

Se é por questão de justiça que se reconhece a supremacia constitucional e o respeito aos princípios fundamentais do direito – tais como os da legalidade, da isonomia e da irretroatividade da norma punitiva mais gravosa – é em nome da segurança que se visa a manter a estabilidade das situações jurídicas constituídas, e, após o decurso de determinado tempo, mesmo daquelas potencialmente controvertidas. Aí reside a teleologia do conceito da prescrição, explicada com acuidade por San Tiago Dantas:

"(...) a prescrição e a decadência visam a punir a inércia de um titular. Alguém tem um direito, mas não o usa; (...).

"Esta influência do tempo, consumido do direito pela inércia do titular, serve a uma das finalidades supremas da ordem jurídica, que é estabelecer a segurança das relações sociais.

"Como passou muito tempo sem modificar-se o atual estado de coisas, não é justo que se continue a expor as pessoas à insegurança que o direito de reclamar mantém sobre todos, como uma espada de Dâmocles. A prescrição assegura que, daqui em diante, o inseguro é seguro; quem podia reclamar não mais o pode."[1]

Por esse motivo, a prescrição, no campo do direito público, não constitui direito subjetivo do acusado, mas a perda do *ius persequendi* por parte do Estado – que, por não ter agido dentro de um lapso temporal *previamente* fixado, é punido em virtude de sua inércia e em homenagem à segurança jurídica, pacificando situações potencialmente litigiosas. Em poucas palavras, trata-se, primacialmente, da perda do direito estatal de punir ou executar a punição pelo decurso do tempo sem que tal direito haja sido exercido – eis aí o conceito básico de prescrição.

Nos tempos atuais, resta absolutamente assentada a noção de que a prescrição ocorre, como visto, por ser a segurança um imperativo de justiça. Está presente inclusive no campo do direito civil, tencionando regular relações entre particulares, como matéria de ordem pública. Se assim o é, tanto mais importância o instituto passa a ter em se tratando de direito público, sobretudo no que concerne ao direito público de natureza sancionatória, como é o caso do direito administrativo punitivo.

III – Natureza jurídica da sanção administrativa como óbice à retroatividade da "lex gravior"

Não obstante a natureza jurídica das normas administrativas sancionatórias possa parecer incontroversa atualmente à maioria dos publicistas, tal questão foi objeto de alguma controvérsia doutrinária e jurisprudencial no passado, dando ensejo a alguma confusão interpretativa. Mas, já em meados do século passado, o ilustre magistrado Nelson Hungria, principal revisor do Código Penal Brasileiro (1940), manifestava-se, em texto que se tornaria clássico:

1. Francisco Clementino de San Tiago Dantas, *Programa de Direito Civil, Parte Geral*, 2ª ed., pp. 396-397.

"(...) não há falar-se de um ilícito administrativo ontologicamente distinto de um ilícito penal. A separação entre um e outro atende apenas a critérios de conveniência e oportunidade, afeiçoados à medida do interesse da sociedade e do estado, variável no tempo e no espaço (...). A identidade essencial entre o ilícito administrativo e o delito penal é atestada pelo próprio fato histórico, aliás reconhecido por Goldschmidt, de que 'existem poucos delitos penais que não tenham passado pelo estágio do delito administrativo'. Entre nós, não há razão alguma para rejeitar-se o sistema de subordinação da ação disciplinar à ação penal."[2]

É de se notar o fato de existir, deveras, um único *jus puniendi* estatal, a se manifestar ora pela instância penal, ora pela instância administrativa. Deste modo, há que se considerar haver apenas uma diferença quantitativa – e não qualitativa – entre ambas as vias sancionatórias – que, por seu turno, requerem a existência de uma mesma principiologia com vistas à limitação do poder estatal de constrição sobre o indivíduo, conforme se verá doravante.

A esse respeito, cumpre ressaltar, no direito brasileiro atual, as lições dos eminentes publicistas Celso Antônio Bandeira de Mello e Luís Roberto Barroso. Consoante este, "o direito administrativo punitivo é apenas mais uma forma de manifestação do chamado poder punitivo do Estado. Sua diferenciação relativamente ao direito penal é apenas de grau ou, muitas vezes, mera opção legislativa"[3] – enquanto que, para o primeiro, "não há, pois, cogitar de qualquer distinção substancial entre infrações e sanções administrativas e infrações e sanções penais; o que as aparta é única e exclusivamente a autoridade competente para impor a sanção".[4]

No mesmo sentido têm-se posicionado os tribunais superiores, podendo-se destacar, como exemplo, por sua clareza e concisão, breve assertiva do Ministro Humberto Gomes de Barros, para quem "a punição administrativa guarda evidente afinidade, estrutural e teleológica, com a sanção penal".[5]

A distinção entre sanções penais *stricto sensu* e sanções administrativas vem a ser, portanto, meramente de opção dogmática; formal, consoante igualmente se manifestam Heraldo Garcia Vitta[6] e Daniel Ferreira,[7] ambos fundando suas lições nos entendimentos pioneiros de Geraldo Ataliba, Luis Vicente Cernicchiaro e Régis Fernandes de Oliveira. A opção legislativa entre uma ou outra modalidade de sancionamento resulta, então, muito mais da necessidade de se buscar a melhor eficácia social da punição do que da ocorrência de uma pretensa diversidade axiológica que haveria de ser ínsita à norma.[8]

Remanesce incontestável, com efeito, a natureza penal das normas de direito administrativo sancionador, porquanto decorrem do poder estatal de limitação da liberdade do administrado. Daí o fato de a doutrina publicista majoritariamente ressaltar a necessidade de que sejam observados princípios oriundos do direito penal para que se possa efetuar a correta imposição de sanções administrativas:

"(...) as sanções administrativas apresentam configuração similar às de natureza penal, sujeitando-se a regime jurídico

2. Nelson Hungria, "Ilícito penal e ilícito administrativo", *Revista de Direito Administrativo (Seleção Histórica)*, p. 17.

3. Luis Roberto Barroso, "A prescrição administrativa no Direito brasileiro antes e depois da Lei 9.873/1999", *Revista Diálogo Jurídico*, v. 1, n. 4, 2001.

4. Celso Antônio Bandeira de Mello, *Curso de Direito Administrativo*, 19ª ed., p. 743.

5. STJ, REsp 19.560-0, Rel. Ministro Humberto Gomes de Barros.

6. *A Sanção no Direito Administrativo*, pp. 30-34.

7. *Sanções Administrativas*, pp. 59-60.

8. Miguel Reale Júnior, "Despenalização no direito penal econômico: uma terceira via entre o crime e a infração administrativa?", *Revista Brasileira de Ciências Criminais*, n. 28, pp. 121 *et seq*.

senão idêntico, ao menos semelhante. Os princípios fundamentais de direito penal vêm sendo aplicados no direito administrativo repressivo. Lúcia Valle de Figueiredo afirma que os procedimentos sancionatórios caracterizam-se precisamente pela aplicação dos princípios do processo penal."[9]

"(...) o direito administrativo, em sua dimensão sancionatória, compartilha com o direito penal os mesmos princípios gerais de aplicação de suas normas, notadamente os que regulam os conflitos de direito intertemporal."[10]

Deste modo, mencionam os autores inúmeros princípios assentados pelo direito penal pós-iluminista que, ao longo do século XX, passaram a ser utilizados pelo direito público sancionador em sua generalidade, e que hoje atuam como fundamentos do direito administrativo punitivo. Entre eles, faz-se expressa menção aos princípios da legalidade, da anterioridade, da proporcionalidade, do devido processo legal etc.[11]

No que se refere especificamente à questão da prescrição em sede administrativa, manifesta-se o Desembargador Federal Sérgio de Andréa Ferreira: "como o direito penal e o direito punitivo são espécies de um mesmo gênero, o sistema preclusivo e prescricional têm a mesma formatação em ambos os ramos jurídicos".[12]

Um dentre os corolários do princípio da legalidade, o aforismo *nullum crimen nulla poena sine lege praevia*, consagrado no direito penal moderno desde seu primeiro desenvolvimento, no início do século XIX, determina que a sanção penal somente é possível se realizada conforme a legislação vigente ao tempo da prática do fato. Assim sendo, não somente é vedada a retroação de norma incriminadora – ou seja, aquela que cria um novo tipo penal – mas se veda também a incidência de norma que, de qualquer modo, possa alterar negativamente o *status* do agente que supostamente tenha praticado o fato:

"(...) a lei penal mais grave não se aplica aos fatos ocorridos antes de sua vigência, seja quando cria figura penal até então inexistente, seja quando se limita a agravar as conseqüências jurídico-penais do fato (...). Há, pois, uma proibição de retroatividade das normas mais severas de direito penal."[13]

Dispensável citar, nesse particular, outras fontes doutrinárias, visto ser fato notório que doutrina e jurisprudência são unânimes quanto à aplicação do princípio que, de tão absoluto, foi consagrado como cláusula pétrea pela Constituição Federal de 1988, em seu artigo que arrola os direitos e garantias individuais (art. 5º, XL): "a lei penal não retroagirá, salvo para beneficiar o réu".

Tem-se daí, bem como do art. 2º, § 1º, do Código Penal Brasileiro,[14] que a única hipótese de retroação normativa em sede de direito penal ocorre quando esta venha ser mais favorável ao acusado ou condenado. Trata-se de algo definido como princípio da irretroatividade da *lex gravior*, e refere-se a toda espécie de conflito de normas, particularmente em se tratando de direito intertemporal. No direito penal moderno, brasileiro ou estrangeiro, não se tem

9. Marçal Justen Filho, *Curso de Direito Administrativo*, p. 398.

10. Luis Roberto Barroso, ob. cit. Nesse ponto, o ilustre constitucionalista ainda cita grande parte dos principais administrativistas brasileiros das últimas décadas, como Themistocles Cavalcanti, Milton Luiz Pereira, Vicente Ferrer Correia Lima, Oswaldo Aranha Bandeira de Mello, entre outros.

11. A respeito, v.: Celso Antônio Bandeira de Mello, ob. cit., p. 746; Marçal Justen Filho, ob. cit., pp. 398-402.

12. "Prescrição administrativa: falta disciplinar também punida como crime", *Revista da Faculdade de Direito de São Bernardo do Campo*, São Bernardo do Campo, Faculdade de Direito, 1999, p. 263.

13. Francisco de Assis Toledo, *Princípios de Direito Penal*, 5ª ed., 7ª tir., p. 31.

14. "A lei posterior, que de qualquer modo favorecer o agente, aplica-se aos fatos anteriores, ainda que decididos por sentença condenatória transitada em julgado."

notícia de qualquer questionamento à validade e à imperiosidade deste princípio.

Não seria possível, em tempos modernos, imaginar-se que o Estado tivesse o privilégio de legislar matéria de conteúdo sancionatório com efeitos retroativos, ao arrepio de regras e princípios que formam o arcabouço constitucional de qualquer democracia, valores conquistados ao longo de séculos, e cujo escopo é exatamente impedir que o administrado fique à mercê do arbítrio estatal.

Também em sede administrativa, é pacífico o entendimento da aplicação do princípio penal da retroatividade da lei posterior mais benéfica – e, *a contrario sensu*, da irretroatividade da lei posterior mais gravosa:

"(...) outro parâmetro do direito penal, agora até judicialmente gozando de prestígio sua aplicação no processo administrativo, é o da aplicabilidade da lei posterior mais benéfica (ao administrado). É o que se colhe, para simples exemplo, na doutrina, de Régis Fernandes de Oliveira (...) e de Edílson Pereira Nobre Jr. (...); e, na jurisprudência, cabe citar acórdãos do Tribunal Regional Federal da 3ª Região (Ap. Cível 6.843-2-SP), e do Tribunal Regional Federal da 4ª Região (*DJU*, 28.7.1993), que se vêm avolumando nos dias atuais."[15]

Ainda acerca do princípio da irretroatividade da lei mais grave como desdobramento do princípio da legalidade, visto que a lei que regula o direito sancionatório deve ser prévia – excetuando-se, naturalmente, casos em que venha a melhorar a situação do acusado ou condenado – convém lembrar que eventual decisão que se utilize de lei posterior mais gravosa fere irremediavelmente a legalidade, atuando contra o próprio texto constitucional. Mesmo no direito administrativo, nada pode justificar tal afronta à Carta Magna,

"(...) nem se alegue a supremacia do interesse público sobre o particular para justificar a retroatividade da norma mais grave ao infrator. Embora tal supremacia seja um dos vetores do ordenamento jurídico-administrativo, o princípio da segurança jurídica, base do regime democrático de direito, impede a retroação de normas que prejudiquem, de algum modo, o infrator."[16]

IV – Adequação ao devido processo legal

Pela primeira vez em nossa história constitucional, a Magna Carta de 1988 houve por adotar expressamente a fórmula, consagrada no direito anglo-saxão, do *due process of law*.[17] Tal princípio fundamental está contido em diversos incisos do art. 5º da Constituição Federal, valendo citar dois deles:

Art. 5º, LIV: "ninguém será privado da liberdade ou de seus bens sem o devido processo legal".

Art. 5º, LV: "aos litigantes, em processo judicial ou administrativo, e aos acusados em geral são assegurados o contraditório e ampla defesa, com os meios e recursos a ela inerentes".

Dentre os principais desdobramentos do conceito de devido processo legal, e decorrente também do princípio constitucional da isonomia, encontra-se o princípio da paridade de armas – *par conditio* –, segundo o qual em toda relação processual, seja ela civil, penal ou administrativa, é necessário que se garanta o devido equilíbrio entre as forças que ali se contraponham.[18] Essa necessidade incondicional de equilíbrio entre as partes igualmente veda a possibilidade de aplicação retroativa do prazo prescricional *in pejus*.

Deveras, seria uma descabida ilogicidade pretender que o Estado-Administração, parte interessada na relação processual

15. Adilson Abreu Dallari e Sérgio Ferraz, *Processo Administrativo*, p. 156.

16. Heraldo Garcia Vitta, ob. cit., p. 112.

17. Antônio Carlos de Araújo Cintra, Ada Pellegrini Grinover e Cândido Rangel Dinamarco, *Teoria Geral do Processo*, 15ª ed., p. 82.

18. Idem, ibidem, p. 83.

administrativa, pudesse majorar os prazos prescricionais para aplicação a fatos já havidos – algo que, no limite, autorizaria a imprescritibilidade da persecução, mediante a promulgação de leis sucessivas no mesmo sentido. Tratar-se-ia, pois, de uma aberração primitiva, incompatível com a evolução da ciência do direito e da teoria do Estado.

Portanto, mesmo no processo administrativo, reputadamente menos formal que o jurisdicional, a Lei 9.784/1999 estabelece, em seu art. 2º, incisos VII e IX, respectivamente a "observância das formalidades essenciais à garantia dos direitos dos administrados" e a "adoção de formas simples, suficientes para propiciar adequado grau de certeza, segurança e respeito aos direitos dos administrados" – grau este que não ocorreria se se pudesse interpretar a majoração do prazo prescricional decorrente da Lei 9.873/1999 de modo retroativo, piorando a situação do administrado.

Há que se lembrar ainda que, por força da necessária observância do devido processo legal, sabe-se que em toda relação processual sancionatória deve-se observar o mandamento *in dubio pro reo*, que se refere tanto ao caso de dúvidas na valoração de matéria probatória quanto ao caso de dúvidas na interpretação de dispositivo legal – convém lembrar que o *in dubio pro societate* vige, sabidamente, no momento inicial, de instauração, de um procedimento investigatório; jamais em sua decisão, com vistas a se evitarem flagrantes injustiças que não interessam ao Estado de Direito. Desde logo, então, afigura-se impossível, também por este motivo, a interpretação pela retroatividade da *lex gravior*.

V – A Lei 9.873/1999

Antes de se proceder ao exame mesmo do art. 1º, § 2º, da Lei 9.873/1999, cumpre seja feita breve menção às disposições que lhe antecederam – e, em certa medida, deram ensejo ao seu advento. É notório o fato de que o direito administrativo brasileiro sempre teve por regra o prazo prescricional máximo de 5 anos. Inúmeros são os exemplos esparsos na legislação, de que se pode citar:

a) Código Tributário Nacional: prazos prescricionais de 5 anos para a constituição do crédito tributário, para a cobrança do crédito tributário, e para a ação de restituição de indébito;

b) Decreto 20.910/1932: prazo prescricional de 5 anos contra a Fazenda Pública;

c) Lei 6.838/1980: infrações disciplinares de profissionais liberais prescrevem em 5 anos (idem para a Lei 8.906/2004 – Estatuto da OAB);

d) Lei 8.112/1990: ação disciplinar contra funcionário público prescreve em 5 anos;

e) Lei 8.429/1992: atos de improbidade administrativa prescrevem em, no máximo, 5 anos;

f) Lei 8.884/1994 (Lei do CADE): infrações contra a ordem econômica prescrevem em 5 anos.

Tal sempre foi a regra. Ademais, convém citar que, antes da edição da Lei 9.873/1999, havia situações cujo texto legal correspondente não previa qualquer prazo prescricional, permanecendo silente a esse respeito e gerando controvérsias indesejadas. No entanto, a doutrina e os tribunais, desde muito, aplicavam a prescrição por analogia e por isonomia, visto que o Poder Público se beneficiava do prazo de 5 anos: "ficamos com a posição dos que, como Hely Lopes Meirelles (1996: 589), entendem que, no silêncio da lei, a prescrição administrativa ocorre em cinco anos, nos termos do Decreto n. 20.910".[19]

E foi exatamente para que não mais houvesse qualquer controvérsia que sobreveio, em 1999, a Lei 9.873, fixando o prazo prescricional, de modo geral, em 5 anos,

19. Maria Sylvia Zanella Di Pietro, *Direito Administrativo*, 14ª ed., p. 610.

com a única exceção dos casos – posteriores, vale lembrar – em que a infração implique fato delituoso. Depreende-se facilmente a teleologia da referida norma, a partir do seguinte trecho da mensagem que encaminhou seu texto:

"(...) cumpre assinalar, no entanto, que admitir a prescrição no âmbito da administração pública com respaldo tão-somente na analogia pode gerar questionamento no que se refere ao prazo a ser adotado.

"O prazo prescricional foi fixado em 5 (cinco) anos. Trata-se do lapso de tempo tradicionalmente adotado pelo Estado em suas relações com terceiros."[20]

Ou seja, o fim precípuo que levou à promulgação do diploma em questão foi o de pacificar as discussões que ainda pudesse haver em torno do prazo prescricional em matéria administrativa. Logo, trata-se de norma de conteúdo meramente declaratório, formalizando o entendimento já dominante.[21]

No âmbito do Conselho Administrativo de Defesa Econômica, felizmente, nenhuma controvérsia havia, posto que o prazo qüinqüenal já fora consagrado pela Lei 8.884/1994, instituidora do CADE. A Lei 9.873/1999 só veio confirmar a mesma disposição, e, em seu art. 1º, § 2º, acrescentar que, quando o fato cuidar de infração que também configure crime, "a prescrição reger-se-á pelo prazo previsto na lei penal".

Ora, tratando-se de eventual aumento do prazo prescricional, resta incontroverso que o referido diploma legal pretendeu modificar as situações futuras, visto ser absolutamente inidôneo para tutelar situações pretéritas. Seria manifesto equívoco crer que a Lei 9.873/1999 apresenta lacuna por não ter trazido disposições de direito intertemporal, pois, conforme explicitado supra, a lei não tratou do tema pelo simples fato de não ser necessário: o sistema jurídico tem a devida resposta para a questão, com base na principiologia penal constitucional, nos valores essenciais da *segurança jurídica* e da *irretroatividade da "lex gravior"*. Por esse motivo, o mencionado § 1º somente pode apontar para infrações posteriores ao início de vigência da mesma lei.

Tivesse o texto legislativo contemplado disposições expressas a respeito, não estaria senão realizando uma repetição daquilo que o sistema jurídico já nos oferece para o caso. E, ainda que houvesse expressa previsão de retroatividade da norma quando mais gravosa, não teria o condão de modificar a situação ora apresentada, porquanto padeceria de vício de inconstitucionalidade, restando inaplicável. Daí a desnecessidade de a lei tratar de algo já resolvido desde logo.

Situação similar à ora abordada ocorreu na Comissão de Valores Mobiliários quando da edição da Lei 9.457/1997 que, em seu art. 3º, aumentou de cinco para oito anos a prescrição das infrações administrativas de competência da CVM, e – pior – por falta de técnica legislativa, em seu art. 4º, manifestava-se pela aplicação imediata do prazo de oito anos. Imediatamente, insurgiu-se a doutrina:

"A nova lei aplica-se, única e tão-somente, aos fatos que vierem a ocorrer após a sua vigência. Interpretação diversa consagraria inaceitável aplicação retroativa da norma, em prejuízo do acusado, o que é inadmissível em nosso ordenamento jurídico.

"A primeira parte do art. 4º da nova lei, ao dispor que, para os inquéritos pendentes, os prazos de prescrição começam a fluir a partir de sua vigência, é inequivocamente inconstitucional, não cabendo sua aplicação por parte da Comissão de Valores Mobiliários."[22]

Por esse motivo, o destino de tal norma foi a inaplicabilidade, tamanha a sua

20. Mensagem n. 471, de 1998-CN, *apud* Luis Roberto Barroso, ob. cit.

21. Luis Roberto Barroso, ibidem.

22. Nelson Eizirik, *Reforma das S/A e do Mercado de Capitais*, p. 199.

desatenção para com o ordenamento e a Constituição Federal, até a sua revogação no ano seguinte, através da Medida Provisória 1.708 – que, após sucessivas reedições, ao ser convertida em lei ordinária, daria origem justamente à Lei 9.873/1999. Impossível, portanto, crer que a ausência de disposição expressa pudesse significar alguma possibilidade de retroação do prazo prescricional em prejuízo do administrado no âmbito do Conselho Administrativo de Defesa Econômica.

VI – Notas conclusivas

Com efeito, a hermenêutica jurídica tradicional e todo o arcabouço doutrinário acima reunido tornam clara a imperiosidade dos princípios constitucionais supracitados, destinados ao direito punitivo em sentido lato. Os princípios normativos, reiteradamente classificados como verdadeiros alicerces do edifício jurídico, hão que orientar todo o sistema, desde a elaboração legislativa até a hermenêutica. Estão eles contidos em todas as normas jurídicas, conferindo-lhes validade, a despeito da inviabilidade prática de se encontrarem expressos em cada uma delas. E, assim sendo, hão que ser observados a todo tempo: "violar um princípio é muito mais grave que transgredir uma norma. A desatenção aos princípios implica ofensa não apenas a um específico mandamento obrigatório, mas a todo sistema de comandos. É a mais grave forma de ilegalidade ou inconstitucionalidade, conforme o escalão do princípio atingido, porque representa insurgência contra todo o sistema, subversão de seus valores fundamentais".[23]

Por todas essas razões, e coerentemente com o melhor posicionamento doutrinário e jurisprudencial, remanesce forçoso concluir que a previsão legal modificativa de prazo prescricional jamais pode ser aplicada em desfavor do administrado, mas somente para beneficiá-lo, em toda e qualquer instância de sancionamento administrativo, dentre as quais o Conselho Administrativo de Defesa Econômica. Não pode o CADE, portanto, manifestar entendimento em desacordo com o preceito fundamental do art. 5º, XL, da Constituição Federal, restando patente o entendimento de que o art. 1º, § 2º, da Lei 9.873/1999, quando implica aumento do prazo prescricional, somente deve ser aplicado para fatos que tenham ocorrido após a entrada em vigor deste diploma legislativo.

23. Celso Antônio Bandeira de Mello, *Elementos de Direito Administrativo*, São Paulo, Ed. RT, 1986, p. 230, *apud* Luis Roberto Barroso, *O Direito Constitucional e a Efetividade de suas Normas – Limites e Possibilidades da Constituição Brasileira*, p. 285.

VII – Bibliografia

ARAÚJO CINTRA, Antônio Carlos de, GRINOVER, Ada Pellegrini, e DINAMARCO, Cândido Rangel. *Teoria Geral do Processo*. 15ª ed., São Paulo, Malheiros Editores, 1999.

BANDEIRA DE MELLO, Celso Antônio. *Curso de Direito Administrativo*. 19ª ed., rev. e atual., São Paulo, Malheiros Editores, 2005.

BARROSO, Luis Roberto. "A prescrição administrativa no Direito brasileiro antes e depois da Lei 9.873/1999". *Revista Diálogo Jurídico*. Salvador, Centro de Atualização Jurídica, v. 1, n. 4, 2001.

______. *O Direito Constitucional e a Efetividade de suas Normas – Limites e Possibilidades da Constituição Brasileira*. Rio de Janeiro, Renovar, 1993.

DALLARI, Adilson Abreu, e FERRAZ, Sérgio. *Processo Administrativo*. São Paulo, Malheiros Editores, 2001.

DI PIETRO, Maria Sylvia Zanella. *Direito Administrativo*. 14ª ed., São Paulo, Atlas, 2002.

EIZIRIK, Nelson. *Reforma das S/A e do Mercado de Capitais*. Rio de Janeiro, Renovar, 1997.

FERREIRA, Daniel. *Sanções Administrativas*. São Paulo, Malheiros Editores, 2001.

HUNGRIA, Nelson. "Ilícito penal e ilícito administrativo". *Revista de Direito Administrativo (Seleção Histórica)*. Rio de Janeiro, Renovar, 1991.

REALE JÚNIOR, Miguel. "Despenalização no direito penal econômico: uma terceira via entre o crime e a infração administrativa?". *Revista Brasileira de Ciência Criminais*, n. 28. São Paulo, Ed. RT, 1999.

SAN TIAGO DANTAS, Francisco Clementino de. *Programa de Direito Civil. Parte Geral*. 2ª ed., Rio de Janeiro, Editora Rio, 1979.

TOLEDO, Francisco de Assis. *Princípios de Direito Penal*. 5ª ed., 7ª tir., São Paulo, Saraiva, 2000.

VITTA, Heraldo Garcia. *A Sanção no Direito Administrativo*. São Paulo, Malheiros Editores, 2003.

Atualidades

ARRAS OU SINAL NOS CONTRATOS EMPRESARIAIS: UM ESTUDO DO REGIME JURÍDICO DO CÓDIGO CIVIL DE 2002

TARCISIO TEIXEIRA

Introdução. 1. Arras confirmatórias. 2. Arras penitenciais. 3. Arras assecuratórias. 4. Arras, indenização suplementar e direito de arrependimento nos contratos empresariais. 5. Da disposição do Capítulo Das Arras ou Sinal no Código Civil de 2002. Bibliografia.

Introdução

As arras estão dispostas no Código Civil de 2002, na sua parte especial, Livro I – Do Direito das Obrigações, Título IV – Do Inadimplemento das Obrigações, Capítulo VI – Das Arras ou Sinal, nos arts. 417 a 420, sendo que no Código Civil de 1916 estava previsto nos arts. 1.094 a 1.097.

Considerando a disposição do instituto no Código Civil, no caso no título que trata do inadimplemento obrigacional, mister se faz uma breve consideração do que venha a ser inadimplemento, associado a uma ponderação sobre os contratos empresariais, a fim de conseguir ilustrar o objeto do presente estudo.

A regra nas obrigações firmadas é o adimplemento, ou seja, o cumprimento do pacto. Inadimplemento, por sua vez, é o não cumprimento da obrigação, ou seja, a inexecução da prestação que lhe cabia. O inadimplemento pode ser absoluto, quando a obrigação tornou inútil por não ter sido cumprida nos termos acordados (tempo, lugar ou forma), não sendo possível o seu adimplemento posteriormente. Já o inadimplemento relativo, também denominado de mora, é aquele em que a obrigação pode ser cumprida posteriormente, mesmo que não seja nos exatos termos pactuados, pois a prestação ainda será útil.

A obrigação[1] firmada entre partes é feita para ser cumprida, sendo que uma vez não cumprida, ou cumprida de forma parcial, gera-se um "mal-estar" para uma das partes (um transtorno, uma crise).

Quando uma obrigação é descumprida ou mal cumprida, ou cumprida com atraso, ela equivale a uma célula doente no organismo social; célula essa que pode contaminar vários órgãos do organismo. É a patologia da obrigação, conforme Sílvio de Salvo Venosa.[2]

A atividade empresarial tem como peculiaridade o fato de ser reflexo de sucessivos contratos, que são firmados e executados de forma coordenada e com profis-

1. Sobre a noção de obrigação nos socorremos ao disposto no art. 397 do Código Civil português: "Obrigação é o vínculo jurídico por virtude do qual uma pessoa fica adstrita para com outra à realização de uma prestação".

2. *Direito Civil – Teoria Geral das Obrigações e Teoria Geral dos Contratos*, v. 2, 3ª ed., p. 235.

sionalidade pelo empresário, para que assim possa fazer funcionar uma atividade, que é de risco, na busca de lucro. O que, a princípio, não acontece com os contratos civis.

Então, diante de contratos empresariais, o cumprimento de um contrato empresarial em muitas circunstâncias funciona como um vírus, que se espalha para outros empresários. Veja o caso de um empresário que transforma matéria-prima, que uma vez não as recebendo ficará impossibilitado de produzir seu produto. Logo, não poderá vendê-lo a clientes que os usam como insumo de um produto final, e assim sucessivamente, estendendo-se por toda cadeia produtiva.

Sem falar que o empresário não podendo exercer sua atividade não consegue pagar salários (o que prejudica não só trabalhadores, mas também suas famílias), não consegue recolher seus tributos (o que prejudica o Fisco), enfim, causa inúmeros transtornos sociais.

Arras ou sinal é a entrega de parte da prestação obrigacional dada por um contratante ao outro, em dinheiro ou qualquer outro bem.

No caso da entrega de outro bem este deverá estar relacionado ao negócio, pois senão ela será considerada como garantia e não como início de pagamento da prestação.

Especificamente sobre as arras, há um caráter real nelas tendo em vista que ela se aperfeiçoa com a entrega, reforçando assim vínculo entre as partes.

Apesar das arras se assemelhar com a cláusula penal, é quanto à entrega (por exemplo, do valor) a maior diferença entre ambas. Acontece que, na cláusula penal não precisa haver a sua entrega ou pagamento, havendo sim um compromisso de pagamento em determinadas circunstâncias. Já as arras devem ser efetivamente entregues.

As arras têm dupla função, confirmatória e penitencial, o que inclusive as classificam como arras confirmatórias e arras penitenciais, conforme se verificará adiante.

1. Arras confirmatórias

As arras confirmatórias são aquelas que se dão na conclusão dos negócios, firmando a obrigação, integrando a prestação devida ou não (neste caso são restituídas). É o início do pagamento da prestação, que mais tarde será completada (CC, art. 417[3]).

A favor de ser a arras início de pagamento encontram-se Serpa Lopes e Washington de Barros Monteiro, ambos citados por Silvio Rodrigues, que por sua vez é contrário.[4]

Como já apontado anteriormente, se não for dinheiro, o objeto dado deve ter relação com o negócio, pois senão as arras não terão evidentemente características de início de pagamento, mas sim de garantia.

No Código Civil de 1916 o Capítulo que tratava do instituto tinha a seguinte nomenclatura "Das Arras". Já no Código Civil de 2002 o Capítulo traz a expressão "Das Arras ou Sinal". Então é cabível a seguinte questão: qual a intenção do legislador ao incluir a locução "sinal"? Vislumbramos que a finalidade foi a de distinguir "sinal" de "arras". Arras como início de pagamento e sinal como garantia.

Pode servir como garantia num contrato preliminar, demonstrando o claro comprometimento de firmar posteriormente o contrato definitivo.

O contrato preliminar é aquele que tem como conteúdo a obrigação de concluir ou celebrar posteriormente outro contrato (este que será o contrato definitivo). A distinção do contrato preliminar com relação ao con-

3. "Art. 417. Se, por ocasião da conclusão do contrato, uma parte der à outra, a título de arras, dinheiro ou outro bem móvel, deverão as arras, em caso de execução, ser restituídas ou computadas na prestação devida, se do mesmo gênero da principal."

4. *Direito Civil – Dos Contratos e das Declarações Unilaterais da Vontade*, v. 3, 25ª ed., pp. 87-88.

trato definitivo se dá pelo fato daquele ter por objeto concluir este. Ou seja, o contrato preliminar pode ser uma promessa ou um compromisso de vender; o contrato definitivo é o contrato de venda efetivamente (se for o caso, com a transferência da propriedade).[5]

2. Arras penitenciais

Elas têm a finalidade de assegurar o direito de arrependimento para qualquer das partes, sendo que em caso de inexecução, se causada pelo contratante que as deu será perdida,[6] se provocada pelo que as recebeu deverá restituir o equivalente ao dobro com atualização, além de juros e honorários advocatícios (CC, art. 418[7]).

O legislador pecou por excesso na parte final do referido artigo, tendo em vista que decidiu por incluir o Capítulo "Das Arras ou Sinal" no Título "Do Inadimplemento das Obrigações", não precisaria repetir os pontos da atualização monetária, juros e honorários de advogado, pois já estavam previstos no Capítulo I – Das Disposições Gerais – art. 389, pertencentes ao mesmo Título.

3. Arras assecuratórias

Silvio de Salvo Venosa, citando Arnoldo Wald, lembra haver uma outra modalidade de arras não prevista na lei, são as arras securatórias ou assecuratórias, que são aquelas comumente dadas como sinal nas aquisições de imóveis, ficando o negócio como uma condição suspensiva pela aprovação posterior, sendo que na maioria das vezes pela não efetivação do negócio apenas se devolve o sinal, sendo isso possível por tratar-se de uma forma atípica.[8]

Essa espécie de arras funciona na verdade como uma espécie de reserva, em que a parte a entrega a fim de assegurar a reserva de determinado imóvel, mas cabendo-lhe o direito de arrepender-se sem, contudo, perder a quantia entregue, pois ela será devolvida.

4. Arras, indenização suplementar e direito de arrependimento nos contratos empresariais

As arras vieram para confirmar ou substituir o "fio do bigode", como se costumava dizer, ou melhor, a partir do momento em que as garantias ou formas contratuais se tornaram insuficientes passou-se a exigi-las, e também para desencorajar os arrependimentos nas negociações.

Note-se que o direito de arrependimento nos negócios jurídicos empresariais em grande parte das situações não se apresenta de forma adequada, pois quando um empresário acorda com outrem a compra ou venda de produtos ou serviços, ele, ato contínuo, já cria uma série de compromissos com fornecedores, clientes, colaboradores, etc., sendo que se exercido o direito de arrependimento em um contrato, todos os outros compromissos assumidos e ne-

5. Sobre contrato preliminar, v. nosso "Obrigações e contratos empresariais no novo Código Civil: o contrato preliminar e o contrato com pessoa a declarar", *RDM* 137/259-276 e *Compromisso de Compra e Venda (de acordo com o Código Civil de 2002)*.

6. "Contrato. Negócio envolvendo venda de empresa. Arrependimento dos compradores. Nulidade. Erro e dolo por parte dos vendedores. Justa causa inexistente. Resolução do contrato. *Perda do sinal*. Conseqüência prevista no contrato. Prefixação de perdas e danos. Inaplicabilidade do Código de Defesa do Consumidor. Recurso não provido" (9ª C. de Direito Privado, Ap. Cív. n. 12.580-4-Santo André, Rel. Ruiter Oliva, v.u., j. 22.10.1996, Biblioteca TJSP, grifo nosso).

7. "Art. 418. Se a parte que deu as arras não executar o contrato, poderá a outra tê-lo por desfeito, retendo-as; se a inexecução for de quem recebeu as arras, poderá quem as deu haver o contrato por desfeito, e exigir sua devolução mais o equivalente, com atualização monetária segundo índices oficiais regularmente estabelecidos, juros e honorários de advogado."

8. *Direito Civil – Teoria Geral das Obrigações e Teoria Geral dos Contratos*, v. 2, 3ª ed., p. 535.

gociados poderão desmoronar, refletindo em toda a cadeia industrial, comercial, além de funcionários, Fisco, etc.

Isso que de certa forma foi atenuado pelo advento do art. 419[9] (que não tinha correspondente no Código de 1916), que, na sua primeira parte, prevê que em caso de prejuízos maiores que o valor das arras esta será considerada taxa mínima podendo o interessado (prejudicado que deu ou recebeu arras) pedir indenização suplementar.

Pensamos que o juiz ao arbitrar a indenização suplementar deveria observar a causa da inexecução do contrato, pois imaginemos o caso do empresário-vendedor que resolve não dar continuidade no contrato tendo em vista que recebeu uma oferta de maior preço pelo seu produto, que seria entregue àquele empresário-comprador que deu o sinal, sendo mais vantajoso perder o sinal e vender ao outro comprador. Aqui certamente a caneta do juiz deve ser mais pesada na dosagem da condenação.

Na segunda parte do art. 419 a solução para o empresário, na casuística, pode ser ainda melhor, pois ele poderá pleitear junto à outra parte a execução do contrato, além das perdas e danos, valendo as arras como indenização mínima.

A inclusão do art. 419 na norma civil acabou com a discussão se era possível ou não a cumulação das arras e indenização por perdas e danos, restando claro que a arras é uma indenização mínima que poderá ser completada com perdas e danos, salvo se optar pela previsão do direito de arrependimento previsto no art. 420.[10]

Ainda, quanto ao direito de arrependimento, à luz do art. 420, se ele estiver previsto no contrato a arras terá a função de indenização integral, não cabendo indenização suplementar. Logo, nos contratos entre empresários, via de regra, notadamente os que envolvem a cadeia produtiva ou o objeto principal da sociedade, parecenos aconselhável não se utilizar tal previsão nos clausulados.

Também, no art. 420 o legislador optou por substituir a expressão "restituí-las em dobro" por "devolvê-las-á mais o equivalente", acabando assim com a discussão anterior se deveria devolver as arras mais o equivalente a cem porcento, ou as arras mais duzentos porcento do seu valor.

Além disso, o Código vigente optou por não repetir o texto do revogado art. 1.094 do Código de 1916,[11] pois, a nosso juízo, parece que ele está subentendido no atual art. 417,[12] e no próprio sistema do direito obrigacional.

5. *Da disposição do Capítulo "Das Arras ou Sinal" no Código Civil de 2002*

O capítulo das arras anteriormente estava localizado dentro da parte geral do direito contratual. Atualmente encontra-se na parte do inadimplemento das obrigações.

Não se consegue perceber a efetiva intenção do legislador ao fazer o deslocamento, tendo em vista que a arras estaria muito melhor alocada junto à disciplina dos contratos.

9. "Art. 419. A parte inocente pode pedir indenização suplementar, se provar maior prejuízo, valendo as arras como taxa mínima. Pode, também, a parte inocente exigir a execução do contrato, com as perdas e danos, valendo as arras como o mínimo da indenização."

10. "Art. 420. Se no contrato for estipulado o direito de arrependimento para qualquer das partes, as arras ou sinal terão função unicamente indenizatória. Neste caso, quem as deu perdê-las-á em benefício da outra parte; e quem as recebeu devolvê-las-á, mais o equivalente. Em ambos os casos não haverá direito a indenização suplementar."

11. "Art. 1.094. O sinal, ou arras, dados por um dos contratantes firma a presunção de acordo final, e torna obrigatório o contrato."

12. "Art. 417. Se, por ocasião da conclusão do contrato, uma parte der à outra, a título de arras, dinheiro ou outro bem móvel, deverão as arras, em caso de execução, ser restituídas ou computadas na prestação devida, se do mesmo gênero da principal."

Judith Martins-Costa[13] explica que tal mudança se deu uma vez que as arras também são possíveis em negócios jurídicos que não são contratos (apesar de reconhecer ser nesses a sua maior incidência), por exemplo, na promessa de recompensa que é uma declaração unilateral de vontade. No entanto, a autora lamenta a presença do termo "contrato" presente no art. 417, que inicia o Capítulo "Das Arras ou Sinal", sugerindo a substituição por "negócio jurídico".

Mais adiante a autora afirma que a arras mais do nunca assume o seu papel mais relevante, sua função confirmatória, de fazer firme o negócio, e de princípio de pagamento.

Data maxima venia, ousamos discordar de tal posição, tendo em vista que se apresenta de forma contraditória por si mesma. Pois, pelo estudo do Capítulo "Das Arras e do Sinal" e do sistema do Código Civil percebe-se o nítido despropósito do instituto em não estar no Capítulo "Das Disposições Gerais", através de uma seção, pertencente ao Título "Dos Contratos em Geral", ou até num Capítulo dentro deste Título.

Apesar de remotas as chances, ainda que as arras fossem utilizadas no campo das declarações unilaterais da vontade (espécie de obrigação), tendo em vista que estamos dentro do campo do direito privado e direito obrigacional, a princípio não haveria óbice em utilizá-la só porque estaria incluída dentro da disciplina dos contratos (outra espécie de obrigação) e não na teoria geral das obrigações (que é o gênero dessas espécies).

É sem sombra de dúvida no campo do direito contratual que o instituto das arras melhor se acomoda, tendo em vista ser um adimplemento parcial, na idéia de demonstrar o claro propósito dc continuidade no negócio, tanto que ela pode ser computada (e na maioria das vezes é, desde que do mesmo gênero) como o começo de pagamento da prestação devida.

Considerando que as arras têm uma função principal de início de pagamento, e secundária de indenização pela não continuidade do negócio, concebê-las atrelada ao inadimplemento é ignorar que tal instituto funciona, nos tempos atuais, na grande maioria das vezes, como parte inicial de pagamento e, excepcionalmente, como indenização.

Assim, percebe-se que as arras estão muito mais ligadas à conclusão dos contratos e ao adimplemento do que ao inadimplemento das obrigações, que somado ao fato de estarem presentes na esmagadora maioria das vezes no campo das relações contratuais, justificaria sua acomodação na teoria geral dos contratos.

13. Citando Francisco Cavalcanti Pontes de Miranda, *Tratado de Direito Privado*, t. XXIV, Rio de Janeiro, Borsói, 1959, § 2.923, p. 159, in *Comentários ao Novo Código Civil – Do Inadimplemento das Obrigações*, v. V, t. II, pp. 487 a 490.

Bibliografia

BAREA, Margarita Castilla. *La Imposibilidad de Cumplir los Contratos*. Madri, Dykinson, 2000.

FORGIONI, Paula A. "A interpretação dos negócios empresariais no novo Código Civil brasileiro", *Revista de Direito Mercantil, Industrial, Econômico e Financeiro* 130, São Paulo, Malheiros Editores, abr.-jun. 2003.

GOMES, Orlando. *Obrigações*. 8ª ed., Rio de Janeiro, Forense, 1988.

MARTINS-COSTA, Judith. *Comentários ao Novo Código Civil – Do Inadimplemento das Obrigações*. Coord. Sálvio de Figueiredo Teixeira, v. V, t. II, Rio de Janeiro, Forense, 2003.

MATTOS, Lincoln Mourão. *Das Perdas e Damnos no Direito Commercial*. Tese de Concurso à Livre-Docência em Direito Commercial pela Faculdade de Direito do Ceará, 1930.

PEREIRA, Caio Mário da Silva. *Instituições de Direito Civil*. v. 2, 10ª ed., Rio de Janeiro, Forense, 2001.

RODRIGUES, Silvio. *Das Arras*. Tese de Concurso à Livre-Docência em Direito Civil pela Faculdade de Direito da Universidade de São Paulo, São Paulo, 1955.

______. *Direito Civil – Parte Geral das Obrigações*. v. 2, 23ª ed., São Paulo, Saraiva, 1995.

______. *Direito Civil – Dos Contratos e das Declarações Unilaterais da Vontade*. v. 3, 25ª ed., São Paulo, Saraiva, 1997.

TEIXEIRA, Tarcisio. "Obrigações e contratos empresariais no novo Código Civil: o contrato preliminar e o contrato com pessoa a declarar", *Revista de Direito Mercantil, Industrial, Econômico e Financeiro* 137, São Paulo, Malheiros Editores, jan.-mar. 2005.

______. *Compromisso de Compra e Venda (de acordo com o Código Civil de 2002)*. São Paulo, Juarez de Oliveira, 2007.

VENOSA, Silvio de Salvo. *Direito Civil – Teoria Geral das Obrigações e Teoria Geral dos Contratos*. v. 2, 3ª ed., São Paulo, Atlas, 2003.

Espaço Discente

O ATUAL CONCEITO DE VALOR MOBILIÁRIO*

JEFFERSON SIQUEIRA DE BRITO ALVARES

I – Apresentação: 1. A instrumentalidade do conceito de valor mobiliário e o mercado financeiro; 2. As tutelas administrativa e judicial do mercado de capitais; 3. Importância da identificação precisa do conceito de valor mobiliário. II – Valores mobiliários no Direito Comparado: 1. Os sistemas de conceituação e sua influência sobre o Direito Brasileiro; 2. Os sistemas de conceito restrito: 2.1 Panorama na Europa; 2.2 Direito francês: 2.2.1 As "valeurs mobilières"; 2.2.2 "Valeurs mobilières" e "effets de commerce"; 2.3 Direito italiano; 3. Direito norte-americano: 3.1 A legislação sobre "securities"; 3.2 Construção jurisprudencial: 3.2.1 "Investment contracts"; 3.2.2 "Securities" tradicionais emitidas sem função de investimento; 3.2.3 Instrumentos financeiros de investimento. 4. Conclusão sobre o direito comparado. III – Evolução da dogmática dos valores mobiliários no Direito Brasileiro: 1. O sistema da Lei n. 4.728/1965: 1.1 Implicações da expressão "valor mobiliário"; 2. O sistema original da Lei n. 6.385/1976; 3. A ampliação do rol da Lei n. 6.385/1976; 4. A Medida Provisória n. 1.637/1998 e a Lei n. 10.303/2001. IV – O atual conceito de valor mobiliário: 1. Conceito e definição jurídica; 2. Existem valores mobiliários que não se submetem ao regime da Lei n. 6.385/1976?; 3. Categorias tipológicas e valores mobiliários em espécie: 3.1 Títulos emitidos pelas sociedades anônimas e seus derivados; 3.2 Cotas de fundos e clubes de investimento: 3.2.1 Cotas de fundos imobiliários; 3.2.2 Cotas de clubes de investimento; 3.3 Contratos de investimento coletivo: 3.3.1 Certificados de investimento em obras audiovisuais; 3.4 Contratos derivativos: 3.4.1 Contratos a termo; 3.4.2 Contratos futuros; 3.4.3 Opções; 3.4.4 "Swaps"; 3.4.5 Derivativos no direito brasileiro; 4. A negociabilidade pública é elemento essencial aos valores mobiliários?; 5. A questão dos valores mobiliários como títulos de crédito; 6. Afinal, que é valor mobiliário?: 6.1 Função econômica; 6.2 Risco potencial; 6.3 Negociabilidade; 6.4 Forma.

I – Apresentação

1. A instrumentalidade do conceito de valor mobiliário e o mercado financeiro

O conceito de valor mobiliário no direito brasileiro, à semelhança de outros ordenamentos jurídicos, tem a finalidade de delimitar um âmbito material específico para o exercício da regulação estatal sobre a economia, sendo, por isso, *instrumental*.[1] Esse âmbito compreende o *mercado de capitais* e o *mercado de derivativos*, onde se verificam, respectivamente, a oferta pú-

* Baseado na Tese de Láurea de mesmo título defendida em dezembro de 2005 na Faculdade de Direito da USP e aprovada com louvor pela banca composta pelos professores Marcos Paulo de Almeida Salles (orientador) e Haroldo Malheiros Duclerc Verçosa.

1. Nelson Eizirik, *Reforma das S/A e do Mercado de Capitais*, Rio de Janeiro, Renovar, 1998, p. 139.

blica de investimentos e a transferência de riscos de variação de preços entre agentes econômicos.

O mercado de capitais, também conhecido como *mercado de valores mobiliários*, é o segmento do mercado financeiro em que as empresas realizam a captação de recursos junto ao público mediante a utilização de instrumentos denominados valores mobiliários. O mercado de derivativos, ou *mercado futuro*, por sua vez, tem por objetivo propiciar *hedge*, ou seja, proteção contra a variação de preços de mercadorias (*commodities*) ou de ativos financeiros, também por meio dos valores mobiliários.

Constata-se, assim, que esses mercados têm em comum o fato de suas atividades desenvolverem-se em torno do mesmo instituto: os valores mobiliários. Não só em tais mercados se negociam valores mobiliários, como somente neles é que essa negociação, quando pública, pode ocorrer. Disso decorre que o conceito de valor mobiliário estabelece os limites dos mercados de capitais e de derivativos, já que somente neles são negociados publicamente os instrumentos que se incluem nesse conceito. Assim, sempre que o Estado desejar intervir nesses mercados, fá-lo-á por meio dos valores mobiliários, ora disciplinando sua emissão, distribuição e demais aspectos de sua existência, ora alterando o conteúdo de seu conceito. Daí a sua *instrumentalidade*.

2. *As tutelas administrativa e judicial do mercado de capitais*

Por acarretarem riscos à poupança pública e à estabilidade da economia, os mercados de capitais e de derivativos estão submetidos a controle estatal nas esferas administrativa e judicial.

No âmbito administrativo, seus participantes estão sujeitos a uma disciplina legal específica e aos poderes regulamentar e de polícia de uma entidade administrativa criada especialmente para os supervisionar: a Comissão de Valores Mobiliários (CVM).[2] No exercício de seu poder regulamentar, a CVM edita atos administrativos com o objetivo de normatizar as atividades desenvolvidas, determinando, entre outras medidas, o registro prévio das emissões públicas de valores mobiliários e o fornecimento de informações completas a seu respeito. Já no exercício do poder de polícia, fiscaliza o adequado cumprimento das leis e dos regulamentos por ela expedidos, podendo infligir sanções pelo seu descumprimento.

Na esfera judicial, os interesses transindividuais dos participantes do mercado são protegidos por meio da ação coletiva calcada nas Leis ns. 7.347, de 25 de julho de 1985 (Lei da Ação Civil Pública), 7.913, de 7 de dezembro de 1989, e 8.078, de 12 de setembro de 1990 (Código de Defesa do Consumidor).[3] Essas leis compõem o que se pode chamar de sistema brasileiro de proteção aos interesses transindividuais no mercado de capitais, conferindo legitimidade ao Ministério Público, às entidades administrativas e às associações representativas dos investidores para pleitear em juízo ressarcimento pelos danos a eles causados.

A abordagem da tutela estatal do mercado de capitais coloca em evidência a instrumentalidade do conceito de valor mobiliário. Isso porque, no que respeita à tutela administrativa, a ação interventiva da CVM faz-se mediante a disciplina dos valores mobiliários e das atividades a eles relacionadas – emissão, distribuição, escrituração, custódia etc. E, no que tange à tutela judicial, ela somente abrange os titulares de valores mobiliários e os investidores nesses mesmos instrumentos (Lei n. 7.913/1989, art. 1º, *caput*). A ação estatal protetora gira em torno, pois, do conceito de valor mobiliário.

2. Idem, p. 140.
3. Hugo Nigro Mazzilli, *A Defesa dos Interesses Difusos em Juízo*, 18ª ed., São Paulo, Saraiva, 2005, p. 564.

3. Importância da identificação precisa do conceito de valor mobiliário

A pesquisa do conceito preciso de valor mobiliário é importante, em primeiro lugar, pela sua presença em vários segmentos do direito pátrio, sem que os diversos estatutos legais que o contemplam forneçam uma explicitação satisfatória de seu conteúdo, isso quando fornecem alguma.

A presença do conceito de valor mobiliário em diversos ramos do direito é recente. Logo que surgiu no ordenamento jurídico brasileiro, foi objeto de estudo exclusivo do Direito Comercial, haja vista sua existência estar ligada à prática mercantil e a institutos tradicionalmente estudados por esse ramo do direito, como as sociedades e os títulos de crédito. Com o passar do tempo e o aumento da importância dos valores mobiliários para a economia como um todo, os reflexos causados em outras áreas da vida social pela sua utilização passaram a atrair a atenção do legislador. Dessa forma, o conceito de valor mobiliário difundiu-se paulatinamente para outros ramos do direito, à medida que passou a ser contemplado em diplomas legais de natureza não-comercial. Atualmente, interessa, por exemplo, ao Direito Tributário, na medida em que é utilizado para delimitar a competência tributária da União (Constituição Federal, art. 153, V);[4] ao Direito Penal, por constituir elemento descritivo de vários tipos penais de injusto, como os contidos nos arts. 2º, 7º e 9º da Lei n. 7.492/1986;[5] e ao Direito Civil, no que se relaciona ao bem de família convencional (Código Civil, art. 1.712).[6]

No âmbito do Direito Comercial – que é o contemplado pelo presente trabalho – a formulação acurada do conceito de valor mobiliário é importante para delimitar precisamente o âmbito material de atuação da CVM, a fim de se atingir uma atuação mais eficiente do Poder Público na regulação da economia. Como efeito imediato, reduzir-se-á a possibilidade de conflitos de competência dessa autarquia com outras entidades ou órgãos responsáveis pela disciplina dos demais segmentos do mercado financeiro, como o Banco Central, por exemplo.

Além disso, haja vista que a proteção judicial coletiva se destina aos interesses dos titulares de valores mobiliários e aos investidores no mercado, a identificação dos instrumentos que se enquadram naquele conceito e dos limites do mercado de valores mobiliários contribuirá para a determinação do alcance do sistema brasileiro de proteção aos interesses transindividuais no mercado de capitais, de forma a estabelecer os pressupostos autorizadores da atuação do Ministério Público e dos demais legitimados para a propositura da ação civil pública em defesa dos investidores sujeitos a atos lesivos.[7]

II – Valores mobiliários no Direito Comparado

1. Os sistemas de conceituação e sua influência sobre o direito brasileiro

O estudo da disciplina dos valores mobiliários no direito comparado revela a existência de dois grupos de sistemas dis-

4. "Art. 153. Compete à União instituir impostos sobre: (...) V – operações de crédito, câmbio e seguro, ou relativas a *títulos ou valores mobiliários*; (...)."

5. "Art. 2º. Imprimir, reproduzir ou, de qualquer modo, fabricar ou pôr em circulação, sem autorização escrita da sociedade emissora, certificado, cautela ou outro documento representativo de *título ou valor mobiliário*: (...); Art. 7º. Emitir, oferecer ou negociar, de qualquer modo, *títulos ou valores mobiliários*: (...); Art. 9º. Fraudar a fiscalização ou o investidor, inserindo ou fazendo inserir, em documento comprobatório de investimento em *títulos ou valores mobiliários*, declaração falsa ou diversa da que dele deveria constar: (...)."

6. "Art. 1.712. O bem de família consistirá em prédio residencial urbano ou rural, com suas pertenças e acessórios, destinando-se em ambos os casos a domicílio familiar, e poderá abranger *valores mobiliários*, cuja renda será aplicada na conservação do imóvel e no sustento da família."

7. Nelson Eizirik, *Aspectos Modernos do Direito Societário*, Rio de Janeiro, Renovar, 1992, p. 150.

tintos: de um lado estão os sistemas em que se confere ao instituto um conceito restrito, baseado na *forma* dos instrumentos considerados; de outro lado estão os ordenamentos que atribuem uma acepção abrangente aos mesmos instrumentos, baseada na sua *função econômica*.[8] O primeiro grupo possui seus expoentes no direito europeu e o segundo é característico do direito norte-americano.

A construção do conceito de valor mobiliário no direito brasileiro recebeu a influência de ambos os sistemas. Em sua origem, predominava a influência européia. A própria expressão *valor mobiliário* originou-se do termo francês *valeur mobilière*,[9] sendo que, até a edição da Medida Provisória n. 1.637/1998, o conceito expresso por aquele termo era análogo ao encontrado no direito francês. A referida medida provisória, porém, ao introduzir em nosso ordenamento o conceito de *contrato de investimento coletivo*, absorvendo-o do direito norte-americano, representou profunda alteração do conceito de valor mobiliário, tornando-o próximo do instituto norte-americano das *securities*. Posteriormente, com a Lei n. 10.303/2001, o conceito ampliou-se ainda mais, passando a compreender todos os contratos derivativos, o que lhe conferiu abrangência ainda maior do que a norte-americana.

A seguir, empreender-se-á um estudo detalhado dos dois sistemas de conceituação, principiando pela sua disciplina nos países europeus.

2. *Os sistemas de conceito restrito*

2.1 *Panorama na Europa*

Na Europa, os valores mobiliários são conceituados numa acepção estreita. Embora a expressão *valor mobiliário* tenha sido utilizada, originalmente, apenas na França, o mesmo instituto, com características semelhantes, encontra-se presente em outros países, em muitos casos sob nomenclatura diversa.[10]

Na Inglaterra, por exemplo, a expressão *security* designa as ações e as debêntures. Na Alemanha, os *Wertpapiere* são as ações, debêntures, partes beneficiárias e os títulos comuns de investimento. Na Holanda, consideram-se valores mobiliários as ações, as obrigações de emissão das companhias, as partes beneficiárias e as cotas de fundos mútuos de investimento.[11]

Entre os espanhóis, a expressão *valor mobiliario* convive com o termo *valor negociable*. O primeiro consta da Ley de Sociedades Anónimas[12] e designa os títulos emitidos pelas companhias, enquanto o segundo foi adotado pela Lei do Mercado de Valores[13] e carrega um conteúdo não definido pelo legislador.[14]

Em Portugal, consideram-se valores mobiliários as ações, as obrigações, os títulos de participação e as unidades de participação em instituições de investimento coletivo, os direitos destacados desses instrumentos, desde que o destaque abranja toda a emissão ou série ou esteja previsto no ato de emissão, os *warrants* autônomos e demais documentos representativos de situações jurídicas homogêneas, desde que negociáveis em mercado.[15]

8. Waldirio Bulgarelli, "Os valores mobiliários brasileiros como títulos de crédito", *RDM* 37/100, 1980; Arnoldo Wald, "O mercado futuro de índices e os valores mobiliários", *RDM* 57/7, 1985.

9. *Valeur – valor*, em francês – é substantivo feminino e, por isso, as referências a *valeur mobilière* serão sempre feitas nesse gênero.

10. Wald, "O mercado futuro...", cit. na nota 8, p. 9.

11. Eizirik, *Reforma das S/A*, cit. na nota 1, pp. 145-46.

12. Real Decreto Legislativo n. 1.564/1989, de 22 de dezembro.

13. Lei n. 24/1988.

14. Francisco Satiro de Souza Jr., *Regime Jurídico das Opções Negociadas em Bolsas de Valores*, Tese (Doutorado em Direito Comercial), Faculdade de Direito da USP, São Paulo, 2002, pp. 67-68.

15. Art. 1º do Código dos Valores Mobiliários (Decreto-lei n. 486/1999, de 13 de novembro, com alteração do Decreto-lei n. 66/2004, de 24 de março). Antes da alteração de 2004, o art. 1º do Código admitia a inclusão de outros instrumentos no rol de valores mobiliários por ato da Comissão do Merca-

O tratamento legislativo e doutrinário mais sistemático, porém, deu-se na França e exerceu grande influência sobre o direito brasileiro. Também o sistema italiano, estruturado em torno dos títulos de crédito, teve grande repercussão no Brasil. Por essas razões, passar-se-á ao estudo dos valores mobiliários na França e, a seguir, na Itália.

2.2 *Direito francês*

2.2.1 As *valeurs mobilières*

Na França, o conceito de valor mobiliário é altamente formal e bem delimitado, vinculando-se basicamente a títulos emitidos em massa representativos de direitos de sócio ou de crédito decorrente de empréstimos a longo prazo.[16]

Para a doutrina francesa tradicional, as *valeurs mobilières* são "títulos emitidos por uma pessoa jurídica pública ou privada, por um montante global e determinado, que atribuem direitos idênticos a seus titulares em uma mesma emissão, eventualmente reembolsáveis em data única ou por amortizações sucessivas, em prazo maior do que a duração normal dos créditos de curto prazo. Tais títulos são negociáveis segundo os modos simplificados do direito comercial e os emitidos em grande número por companhias importantes são negociados em bolsa".[17]

Note-se que essa definição caracteriza os valores mobiliários a partir de elementos não funcionais, como a forma de negociação ("negociáveis segundo os modos simplificados do direito comercial"), a homogeneidade dos direitos conferidos ("que atribuem direitos idênticos aos seus titulares em uma mesma emissão") e o prazo de reembolso ("em prazo maior do que a duração normal dos créditos de curto prazo").

Conforme a conceituação acima, são valores mobiliários os títulos representativos de empréstimo emitidos pelo Estado ou por outras entidades públicas e as ações, obrigações e partes de fundador (estas, nos estreitos limites em que subsistem) emitidas pelas sociedades comerciais, bem como os direitos destacados desses títulos.[18] Dessa forma, desconsiderando as partes de fundador, cuja emissão é possível excepcionalmente, pode-se afirmar que o conceito tradicional de valores mobiliários na França engloba basicamente títulos representativos de direitos de duas categorias: direitos de sócio (*ações*) e direitos de mutuante (*obrigações*).[19]

A dinâmica da prática comercial, entretanto, conduziu à diversificação legislativa dos valores mobiliários. Em um primeiro momento, o legislador criou títulos a meio caminho entre as ações e as obrigações; depois, títulos distintos dos valores mobiliários clássicos; e, por fim, consagrou a liberdade de sua criação (art. 339-1 da lei de 14 de dezembro de 1985).[20]

do de Valores Mobiliários ou do Banco de Portugal, desde que representassem situações homogêneas que visassem direta ou indiretamente ao financiamento de entidades públicas ou privadas e fossem ofertados ao público, tal qual ocorria no Brasil antes da Lei n. 10.303/2001 (cf., *infra*, item III, 2).

16. Rita de Cássia Luz Teixeira Motta, *O Conceito de Valor Mobiliário no Direito Brasileiro*, Dissertação (Mestrado em Direito Econômico), Faculdade de Direito da USP, São Paulo, 2002, pp. 62-63.

17. Georges Ripert–René Roblot, *Traité de Droit Commercial*, I, 14ª ed., Paris, LGDJ, 1991, p. 1.055 (trad. livre).

18. Georges Ripert–René Roblot, *Traité de Droit Commercial*, II, 11ª ed., Paris, LGDJ, 1988, p. 6.

19. Thierry Bonneau, "La diversification des valeurs mobilières: ses implications en droit des sociétés", in *Rev. Trim. Dr. Com. Dr. Econ.*, v. 41, n. 4, 1988, p. 582.

20. Idem, pp. 538-39. Comentando sobre o fenômeno de diversificação dos valores mobiliários, Ripert e Roblot ensinam que "certos valores mobiliários combinam as vantagens respectivas da ação e da obrigação, permitindo ao titular transitar de uma categoria a outra: *obrigações conversíveis em ações, cambiáveis contra ações, com bônus de subscrição de ações*. Outros se destinam, mais especificamente, a drenar capitais privados às empresas nacionalizadas, sem conferir participação no exercício do poder: o *certificado de investimento* corresponde a um

Ao cabo desse processo de diversificação, a dicotomia entre ações e obrigações passou a não mais se justificar, já que começaram a ser criados valores mobiliários representativos de outros direitos, além daqueles vinculados à qualidade de sócio ou de mutuante. Foi nesse contexto que a lei 88-1201, de 23 de dezembro de 1988, forneceu pela primeira vez uma conceituação, fundada, porém, na clássica distinção entre ações e obrigações, parecendo desconsiderar a diversificação dos instrumentos existentes: "São considerados valores mobiliários, para a aplicação da presente lei, os títulos emitidos por pessoas jurídicas públicas ou privadas, transmissíveis por inscrição em conta ou tradição, que atribuem direitos idênticos por categoria e dão acesso, direta ou indiretamente, a uma fração do capital social da pessoa jurídica emissora ou a um direito de crédito geral sobre seu patrimônio" (tradução livre).

O Código Monetário e Financeiro,[21] em seu art. L211-2, também trouxe uma definição de valor mobiliário, idêntica à da lei de 1988. Incluiu, não obstante, as cotas de fundos de investimento, como se tem:

"Constituem valores mobiliários os títulos emitidos por pessoas jurídicas, públicas ou privadas, transmissíveis por inscrição em conta ou tradição, que atribuem direitos idênticos por categoria e dão acesso, direta ou indiretamente, a uma fração do capital da pessoa jurídica emissora ou a um direito de crédito geral sobre seu patrimônio.

"São igualmente valores mobiliários as participações em fundos comuns de investimento e em fundos comuns de crédito" (tradução livre).

Com base nessa conceituação legal e levando em consideração o fenômeno da diversificação dos valores mobiliários, a doutrina atual ressalta sua função econômica de instrumentar o aporte de capital para atender às necessidades de uma pessoa jurídica, seja ela de direito público ou privado, definindo-os como "títulos negociáveis representativos de direitos idênticos por categoria, adquiridos por quem que tenha aportado a uma pessoa jurídica, pública ou privada, o dinheiro ou os bens necessários ao seu financiamento. Representam, conforme o caso, uma fração do capital da pessoa jurídica emissora ou um crédito a longo prazo contra ela. São suscetíveis de ser cotados em bolsa. Os principais dentre eles são as ações e as obrigações (CMF art. L211-2)".[22]

2.2.2 "Valeurs mobilières" e "effets de commerce"

Importante aspecto do direito francês é a dicotomia entre *valeurs mobilières* e *effets de commerce*. Ambos pertencem à categoria dos *títulos negociáveis*, mas diferem em que, enquanto os primeiros se caracterizam, como visto, por serem emitidos em massa e fungíveis, podendo conferir ao seu titular direito de participação social ou de crédito a longo prazo, os últimos são títulos representativos de crédito a curto prazo e funcionam, ao mesmo tempo, como meio de pagamento.[23]

Os efeitos de comércio foram criados para instrumentar a realização de operações comerciais,[24] constituindo, a um só momento, instrumento de crédito e meio de paga-

desmembramento da ação e representa os direitos pecuniários, separados do direito de voto; o *título participativo* aproxima-se mais da obrigação. Após diversas regulamentações fragmentárias, a lei de 14 de dezembro de 1985 propôs um quadro geral para todos os 'valores compostos', que 'dão direito à atribuição de títulos representativos de uma fração do capital social'" (*Traité*, cit. na nota 17, p. 1.056 – trad. livre).

21. Lei 2001-602, de 9.7.2001.

22. Yves Guyon, *Droit des Affaires*, I, 12ª ed., Paris, Economica, 2003, p. 781 (trad. livre).

23. Bulgarelli, "Os valores mobiliários...", cit. na nota 8, p. 100.

24. Ripert–Roblot, *Traité*, cit. na nota 17, p. 115. A letra de câmbio, p. ex., era utilizada em operações de troca de moeda e o bilhete à ordem, em operações de empréstimo entre comerciantes. Além desses, são também efeitos de comércio o *warrant* e o cheque.

mento.[25] Podem ser definidos como "todo título recebido correntemente em pagamento nas transações comerciais em lugar da moeda, sem apresentar, entretanto, os atributos desta".[26]

Roblot identifica quatro caracteres comuns aos efeitos de comércio sem os quais dificilmente substituiriam a moeda e que servem para distingui-los de outros títulos assemelhados.[27] Segundo o autor, os *effets de commerce* (i) são títulos negociáveis, isso é, pagáveis à ordem ou ao portador, (ii) ostentam a indicação de seu valor, (iii) representam um crédito *pecuniário*, o que lhes permite circular de maneira célere e (iv) constatam um crédito de curto prazo, de onde deriva sua aptidão para ser objeto de desconto bancário.

Segundo a doutrina, é neste último ponto que reside a principal diferença entre os efeitos de comércio e os valores mobiliários. A emissão destes representa um direito de crédito de longo prazo, enquanto os efeitos de comércio representam um crédito exigível em curto prazo. Disso advém a inaptidão dos valores mobiliários para substituir a moeda como meio de pagamento.[28]

Além disso, os valores mobiliários são emitidos em massa, isso é, em séries divididas em frações iguais, de forma que os títulos de uma mesma série somente se distinguem pela sua numeração. Diversamente, os efeitos de comércio são emitidos individualmente, por ocasião de uma operação determinada, portando cada um o seu próprio valor.[29]

Assim, as diferenças essenciais entre os *effets de commerce* e as *valeurs mobilières* podem ser sumarizadas da seguinte maneira, conforme a lição de Bonneau: "enquanto os valores mobiliários representam um direito de crédito coletivo a longo prazo, os efeitos de comércio não fazem parte de uma emissão global, sendo emitidos individualmente, e representam um crédito a curto ou médio prazo: são estranhos às operações de longo prazo".[30]

2.3 Direito italiano

Na Itália, a expressão *valori mobiliari* sempre foi tida como referência a um instituto jurídico estrangeiro, sem correspondência com uma categoria precisa no direito daquele país.[31] Lá, os instrumentos que mais se aproximam do conceito francês de valor mobiliário são os *títulos de massa*, que se contrapõem aos *títulos individuais*, analogamente relacionados aos *effets de commerce* do direito francês.[32] Incluem-se no âmbito dos títulos de massa as ações e as obrigações societárias, bem como os títulos da dívida pública.[33]

Tanto os títulos de massa quanto os individuais pertencem à categoria dos *títulos de crédito*, da mesma forma como, na França, valores mobiliários e efeitos de comércio reúnem-se na categoria dos títulos negociáveis. Para Francesco Messineo, a diferença entre ambas as categorias reside na fungibilidade e massificação dos títulos de massa, em oposição à infungibilidade e singularidade dos títulos individuais.[34] A isso adiciona Ascarelli o fato de os títulos

25. Segundo Bulgarelli, "a doutrina francesa tem presente, na caracterização dos *efeitos de comércio*, a sua assimilação à moeda (valor determinado; prazos curtos e fácil circulabilidade) (...). E segundo essa linha de assimilação à moeda (como instrumento de pagamento) que é feita também a distinção entre efeitos de comércio e valores mobiliários" ("Os valores mobiliários...", cit. na nota 8, p. 101).

26. René Roblot, *Les Effets de Commerce*, Paris, Sirey, 1975, p. 2 (trad. livre).

27. Idem, pp. 2-4.

28. Idem, p. 4.

29. Idem, p. 7.

30. "La diversification...", cit. na nota 19, p. 592 (trad. livre).

31. Bulgarelli, "Os valores mobiliários...", cit. na nota 8, p. 102.

32. Giuseppe Ferri, *Titoli di Credito*, 2ª ed., Turim, UTET, 1965, p. 36; Tullio Ascarelli, *Teoria Geral dos Títulos de Crédito*, trad. Nicolau Nazo, São Paulo, Saraiva, 1943, p. 426.

33. Idem.

34. *I Titoli di Credito*, I, Pádua, Milani, 1933, pp. 58-59. Ascarelli acrescenta que, no caso dos tí-

de massa serem geralmente emitidos para pagamento a longo prazo e dotados de abstração. Aponta, além disso, que tais títulos são negociados em bolsas de valores, ao passo que os títulos individuais são, em geral, negociados nos bancos.[35]

Já para Ferri, a distinção entre os títulos individuais e os títulos de massa encontra-se na diversidade de função econômica, determinada pela vontade do emitente: os primeiros são instrumentos de mobilização de crédito, enquanto os segundos constituem instrumentos de dissociação entre a propriedade e o controle da riqueza.[36] Ainda segundo o mesmo autor, não obstante se prestem a funções diversas, os instrumentos de ambas as categorias não diferem no que respeita à sua forma de circulação, o que justifica submeterem-se a uma disciplina jurídica comum.[37]

Isso quer dizer que a razão para a disciplina jurídica comum a ambas as categorias de instrumentos é sua idêntica forma de circulação, baseada no princípio da abstração. No entanto, reconhece-se que, pelo caráter em série de sua emissão e grande dispersão, a segurança dos negócios com títulos de massa poderia requerer tutela jurídica mais específica,[38] desnecessária aos títulos individuais, já que, ainda de acordo com Ferri, "quanto mais o mercado de circulação do título se amplifica, mais forte se torna a exigência de tutela da boa-fé dos terceiros e de segurança da circulação e ainda mais intenso o vínculo entre documento e direito".[39]

Apesar de parte da doutrina italiana conceber essa diferença funcional entre os títulos de massa e os individuais, de molde a justificar a adoção de regimes jurídicos diversos, como o faz Ferri, poucos são os autores que chegam a ponto de preconizar uma disciplina jurídica específica para cada um dos dois grupos. A maior parte identifica a distinção entre ambas as categorias apenas sob o aspecto formal, justificando, assim, sua disciplina unitária sob a teoria dos títulos de crédito.

Portanto, no direito italiano prevalece o rigor formal na identificação dos títulos de massa, que se diferenciam apenas pelo caráter difuso de sua emissão, estando submetidos às mesmas normas relativas aos títulos individuais, correspondentes aos títulos de crédito. Isso significa que, enquanto na França os valores mobiliários se separaram dos efeitos de comércio, fazendo jus a um regime próprio por conta de suas peculiaridades, na Itália os títulos de massa não lograram tal distanciamento, perma-

tulos emitidos em massa, em uma única operação são emitidos muitos títulos envolvendo, cada um deles, direitos idênticos, podendo haver diferença entre títulos de diversas emissões, mas não entre títulos de mesma emissão. Já no caso dos títulos individuais, a criação de cada título ocorre por ocasião de um negócio distinto e o direito mencionado em um pode divergir do contido em outro (*Teoria Geral*, cit. na nota 32, p. 425).

35. *Teoria Geral*, cit. na nota 32, p. 426.

36. *Titoli di Credito*, cit. na nota 32, p. 36. O fenômeno da dissociação entre a propriedade e o seu controle é talvez o efeito mais importante da utilização em massa dos títulos de crédito. Os primeiros a apontar sua existência, no âmbito das sociedades anônimas cujas ações se encontram difundidas entre o público, foram Adolph Berle e Gardiner Means, em *The Modern Corporation and Private Property* (Ascarelli, *Teoria Geral*, cit. na nota 32, p. 457, nt. 1). Foi Ascarelli, no entanto, quem identificou que o fundamento do fenômeno residia nos títulos de crédito. Para esse autor, com a difusão e multiplicação dos títulos de crédito, "a propriedade começa a ter por objeto não só bens materiais, normalmente gozados por um sujeito e por ele mesmo administrados", mas também "pedaços de papel, que, por seu turno, corporizam direitos a bens materiais, dos quais depende, naturalmente, em caráter definitivo, o seu valor econômico" (idem, p. 456). É dessa duplicação que surge a dissociação entre a propriedade e o controle da riqueza: "enquanto a propriedade da riqueza pertence aos titulares dos títulos de crédito, o seu controle acaba por pertencer, pelo menos imediatamente, aos detentores dos bens materiais" (idem). No Brasil, desenvolveu a mesma temática Fábio Konder Comparato (*O Poder de Controle na Sociedade Anônima*, 3ª ed., Rio de Janeiro, Forense, 1983, pp. 36-67).

37. *Titoli di Credito*, cit. na nota 32, p. 40 (trad. livre).

38. Motta, *O Conceito*, cit. na nota 16, p. 64.

39. *Titoli di Credito*, cit. na nota 32, p. 37.

necendo em estágio de desenvolvimento anterior ao observado no direito francês.

3. *Direito norte-americano*

3.1 A legislação sobre "securities"

Nos Estados Unidos, o conceito de *security* engloba os instrumentos que são classificados como valores mobiliários nos países ligados à concepção restrita do instituto, sem, contudo, limitar-se a eles.[40] Em linhas gerais, toda modalidade de investimento realizado difusamente com captação da poupança popular constitui uma *security*.

Até 1933, a legislação norte-americana sobre *securities* consistia apenas de leis estaduais, conhecidas como *blue-sky laws*.[41] Isso porque o Congresso sempre havia relutado em exercer sua competência legislativa na esfera do direito privado, dado que a competência para legislar sobre Direito Comercial pertencia, primariamente, aos Estados-membros, cabendo à União legislar apenas sobre comércio interestadual e internacional. Contudo, as deficiências das *blue-sky laws*, que se demonstraram incapazes de proteger adequadamente o público investidor, levaram a União a interferir no mercado de capitais, o que se deu por meio da edição de dois diplomas: o *Securities Act*, de 1933, e o *Securities and Exchange Act*, de 1934.[42]

Atualmente, o mercado norte-americano de *securities* é disciplinado por sete leis federais, além de inúmeras leis estaduais, suplementares àquelas e válidas no que com elas não conflitarem. As leis federais são as seguintes:[43] *Securities Act*, de 1933; *Securities and Exchange Act*, de 1934; *Public Utility Holding Company Act*, de 1935; *Trust Indenture Act*, de 1939; *Investment Company Act*, de 1940; *Investment Advisers Act*, de 1940; e *Sarbanes-Oxley Act*, de 2002. Vários desses diplomas trazem definições substancialmente idênticas do termo *security*, como a contida no *Securities and Exchange Act*, § 3(a)(10), e no *Investment Company Act*, § 2(a)(36). Costuma-se adotar a definição veiculada pelo *Securities Act*, que, na atual redação de sua Section 2(1), apresenta o seguinte conteúdo: "The term 'security' means any note, stock, treasury stock, bond, debenture, evidence of indebtedness, certificate of interest or participation in any profit-sharing agreement, collateral-trust certificate, preorganization certificate or subscription, transferable share, investment contract, voting-trust certificate, certificate of deposit for a security, fractional undivided interest in oil, gas, or other mineral rights, any put, call, straddle, option, or privilege on any security, certificate of deposit, or group or index of securities (including any interest therein or based on the value thereof), or any put, call, straddle, option, or privilege entered into on a national securities exchange relating to foreign currency, or, in general, any interest or instrument commonly known as a 'security', or any certificate of interest or participation in, temporary or interim certificate for, receipt for, guarantee of, or warrant or right to subscribe to or purchase, any of the foregoing".[44]

40. Ary Oswaldo Mattos Filho afirma que a maior ou menor abrangência do conceito de valor mobiliário é proporcional à dramaticidade do evento que tenha feito surgir a necessidade de proteção ao mercado de capitais. No caso dos Estados Unidos, o conceito de *security* foi desenvolvido após a crise de 1929, de proporções mundiais. Por essa razão, sua formulação conceitual é uma das mais abrangentes ("O conceito de valor mobiliário", *RDM* 59/39, 1985).

41. A expressão *blue-sky law* nasceu da observação jocosa de que muitos empreendedores vendiam terrenos no céu (*building lots in the blue-sky*), numa alusão aos esquemas ilusórios que prometiam ao público lucros impossíveis (Louis Loss, *Securities Regulation*, Boston, Little Brown, 1951, p. 8).

42. Louis Loss, *O Papel do Governo na Proteção dos Investidores*, trad. Ary Oswado Mattos Filho, *RDM* 58/74-75 e 77, 1985; Luiz Gastão Paes de Barros Leães, "O conceito de *security* no direito norte-americano e o conceito análogo no direito brasileiro", *RDM* 14/45, 1974.

43. De acordo com a *Securities and Exchange Commission – SEC* (disponível *on line* em *http://www.sec.gov/about/laws.shtml*, 2.11.2006).

44. "O termo *security* compreende toda nota, ação, ação em tesouraria, obrigação, debênture, com-

3.2 Construção jurisprudencial

Pela redação do *Securities Act*, vê-se que o legislador norte-americano não forneceu uma conceituação legal de *security*, contentando-se em enumerar os tipos que perfazem o instituto. Entre esses tipos, coexistem instrumentos bem definidos, como as notas, as ações e as debêntures, ao lado de expressões vagas e indefinidas, como "contrato de investimento", "todo instrumento comumente conhecido como *security*" e "certificado de direito ou participação em qualquer contrato de compartilhamento de lucros". Coube à jurisprudência, no exercício de identificar se determinadas operações econômicas constituíam ou não *securities* para fins de submetê-las à legislação do mercado de capitais e à fiscalização da *Securities and Exchange Commission* (*SEC*), fornecer o conteúdo desses tipos indefinidos, estabelecendo, assim, o alcance do conceito de *security*.[45] Nesse trabalho, os tribunais buscaram identificar os elementos comuns aos vários exemplos enumerados no texto legal para, mediante um raciocínio indutivo, divisar as notas características do conceito estudado.

As questões interpretativas mais importantes com que a jurisprudência norte-americana se deparou na construção do conceito de *security* giravam em torno de três tipos de negócios:[46] (a) *investment contracts*, isso é, instrumentos representativos de investimento em empreendimentos com finalidade lucrativa desprovidos da forma dos instrumentos tradicionalmente considerados *securities*, tais como as *stocks* (ações, cotas) e as *notes* (notas promissórias), (b) *securities* tradicionais emitidas sem a função de captação de investimento; e (c) tipos especiais de instrumentos de investimento emitidos por instituições financeiras, como as companhias seguradoras e cooperativas de crédito.

3.2.1 "Investment contracts"

A interpretação jurisprudencial que forneceu os elementos essenciais do conceito em apreço foi construída em torno do conceito de *investment contract* (contrato de investimento).[47] Fixados os caracteres essenciais desse tipo, foram eles extensivamente atribuídos às demais *securities*, inclusive aos instrumentos já bem estabelecidos, como as ações e as notas promissórias.

A primeira vez que a Suprema Corte foi chamada a decidir se uma operação econômica configurava ou não *security* foi em *SEC v. C. M. Joiner Leasing Corporation*,

provante de dívida, certificado de interesse ou participação em qualquer contrato de compartilhamento de lucros, certificado de depósito em garantia, certificado ou subscrição pré-constituição, ação transferível, contrato de investimento, certificado de transferência de direito de voto, certificado de depósito de *securities*, co-propriedade de direitos em petróleo, gás ou outros minerais; toda opção de venda, opção de compra, *box* de opções ou preferência relativos a qualquer *security*, certificado de depósito, grupo ou índice de *securities* (incluindo qualquer direito sobre estas ou baseado no seu valor); toda opção de venda, opção de compra, *box* de opções ou preferência celebrados em bolsa de valores referenciados em a moeda estrangeira; em geral, todo direito ou instrumento comumente conhecido como *security*; e ainda todo certificado de direito ou participação, permanente ou temporário, recibo, garantia e direito de subscrição ou aquisição referentes aos títulos e valores acima mencionados" (trad. livre).

45. De acordo com Motta (*O Conceito*, cit. na nota 16, p. 66, nt. 105), os dez principais casos examinados pela Suprema Corte nesta matéria foram os seguintes: *SEC v. C. M. Joiner Leasing Corporation*, 320 U.S. 344 (1943); *SEC v. W. J. Howey Co.*, 328 U.S. 293 (1946); *SEC v. Variable Annuity Life Insurance Co. of America*, 359 U.S. 65 (1959); *Tcherepnin v. Knight*, 389 U.S. 332 (1967); *United Housing Foundation, Inc. v. Forman*, 421 U.S. 837 (1975); *International Brotherhood of Teamsters, Chauffeurs, Warehousemen & Helpers of America v. Daniel*, 439 U.S. 551 (1979); *Marine Bank v. Weaver*, 455 U.S. 551 (1982); *Landreth Timber Co. v. Landreth*, 471 U.S. 681 (1985) e *Reves v. Ernst & Young*, 494 U.S. 56 (1990).

46. David L. Ratner, *Securities Regulation in a Nutshell*, 6ª ed., Saint Paul, West, 1998, pp. 21-22.

47. Leães, "O conceito de *security*...", cit. na nota 42, p. 44.

em 1943.[48] Naquele caso, a empresa Joiner havia arrendado lotes de terra no Texas totalizando 3.002 acres com o objetivo de explorar petróleo. Para financiar o empreendimento, que incluía a prospecção e a perfuração do solo, a Joiner oferecera ao público a cessão onerosa de partes do contrato de arrendamento equivalentes a lotes não superiores a 20 acres. Como contraprestação ao investimento, prometera aos investidores a participação nos lucros que adviessem da exploração.

A Corte entendeu que as cessões contratuais realizadas pela Joiner configuravam oferta pública de *securities* do tipo contrato de investimento. Apesar de se tratar, do ponto de vista formal, da mera cessão de um contrato de arrendamento, do ponto de vista funcional cuidava-se da oferta pública de investimento em empreendimento conduzido sem a ingerência do investidor. Ao prolatar a sentença, o *Justice* Jackson apontou o que seria o elemento essencial a todas as *securities*: "A oferta pública de tais instrumentos de cessão apresentava todas as características inerentes à oferta pública de *securities*. Na legislação específica, o termo em pauta foi definido de molde a permitir a inclusão, por força de nome ou de descrição, de todo e qualquer instrumento cujo traço comum seja negócio de investimento".[49]

Em 1946, a Suprema Corte julgou o que viria a ser considerado o *leading case* na elaboração do conceito de contrato de investimento e, por extensão, de *security*. Trata-se do caso *SEC v. W. J. Howey Co.*,[50] no qual a empresa Howey ofertara publicamente contratos de compra e venda de lotes de terra conjugados a contratos de prestação de serviços de plantio e cultivo, bem como de comercialização das frutas ali produzidas, sendo que tais serviços seriam realizados por uma empresa subsidiária, a Howey-in-the-Hills Services, Inc. O negócio seria gerido sem a intervenção dos investidores, que, entretanto, fariam jus à participação nos lucros do empreendimento.

A Corte entendeu que tal negócio não configurava mera venda de terrenos conjugada a simples contratação de serviços, constituindo, na verdade, uma oferta pública de contrato de investimento e, portanto, de *security*. Em seu voto, o *Justice* Murphy forneceu uma conceituação de contrato de investimento, inovando em relação ao caso *Joiner*.[51] Ei-la: "um contrato de investimento, para os fins do *Securities Act*, compreende todo contrato, transação ou esquema por meio do qual uma pessoa investe seu dinheiro em um empreendimento comum e é levada a esperar lucros advindos exclusivamente dos esforços do empreendedor ou de um terceiro".[52]

Essa definição de contrato de investimento celebrizou-se e transbordou os limites do próprio objeto definido, transformando-se na própria definição de *security*.[53] Isso porque a Suprema Corte, ao definir *investment contract*, revelou o raciocínio a ser seguido na identificação de todas as demais *securities*, isso é, mostrou que a substância do negócio deve prevalecer sobre a sua forma, atribuindo-se ênfase à realidade econômica subjacente.

No caso *Howey*, a realidade econômica presente em todas as *securities* foi revelada a partir da análise dos contratos de investimento. Desde então, para se verificar se determinada transação constitui uma *security*, deve-se averiguar se ela se enquadra na definição formulada pela Suprema Corte. Esse é o chamado *Howey test*, composto pelos elementos retirados da definição de contrato de investimento, quais sejam (a) contrato, transação ou esquema que importe em (b) investimento em dinheiro

48. 320 U.S. 344 (1943).

49. Leães, "O conceito de *security*...", cit. na nota 42, p. 46.

50. 328 U.S. 293 (1946).

51. Loss, *Securities Regulation*, cit. na nota 41, p. 314.

52. Idem, p. 316 (trad. livre).

53. Leães, "O conceito de *security*...", cit. na nota 42, p. 47.

(c) num empreendimento comum (d) com expectativa de lucro (e) decorrente exclusivamente do esforço do empreendedor ou de terceiros. Examinemos cada um deles.

(a) "*Contrato, transação ou esquema*". Trata-se de expressões utilizadas em sentido amplo, querendo significar todo e qualquer negócio jurídico que, independentemente de sua forma, atenda às demais características da definição, isso é, que implique em investimento de dinheiro num empreendimento comum com finalidade lucrativa, sendo o empreendimento conduzido exclusivamente pelo lançador ou por terceira pessoa.[54]

(b) "*Investimento em dinheiro*". *Investimento*, para fins de se caracterizar uma *security*, quer dizer aporte de capital para a consecução do empreendimento. Não se requer que as entradas sejam feitas em espécie, podendo consistir na entrega de bens suscetíveis de avaliação econômica.

(c) "*Empreendimento comum*". A respeito da expressão *empreendimento comum*, duas interpretações são possíveis, ambas contempladas pelos tribunais. Pela primeira, o empreendimento é comum quando todos os investidores compartilham de um único acervo de bens, formando, assim, uma *comunhão*[55] *horizontal*. De acordo com a outra interpretação, o empreendimento é caracterizado como comum mesmo quando o promotor do negócio contrata individualmente com cada investidor, situação em que inexiste um acervo de bens compartilhado pelos investidores (*comunhão vertical*). No caso *Marine Bank v. Weaver*,[56] a Suprema Corte firmou o entendimento de que um único contrato de participação nos lucros negociado individualmente pelas partes não constitui uma *security*.[57] Assim, para o mais alto tribunal estadunidense, o requisito do *empreendimento comum* significa que os investidores devem compartilhar um único conjunto de ativos, sujeitando-se, de alguma maneira, aos riscos de um mesmo negócio (comunhão horizontal).[58]

(d) "*Expectativa de lucro*". A auferição futura de lucro deve ser a motivação para a realização do investimento. Se o fornecedor de capital esperar como contraprestação algo que não seja lucro, não se estará frente a uma *security*. No caso *United Housing Foundation, Inc. v. Forman*,[59] por exemplo, foi decidido que a aquisição de cotas de uma cooperativa habitacional não constituía *security* do tipo contrato de investimento, já que a motivação dos participantes era a aquisição de moradia de baixo custo, e não a obtenção de lucro, muito embora as cotas tivessem sido vendidas ao público como forma de obter recursos para a construção dos imóveis.

(e) "*Esforço exclusivo do empreendedor ou de terceiros*". A passividade é característica essencial do investidor em *securities*. Ele é simples prestador de capital, sem direito a participar das decisões do negócio. Esse fator é, aliás, o principal motivador da intervenção estatal sobre o mercado de capitais – intervenção que se dá principalmente pela exigência de prestação de informações completas previamente à captação dos recursos –, pois, se o investidor pudesse interferir no controle do empreendimento, estaria em posição de proteger o seu investimento.[60] Sendo o conceito de *security* um instrumento para a intervenção estatal na economia, compreende-se facilmente que a hipossuficiência técnica do investidor seja um de seus componentes, pois é em torno desse investidor que todo o arcabouço regulatório é erigido.

Por fim, cumpre fazer referência a um elemento implícito na sistemática dos con-

54. Idem, p. 48.

55. Pode-se definir *comunhão* como um complexo de interesses juridicamente interligados (Mattos Filho, "O conceito...", cit. na nota 40, p. 42).

56. 455 U.S. 551 (1982).

57. Ratner, *Securities Regulation*, cit. na nota 46, p. 27.

58. Leães, "O conceito de *security*...", cit. na nota 42, p.48.

59. 421 U.S. 837 (1975).

60. Leães, "O conceito de *security*...", cit. na nota 42, pp. 54-55.

tratos de investimento, qual seja sua negociabilidade pública. De fato, considerando-se a finalidade do conceito de *security*, que é servir de instrumento para a tutela estatal ao público investidor, somente se enquadram nessa categoria os instrumentos que representem risco à poupança popular, por serem negociados publicamente. Assim, haverá instrumentos que, apesar de preencherem os requisitos funcionais das *securities*, não serão considerados como tais, já que não causam riscos ao público.[61]

3.2.2 "Securities" tradicionais emitidas sem função de investimento

"A substância deve prevalecer sobre a forma, atribuindo-se ênfase à realidade econômica subjacente". Esse é o princípio basilar do conceito de *security* erigido pelos tribunais americanos.[62] Sua aplicação faz-se inclusive aos instrumentos tradicionalmente considerados como *securities*, como é o caso das ações e das notas promissórias, o que significa que os aspectos externos não são condição suficiente para inseri-los naquela classificação.

No caso *Forman*, por exemplo, viu-se que a Suprema Corte julgou que a participação em uma cooperativa habitacional não configurava *security* do tipo contrato de investimento, já que faltava aos destinatários do negócio o intuito lucrativo. Indo mais além, a Corte sustentou que, apesar de tal participação se dar por meio da aquisição de *stocks* (cotas) da cooperativa, expressamente elencadas no *Securities Act* de 1933, o fato de o instrumento ser denominado *stock* não era suficiente para autorizar sua classificação como *security*. Por isso, apesar de ser dotado da forma de uma *stock*, tal título não era *security*.

Em *Reves v. Ernst & Young*,[63] a Suprema Corte estabeleceu critérios funcionais para identificar se determinada emissão de notas promissórias caracterizava *security*, sem ter de recorrer ao teste *Howey*, elaborado especificamente para os contratos de investimento. De acordo com a Corte, deve-se atentar, primeiramente, para a intenção do vendedor e do comprador das notas. Se o objetivo do primeiro for captar recursos para o desenvolvimento de um empreendimento e o do segundo for obter lucro por conta do esforço daquele, estará presente um traço característico das *securities*. Em segundo lugar, deve-se examinar o plano de distribuição dos títulos e, em terceiro, a expectativa do público. Em caso de se tratar de uma emissão divulgada junto ao público investidor, gerando neste a expectativa de ganhos mediante o investimento, então outro traço das *securities* estará presente. Por fim, deve-se averiguar se a transação já está amparada por uma disciplina legal específica, de molde a dispensar a proteção conferida pela legislação do mercado de capitais.[64]

As decisões acima comentadas evidenciam, mais uma vez, a visão funcionalista do conceito de *security* encampada pela Suprema Corte, de forma que, mesmo para os tipos normalmente presumidos como *securities* (*stocks* e *notes*), deve-se examinar a função econômica do instrumento para se confirmar tal presunção.

3.2.3 Instrumentos financeiros de investimento

Foram elencados acima os requisitos para a identificação de uma nota promissória como *security*, de acordo com a decisão do caso *Reves*. O último requisito mencionado – que o instrumento não esteja sujeito a regulação específica – implica em excluir do conceito analisado grande parte dos títulos de investimento emitidos por institui-

61. Idem, p. 56. Cf. a discussão sobre a negociabilidade pública no direito brasileiro (*infra*, item IV, 4).
62. Ratner, *Securities Regulation*, cit. na nota 46, p. 22.
63. 494 U.S. 56 (1990).
64. Motta, *O Conceito*, cit. na nota 16, p. 72.

ções financeiras. Por esse requisito, tem-se que a legislação do mercado de capitais é subsidiária, aplicando-se aos instrumentos que, além de perfazerem o conceito da § 2(1) do *Securities Act* em sua interpretação jurisprudencial, não estejam sujeitos a uma disciplina legal protetora específica.

Nessa mesma linha, o rol de exceções contido nas leis sobre *securities* abrange grande número de instrumentos financeiros, como os contratos de seguro, as cotas de cooperativas de crédito e os certificados de depósito bancário, desde que estejam sujeitos à fiscalização de órgão setorial específico.[65]

As exceções legais, contudo, não são absolutas. A Suprema Corte já decidiu que, quando tais instrumentos oferecem uma taxa de retorno variável atrelada à lucratividade da instituição lançadora ou de uma carteira de *securities*, não devem ser incluídos nas exceções legais. Em *SEC v. Variable Annuity Life Insurance Co. of America* e *SEC v. United Benefit*,[66] por exemplo, entendeu-se que planos de seguro com anuidade variável configuravam *securities* do tipo contrato de investimento, sujeitos a registro na *SEC*. Isso porque, naquele tipo de plano, a companhia emissora não suportava nenhum risco, como suportaria se tivesse de efetuar um pagamento fixo aos beneficiários. Ao contrário, eram os próprios segurados que arcavam com o risco.

Outros instrumentos financeiros de interesse para o mercado de *securities* são os contratos derivativos. Nos Estados Unidos, os únicos derivativos definidos como *securities* são as opções referenciadas em outras *securities*, em índices de preço ou na taxa de câmbio (estas últimas, desde que negociadas em bolsa de valores).[67] Os contratos futuros, inclusive os referenciados em *securities* ou índices de *securities*, são definidos como *commodities* pelo *Commodities Exchange Act* e, por isso, são regulados pela *Commodities Futures Trading Commission* (*CFTC*), e não pela *SEC*.[68] O mesmo ocorre com as opções envolvendo futuros, *commodities* e demais ativos que não sejam *securities* e com as opções referenciadas em moeda estrangeira, desde que negociadas fora da bolsa.[69]

4. Conclusão sobre o direito comparado

Da análise até aqui desenvolvida, pode-se concluir que, em contraste com o instituto europeu dos valores mobiliários, do qual as *valeurs mobilières* são o exemplo paradigmático, o conceito norte-americano de *security* possui um alcance bem mais amplo. Enquanto os valores mobiliários europeus se referem basicamente a títulos de responsabilidade das sociedades anônimas emitidos em massa e aptos a serem negociados publicamente (em bolsa de valores e mercado de balcão), as *securities* consubstanciam qualquer investimento realizado mediante captação pública que possa acarretar danos ao investidor e tenha por objetivo a capitalização de uma companhia ou de outra modalidade de empreendimento.[70]

Em ambos os casos, porém, o caráter difuso em que os títulos são emitidos e negociados, acarretando riscos à poupança pública, é o fundamento para sujeitá-los a uma disciplina própria. Isso quer dizer que, por maiores que sejam as diferenças nos diversos ordenamentos jurídicos, todos convergem para um ponto comum, que é a identificação dos negócios em que ocorre captação pública de recursos para aplicação em atividades de risco a fim de submetê-los à regulação e fiscalização do Es-

65. *Securities Act* § 3(a)(2), (5) e (8) e *Securities and Exchange Act* § 3(a)(12).

66. 359 U.S. 65 (1959) e 387 U.S. 202 (1967), respectivamente.

67. Motta, *O Conceito*, cit. na nota 16, p. 14.

68. Ratner, *Securities Regulation*, cit. na nota 46, p. 25.

69. Motta, *O Conceito*, cit. na nota 16, p. 14.

70. Wald, "O mercado futuro...", cit. na nota 8, p. 11.

tado.[71] Esse é o núcleo do instituto, que justifica a inclusão de instrumentos à primeira vista muito diversos sob a mesma rubrica.[72]

III – Evolução da dogmática dos valores mobiliários no Direito Brasileiro

1. O sistema da Lei n. 4.728/1965

No Brasil, o primeiro diploma legal a mencionar os valores mobiliários foi a Lei n. 4.728, de 14 de julho de 1965.[73] Essa lei inspirou-se grandemente na legislação norte-americana do mercado de capitais, constituindo um esforço de adaptação da experiência jurídica dos Estados Unidos ao direito brasileiro. Toda sua sistemática girava em torno do conceito de *títulos ou valores mobiliários*, o que se confirma pela leitura do art. 2º, o qual, ao enumerar os objetivos da atuação do Conselho Monetário Nacional (CMN) e do Banco Central do Brasil, utilizava essa expressão em todos os seus incisos.[74] Porém, apesar de disciplinar o registro, a emissão, a distribuição e a fiscalização dos títulos ou valores mobiliários, a Lei n. 4.728/1965 deixou-os indefinidos.

O Banco Central, por sua vez, ao disciplinar a constituição, a organização e o funcionamento das bolsas de valores, por meio da Resolução n. 39/1966, também se eximiu de conceituar o novo instituto, limitando-se a permitir que fossem negociados nas bolsas de valores os títulos ou valores mobiliários de emissão de pessoas jurídicas de direito público e de direito privado – no caso destas últimas, desde fossem previamente registrados (art. 57). O único indício sobre o que seriam esses *títulos ou valores mobiliários* era dado pelo art. 58, que dispunha também serem negociáveis em bolsa os direitos de subscrição e as opções referentes a *ações* e *debêntures*.

Posteriormente, ao disciplinar o registro das pessoas jurídicas de direito privado emissoras de títulos ou valores mobiliários negociáveis em bolsa e nas demais instituições integrantes do sistema de distribuição no mercado de capitais, bem como o registro das respectivas emissões (Resolução n. 88/1968), o Banco Central incluiu no conceito de títulos ou valores mobiliários apenas as ações e as obrigações emitidas pelas sociedades anônimas.[75]

Note-se que a locução *títulos ou valores mobiliários* contém dois núcleos, os quais, devido à má redação, podem ser identificados de duas formas. Numa primeira leitura, pode-se entender que o adjetivo *mobiliários* qualifica ambos os substantivos que o antecedem – *títulos* e *valores* –, de forma que a expressão poderia ser decomposta em *títulos mobiliários* e *valores mobiliários*. Numa segunda interpretação, *mobiliários* estaria qualificando apenas o substantivo que imediatamente o antecede – *valores* –, podendo a expressão ser desmembrada em *títulos* – genericamente, sem adjetivo – e *valores mobiliários*.

71. Satiro, *Regime Jurídico*, cit. na nota 14, pp. 68-69.

72. Idem, p. 69. Cf. a discussão sobre o *risco* como fundamento metajurídico do conceito de valor mobiliário no direito brasileiro (*infra*, item IV, 6.2).

73. Bulgarelli afirma que a expressão já era utilizada pela doutrina antes do advento da lei que a consagrou ("Os valores mobiliários...", cit. na nota 8, p. 99).

74. "Art. 2º. O Conselho Monetário Nacional e o Banco Central exercerão as suas atribuições legais relativas aos mercados financeiro e de capitais com a finalidade de: I – facilitar o acesso do público a informações sobre os *títulos ou valores mobiliários* distribuídos no mercado e sobre as sociedade que os emitirem; II – proteger os investidores contra emissões ilegais ou fraudulentas de *títulos ou valores mobiliários*; III – evitar modalidades de fraude e manipulação destinadas a criar condições artificiais da demanda, oferta ou preço de *títulos ou valores mobiliários* distribuídos no mercado; IV – assegurar a observância de práticas comerciais eqüitativas por todos aqueles que exerçam, profissionalmente, funções de intermediação na distribuição ou negociação de *títulos ou valores mobiliários*; V – disciplinar a utilização do crédito no mercado de *títulos ou valores mobiliários*; VI – regular o exercício da atividade corretora de *títulos mobiliários* e de câmbio."

75. Leães, "O conceito de *security*...", cit. na nota 42, p. 59.

Pela primeira leitura, existiriam duas figuras inéditas na legislação: os títulos mobiliários e os valores mobiliários. Pela segunda, a novidade restringir-se-ia aos valores mobiliários, já que os títulos – especialmente os de crédito – já eram disciplinados de longa data. O Banco Central, porém, ao regulamentar a matéria nas Resoluções ns. 39/1966 e 88/1968, tratou os *títulos ou valores mobiliários* como sendo uma única entidade, sem decompor a expressão em suas possíveis partes constitutivas.

Em todo o caso, o importante, para o presente estudo, não é saber se a leitura do Banco Central foi ou não correta. Importa identificar que, já nos primórdios da disciplina legal dos valores mobiliários, havia uma dificuldade interpretativa oriunda da opção lingüística do legislador, consubstanciada na expressão *títulos ou valores mobiliários*. Essa dificuldade parece remontar à estreita ligação que, no princípio, os valores mobiliários mantinham com os títulos de crédito. Daí a inclusão da palavra *títulos* ao lado da expressão *valores mobiliários*.[76]

1.1 Implicações da adoção da expressão "valor mobiliário"

Apesar de a Lei n. 4.728/1965 utilizar a expressão composta *títulos ou valores mobiliários*, o costume acabou encurtando-a para *valores mobiliários*. Isso se explica porque, antes daquela lei, a doutrina já havia consagrado esta última expressão. Some-se a isso o fato de a regulamentação do Banco Central não haver diferenciado entre *títulos* e *valores*, o que, aliado à mencionada familiaridade vocabular, contribuiu para que o núcleo semântico do instituto recém introduzido se concentrasse na expressão *valores mobiliários*.

Valor mobiliário, como já visto, é tradução da expressão francesa *valeur mobilière*, que designa um instituto de matizes muito mais restritos do que o instituto análogo do país cujo ordenamento serviu de inspiração à Lei n. 4.728/1965 – os Estados Unidos.[77] Para que o sistema então criado fosse harmônico, o conceito de valor mobiliário adotado, central à própria definição de mercado de capitais, deveria seguir as linhas do ordenamento que forneceu a maioria dos princípios informadores que ora se implantavam. Não foi, porém, o que ocorreu e disso derivaram importantes assimetrias.[78]

Com efeito, essa questão aparentemente singela, atinente à nomenclatura do instituto, teve repercussões interpretativas muito significativas. Leães aponta que a expressão *valor mobiliário* trazia consigo alguns conceitos arraigados que, em princípio, tornavam a tradução feita uma traição, pois que, em lugar de conferir ênfase aos aspectos funcionais dos instrumentos classificados em seu interior, à semelhança do modelo norte-americano, prendia-se demasiadamente aos seus aspectos formais. Segundo esse autor, o legislador parecia "não cogitar senão daqueles títulos e valores mobiliários que se 'materializam' em um documento, tais como os títulos de crédito e os títulos de participação em uma sociedade anônima",[79] o que, evidentemente, constituía excessiva restrição conceitual.

Como mais tarde se verificou, essa nomenclatura, por toda a carga semântica que continha, teve o condão de afastar o instituto de seu análogo norte-americano, ao menos num primeiro instante, fazendo-o ser estudado no interior do rigorismo dos títulos de crédito, alheio a maiores incursões acerca de sua função econômica – justamente o oposto do que pretendia o legis-

76. Cf. a discussão sobre a relação entre valores mobiliários e títulos de crédito (*infra*, item IV, 5).

77. De fato, o conceito de *valeur mobilière* contém-se no conceito de *security*, que, além de mais amplo, é também mais flexível e funcionalista do que aquele (cf., *supra*, item II, 4).

78. Wald, "O mercado futuro...", cit. na nota 8, p. 13.

79. Leães, "O conceito de *security*...", cit. na nota 42, p. 59.

lador, ao se inspirar na sistemática norte-americana do mercado de capitais.[80]

2. *O sistema original da Lei n. 6.385/1976*

A Lei n. 6.385, de 7 de dezembro de 1976, que revogou parcialmente a Lei n. 4.728/1965, consagrou definitivamente a expressão *valor mobiliário*, em lugar da anterior *títulos ou valores mobiliários*. Foi também o primeiro diploma a veicular uma definição do instituto, sob a forma de enumeração. Aliás, não se poderia conceber que essa lei, que criou a Comissão de Valores Mobiliários, mantivesse o silêncio de sua antecessora, sob pena de a nova entidade não ter um âmbito de atuação preciso.[81] Eis a definição veiculada:

> Art. 2º. São valores mobiliários sujeitos ao regime desta Lei:
>
> I – as ações, partes beneficiárias e debêntures, os cupões desses títulos e os bônus de subscrição;
>
> II – os certificados de depósito de valores mobiliários;
>
> III – outros títulos criados ou emitidos pelas sociedades anônimas, a critério do Conselho Monetário Nacional.
>
> Parágrafo único. Excluem-se do regime desta Lei:
>
> I – os títulos da dívida federal, estadual ou municipal;
>
> II – os títulos cambiais de responsabilidade de instituição financeira, exceto as debêntures.

A redação do dispositivo transcrito colocou algumas dificuldades para se chegar ao conceito de valor mobiliário. Essas dificuldades acarretaram grande imprecisão na delimitação do âmbito da competência regulamentar e fiscalizatória da CVM – o mercado de valores mobiliários –, uma vez que tal âmbito era definido (e ainda o é, como já visto) em função daquele conceito.[82]

A primeira dificuldade estava em que a definição era vazada na forma de uma enumeração de tipos, de maneira similar ao *Securities Act*. Tal enumeração, contudo, era mais restrita do que a da lei norte-americana. De fato, diferentemente da definição americana, na redação original da Lei n. 6.385/1976 o termo *valor mobiliário* compreendia basicamente os títulos emitidos pelas sociedades anônimas suscetíveis de negociação em bolsa de valores e mercado de balcão,[83-84] privilegiando, como referencial, a natureza jurídica do agente emissor e a forma do título, em detrimento da respectiva função econômica,[85] numa nítida influência francesa.

A segunda dificuldade residia no fato de que o rol de instrumentos era exemplificativo, permitindo-se que fosse expandido por iniciativa do CMN para incluir outros instrumentos de emissão das sociedades anônimas. Sem uma precisa concei-

80. Cf. a discussão sobre a relação entre valores mobiliários e títulos de crédito (*infra*, item IV, 5).

81. Mattos Filho, "O conceito...", cit. na nota 40, p. 32.

82. Com efeito, o art. 1º da Lei n. 6.385/1976, em sua redação original, delimitava (e continua a delimitar) o âmbito material de sua aplicação tendo por referencial o conceito de valor mobiliário: "Serão disciplinadas e fiscalizadas de acordo com esta Lei as seguintes atividades: I – a emissão e distribuição de *valores mobiliários* no mercado; II – a negociação e intermediação no mercado de *valores mobiliários*; III – a organização, o funcionamento e as operações das bolsas de valores; IV – a administração de carteiras e a custódia de *valores mobiliários*; V – a auditoria das companhias abertas; VI – os serviços de consultor e analista de *valores mobiliários*".

83. Wald, "O mercado futuro...", cit. na nota 8, p. 13. A exceção fica por conta dos certificados de depósitos de ações, que são emitidos por instituição financeira ou bolsa de valores (arts. 43 e 293 da Lei n. 6.404/1976).

84. Mattos Filho informa que a limitação dos instrumentos qualificados como valores mobiliários aos títulos emitidos pelas sociedades anônimas foi uma maneira de restringir a competência da CVM, já que o Banco Central do Brasil, por questões políticas, opunha-se à sua criação ("O conceito...", cit. na nota 40, p. 33).

85. Motta, *O Conceito*, cit. na nota 16, p. 102.

tuação de valor mobiliário, essa permissão significava a outorga de poder discricionário para que o CMN considerasse como tal o que entendesse conveniente, sem preocupação de rigor conceitual.[86]

A terceira dificuldade referia-se ao fato de a enumeração ser tipicamente *instrumental* ou *formal*, ou seja, os títulos descritos eram considerados valores mobiliários *para os efeitos* da Lei n. 6.385/1976. A princípio, pois, poder-se-ia admitir a existência de outros valores mobiliários que, por não se incluírem no rol do art. 2º, não estariam sujeitos aos ditames da Lei n. 6.385/1976, embora compartilhassem o mesmo *quid* que permitia serem identificados como valores mobiliários.[87]

A adoção deste entendimento teria efeitos práticos importantes. De fato, com a definição do âmbito de atuação da CVM, o Banco Central passou a ter competência residual quanto à regulamentação e fiscalização dos mercados não abrangidos por aquela entidade. Isso quer dizer que, se se admitisse a existência de valores mobiliários não sujeitos ao regime da Lei n. 6.385/1976, ficariam a cargo do Banco Central, além dos títulos negociáveis nos mercados monetário e de crédito, expressamente retirados da competência da CVM (Lei n. 6.385/1976, art. 2º, parágrafo único), os demais valores mobiliários ofertados no mercado que, por não constarem da enumeração do art. 2º, não se submeteriam à competência da CVM. Assim, a precisa conceituação desse instituto era necessária também para delimitar a área de atuação do Banco Central.[88]

Assim, a sistemática adotada pela Lei n. 6.385/1976, de listar apenas alguns instrumentos, emitidos por sociedade anônima, permitindo, paralelamente, a ampliação do rol por ato do CMN, criou dois problemas. De um lado, deixou de estabelecer um parâmetro para jungir o CMN à inclusão de instrumentos que realmente correspondessem à natureza jurídica de valores mobiliários. De outro, não forneceu uma conceituação do que seriam os valores mobiliários, para efeito de delimitação das atribuições da CVM e do Banco Central, limitando-se a enumerar os instrumentos que ficariam sujeitos à sua disciplina (da lei).

3. A ampliação do rol da Lei n. 6.385/1976

O rol do art. 2º da Lei n. 6.385/1976 permaneceu inalterado até 1986. Naquele ano, foi editado o Decreto-lei n. 2.286, que qualificou como valores mobiliários os índices representativos de carteiras de ações e as opções de compra e venda de valores mobiliários. Posteriormente, outras leis vieram e incluíram os seguintes instrumentos na lista dos sujeitos à disciplina da Lei n. 6.385/1976:

a) títulos emitidos por companhias beneficiárias de recursos oriundos de incentivos fiscais (Decreto-lei n. 2.298/1986);

b) cotas de fundos imobiliários (Lei n. 8.668/1993); e

c) certificados de investimento em obras audiovisuais (Lei n. 8.685/1993).

Algumas resoluções do CMN, com fundamento no permissivo do inciso III do art. 2º da Lei n. 6.385/1976, também alteraram a lista de valores mobiliários, inserindo os seguintes instrumentos:

a) direitos de subscrição, recibos de subscrição, opções de valores mobiliários e certificados de depósitos de ações (Resolução n. 1.907/1992);

b) certificados representativos de contratos mercantis de compra e venda a termo de energia elétrica (Resolução n. 2.405/1997);

86. Mattos Filho, "O conceito...", cit. na nota 40, p. 33.

87. Wald, "O mercado futuro...", cit. na nota 8, p. 6.

88. Mattos Filho, "O conceito...", cit. na nota 40, pp. 32-33. Cf. a discussão sobre a existência de valores mobiliários além dos contemplados na Lei n. 6.385/1976 (*infra*, item IV, 2).

c) debêntures e ações emitidas por companhias securitizadoras de créditos financeiros (Resolução n. 2.493/1998);

d) certificados de recebíveis imobiliários – CRI (Resolução n. 2.517/1998); e

e) certificados representativos de contratos mercantis de compra e venda a termo de mercadorias e de serviços (Resolução n. 2.801/2000).

Não obstante, essa ampliação do rol de valores mobiliários não constituiu inovação que indicasse a adoção de uma concepção mais aberta e funcional do instituto, a exemplo da contida na legislação americana. Ao contrário, os novos tipos continuaram sendo identificados com base nos parâmetros europeus relativos à matéria.[89]

4. A Medida Provisória n. 1.637/1998 e a Lei n. 10.303/2001

Em vista da crescente diversidade de investimentos ofertados ao público desprovidos de regulação estatal, passou-se a exigir do legislador a ampliação do conceito de valor mobiliário.

Leães, já em 1974, sustentava que o conceito de títulos ou valores mobiliários, utilizado pelo legislador de 1965 para traduzir a realidade econômica análoga à dos Estados Unidos, deveria sofrer uma leitura generosa, tal como a interpretação americana desenvolvida em torno das *securities*, de forma a permitir o policiamento satisfatório do mercado de capitais e a fiscalização de todas as formas de captação de recursos da poupança popular.[90] Na mesma linha, Mattos Filho preconizava a adoção de um conceito suficientemente elástico, de tal sorte que conseguisse apanhar os negócios que viessem a colocar o investidor e o mercado em risco.[91] Eizirik, igualmente, apontava como uma das falhas da Lei n. 6.385/1976 a definição de valor mobiliário, a qual deveria ser flexibilizada e ampliada para abranger quaisquer títulos ou direitos representativos de participação em empreendimentos geridos por terceiros e passíveis de venda em massa, à semelhança do conceito de *security* do direito norte-americano, englobando, além disso, as cotas de fundo de investimento, as notas comerciais e os contratos a futuro.[92]

A partir da década de 1990, a CVM e o Banco Central começaram a se preocupar com a ausência de regulação sobre os contratos realizados com *commodities* ofertados publicamente, em especial os chamados *contratos de boi gordo*. Esses esquemas negociais podiam ser considerados, formalmente, como contratos de parceria pecuária (Código Civil de 1916, arts. 1.416 a 1.423), por meio dos quais um sujeito, denominado parceiro-proprietário, entregava seus animais a alguém, chamado parceiro-tratador, para os criar, mediante participação nos lucros.

Apesar de se revestirem, externamente, da forma de contratos de parceria pecuária, do ponto de vista funcional os negócios de boi gordo constituíam oportunidades de investimento ofertadas ao público em que os empreendedores se encarregavam da compra, engorda e venda do animal, transferindo aos investidores o ganho obtido, descontadas as despesas administrativas e sua parte nos lucros.[93]

A primeira reação estatal partiu do Banco Central, que passou a estudar a possibilidade de enquadrar os contratos de boi gordo no art. 17 da Lei n. 4.595/1964, de forma a qualificar as empresas administradoras desse tipo de negócio como instituições financeiras, sujeitando-as à sua disciplina própria.[94] De fato, como as empresas

89. Motta, *O Conceito*, cit. na nota 16, p. 102.

90. "O conceito de *security*...", cit. na nota 42, p. 60.

91. "O conceito...", cit. na nota 40, p. 40.

92. "A urgente reforma da Lei n. 6.385/1976", *RDM* 98/61, 1995.

93. Eizirik, *Reforma das S/A*, cit. na nota 1, p. 154.

94. Haroldo Malheiros Duclerc Verçosa, "A CVM e os contratos de investimento coletivo ("boi

lançadoras de contratos de boi gordo operavam profissionalmente na coleta de recursos de terceiros e na aplicação de recursos próprios e de outrem, poderiam ser equiparadas, em tese, às instituições financeiras. Caberia, assim, ao Banco Central intervir nesse mercado, estabelecendo a necessidade de autorização prévia para o funcionamento e exercendo fiscalização.[95]

Entretanto, o Poder Executivo e, posteriormente, o Legislativo, preferiram atribuir o controle dos contratos de boi gordo à CVM, o que tornou superada a discussão acerca da qualificação das empresas do ramo como instituições financeiras. Assim, em 1998 foi editada a Medida Provisória n. 1.637, reeditada até ser convertida na Lei 10.198/2001, dispondo o seguinte:

Art. 1º. Constituem valores mobiliários, sujeitos ao regime da Lei n. 6.385, de 7 de dezembro de 1976, quando ofertados publicamente, os títulos ou contratos de investimento coletivo, que gerem direito de participação, de parceria ou de remuneração, inclusive resultante de prestação de serviços, cujos rendimentos advém do esforço do empreendedor ou de terceiro.

Essa medida provisória constituiu verdadeiro marco no mercado de capitais brasileiro. Até o seu advento, adotava-se uma concepção restrita de valor mobiliário, embora o elenco desses instrumentos estivesse aumentando gradativamente, pela edição de leis e resoluções do CMN.[96] Com a promulgação daquele diploma, entretanto, introduziu-se no sistema brasileiro o conceito de *contrato de investimento coletivo*, análogo ao conceito de *investment contract* formulado pela Suprema Corte dos Estados Unidos, ampliando-se o conceito de valor mobiliário – e, via de conseqüência, a competência da CVM – e afastando-o de suas raízes européias.[97]

Introduziu-se, assim, um conceito consideravelmente aberto em meio aos instrumentos bem delimitados constantes da enumeração da Lei n. 6.385/1976, capaz de abranger "quaisquer contratos de investimento oferecidos ao público, que aplica os seus recursos na expectativa de obter lucro, não tendo, no entanto, controle direto sobre o empreendimento, uma vez que o responsável pelo sucesso do negócio é o empreendedor".[98]

Mas isso não significou o fim das preocupações das autoridades. Na metade da década de 1990, várias empresas públicas e privadas em todo o mundo sofreram enormes perdas em operações com derivativos. O incidente mais famoso envolveu o Barings PLC, banco de investimento inglês bicentenário que foi à falência depois que um de seus operadores perdeu mais de um bilhão de dólares especulando com derivativos de índices de valores mobiliários japoneses. O caso do Barings, porém, deveu-se mais ao mau gerenciamento interno das opera-

gordo" e outros)", *RDM* 108/94, 1998. Lei n. 4.595/1964, art. 17: "Consideram-se instituições financeiras, para os efeitos da legislação em vigor, as pessoas jurídicas públicas ou privadas, que tenham como atividade principal ou acessória a coleta, intermediação ou aplicação de recursos financeiros próprios ou de terceiros, em moeda nacional ou estrangeira, e a custódia de valor de propriedade de terceiros. Parágrafo único. Para os efeitos desta Lei e da legislação em vigor, equiparam-se às instituições financeiras as pessoas físicas que exerçam qualquer das atividades referidas neste artigo, de forma permanente ou eventual".

95. Verçosa, "A CVM...", cit. na nota 94, p. 94.

96. Nelson Eizirik, "Os valores mobiliários na nova lei das S/A", *RDM* 124/74, 2001.

97. No dizer de Marcos Paulo de Almeida Salles, "os valores mobiliários na Lei das S/A são de conceito mais amplo do que aquele pregado pela doutrina francesa, pois a eles se acresceram caracteres dos *securities* norte-americanos" ("Os valores mobiliários na Lei das S/A", *RDM* 56/128, 1997). Talvez o mais importante caractere das *securities* absorvido pelo direito brasileiro tenha sido o princípio da prevalência do substrato econômico sobre a forma do negócio jurídico, princípio esse que, a partir da introdução dos contratos de investimento coletivo, passou a alicerçar a interpretação do conceito de valor mobiliário como um todo.

98. Eizirik, *Reforma das S/A*, cit. na nota 1, pp. 158-59.

ções do que a uma falha na regulamentação das transações com derivativos.[99]

Exemplo de caso em que houve falha regulatória foi o do LTCM (*Long Term Capital Management Fund*), um *hedge fund* norte-americano que acumulou uma exposição de mais de um trilhão de dólares, para um patrimônio gigantesco de 100 bilhões. O LTCM chegou à insolvência porque desenvolveu uma estratégia para burlar a determinação legal de que os tomadores de empréstimo para a compra de ações depositassem junto ao *Federal Reserve System* uma margem correspondente a 50% do investimento total. Para isso, passou a celebrar contratos de *swap* com a finalidade de mimetizar a aquisição de ações, dessa forma recebendo pagamentos equivalentes aos dividendos declarados pela companhia emissora e à apreciação de sua cotação no mercado. Assim, o LTCM construiu sua posição em ações sem comprar uma única ação sequer e, por via de conseqüência, sem ter de recolher as margens de garantia.[100]

Nesse panorama de insegurança, a necessidade de melhor fiscalização do mercado de derivativos levou o legislador brasileiro a elaborar a Lei n. 10.303/2001, que novamente ampliou o conceito de valor mobiliário, nele incluindo os contratos derivativos não referenciados em valores mobiliários, até então não submetidos à competência da CVM. Além disso, essa lei consolidou no art. 2º da Lei n. 6.385/1976 muitos dos valores mobiliários criados por leis esparsas até então. Eis a redação do art. 2º da Lei n. 6.385/1976, com a alteração dada pela Lei n. 10.303/2001:

> Art. 2º. São valores mobiliários sujeitos ao regime desta Lei:
>
> I – as ações, debêntures e bônus de subscrição;
>
> II – os cupons, direitos, recibos de subscrição e certificados de desdobramento relativos aos valores mobiliários referidos no inciso I;
>
> III – os certificados de depósito de valores mobiliários;
>
> IV – as cédulas de debêntures;
>
> V – as cotas de fundos de investimento em valores mobiliários ou de clubes de investimento em quaisquer ativos;
>
> VI – as notas comerciais;
>
> VII – os contratos futuros, de opções e outros derivativos, cujos ativos subjacentes sejam valores mobiliários;
>
> VIII – outros contratos derivativos, independentemente dos ativos subjacentes;
>
> IX – quando ofertados publicamente, quaisquer outros títulos ou contratos de investimento coletivo, que gerem direito de participação, de parceria ou de remuneração, inclusive resultante de prestação de serviços, cujos rendimentos advêm do esforço do empreendedor ou de terceiros.
>
> § 1º. Excluem-se do regime desta Lei:
>
> I – os títulos da dívida federal, estadual ou municipal;
>
> II – os títulos cambiais de responsabilidade de instituição financeira, exceto as debêntures.
>
> (...).

Com a Lei n. 10.303/2001, extinguiu-se a possibilidade de expansão do elenco de valores mobiliários pelo CMN. É bem provável que o legislador tenha entendido não mais haver a necessidade de ampliação desse rol mediante ato administrativo, já que a flexibilidade da cláusula contida no inciso IX do art. 2º seria capaz de enquadrar os diferentes tipos de negócios que, futuramente, pudessem ensejar a necessidade de proteção estatal. Passou-se, dessa forma, para um sistema de enumeração exaustiva, e não mais exemplificativa.[101]

Note-se, além disso, que o § 1º do art. 2º manteve a redação do antigo parágrafo

99. Daniel Krepel Goldberg, "A Lei 10.303, de 2001, e a inclusão dos derivativos no rol dos valores mobiliários", *RDM* 129/79, nt. 27, 2003.

100. Idem, pp. 79-80.

101. Eizirik, "Os valores mobiliários...", cit. na nota 96, p. 75.

único, excluindo do regime da lei os títulos da dívida pública federal, estadual e municipal – integrantes do mercado monetário – e os títulos cambiais de responsabilidade de instituição financeira – pertencentes ao mercado de crédito. Ambas as classes de títulos, não sendo considerados valores mobiliários para o efeito da Lei n. 6.385/1976, sujeitavam-se (e ainda se sujeitam) à competência do Banco Central, e não da CVM.[102]

Apesar de a Lei n. 10.303/2001 haver realizado um trabalho de consolidação dos valores mobiliários criados pelas leis e regulamentos anteriores, nem todos os então existentes foram incluídos no art. 2º. Ficaram de fora:

a) os certificados representativos de contratos mercantis de compra e venda a termo de energia elétrica (Resolução CMN n. 2.405/1997);

b) os certificados de recebíveis imobiliários – CRI (Resolução CMN n. 2.517/1998);

c) os certificados representativos de contratos mercantis de compra e venda a termo de mercadorias e de serviços (Resolução CMN n. 2.801/2000);

d) os índices representativos de carteiras de ações (Decreto-lei n. 2.286/1986);[103]

e) os títulos emitidos por companhias beneficiárias de recursos oriundos de incentivos fiscais (Decreto-lei n. 2.298/1986);

f) as cotas de fundos imobiliários (Lei n. 8.668/1993); e

g) os certificados de investimento em obras audiovisuais (Lei n. 8.685/1993).

Note-se que, embora os índices representativos de carteiras de ações, os títulos emitidos por companhias beneficiárias de recursos oriundos de incentivos fiscais, as cotas de fundos imobiliários e os certificados de investimento em obras audiovisuais (itens *d* a *g*, acima) não tenham sido contemplados na nova redação do art. 2º da Lei n. 6.385/1976, não deixaram de ser valores mobiliários sujeitos à disciplina daquela lei. Ao contrário, a Lei n. 10.303/2001, por conter disposições de caráter geral, não revogou as disposições das leis – especiais – que os haviam instituído, de forma que, nos termos do art. 2º, § 2º, do Decreto-lei n. 4.657/1942 (Lei de Introdução ao Código Civil), aqueles instrumentos permaneceram existindo como valores mobiliários sujeitos à disciplina do mercado de capitais.

Por outro lado, no que se refere aos valores mobiliários que, nos termos da redação original do inciso III do art. 2º da Lei n. 6.385/1976, haviam sido criados por ato do CMN, esses não mais se sujeitam ao sistema daquela lei. Isso porque, com base no princípio da legalidade (Constituição Federal, art. 5º, II), a validade dos atos administrativos vincula-se sempre aos termos da lei que fundamentou sua expedição. Uma vez que ocorra uma mudança legal que torne o ato administrativo incompatível com o novo regime, ele perde o seu fundamento de validade e é expurgado do sistema. De maneira genérica, leciona-se que as normas hierarquicamente inferiores não são recepcionadas pelo novo regime quando ocorra alteração que as torne incompatíveis com as normas superiores.

Assim sendo, uma vez que tenha sido extinta a delegação legislativa para que a Administração complementasse o rol de valores mobiliários da Lei n. 6.386/1976, os atos que haviam sido expedidos com fundamento do art. 2º, III, não foram recepcionados pelo novo regime, perden-

102. Poderiam os títulos da dívida pública e os títulos cambiais de responsabilidade de instituição financeira ser considerados valores mobiliários, embora não estejam sujeitos à disciplina da Lei n. 6.385/1976? Ou, por estarem expressamente excluídos de sua sistemática, não são valores mobiliários do ponto de vista ontológio? Cf., *infra*, item IV, 2.

103. As opções de compra e venda de valores mobiliários, definidas como valores mobiliários pelo mesmo Decreto-lei n. 2.286/1986, foram incluídas no inciso VII, acrescido ao art. 2º da Lei n. 6.385/1976 ("VII – os contratos futuros, de opções e outros derivativos, cujos ativos subjacentes sejam valores mobiliários").

do sua validade. Portanto, todos os valores mobiliários que haviam sido instituídos por ato do CMN passaram a não mais se submeter à lei do mercado de capitais.[104-105]

IV – O ATUAL CONCEITO DE VALOR MOBILIÁRIO

1. Conceito e definição jurídica

A finalidade dos conceitos jurídicos é viabilizar a aplicação de uma determinada norma ou de um determinado conjunto de normas jurídicas a uma coisa, um estado ou uma situação.[106] Não raro, a proposição que enuncia o conceito jurídico é composta por termos vagos ou imprecisos. Uma das técnicas utilizadas para explicitar o significado desses termos é a elaboração de *definições jurídicas*, de que são espécies a *enumeração* e a *conceituação legal*.

Assim, para se definir uma expressão inserida num conceito jurídico, pode-se fazer uso de uma *enumeração* dos elementos que perfazem o seu conteúdo. Essa enumeração pode ser taxativa, quando esgota os elementos do instituto, ou exemplificativa, quando não os aponta todos. Pode-se também, em lugar da enumeração, elaborar uma *conceituação legal*, ou seja, uma proposição contida num texto normativo que enuncie os elementos que configuram o conteúdo do termo.

A expressão *valor mobiliário* é um desses termos vagos que necessitam de uma definição jurídica que explicite a significação do conceito jurídico a que se refere. Tal definição encontra-se na enumeração dos incisos do art. 2º da Lei n. 6.385/1976 – enumeração essa que deve ser considerada ampliativamente, abrangendo os instrumentos criados por leis esparsas – e na conceituação legal de contrato de investimento coletivo enunciada no inciso IX daquele artigo.[107]

Assim, para se chegar à significação do conceito jurídico de valor mobiliário é preciso estabelecer o ponto comum que motivou a reunião, sob a mesma rubrica, dos diferentes tipos listados nos incisos I a IX do art. 2º da Lei n. 6.385/1976 e nas leis esparsas. Com esse intuito, os valores mobiliários serão analisados, neste capítulo, sob diferentes prismas, de modo a extrair-lhes os traços essenciais que permitam enunciar o seu conceito jurídico. Para isso, serão abordadas (a) a possibilidade de existirem valores mobiliários que não se submetem à Lei n. 6.385/1976, (b) as categorias tipológicas de valores mobiliários e suas espécies, (c) a negociabilidade pública como seu elemento conceitual e (d) sua relação com os títulos de crédito. Após essa análise, os elementos coletados serão reunidos, enunciando-se o atual conceito de valor mobiliário.

104. Hely Lopes Meirelles aborda o mesmo problema, referindo-se, porém, aos *decretos regulamentares*, que, assim como as *resoluções* do CMN que regulamentaram o art. 2º, III, da Lei n. 6.385/1976, são atos administrativos normativos: "Questiona-se se esse decreto continua em vigor quando a lei regulamentada é revogada e substituída por outra. Entendemos que sim, desde que a nova lei contenha a mesma matéria regulamentada" (*Direito Administrativo Brasileiro*, 29ª ed., São Paulo, Malheiros, 2004, p. 178). *Contrario sensu*, pois, entende-se que, uma vez que a nova lei disponha diferentemente, o decreto não permanece em vigor. Assim, *mutatis mutandis*, revogada a permissão a que o art. 2º da Lei n. 6.385/1976 fosse expandido por ato do CMN, os que foram expedidos perderam sua validade.

105. Em oposição ao que foi dito, Eizirik afirma que todas as modalidades de títulos ou contratos que já eram considerados valores mobiliários na legislação anterior e que não foram enumerados na nova redação do art. 2º continuam a se submeter à Lei n. 6.385/1976: cotas de fundos imobiliários, certificados de investimentos audiovisuais, certificados representativos de contratos mercantis de compra e venda a termo de energia elétrica e certificados de recebíveis imobiliários, estes dois últimos previstos em resoluções do CMN ("Os valores mobiliários...", cit. na nota 96, p. 79).

106. Eros Grau, *Direito, Conceitos e Normas Jurídicas*, São Paulo, Ed. RT, 1988, p. 67.

107. Motta, *O Conceito*, cit. na nota 16, p. 98.

2. *Existem valores mobiliários que não se submetem ao regime da Lei n. 6.385/1976?*

Do ponto de vista do direito positivo, são valores mobiliários apenas os instrumentos que se sujeitam à Lei do Mercado de Capitais, isso é, os listados no art. 2º da Lei n. 6.385/1976 e os instituídos por outros diplomas e colocados expressamente sob a regência dessa lei. Isso quer dizer que o critério delimitador do conceito de valores mobiliários é *legal*, de forma que somente são enquadrados nessa categoria os negócios jurídicos que a lei expressamente prevê como tais.[108]

Não obstante, parte da doutrina verifica, pela leitura do *caput* do art. 2º,[109] a possibilidade de existirem outros valores mobiliários além daqueles que se submetem ao regime da Lei n. 6.385/1976. Essa interpretação parte da constatação de que, segundo aquele dispositivo, a enumeração contida nos seus incisos é tipicamente *instrumental* ou *formal*, ou seja, os instrumentos ali descritos são considerados valores mobiliários *para os efeitos da Lei n. 6.385/1976*. A princípio, pois, poder-se-ia admitir a existência de outros valores mobiliários que, por não se incluírem no rol do art. 2º e nas leis que fazem expressa remissão à Lei do Mercado de Capitais, não estariam sujeitos aos ditames dela, embora compartilhassem as características essenciais aos valores mobiliários expressamente indicados em lei.[110]

Defendendo essa tese, Newton De Lucca, após se referir ao art. 1º, I, da Lei n. 6.385/1976, que estabelece como objeto da disciplina legal a atividade de emissão e distribuição de valores mobiliários *no mercado*, assim se expressa:

"Infere-se, assim, da sistemática da lei, que podem existir valores mobiliários que não sejam distribuídos no mercado, e, por isso, não sujeitos ao regime da lei.

"Idêntico raciocínio poderia ser aplicado ao art. 2º que diz: 'São valores mobiliários sujeitos ao regime desta lei', do que se conclui, igualmente, que há outros valores mobiliários não sujeitos ao império da lei."[111]

O mesmo autor sustenta a existência de duas categorias distintas de valores mobiliários. De um lado, aquela à qual se aplicam as disposições da Lei n. 6.385/1976 e demais normas da CVM, cuja identificação decorre do art. 2º da mesma lei. De outro lado, uma categoria de importância secundária, por não se achar sujeita à disciplina daquela entidade.[112] Para ele, a pouca atenção que essa segunda categoria desperta como valores mobiliários advém do fato de não existir uma teoria geral dos valores mobiliários, isso é, um conjunto de princípios sistematizados e coordenados que logicamente lhe pudessem ser aplicados.[113]

108. Eizirik, *Reforma das S/A*, cit. na nota 1, p. 141.

109. "Art. 2º. São valores mobiliários sujeitos ao regime desta lei: (...)."

110. Wald ("O mercado futuro...", cit. na nota 8, p. 6). Do ponto de vista exegético, esta é a única conclusão a que se pode chegar. Caso o legislador tivesse pretendido esgotar a possibilidade de valores mobiliários com as espécies arroladas, deveria ter redigido o dispositivo da seguinte maneira: "São valores mobiliários, sujeitos ao regime desta lei". A inserção de uma vírgula teria tido o condão de expressar que a sujeição ao regime da lei seria um caractere essencial aos instrumentos arrolados. Ou seja, só seriam valores mobiliários os instrumentos ali mencionados.

111. *Aspectos da Teoria Geral dos Títulos de Crédito*, São Paulo, Pioneira, 1979, p. 37.

112. "As bolsas de valores e os valores mobiliários", in *Rev. Ibero-Am. Dir. Pub.*, ano 2, v. 4, 2001, p. 223. Calha perguntar: a pouca importância dessa segunda categoria se deve ao fato de não estar sujeita à disciplina da CVM ou precisamente por ter pouca importância é que se acha excluída desse regime?

113. "As bolsas de valores...", cit. na nota 112, p. 223. Segundo De Lucca, a identificação de um documento como valor mobiliário não traduz interesse maior, diferentemente do que ocorre com os títulos de crédito, já que o reconhecimento de um documento como tal pode determinar a aplicação subsidiária de certos princípios gerais inerentes a esta categoria de instrumentos (*Aspectos da Teoria*, cit. na nota 111, p. 37). No mesmo sentido já se havia manifestado Philomeno Joaquim da Costa, para quem o conceito de valor mobiliário não tem nenhum valor científico, podendo-se talvez apontar, como úni-

Por isso, tende-se a somente considerar como valores mobiliários os instrumentos expressamente consignados em lei, negando-se a mesma qualificação a outros que possuam os mesmos caracteres essenciais.

Escrevendo antes da Medida Provisória n. 1.637/1998, Haroldo Malheiros Duclerc Verçosa também apontava a existência de outros valores mobiliários afora os da Lei n. 6.385/1976, identificando instrumentos dessa categoria sujeitos ao controle da Receita Federal, do Banco Central e da Superintendência de Seguros Privados (SUSEP) e ainda outros que não estariam sujeitos a controle algum, explicitando que "o conceito de valores mobiliários é meramente finalístico no direito positivo brasileiro, não esgotando a totalidade de papéis que, doutrinariamente, assim poderiam ser designados".[114]

Segundo o autor, poderiam considerar-se como valores mobiliários sujeitos à fiscalização da Receita Federal as operações previstas na Lei n. 5.768/1971, que dispõe sobre a distribuição gratuita de prêmios, mediante sorteio, vale-brinde ou concurso, a título de propaganda, e estabelece normas de proteção à poupança popular.[115] De fato, os negócios descritos nos arts. 1º, *caput*, e 7º da referida lei[116] possuem as mesmas características dos contratos de investimento coletivo do art. 2º, IX, da Lei n. 6.385/1976, não existindo, ontologicamente, diferença entre ambas as categorias de instrumentos, em especial no que se refere ao contido no art. 7º, V.

Seriam valores mobiliários a cargo do Banco Central os instrumentos previstos no art. 7º, I, da mesma Lei n. 5.768/1971, os quais, por força da Lei n. 8.177/1991, foram transferidos para a competência daquela entidade,[117] e os títulos da dívida pública, haja vista terem sido expressamente excluídos do regime da Lei n. 6.385/1976.[118]

Por fim, estariam sob a competência da SUSEP os títulos de capitalização, conforme disposição do Decreto-lei n. 261/1967 e da Circular SUSEP n. 130/2000.[119]

Afora os valores mobiliários sob proteção da CVM, da Receita Federal, do Banco Central e da SUSEP, Verçosa identificava outros que, por não estarem sujeitos à fiscalização estatal, careceriam de proteção.[120] Além disso, defendia que os valores mobiliários deveriam ser considerados numa acepção ainda mais ampla que o conceito norte-americano de *security*, haja vista que a Lei n. 6.385/1976 era por demais restritiva, contemplando apenas os instrumentos expressamente elencados.[121]

ca particularidade, o fato de instrumentar a busca de renda pelo seu titular (*Anotações às Companhias*, I, São Paulo, Ed. RT, 1980, p. 112).

114. "Notas sobre o regime jurídico das ofertas ao público de produtos, serviços e valores mobiliários no Direito brasileiro – Uma questão de complementação da proteção de consumidores e de investidores", *RDM* 105/81, 1997.

115. Idem, p. 79.

116. "Art. 1º. A distribuição gratuita de prêmios a título de propaganda quando efetuada mediante sorteio, vale-brinde, concurso ou operação assemelhada, dependerá de prévia autorização do Ministério da Fazenda, nos termos desta lei e de seu regulamento. (...). Art. 7º. Dependerão, igualmente, de prévia autorização do Ministério da Fazenda, na forma desta lei, e nos termos e condições gerais que forem fixados em regulamento, quando não sujeitas à de outra autoridade ou órgãos públicos federais: I – as operações conhecidas como Consórcio, Fundo Mútuo e outras formas associativas assemelhadas, que objetivem a aquisição de bens de qualquer natureza; II – a venda ou promessa de venda de mercadorias a varejo, mediante oferta pública e com recebimento antecipado, parcial ou total, do respectivo preço; III – a venda ou promessa de venda de direitos, inclusive cotas de propriedade de entidades civis, tais como hospital, motel, clube, hotel, centro de recreação ou alojamento e organização de serviços de qualquer natureza com ou sem rateio de despesas de manutenção, mediante oferta pública e com pagamento antecipado do preço; IV – a venda ou promessa de venda de terrenos loteados a prestações mediante sorteio; V – qualquer outra modalidade de captação antecipada de poupança popular, mediante promessa de contraprestação em bens, direitos ou serviços de qualquer natureza."

117. "Notas sobre o regime...", cit. na nota 114, p. 79.

118. Idem, pp. 80-81.

119. Idem, p. 79.

120. Idem, p. 82.

121. Idem, p. 80.

O anseio do autor foi em grande parte atendido com a edição da Medida Provisória n. 1.637/1998, mediante a adoção de uma fórmula tão genérica (contratos de investimento coletivo) que seria capaz de abranger a maior parte dos negócios que careciam de tutela. Porém, ainda que vazada em termos amplos, a solução engendrada somente seria capaz de alcançar, em tese, os instrumentos que atendessem aos requisitos nela estabelecidos, não se estendendo a toda e qualquer situação que configurasse acesso à poupança popular com a conseqüente criação de riscos. Ao que parece, portanto, nem todos os negócios que Verçosa preconizava fossem considerados valores mobiliários foram contemplados na solução fornecida pela medida provisória.[122]

Com base nessas opiniões, percebe-se que, no ordenamento pátrio convivem instrumentos expressamente denominados valores mobiliários ao lado de outros que, não obstante o silêncio da lei, compartilham com aqueles os elementos essenciais ao instituto. Assim, podem-se classificar os valores mobiliários, *de lege ferenda*, em dois grupos. O primeiro engloba instrumentos sujeitos ao regime da Lei n. 6.385/1976, arrolados em seu art. 2º e em leis esparsas,[123] quais sejam:

a) ações, debêntures e bônus de subscrição (art. 2º, I);

b) cupons, direitos, recibos de subscrição e certificados de desdobramento relativos às ações, debêntures e bônus de subscrição (art. 2º, II);

c) certificados de depósito de valores mobiliários (art. 2º, III);

d) cédulas de debêntures (art. 2º, IV);

e) cotas de fundos de investimento em valores mobiliários (art. 2º, V);

f) cotas de clubes de investimento em quaisquer ativos (art. 2º, V);

g) notas comerciais (art. 2º, VI);

h) contratos derivativos referenciados em quaisquer ativos (art. 2º, VII e VIII);

i) contratos de investimento coletivo (art. 2º, IX).

j) índices representativos de carteiras de ações (Decreto-lei n. 2.286/1986);

k) títulos emitidos por companhias beneficiárias de recursos oriundos de incentivos fiscais (Decreto-lei n. 2.298/1986);

l) cotas de fundos imobiliários (Lei n. 8.668/1993); e

m) certificados de investimento em obras audiovisuais (Lei n. 8.685/1993).

O segundo grupo, por sua vez, inclui os instrumentos que, apesar de não terem sido expressamente colocados pelo legislador nessa categoria jurídica, guardam semelhança funcional com os que o foram, de modo que se pode concluir pelo seu pertencimento a esse instituto.

A principal conseqüência prática de considerar que o universo dos valores mobiliários não se esgota nos instrumentos sujeitos à Lei n. 6.385/1976 é a possibilidade de expandir a tutela jurisdicional coletiva da Lei n. 7.913/1989 para além dos limites do mercado de capitais. Isso porque, como já visto (*supra*, item I, 2), essa lei visa a proteger os *titulares de valores mobiliários*

122. Exemplo de operação que o autor defendia ser passível de enquadramento no conceito de valor mobiliário, mas que não cabe na fórmula dos contratos de investimento coletivos, é a "venda de imóveis a prestação, objeto de publicidade feita por meio de anúncios e da distribuição pública de folhetos e do envio de malas-diretas originadas até mesmo do exterior (Estados Unidos, Austrália, Espanha, etc.), prática adredemente engendrada para fazer com que seus autores escapem da legislação nacional" ("Notas sobre o regime...", cit. na nota 114, p. 77). Nessa hipótese, conquanto haja oferta pública de um bem, não existe um empreendimento comum alvo de investimento com expectativa de lucro, o que descaracteriza o negócio como um contrato de investimento coletivo e, portanto, como valor mobiliário.

123. Cf. o que foi dito sobre os valores mobiliários criados por ato do CMN, os quais, em nosso entendimento, não mais se submetem à Lei n. 6.385/1976 e, portanto, estão excluídos deste grupo. Podem, contudo, ser incluídos no segundo grupo, adiante apresentado (*supra*, item III, 4, *in fine*).

e os *investidores no mercado*. Seu alcance depende, pois, do conteúdo que se confira às expressões *valor mobiliário* e *mercado*, de forma que, ampliando-se o conteúdo da primeira, maior número de pessoas, em situação substancialmente idêntica, poderia ser beneficiada pela atuação estatal.[124]

Mas para que se possam identificar os valores mobiliários que não são assim expressamente designados pela lei, é necessário identificar os caracteres essenciais a essa categoria jurídica, de modo a justificar sua submissão à disciplina legal do mercado de capitais. A essa tarefa serão dedicados os próximos itens.

3. *Categorias tipológicas e valores mobiliários em espécie*

A partir das semelhanças morfo-funcionais dos valores mobiliários contemplados nos incisos do art. 2º da Lei 6.385/1976 e na legislação em vigor, propõe-se sua classificação nas seguintes categorias: (a) títulos emitidos pelas sociedades anônimas e seus derivados, (b) cotas de fundos e clubes de investimento, (c) contratos de investimento coletivo e (d) contratos derivativos.

3.1 Títulos emitidos pelas sociedades anônimas e seus derivados

São valores mobiliários de emissão das sociedades anônimas as ações, as debêntures, os bônus de subscrição, as notas comerciais (Lei n. 6.385/1976, art. 2º, I e VI) e os títulos emitidos por companhias beneficiárias de recursos oriundos de incentivos fiscais (Decreto-lei n. 2.298/1986).[125]

As partes beneficiárias, que constavam da antiga redação do art. 2º, I, da Lei n. 6.385/1976, foram excluídas em virtude da redação dada pela Lei n. 10.303/2001 ao art. 47, parágrafo único, da Lei n. 6.404/1976, proibindo sua emissão pelas companhias abertas.[126]

Os incisos II a IV do art. 2º, por sua vez, elencam instrumentos derivados dos títulos emitidos pelas companhias, quais sejam os cupons, direitos, recibos de subscrição e certificados de desdobramento relativos às ações, debêntures e bônus de subscrição, os certificados de depósito e as cédulas de debêntures.

Também se incluem na presente categoria os índices representativos de carteiras de ações (Decreto-lei n. 2.286/1986), por serem estruturados em torno de um dos instrumentos emitidos pelas sociedades anônimas: as ações.

Todos esses títulos possuem duas características em comum. A primeira é a sua *função econômica* de instrumentar a capitalização de um empreendimento econômico, desenvolvido sob a forma de sociedade anônima. A segunda é a sua *negociabilidade*, que se liga à primeira característica na medida em que o interesse em sua aquisição está ligado diretamente à possibilidade de aliená-los livremente, de modo a se evitarem perdas econômicas.[127]

Quanto à *circulabilidade*, entendida como a aptidão do instrumento de ser transferido mediante a tradição de seu suporte material, o advento dos títulos escriturais impede que se afirme seu caráter essen-

124. Eizirik, ao contrário, entende que só os instrumentos do primeiro grupo poderiam ser considerados valores mobiliários, de tal forma que apenas seus titulares poderiam beneficiar-se da tutela jurisdicional coletiva (*Aspectos Modernos*, cit. na nota 7, pp. 159-61).

125. Ontologicamente, não há nada que diferencie os valores mobiliários emitidos por essas companhias dos emitidos pelas demais. Ao lhes conceder disciplina específica, o administrador-legislador pretendeu, na verdade, submeter as sociedades favorecidas com incentivos fiscais a controle mais rigoroso, haja vista o interesse público em que as finalidades perseguidas mediante tais incentivos não fossem distorcidas.

126. Motta, *O Conceito*, cit. na nota 16, p. 79.

127. Há apenas uma subespécie de título emitido por companhias que não são negociáveis, fato esse que não infirma a regra da negociabilidade. Trata-se das ações preferenciais de classe especial (Lei n. 6.404/1976, art. 17, § 7º).

cial.[128] Isso porque apenas os representados por certificados são circuláveis e, após a Lei n. 8.021/1990, que extinguiu os títulos endossáveis e ao portador, os certificados perderam sua função, já que, restando no sistema apenas aqueles em forma nominativa, a presunção de propriedade passou a se dar somente com a inscrição do nome do titular no livro próprio, e não com a posse do documento.[129]

Em relação à *forma*, tais instrumentos são muito diversificados, podendo adotar aspecto externo variado, inclusive o de títulos de crédito. Assim, as notas comerciais – que, formalmente, são notas promissórias – e os bônus de subscrição são títulos de crédito próprios,[130] as passo que as debêntures o são impróprios, uma vez que lhes faltam os elementos da cartularidade, literalidade e autonomia.[131] Também são títulos de crédito impróprios os certificados de depósito, dado que, à semelhança do conhecimento de depósito de mercadorias, seu objeto não é pecuniário.[132] Já as ações, segundo a doutrina majoritária, não possuem a natureza de títulos de crédito, já que, de um lado, não conferem a seu titular propriamente um crédito, mas sim o investem numa situação jurídica complexa, atribuindo-lhe a qualidade de sócio, e, de outro lado, não portam um direito literal e autônomo nelas mencionado.[133]

3.2 Cotas de fundos e clubes de investimento

3.2.1 Cotas de fundos de investimento

O fundo de investimento é uma comunhão de recursos, constituída sob a forma de condomínio, destinada à aplicação em valores mobiliários e em quaisquer outros ativos financeiros. As cotas correspondem a frações ideais de seu patrimônio, sendo nominativas e escriturais, nos termos do art. 10 da Instrução n. 409/2004 da CVM, que dispõe sobre a constituição, a administração, o funcionamento e a divulgação de informações dos fundos de investimento.

Tal como as ações das sociedades anônimas, as cotas de fundo de investimento conferem a seus titulares direitos patrimoniais e extrapatrimoniais. O principal direito patrimonial é o de receber a quantia decorrente da valorização de sua participação, descontadas as taxas de administração e de performance previstas no regulamento do fundo. No campo extrapatrimonal, o principal direito é o de participar da assembléia-geral de cotistas.

A principal conseqüência de as cotas de um fundo de investimento serem consi-

128. Sobre as ações escriturais, Modesto Carvalhosa leciona que "têm como característica fundamental não serem circuláveis, na medida em que a cessão dos direitos a elas inerentes se opera por lançamentos em conta corrente (art. 35), do cedente e do cessionário, procedidos pela instituição financeira administradora" (*Comentários à Lei de Sociedades Anônimas*, I, 2ª ed., São Paulo, Saraiva, 1998, p. 137).

129. Em que pese a referência final às debêntures, a seguinte lição aplica-se a todos os títulos emitidos pelas companhias: "Esse aspecto documentário do título está derrogado pelo uso e pelo nosso sistema de nominatividade compulsória dos títulos, excluídas que foram as formas ao portador e endossáveis, por força da Lei n. 8.021, de 12 de abril de 1990. Como vimos, deixa de existir a função dos certificados, qual seja, a de materializar as obrigações para tornar os títulos respectivos facilmente negociáveis. Ocorre, outrossim, que a nominatividade escritural das debêntures impede que sejam emitidos certificados que as representem" (Carvalhosa, *Comentários*, cit. na nota 128, p. 573).

130. Leciona-se que, não obstante a perda da literalidade cartular decorrente da Lei n. 3.021/1990, os bônus de subscrição possuem a autonomia típica dos títulos de crédito, o que autoriza sua classificação nessa categoria de instrumentos (Carvalhosa, *Comentários*, cit. na nota 128, p. 18).

131. Carvalhosa, *Comentários*, cit. na nota 128, pp. 573 e 576-77.

132. Idem, pp. 409-410.

133. De Lucca, "As bolsas de valores...", cit. na nota 112, p. 221. "A ação ao portador, ora extinta (Lei n. 8.021, de 1990), que era sempre representada por certificado, poderia ser considerada título de crédito. Isto porque essa forma preenche os requisitos essenciais do instituto, ou seja, documento literal e autônomo, necessário para o exercício do direito que nele se contém" (Carvalhosa, *Comentários*, cit. na nota 128, p. 249).

deradas valores mobiliários é a sua submissão à disciplina da CVM, ao passo que as demais se sujeitam à fiscalização do Banco Central.[134] Isso, entretanto, somente ocorre se os ativos que compõem o fundo forem títulos incluídos no elenco de valores mobiliários. É o caso, por exemplo, das cotas de fundos de investimento em ações.[135]

Se a carteira do fundo se constituir apenas por ativos que não sejam valores mobiliários, suas cotas estarão excluídas da disciplina do mercado de capitais. É o exemplo dos fundos de investimento em títulos públicos. Como já visto, esses ativos, por força do art. 2º, § 1º, I, da Lei n. 6.385/1976, estão excluídos do rol de valores mobiliários, de forma que as cotas de tal fundo de investimento também não se consideram valores mobiliários.

Na hipótese intermediária de um fundo multicarteira, composto por valores mobiliários e títulos da dívida pública, suas cotas serão classificadas como valores mobiliários sujeitos à disciplina da lei do mercado de capitais apenas se aqueles instrumentos compuserem mais de 51% da carteira.[136]

Um ponto que afasta as cotas de fundos de investimento dos demais valores mobiliários é o fato de que nem todas são negociáveis. Apenas o são as de fundos fechados, que são aqueles cujo resgate somente pode ocorrer ao término de seu prazo de duração. As cotas de fundos abertos, em que os participantes podem solicitar o resgate de sua aplicação a qualquer tempo, não se prestam a ser objeto de cessão ou transferência, salvo por decisão judicial, execução de garantia ou sucessão universal (Instrução CVM n. 409/2004, art. 12, *caput*).

134. Eizirik, "Os valores mobiliários...", cit. na nota 96, p. 76.

135. Idem, p. 75.

136. Art. 13, § 5º, do Regulamento anexo à Circular n. 2.616/1995 do Banco Central, com redação dada pela Circular n. 2.958/2000.

3.2.1.1 *Cotas de fundos imobiliários*

As cotas de fundos imobiliários representam espécie das cotas de fundos de investimento, com uma diferença: enquanto estas somente se consideram valores mobiliários quando a carteira do fundo se compuser de títulos da mesma natureza, aquelas são sempre valores mobiliários, apesar de seus ativos subjacentes – os bens imóveis – não serem valores mobiliários.

Os fundos imobiliários foram instituídos pela Lei n. 8.668/1993 e regulamentados pela Instrução n. 205/1994 da CVM. A lei define-os como uma comunhão de recursos captados no mercado de valores mobiliários destinada à aplicação em empreendimentos imobiliários, sem personalidade jurídica (art. 1º), sendo seu patrimônio co-propriedade de todos os cotistas (Instrução CVM n. 205/1994, art. 2º).

A diferença entre os fundos imobiliários e os fundos de investimento financeiros refere-se aos bens que compõem a carteira de uns e de outros. No caso dos primeiros, os recursos captados deverão ser aplicados em negócios imobiliários, não sendo admitida, a não ser em caráter temporário, outras formas de aplicação.[137] Já no caso dos últimos, a carteira pode acomodar vasta gama de ativos, desde que negociáveis no mercado financeiro, sejam valores mobiliários ou não.

3.2.2 Cotas de clubes de investimento

O clube de investimento é um condomínio constituído por pessoas naturais para a aplicação de recursos comuns em valores mobiliários. Nos termos da Instrução n. 40/1984 da CVM, sua carteira deve compor-

137. A Instrução n. 205/1994 admite o investimento de parcela do patrimônio do fundo imobiliário que, temporariamente, não esteja aplicada em empreendimentos imobiliários em quotas de fundos de investimento financeiros, em quotas de fundos de renda fixa e/ou em títulos de renda fixa, até o limite máximo de 25% (art. 6º).

se de, no mínimo, 51% de ações, bônus de subscrição e debêntures conversíveis em ação, de emissão de companhias abertas (art. 1º, § 1º). Somente estará sujeito à disciplina do mercado de capitais o clube vinculado a sociedade corretora, distribuidora ou banco de investimento (art. 1º, *caput*).

As cotas correspondem a frações ideais do patrimônio do clube de investimento, sendo sempre consideradas valores mobiliários, ainda que, hipoteticamente, a carteira fosse composta exclusivamente por papéis de renda fixa, como títulos da dívida pública[138] – o que, de resto, não é possível, em virtude da imposição da Instrução n. 40/1984 de que a carteira seja composta por um mínimo de valores mobiliários. Neste aspecto, note-se que o tratamento dado aos clubes de investimento é diverso do estabelecido para os fundos de investimento, sem que haja uma razão clara para isso.[139]

3.3 Contratos de investimento coletivo

Os contratos de investimento coletivo são todos os títulos ou contratos que, quando ofertados publicamente, gerem direito de participação, de parceria ou de remuneração, inclusive resultante de prestação de serviços, cujos rendimentos advenham do esforço do empreendedor ou de terceiros (Lei n. 6.385/1976, art. 2º, IX).

Os termos amplos em que sua conceituação legal está vazada, à semelhança da definição desenvolvida pelos tribunais norte-americanos,[140] permite o enquadramento de um número ilimitado de negócios ofertados ao público com o objetivo de captar poupança popular para o desenvolvimento de um empreendimento.[141]

A seguir, serão estudados detidamente os aspectos de maior interesse interpretativo relacionados a esse conceito.

a) "*Títulos ou contratos*". Os instrumentos de investimento coletivo podem assumir a forma de títulos ou contratos, isso é, podem derivar de declarações unilaterais de vontade que confiram a seu destinatário um direito e se materializem numa cártula (títulos) ou de negócios jurídicos cuja constituição dependa da manifestação de vontade de mais de um sujeito (contratos).

Ao se referir a "títulos ou contratos", o legislador inspirou-se diretamente no *Howey test*, que menciona constituir *security* qualquer "contrato, transação ou esquema" que preencha os demais requisitos da definição jurisprudencial. Assim como com as *securities*, a expressão *títulos ou contratos* possui significado amplo, englobando todo e qualquer negócio jurídico que, independentemente de sua forma, atenda às demais características do conceito legal, isso é, que, de maneira geral, constitua investimento avaliável em dinheiro em um empreendimento comum com finalidade lucrativa, sendo o empreendimento conduzido exclusivamente pelo lançador ou por terceira pessoa.

b) "*Quando ofertados publicamente*". A oferta ou negociação em mercado não é elemento essencial aos valores mobiliários, de forma que a publicidade não é critério para se considerar um instrumento como tal. Ela é, isto sim, requisito para que o valor mobiliário se sujeite ao regime le-

138. Eizirik, "Os valores mobiliários...", cit. na nota 96, p. 75.

139. Idem.

140. Compare-se a definição da lei brasileira com a *Howey definition* da Suprema Corte norte-americana (*supra*, item II, 3.2.1): "um contrato de investimento, para os fins do *Securities Act*, compreende todo contrato, transação ou esquema por meio do qual uma pessoa investe seu dinheiro em um empreendimento comum e é levada a esperar lucros advindos exclusivamente dos esforços do empreendedor ou de um terceiro".

141. Em relação à experiência norte-americana, Loss afirma que o catálogo de empreendimentos caracterizáveis como *investment contract* é tão variado quanto a imaginação dos empreendedores, incluindo desde esquemas envolvendo animais até participações em barcos pesqueiros, máquinas de venda, parquímetros, cemitérios e plantações a serem cultivadas e comercializadas pelo empreendedor (*Securities Regulation*, cit. na nota 41, pp. 319-20).

gal de proteção ao investidor, dado que a essência do conceito de valor mobiliário reside na sua função econômica de servir de instrumento para a captação de recursos para a aplicação em empreendimentos de risco e na sua negociabilidade, seja pública ou privada (*infra*, item IV, 6).

Quanto aos contratos de investimento coletivos, a lei dispõe especificamente que somente se submeterão a seu regime quando ofertados publicamente. Quando não, continuarão sendo valores mobiliários, já que permanecerão com a função de instrumentar a busca de investimento e com as características que lhe conferem mobilidade, porém não estarão sujeitos à disciplina do mercado de capitais.

c) "*De investimento coletivo*". À semelhança do conceito norte-americano, *investimento*, para fins de se caracterizar o instrumento em exame, significa *aporte de capital* para a realização de um empreendimento, podendo ser em espécie ou mediante entrega de bens suscetíveis de avaliação econômica. De notar que esse investimento não é individual, mas *coletivo*, no sentido de que envolve a contribuição de uma pluralidade de indivíduos.[142]

d) "*Que gerem direito de participação, de parceria ou remuneração, inclusive resultante da prestação de serviços*". Para se caracterizar o contrato de investimento coletivo, o aporte de capital realizado deve ter por objetivo o recebimento de uma vantagem economicamente apreciável. Tal vantagem, nos termos da lei, pode ser concedida sob a forma de participação nos ganhos, de parceria ou de remuneração fixa, podendo ser auferida, inclusiva, sob a forma de prestação de serviços.

e) "*Cujos rendimentos advêm do esforço do empreendedor ou de terceiros*". Este requisito é réplica da fórmula norte-americana. O titular de contratos de investimento é simples prestador de capital, sem participar da gestão do empreendimento. Esse fato é o fundamento da intervenção estatal protetora no mercado de capitais, já que, se estivesse em condição de interferir nos rumos do negócio para proteger seu patrimônio, o investidor prescindiria dessa tutela.[143]

3.3.1 Certificados de investimento em obras audiovisuais

Os certificados de investimento em obras audiovisuais podem ser considerados espécies de contratos de investimento coletivo, haja vista preencherem o tipo descrito no art. 2º, IX, da Lei n. 6.385/1976.

Esses instrumentos foram criados pela Lei n. 8.685/1993 como forma de incentivo à aplicação de recursos na produção cinematográfica nacional. Dispunha referida lei que, até o exercício fiscal de 2003, inclusive, os contribuintes poderiam deduzir do imposto de renda as quantias despendidas com a aquisição de cotas representativas de direitos de comercialização sobre as obras audiovisuais cinematográficas brasileiras de produção independente previamente aprovadas pelo Ministério da Cultura (art. 1º, *caput*). A responsabilidade dos titulares limitava-se à integralização das cotas subscritas (art. 1º, *caput*).

Posto haver cessado a isenção fiscal ao fim do ano de 2003, permanecem em existência os títulos de investimento em obras audiovisuais.

3.4 Contratos derivativos

Os contratos derivativos são instrumentos financeiros cujo valor é fixado tendo como referência o valor de outro bem ou ativo financeiro, tais como uma *commodity*, um índice de mercado, uma taxa de

142. Verçosa, "A CVM...", cit. na nota 94, p. 98.

143. Em termos econômicos, o fundamento da intervenção estatal é o fenômeno da dissociação entre a propriedade e o controle da riqueza. Percebe-se bem sua ocorrência nos contratos de investimento coletivo, em que a riqueza pertence a um sujeito – o investidor –, ao passo que o seu controle cabe a outro – o empreendedor ou terceiros (cf. nota 36).

câmbio, de juros ou outro contrato derivativo. Marcos Paulo de Almeida Salles define-os como "negócios jurídicos realizados em determinados mercados, nos quais a formação dos preços do objeto é derivada, decorrente dos preços do mesmo objeto em outros mercados".[144] São negociados no mercado futuro e têm como função econômica básica propiciar o *hedge*, ou seja, proteção contra riscos de variação de preços.

A principal função do mercado de derivativos não é propiciar a circulação de mercadorias e ativos financeiros, mas sim assegurar aos agentes econômicos que desempenhem atividades sujeitas a algum tipo de risco um mecanismo eficaz de proteção contra a possibilidade de variações futuras de preço. Nesse mercado, os objetos de negociação não são os bens, tangíveis ou intangíveis, que servem de referência aos contratos neles negociados, mas sim um ente que também possui valor econômico: o *risco*.[145]

O mercado futuro operacionaliza-se nas Bolsas de Mercadorias e Futuros. Em seus primórdios, as operações a futuro restringiam-se aos negócios sobre matérias-primas e produtos alimentícios, principalmente cereais. A partir da década de 1970, surgiram os negócios futuros sobre ativos financeiros, inclusive sobre valores mobiliários. De acordo com os tipos de bens objeto dos contratos derivativos, distinguem-se nos mercados futuros dois segmentos bem diferenciados: o mercado de *commodities* (*commodity futures*) e o mercado de ativos financeiros (*financial futures*). Este último subdivide-se em três outros mercados: o de futuros cambiais (*currency futures*), o de títulos de renda fixa (*interest rate futures*) e o de índices representativos de carteira de ações (*stock index futures*).[146]

As operações com derivativos são concluídas para liquidação em data futura. As partes celebram-nas porque conhecem a possibilidade de variação de preço do ativo subjacente entre a data do fechamento da operação e o momento de sua liquidação. Um dos contratantes, o *hedger*, busca proteção contra a variação de preços. O outro, o *especulador*, vê nessa mesma variação uma possibilidade de auferir ganhos e aceita tomar os riscos dos quais o *hedger* tenta se proteger. No termo final do contrato, uma das partes paga à outra o valor correspondente à variação do preço ocorrida desde o fechamento. Trata-se da chamada *liquidação por diferença*, muito mais usual do que a entrega efetiva da mercadoria (*cash delivery*). Nisso diferem as operações *a futuro* das chamadas operações *a termo*: aquelas podem ser liquidadas por diferença, ao passo que estas somente se cumprem mediante a entrega física do objeto da prestação.[147]

144. *O Contrato Futuro*, São Paulo, Cultura, 2000, p. 40.

145. Carlos Augusto da Silveira Lobo, "Os mercados futuros", *RDM* 124/150, 2001; Nelson Eizirik, "Negócio jurídico de *hedging*", *RDM* 90/14, 1993.

146. Luiz Gastão Paes de Barros Leães, "*Hedging* com futuros de índices representativos de ações", *RDM* 124/218-219, 2001.

147. Oscar Barreto Filho, "As operações a termo sobre mercadorias", *RDM* 29/12, 1978. Questão que durante muito tempo ocupou o debate doutrinário referia-se a saber se a obrigação oriunda dos contratos diferenciais constituía obrigação civil ou natural, ou seja, se era ou não juridicamente exigível. Isso porque o art. 1.479 do Código Civil de 1916 equiparava ao jogo os contratos de bolsa em que se estipulasse a liquidação *exclusivamente* pela diferença entre o preço ajustado e a cotação na data de vencimento. Como a obrigação oriunda do contrato de jogo não era (e continua não sendo, sob o Código Civil de 2002) juridicamente exigível, isso significava que os contratos futuros também não o eram, a menos que previssem para o credor a possibilidade de liquidação em espécie. Essa disposição, que representava um entrave ao desenvolvimento do mercado futuro brasileiro rumo à abstração total, foi revogada pelo Código Civil de 2002, que, em seu art. 816, determina que as disposições referentes ao jogo e à aposta não se apliquem aos mesmos contratos a que outrora se aplicavam. Dissiparam-se, assim, as dúvidas existentes.

O negócio jurídico de *hedging* baseia-se na dinâmica dos movimentos de preços observados nos mercados à vista e a futuro. Quando tais movimentos são paralelos, é possível que a assunção de uma posição no mercado futuro igual e oposta à mantida no mercado à vista compense eventuais perdas observadas neste mercado.[148]

Para ser bem sucedido, entretanto, o *hedging* depende da existência de um sistema que possibilite aos contratantes desfazerem-se das posições assumidas com facilidade. Pressupõe, pois, a existência de mecanismos que garantam a liquidez do mercado. O primeiro desses mecanismos é a padronização dos contratos, que assegura a sua fungibilidade, permitindo que a saída do mercado se dê pela aquisição de uma posição inversa à originalmente assumida, operando-se a compensação entre ambas. O segundo mecanismo é a existência de caixas de compensação e liquidação (*clearing houses*), que centralizam os negócios e garantem a boa liquidação dos contratos, atuando como compradora dos vendedores e como vendedora dos compradores.[149]

Apesar de a lei não fornecer uma definição do que sejam os contratos derivativos, a doutrina econômica e jurídica costuma enumerar como suas espécies o contrato a termo, o contrato futuro, as opções e os *swaps*.[150]

3.4.1 Contratos a termo

O contrato *a termo* (*forward*) é celebrado para execução diferida, ou seja, nele o pagamento se dá em momento posterior à celebração da avença. Difere do contrato *à vista* em que, neste, o negócio jurídico é celebrado para cumprimento imediato, isso é, o pagamento é simultâneo à celebração, não mediando intervalo entre ambos. Tanto num caso como noutro, porém, a prestação é fixada no momento da celebração e não pode ser alterada ao arbítrio de uma das partes ou por fatores estranhos à avença.

O contrato a termo é o instrumento de *hedging* por excelência e pode ser operado em bolsa, no mercado de balcão ou por negociação privada.[151] Sua simplicidade, porém, levou-o a ser superado por instrumentos de maior sofisticação, mais adequados à crescente complexidade do mercado financeiro.[152]

3.4.2 Contratos futuros

Os contratos futuros são o instrumento de *hedging* mais freqüentemente utilizados na atualidade. Assim como as operações a termo, são celebrados para cumprimento diferido, com o estabelecimento antecipado de um preço. A diferença entre ambos reside em que, enquanto no negócio

148. Confira-se, a este propósito, a lição de Eizirik: "Para se proteger contra o risco da variação de preços os agentes econômicos que atuam no mercado físico de determinada mercadoria assumem, no mercado futuro, uma posição igual e inversa àquela que mantêm no mercado à vista. Se os movimentos de preços são paralelos entre si, o ganho auferido em um mercado compensa a perda ocorrida em outro, permitindo assim aos agentes a manutenção de sua remuneração normal" ("Negócio jurídico...", cit. na nota 145, p. 13).

149. Lobo, "Os mercados futuros", cit. na nota 145, p. 148. Devido à necessidade de liquidez para a obtenção da proteção almejada, costuma-se dizer que não é possível celebrar o negócio que dará origem ao *hedging* fora do ambiente de Bolsa, pois não haveria liquidez suficiente para assegurar a possibilidade de reversão de posições – a chamada *saída* do mercado. Nos Estados Unidos, é até mesmo vedada a negociação privada de contratos futuros (Nelson Eizirik, "Aspectos jurídicos dos mercados futuros", *RDM* 81/27, 1991). Na verdade, o *hedging* praticado fora do ambiente das bolsas de valores é possível, porém não de forma massificada. Dois agentes isolados podem, p. ex., celebrar contratos a termo, sendo o objetivo de um deles partes obter *hedge*. Trata-se, por óbvio, de mecanismo rudimentar de *hedging*, incomparável à sofisticação das operações difusas que têm lugar na prática bursátil atual.

150. Almeida Salles, *O Contrato Futuro*, cit. na nota 144, p. 40.

151. Satiro, *Regime Jurídico*, cit. na nota 14, p. 24.

152. Lobo, "Os mercados futuros", cit. na nota 145, p. 148.

jurídico a termo a prestação a ser cumprida é a que foi originalmente fixada pelas partes, no contrato futuro a prestação corresponde à diferença entre o preço estabelecido previamente e o efetivamente registrado no mercado à vista no momento da liquidação.[153] Assim, o contrato futuro é duplamente aleatório, porque não se podem prever o valor da prestação nem o sujeito a quem ela corresponderá.

A proteção fornecida pelo contrato futuro deriva justamente dessa dupla álea. Mas a eficiência desse contrato em proporcionar o *hedge* depende de que exista uma outra operação, à vista ou a termo, cujo valor se pretenda manter face à oscilação de preços, de forma que as perdas sofridas nesta operação sejam compensadas pelos ganhos obtidos a futuro.

Assim, o *hedge* com contratos futuros é obtido mediante a celebração de dois contratos de compra e venda do ativo subjacente – um, à vista, e outro, a futuro – pela parte que busca transferir riscos (o *hedger*), nos quais esta assume posições contrapostas, de vendedor e de comprador, de forma a compensar possíveis perdas advindas da variação de preços.[154] O *especulador*, por sua vez, é o agente que, movido pela expectativa de lucro, aceita assumir os riscos de variação de preços e celebra o contrato futuro com o *hedger*. Como o preço do ativo no futuro pode diferir do preço fixado pelas partes, ocorre um processo de *transferência de riscos* entre elas.[155]

O *hedging* com futuros não constitui, pois, um esquema formal unitário, já que se perfaz pela justaposição de dois contratos de compra e venda, um no mercado à vista e outro no mercado futuro. Ademais, entre tais contratos não existe nenhum liame jurídico, mormente porque, em geral, são celebrados pelo interessado com pessoas diferentes. O que os une é um elemento meramente factual, de natureza econômica, consistente na já afirmada função de cobertura de riscos.[156]

3.4.3 Opções

Trata-se de contratos preliminares pelos quais uma parte (o titular) adquire, mediante pagamento (prêmio), o direito potestativo de celebrar ou não com a contraparte determinado contrato de compra e venda de um ativo em data futura e por preço préfixado.[157] Na data avençada, o titular pode

153. Para Satiro (*Regime Jurídico*, cit. na nota 14, p. 26), a principal diferença entre os contratos a termo e os futuros é a existência, em relação a estes, do *ajuste diário*. Tal ajuste, porém, é decorrência da possibilidade de liquidação por diferença, uma vez que os depósitos realizados ao fim de cada dia nada mais são do que um adiantamento da diferença a ser adimplida na data do vencimento, cuja previsibilidade é razoavelmente possível. Assim, na verdade, o que está à base da diferença entre *forwards* e *futures* é a possibilidade de liquidação por diferença, sendo o ajuste diário decorrência dessa possibilidade.

154. Barreto Filho, "As operações a termo...", cit. na nota 147, p. 12; Almeida Salles, *O Contrato Futuro*, cit. na nota 144, p. 60; Eizirik, "Negócio jurídico...", cit. na nota 145, p. 14.

155. Eizirik, "Aspectos jurídicos...", cit. na nota 149, p. 24.

156. "Não se pode, portanto, falar de um contrato unitário de *hedging*, porém de uma figura extracontratual, que se define como uma operação econômica complexa, envolvendo dois contratos completos de venda a termo" (Barreto Filho, "As operações a termo...", cit. na nota 147, pp. 13-14).

157. Não obstante prestigioso entendimento de que se trata de negócios jurídicos unilaterais (Rachel Sztajn, "Sobre a natureza jurídica das opções negociadas em bolsas", *RDM* 105/68, 1997) entendemos que as opções são contratos devido à necessidade de que, para sua gênese, haja uma convergência de vontades. No mesmo sentido, Caio Mário da Silva Pereira, *Instituições de Direito Civil*, III, 11ª ed., Rio de Janeiro, Forense, 2004, pp. 45, 84 e 197. Esse autor, entretanto, entende que a opção é contrato preliminar *unilateral*, já que "gera obrigações para uma das partes, ao passo que a outra tem a liberdade de efetuar ou não o contrato, conforme suas conveniências" (idem, p. 84). Tal entendimento afigura-se correto no que tange à opção *gratuita*, que gera obrigação apenas para uma das partes, consistente em celebrar o contrato definitivo se esta for a vontade do outro contratante. No se que se refere à opção *onerosa*, contudo, cuida-se de contrato preliminar *bilateral*, haja vista a existência de deveres de

exercer ou não sua opção, conforme lhe pareça conveniente à vista das condições de mercado.

As opções diferem dos bônus de subscrição por sua natureza jurídica. Enquanto estes são instrumentos representativos da obrigação unilateral da companhia de admitir a subscrição de suas ações,[158] aquelas constituem contratos preliminares que têm por objeto a celebração de um contrato de subscrição ou de compra de ações, cuja efetivação dependerá apenas da vontade de seu titular.[159]

No caso de o titular haver adquirido uma opção de compra (*call*), se, na data de vencimento, o preço do ativo estiver maior do que o avençado na opção, será vantajoso exercê-la e adquirir o ativo pelo preço pré-fixado. Da mesma forma, se a opção adquirida tiver sido de venda (*put*) e, no vencimento, o preço do ativo estiver menor do que o pré-fixado, seu titular lucrará exercendo a faculdade de venda. No caso de o preço na data de vencimento ser desfavorável ao exercício da opção, bastará ao titular não exercê-la, perdendo, com isso, apenas o valor pago como prêmio.[160]

3.4.4 "Swaps"

Cuida-se de contratos pelos quais as partes trocam entre si o resultado da variação da cotação de certo ativo em função de diversos índices ou taxas pré-determinadas. Sua função é resguardar as partes contra perdas decorrentes da variação do índice ou da taxa considerada. Em geral, são específicos para cada caso concreto, o que lhes retira a possibilidade de padronização e, por isso, os afasta dos mercados de bolsa.[161]

3.4.5 Derivativos no direito brasileiro

No Brasil, até o advento da Lei n. 10.303/2001, a fiscalização do mercado de derivativos dividia-se entre a CVM e o Banco Central. Aquela detinha competência sobre os derivativos referenciados em valores mobiliários, enquanto este era competente para regular os contratos referenciados em *commodities* e nos demais ativos financeiros. Porém, com a nova redação do art. 2º da Lei n. 6.385/1976, dada por aquela lei, todos os derivativos, sem exceção, passaram a ser considerados valores mobiliários sujeitos à disciplina da CVM.

Interessante notar que, devido à inclusão de todos os contratos derivativos no rol do art. 2º da Lei n. 6.385/1976, o conceito brasileiro de valor mobiliário passou a ser mais amplo do que o conceito norte-americano de *security*. Isso porque, como já visto, nos Estados Unidos os únicos derivativos definidos como *securities* são as opções referenciadas em outras *securities*, em índices de preço ou na taxa de câmbio (estas últimas, desde que negociadas em bolsa de valores). Os demais são considerados *commodities* e, como tais, regulados pela *CFTC*, e não pela *SEC* (*supra*, item II, 3.2.3, *fine*).

4. A negociabilidade pública é elemento essencial aos valores mobiliários?

Questão importante para a identificação do conceito de valor mobiliário é saber

prestação recíprocos: uma das partes obriga-se a firmar o contrato definitivo, ao passo que a outra se compromete a pagar o prêmio ajustado. O único aspecto de unilateralidade presente em todas as opções, gratuitas ou onerosas, reside em que a decisão sobre exercer ou não o direito adquirido cabe com exclusividade ao seu titular. É mais correto, pois, falar em *potestatividade*, e não em unilateralidade. Conclui-se, pois, que a opção é um contrato preliminar unilateral, quando gratuito, ou bilateral, quando oneroso, que tem por objeto a outorga de um direito potestativo de firmar ou não o negócio definitivo.

158. Modesto Carvalhosa, *Comentários à Lei de Sociedades Anônimas*, II, 2ª ed., São Paulo, Saraiva, 1998, p. 16.

159. Idem, pp. 15-16.

160. Satiro, *Regime Jurídico*, cit. na nota 14, pp. 28 e 29.

161. Idem, p. 27.

se a negociabilidade pública constitui um de seus caracteres essenciais, de forma que os instrumentos previstos no rol do art. 2º da Lei n. 6.385/1976 e nas leis esparsas só possam ser assim considerados quando transacionados em mercado. Fixemos desde já nossa posição: os caracteres que permitem a um instrumento financeiro ser considerado valor mobiliário verificam-se independente de a forma de negociação ser pública ou privada. A negociação em mercado tem como conseqüência fazer incidir a ação estatal fiscalizadora, mas não é o que torna o instrumento um valor mobiliário, isso é, não participa de sua natureza jurídica.

Não há dúvida de que o fundamento da disciplina jurídica do mercado de capitais é a proteção ao público investidor, sujeito a ofertas de investimento de risco que podem levá-lo a perdas patrimoniais consideráveis. Nesse sentido, a situação de vulnerabilidade do prestador de recursos, oriunda do fato de estar complemente alheio ao controle do destino que seu investimento possa ter, é pressuposto da disciplina regulatória dos valores mobiliários. Isso significa que a intervenção estatal nesse âmbito apenas se justifica quando haja risco à poupança popular, o que só ocorre quando esses instrumentos são negociados abertamente no mercado. Quando são objeto de negociação exclusivamente privada, esse risco não existe e, portanto, não está presente o fundamento que justifica a tutela estatal.

Isso explica por que o objeto de disciplina da Lei n. 6.385/1976 se restringe às atividades realizadas *no mercado* – isso é, de maneira pública, quer em bolsa de valores ou de futuros, quer no mercado de balcão – e, no que se refere às sociedades anônimas, às de capital *aberto*,[162] conforme se depreende, respectivamente, de seu art. 1º[163] e dos §§ 1º e 2º do art. 4º da Lei n. 6.404/1976, com redação dada pela Lei n. 10.303/2001.[164]

Assim, as operações envolvendo valores mobiliários somente estarão sujeitas ao registro prévio na CVM de que trata o art. 19 da Lei n. 6.385/1976 se forem realizadas publicamente. Se os instrumentos não forem distribuídos no mercado, não estarão sujeitos ao regime dessa lei, não obstante continuem portadores das características que lhes conferem o *status* de valores mobiliários. Nesse sentido é o magistério de Almeida Salles: "De plano se destaca que a lei se preocupou com os valores mobiliários sujeitos ao seu regime, nos levando a crer que poderia haver outros – e os há – que não estão sujeitos aos ditames dessa lei, pois, conforme o art. 1º da Lei 6.385/1976, por ela apenas são disciplinadas e fiscalizadas as atividades de emissão e distribuição de valores mobiliários no mercado; valendo dizer que as emissões de valores mobiliários feitas por sociedades anônimas fechadas, que se não pretendam valer da Bolsa ou do balcão para a correspondente colocação, não se devem sujeitar à disciplina da Lei 6.385/1976".[165]

Esse entendimento é confirmado pelo art. 4º, *caput*, da Lei n. 6.404/1976, que

162. Consideram-se abertas as companhias cujos valores mobiliários estejam admitidos à negociação no mercado de valores mobiliários (Lei n. 6.404/1976, art. 4º, *caput*).

163. "Art. 1º. Serão disciplinadas e fiscalizadas de acordo com esta Lei as seguintes atividades: I – a emissão e distribuição de valores mobiliários *no mercado*; II – a negociação e intermediação *no mercado* de valores mobiliários; III – a negociação e intermediação *no mercado* de derivativos; IV – a organização, o funcionamento e as operações das *Bolsas de Valores*; V – a organização, o funcionamento e as operações das *Bolsas de Mercadorias e Futuros*; VI – a administração de carteiras e a custódia de valores mobiliários; VII – a auditoria das companhias *abertas*; VIII – os serviços de consultor e analista de valores mobiliários."

164. "Art. 4º. (...). § 1º. Somente os valores mobiliários de emissão de companhia registrada na Comissão de Valores Mobiliários podem ser negociados no mercado de valores mobiliários. § 2º. Nenhuma distribuição pública de valores mobiliários será efetivada no mercado sem prévio registro na Comissão de Valores Mobiliários."

165. "Os valores mobiliários...", cit. na nota 97, p. 125.

dispõe serem consideradas companhias abertas aquelas cujos valores mobiliários estejam admitidos à negociação em bolsa ou mercado de balcão, dando a entender que há valores mobiliários que não são negociados no mercado de capitais (bolsa de valores ou mercado de balcão), mas que nem por isso podem ser desconsiderados como tais.

Compartilhando a mesma opinião, De Lucca é enfático em apontar que a negociação pública não é traço característico dos valores mobiliários, tanto do ponto de vista semântico quanto do legal. Sob o primeiro aspecto, a expressão *valor mobiliário* refere-se apenas a bens móveis, em oposição aos imóveis, sem remeter à necessidade de negociação em mercado. Sob o ângulo legal, a própria redação do art. 1º, I, da Lei n. 6.385/1976 permite inferir a possibilidade de que existam valores mobiliários que não sejam distribuídos em mercado e que, por isso, não se sujeitam ao regime da lei.[166]

Em sentido diverso, Carvalhosa entende que a negociabilidade pública é elemento essencial ao conceito de valor mobiliário, de forma que, não havendo captação de recursos junto ao público, não há valor mobiliário.[167] Em sua visão, entretanto, basta a potencialidade de negociação pública, e não a efetividade da distribuição massificada, para que se dê essa caracterização. Seria o caso, por exemplo, do direito de preferência à subscrição de ações, direito esse que, posto subjetivamente uno a favor do acionista, poderia desdobrar-se em milhares de direitos negociados em bolsa, abrangendo parte dos ou todos os direitos decorrentes das ações por ele possuídas.[168]

Como se vê, a doutrina não é pacífica em determinar se a negociabilidade pública é ou não requisito dos valores mobiliários. De nossa parte, entendemos, tal como Almeida Salles e De Lucca, que a efetiva negociação pública não é requisito essencial aos valores mobiliários, mas sim a potencialidade de serem negociados em massa. Porém, tomamos o termo *potencialidade* em sentido diverso do empregado por Carvalhosa. Para nós, o que qualifica os valores mobiliários é a possibilidade de virem a ser ofertados ao público, uma vez cumpridas as exigências legais para tal. Isso porque, mesmo que não sejam negociados em mercado, esses instrumentos não perdem sua função típica de instrumentar a captação de investimentos em atividade de risco ou de propiciar proteção contra variação de preços. Tampouco se despem dos caracteres que lhes permitem ser negociados livremente, conquanto não em mercado.

Isso quer dizer que nenhuma alteração ontológica ocorre nos valores mobiliários quando não são negociados em mercado. Apenas não atraem a proteção estatal conferida ao público investidor. Não deixam, entretanto, de ser valores mobiliários. Daí se infere que o requisito de ser objeto de negociação pública não é essencial ao conceito de valor mobiliário, sendo apenas a condição para submeter os instrumentos que o compõem à disciplina legal específica do mercado de capitais.

5. A questão dos valores mobiliários como títulos de crédito

Antes de penetrarem o direito positivo brasileiro, os valores mobiliários eram estudados dentro da teoria dos títulos de crédito, em razão de preencherem, de ma-

166. *Aspectos da Teoria*, cit. na nota 111, pp. 36-37. Não obstante entenda poderem existir valores mobiliários que não se sujeitem à Lei n. 6.385/1976, De Lucca reconhece que a intenção do legislador foi considerá-los como instrumentos que, por serem negociados em massa, necessitam de proteção específica. Dessa forma, o sistema de proteção estatal somente se justifica quanto ocorra a negociação pública desses instrumentos.

167. *Comentários*, cit. na nota 128, p. 50.

168. Idem.

neira geral, os requisitos essenciais a estes – cartularidade, literalidade e autonomia.[169] Por isso, quando a lei contemplou o conceito de valor mobiliário, a doutrina logo o situou na disciplina dos títulos de crédito. Mas, se esse entendimento era facilmente compartilhado no que respeita a algumas espécies de instrumentos, dúvidas pairavam sobre outros tipos, e só mediante concessões é que se poderia inseri-los todos na categoria dos títulos de crédito.[170]

Quando a Resolução n. 39/1966 do CMN, ao preencher o conteúdo da expressão *títulos ou valores mobiliários* contida na Lei n. 4.728/1965, nela incluiu alguns instrumentos que eram tradicionalmente considerados títulos de crédito, como as ações e obrigações de emissão das sociedades anônimas, surgiu a necessidade lógica de se desvendar qual a relação entre os valores mobiliários e os títulos de crédito. Diante desse quadro, surgiram duas correntes de pensamento. Para a primeira, a categoria dos títulos de crédito seria o gênero do qual os valores mobiliários seriam uma das espécies. Para a segunda, haveria uma relação entre ambos os grupos, os quais, apesar disso, traduziriam realidades diversas.

À primeira corrente pertencia Philomeno Joaquim da Costa, para quem os valores mobiliários eram títulos de crédito dotados de negociabilidade, representativos de direito de sócio ou de mútuo a longo prazo,[171] à semelhança do conceito francês de *valeur mobilière*. O autor, contudo, reconhecia a dificuldade de se considerarem todos os instrumentos contidos no rol da Lei n. 6.385/1976 como títulos de crédito. Por isso, ressalvava as ações nominativas, cuja titularidade independia da posse do certificado para ser provada, as escriturais, que não se materializavam em um certificado, e as com circulação restringida pelo estatuto, por não contarem com liberdade de negociação.[172]

Bulgarelli esposa opinião semelhante, entendendo que se podem aceitar, como títulos de crédito, as ações, as debêntures, as partes beneficiárias e seus respectivos cupons. Outros títulos societários, como os bônus de subscrição e os certificados de depósito, poderiam ser enquadrados da mesma maneira, porém não sem ressalvas. De fato, o autor reconhece que alguns desses instrumentos não se encaixam perfeitamente na clássica definição vivanteana de título de crédito, como o documento necessário para o exercício do direito literal e autônomo nele mencionado. Não obstante, recomenda que sejam submetidos à mesma disciplina, "não só para se manter a unidade conceitual e sistemática, mas, porque estão impregnados senão de todo ao menos de vários requisitos característicos dos títulos de crédito".[173]

Além disso, Bulgarelli entende que o fato de a Lei n. 6.385/1976 dispor originalmente sobre a possibilidade de o CMN ampliar o rol de valores mobiliários mediante a inclusão de novos *títulos* comprova a subordinação da noção de valor mobiliário à condição de títulos de crédito.[174]

169. Motta, *O Conceito*, cit. na nota 16, p. 81.

170. Nessa linha, Bulgarelli afirmava que o rol de valores mobiliários incluía *papéis* considerados como títulos de crédito e outros cuja natureza de título era discutível ("Os valores mobiliários...", cit. na nota 8, p. 94).

171. *Anotações*, cit. na nota 113, pp. 197-98, nt. 1(G).

172. Idem, pp. 201-2.

173. "Os valores mobiliários...", cit. na nota 8, 111. Outros autores, apesar de também reconhecerem a dificuldade de enquadrar todos os valores mobiliários no conceito de título de crédito, preferem sugerir modificações à teoria de Vivante, de molde a reduzir para apenas um (a autonomia) os elementos dos títulos de crédito. Nesse sentido, Alfredo Lamy Filho e José Luiz Bulhões Pedreira sustentam que, conquanto a ação nominativa e a escritural não sejam títulos de crédito de acordo com a definição clássica, isso não as impede de serem consideradas como tais, já que o traço fundamental desses títulos é a circulabilidade, baseada na abstração (*A Lei das S/A*, Rio de Janeiro, Renovar, p. 58). No mesmo sentido, J. L. C. Rocha–M. F. Lima, "Os valores mobiliários como título de crédito", *RDM* 119/141, 2000.

174. "Os valores mobiliários...", cit. na nota 8, p. 111. Contra esse posicionamento opõe-se ex-

À segunda corrente de pensamento pertence De Lucca, que vislumbra nos valores mobiliários uma categoria destinada a refletir uma realidade diversa da dos títulos de crédito, não obstantes os pontos de contato entre eles. Para ele, à exceção da aplicação subsidiária do endosso dos títulos cambiários aos valores mobiliários, por expressa referência legal, não haveria qualquer outra subordinação destes últimos à teoria geral dos títulos de crédito.[175] Essa opinião coaduna-se à de Almeida Salles, que vê como único ponto de contato entre esses institutos a forma de sua *circulação*, contato esse que se perdeu à medida que os valores mobiliários se desprenderam de seu suporte material, o que contribuiu para evidenciar sua distinção.[176]

A principal razão de se afirmar o descabimento da aplicação da teoria dos títulos de crédito aos valores mobiliários é o fato de nem todos os instrumentos que perfazem este instituto preencherem os requisitos da cartularidade, literalidade e autonomia. Nesse sentido, veja-se magistério de De Lucca em relação às ações das sociedades anônimas: "Sempre defendemos, na verdade, que as ações nominativas da sociedade anônima – por lhes faltarem os requisitos da cartularidade, da literalidade e da autonomia – não poderiam ser consideradas títulos de crédito. Com o advento, entre nós, da Lei n. 8.021, de 1990, foram extintas as ações endossáveis e as ao portador, permanecendo apenas as nominativas. Chega-se à conclusão, então, de que a ação da sociedade anônima no direito brasileiro, não pode, rigorosamente falando, ser considerada um título de crédito, segundo a concepção tradicional dessa categoria especial de documentos. Lembramos, a propósito, que o saudoso Prof. Philomeno Joaquim da Costa (*Anotações às Companhias*, v. I, São Paulo, Ed. RT, 1980, p. 202), após identificar que a ação da sociedade anônima brasileira seria, em princípio, considerada um título de crédito, tanto na concepção italiana quanto na brasileira, afirma, com inteiro acerto: 'Contudo, se a transferência depende de registro nos livros sociais, transferindo-se mesmo os seus direitos sem a exibição do papel (ação), este já não é mais o documento necessário para o exercício de um direito literal e autônomo que nele se contém', citando, em nota de rodapé, o Prof. Theóphilo de Azeredo Santos (...) que assim se expressara: 'Incluir as ações nominativas entre os títulos literais, completos ou formais, abstratos e constitutivos de crédito é, a nosso ver, erro palma'. E conclui, nessa mesma nota, o Prof. Philomeno: 'Está certo'".[177]

Mattos Filho segue a mesma linha, apontando a incompatibilidade da aplicação da teoria dos títulos de crédito aos valores mobiliários, já que nem todos os instrumentos classificados como tais pela Lei n. 6.385/1976 possuem os elementos essenciais cartularidade, literalidade e autonomia.[178]

A perda da autonomia deve-se ao fato de que, nos valores mobiliários, o conteúdo do direito titularizado pode ser alterado sem o consentimento do credor, mediante decisão da assembléia dos acionistas ou dos debenturistas. Esse mesmo fato acarreta a perda da literalidade, já que a inscrição contida na cártula pode não corresponder

pressamente De Lucca, que afirma: "a expressão 'título', lembrada pelo Prof. Waldirio, não nos parece significar, necessariamente, analogia com 'título de crédito'. Aliás é de lembrar-se que a palavra título não pressupõe sequer a existência de uma cártula". E invoca Mendes Jr., para quem título é *o fato em sua forma intrínseca*, não se confundindo com o *instrumento escrito* (*A Cambial-Extrato*, São Paulo, Ed. RT, 1985, p. 152).

175. "As bolsas de valores...", cit. na nota 112, p. 218. Note-se que, com a extinção dos títulos endossáveis e ao portador, operada pela Lei n. 8.201/1990, não mais se poderia sustentar qualquer subordinação dos valores mobiliários à teoria dos títulos de crédito.

176. "Os valores mobiliários...", cit. na nota 97, p. 125.

177. "As bolsas de valores...", cit. na nota 112, p. 222, nt. 33.

178. Mattos Filho, "O conceito...", cit. na nota 40, p. 35.

ao direito titularizado.[179] A perda da cartularidade, por sua vez, está ligada ao fato de que, diferentemente dos títulos de crédito, os direitos oriundos de um negócio jurídico envolvendo valores mobiliários não se materializam necessariamente num certificado.[180]

Não obstante o fato de nem todos os valores mobiliários apresentarem as características essenciais aos títulos de crédito, o que constitui importante fator de afastamento, o principal traço distintivo entre essas categorias jurídicas não é de cunho formal. Com efeito, não há um elemento formal peculiar aos valores mobiliários que os distinga dos títulos de crédito. O diferencial reside, isto sim, no fato de os dois grupos carregarem uma carga semântica diversa, que não os exclui mutuamente nem estabelece entre ambos uma relação de gênero e espécie, de forma que um título de crédito poderá, em alguns casos, ser considerado valor mobiliário e, em outros, não. "Em outras palavras", leciona De Lucca, "o que torna um papel um título de crédito é algo completamente diverso daquilo que o faz considerá-lo, eventualmente, um valor mobiliário".[181]

Esse "algo" que distancia em essência os dois grupos é a função econômica por eles desempenhada: os títulos de crédito prestam-se a mobilizar capitais e concentrar créditos por parte de tomadores singulares, ao passo que os valores mobiliários têm como finalidade a busca de poupanças individuais, tornando-se objeto de investimento por parte de seus tomadores.[182]

Observa-se, pois, que a classificação de determinado instrumento como título de crédito diz apenas com os caracteres formais do mesmo. Trata-se de afirmar que o instrumento constitui o documento necessário ao exercício do direito literal e autônomo nele contido. Já a classificação como valor mobiliário implica considerar a função econômica do instrumento, de onde se infere que todo título de crédito pode, em tese, ser valor mobiliário, mas nem todo valor mobiliário é, necessariamente, um título de crédito (por exemplo, as cotas de fundos de investimento e os contratos de investimento coletivo).[183]

179. Idem.

180. Idem, p. 46.

181. *Aspectos da Teoria*, cit. na nota 111, p. 37.

182. Mattos Filho, "O conceito...", cit. na nota 40, pp. 46-47; Carvalhosa, *Comentários*, cit. na nota 128, pp. 49-51; De Lucca, "As bolsas de valores...", cit. na nota 112, pp. 219-20.

183. De Lucca, *Aspectos da Teoria*, cit. na nota 111, p. 37; Mattos Filho, "O conceito...", cit. na nota 40, pp. 46-47.

6. *Afinal, que é valor mobiliário?*

Uma vez estudados os valores mobiliários em espécie e enfrentadas as questões acerca de sua negociabilidade pública e de sua relação com os títulos de crédito, chega o momento de delimitar o seu conceito jurídico.

Por todo o visto até aqui, podem-se apontar os seguintes elementos cuja presença simultânea no mesmo instrumento financeiro o torna um valor mobiliário. Trata-se (a) da função econômica de instrumentar a captação de recursos para a consecução de empreendimento com fim lucrativo ou a obtenção de proteção contra riscos de variação de preços (*hedge*), (b) do risco potencial à poupança pública, (c) da negociabilidade e (d) da liberdade de forma.

Com base nesses caracteres essenciais, é possível conceituar os valores mobiliários como *instrumentos negociáveis de forma livre que instrumentam a captação de recursos para a consecução de empreendimentos com fim lucrativo ou a obtenção de proteção contra riscos de variação de preços ("hedge"), com risco potencial à poupança pública.*

Focalizemos cada um dos aspectos em que se desdobra esse conceito.

6.1 Função econômica

A função econômica desempenhada por todas as espécies de valores mobiliários, à exceção dos contratos derivativos, é a de servir de instrumento para a captação de recursos a serem aplicados em um empreendimento com vistas ao lucro. Nos valores mobiliários emitidos pelas sociedades anônimas, o empreendimento a ser perseguido é a atividade empresarial, entendida nos termos do art. 966, *caput*, do Código Civil. Nos contratos de investimento coletivo, é, genericamente, qualquer empreendimento gerido pelo ofertante ou por terceiros. Nos fundos e clubes de investimento, é a gestão e a administração de uma massa patrimonial cuja valorização permita auferir ganhos econômicos.

Em relação aos derivativos, diferentemente, a necessidade econômica que justifica sua existência é a proteção contra o risco de variação de preços, e não a captação de recursos para o desenvolvimento de uma atividade lucrativa. No negócio jurídico de *hedging*, o lucro surge de maneira incidental, mediante a atividade de especulação. A geração de lucro não é sua principal função, de forma que, se não houver quem esteja procurando se proteger do risco, não haverá lugar para a emissão de derivativos e, conseqüentemente, para a especulação e o lucro.[184]

Aliás, essa diferença funcional fundamenta a principal crítica que se faz à reunião dos derivativos e dos instrumentos de captação de recursos sob a rubrica de valores mobiliários, sob o argumento de que "a disciplina de um mercado que busca mobilizar poupança popular em investimento de risco requer uma racionalidade muito distinta daquela atinente a um mercado em que se busca negociar o risco e volatilidade".[185]

Em virtude da peculiar função econômica desempenhada pelos derivativos em relação aos demais valores mobiliários, preconiza-se a adoção de formas de regulação adequadas às suas especificidades, com a criação de uma agência administrativa que paute sua atuação pelos objetivos próprios do mercado futuro, diversos que são dos objetivos do restante do mercado de valores mobiliários. O modelo regulatório ideal seria, assim, o norte-americano, em que a *SEC* fiscaliza o mercado de *securities* e a *CFTC*, o de *commodities*.[186]

A esse entendimento opõe-se Eizirik. Para ele, anteriormente à reforma realizada pela Lei n. 10.303/2001, o mercado de derivativos era carente de uma disciplina adequada. Para suprir tal carência, porém, não seria necessário criar uma nova agência, bastando a ampliação do conceito de valor mobiliário, de sorte a abranger os instrumentos negociados no mercado futuro e colocá-los sob a regulamentação e fiscalização da CVM.[187]

De fato, não há incompatibilidade entre a disciplina requerida pelos contratos derivativos e a já existente para os demais valores mobiliários, baseada nos poderes regulamentar e de polícia outorgados por lei à CVM. Apesar de a função econômica desses instrumentos ser diversa, isso não significa que os mercados nos quais são negociados possuam necessidades incompatíveis. Ao contrário, a dinâmica dos mercados de capitais e de derivativos é muito semelhante e, até certo ponto, interligada. Em ambos, os objetivos da disciplina jurídica estão ligados à manutenção de um ambiente livre e aberto, dotado de permanente liquidez, em que se coíbam as tentativas de manipulação, com a criação de preços artificiais e riscos sistêmicos. Nos dois casos, a regulação deve assentar-se sobre o princípio da transparência (*full and fair disclosure*).

Mattos Filho, a propósito, identifica nos derivativos vários pontos de contato

184. Isso se deve a que, nos contratos derivativos, apenas um dos participantes – o especulador – está em busca do lucro, ao passo que, nos demais valores mobiliários, tanto o fornecedor quanto o tomador de capital têm esse objetivo. O outro – *hedger* – está buscando proteção contra os prejuízos decorrentes da variação de preços.

185. Goldberg, "A Lei 10.303...", cit. na nota 99, p. 81.

186. Idem, pp. 78 e 81.

187. "Aspectos jurídicos...", cit. na nota 149, p. 35.

com os demais valores mobiliários, o que justificaria sua disciplina unitária. Esses pontos são a existência de um empreendimento comum cujo sucesso foge ao controle de uma das partes envolvidas e a identidade do objeto negociado, de forma que o desempenho do mercado à vista varia em função das perspectivas futuras e vice-versa.[188]

Devido a essa imbricação, a má regulação desses mercados pode conduzir a resultados igualmente indesejáveis. Imagine-se, por exemplo, uma situação de aquisição maciça de ações de uma companhia por determinado investidor. Isso poderia conduzir a uma situação de *fechamento branco* do capital da empresa, com acentuada perda de liquidez das ações, em prejuízo, principalmente, dos acionistas minoritários. Disseminando-se esse tipo de prática, logo haveria o afastamento dos pequenos investidores do mercado e, conseqüentemente, as companhias teriam dificuldade de obter capital.

Dinâmica semelhante poderia ser observada no mercado de derivativos. Tome-se a situação em que um investidor alcança substancial controle sobre determinada posição compradora a futuro, com o objetivo de manipular os preços. Em tal hipótese, os detentores de posições vendedoras teriam dificuldade de liquidar seus contratos, exceto pagando preços excepcionalmente elevados.[189]

Em ambos os casos, a regulamentação adequada imporia um limite à quantidade de títulos que cada investidor individual ou coligado poderia deter ou estabeleceria a necessidade de comunicação à entidade fiscalizadora de qualquer mudança significativa em sua carteira. No caso brasileiro, a Lei n. 6.404/1976 estabelece, no art. 116-A, a necessidade de comunicação à CVM de qualquer mudança significativa na titularidade das ações da companhia emissora, visando a impossibilitar o fechamento branco do capital. As normas de auto-regulamentação da Bolsa de Mercadorias e Futuros de São Paulo, por sua vez, estabelecem um limite máximo ao número de posições de determinado contrato futuro que cada investidor pode manter.

Existem ainda situações em que a atuação em um dos mercados leva a repercussões diretas sobre o outro. A esse respeito, Leães descreve o caso de um investidor que vendera 10.475 contratos futuros referenciado no Ibovespa com vencimento em 7.2.1997. Esses contratos haviam sido adquiridos para fins de *hedge*, em virtude da intenção desse mesmo investidor de adquirir ações integrantes do Ibovespa. Nos dias imediatamente anteriores ao vencimento dos contratos, o investidor tentou recomprar os contratos, a fim de rolar sua posição. Ocorre que, naqueles dias, o volume

188. "O conceito...", cit. na nota 40, pp. 42-43. De acordo com esse autor, a propósito, não é correto distinguir *investimento* e *especulação*, na tentativa de opor os derivativos aos demais valores mobiliários. Na verdade, a especulação é o meio utilizado para fazer o investimento frutificar, assim como o são a associação e o empréstimo: "O investimento é feito ou a nível associativo, a título de empréstimos ou como aplicação especulativa pura. O primeiro tipo normalmente se caracteriza pela participação societária ou empreendimento comum, sendo o lucro do investimento resultante do excesso de receita sobre despesas e provisões eventualmente exigidas por lei. Já os investimentos a título de empréstimo não necessitam da ocorrência de lucro contábil para que o investimento seja remunerado, ressalvada a hipótese de quebra ou insolvência do empreendimento. Normalmente o investimento associativo não goza de garantia colateral porém, em contrapartida, é dotado de sistema coletivo de deliberação, conforme regras estabelecidas no contrato que acompanha a oferta do valor mobiliário ao público. Finalmente investimentos puramente especulativos são aqueles normalmente feitos na expectativa de futura ocorrência de variações de preço de dado valor mobiliário, mercadoria, moeda, taxa de juros, etc. Estes se materializam nos mercados futuros ou a termo de ações, de 'commodities', etc., com o objetivo de diminuir o risco de futura e brusca variação de preço, com a conseqüente menor oscilação do respectivo mercado" (idem, pp. 49-50).

189. Essa situação caracteriza o chamado *corner*, um dos casos clássicos de manipulação nos mercados futuros (Eizirik, "Aspectos jurídicos...", cit. na nota 149, p. 29).

de negócios foi muito pequeno, de forma que ele não logrou êxito, permanecendo vendido em 10.255 contratos futuros, que foram a liquidação. Para fazer frente aos seus compromissos no mercado futuro (BM&F), o investidor vendeu maciçamente suas ações no mercado à vista (BOVESPA) na última meia hora do pregão, visando a se aproveitar do momento de maior convergência de preços. Tal conduta, porém, fez o Ibovespa recuar 4,7%. A CVM interpretou esse comportamento como uma tentativa de derrubar os preços à vista para poder liquidar sua posição a futuro a preços menores, tendo em vista que o preço de liquidação no mercado futuro era tomado pela média da cotação na última meia hora do pregão no mercado à vista.[190] Em casos assim, de manifesta interferência entre os mercados de capital e futuro, seria impossível seccionar a atividade fiscalizadora, desmembrando-a entre dois órgãos.

Além disso, em todas as espécies de valores mobiliários, derivativos ou não, o destinatário da proteção estatal é o agente que se encontra em situação de maior vulnerabilidade: nos títulos de emissão das sociedades anônimas e nos contratos de investimento, o investidor; nos derivativos, o *hedger* e, em alguns casos, o especulador. Com efeito, os investidores, quer de uma companhia, quer de um empreendimento de outra natureza, não possuem poder de controle sobre o empreendimento, podendo perder todo o capital aportado caso ele venha a fracassar. Os *hedgers*, por sua vez, dependem da capacidade dos especuladores de liquidar suas posições futuras deficitárias, sob pena de sofrerem perdas maiores do que as que adviriam da variação de preços, e estão sujeitos à criação de condições de mercado artificiais. Quanto aos especuladores, também podem encontrar-se em situação de vulnerabilidade, o que ocorre quando se trate de pessoas tecnicamente hipossuficientes que adquiram derivativos na expectativa de auferir ganho, e não proteção.

Portanto, em todos os tipos de valores mobiliários, a proteção reivindicada é semelhante, o que justifica a existência de uma disciplina jurídica unitária.[191]

6.2 *Risco potencial*

Por todo o visto até aqui, é possível perceber que o móvel que anima o legislador a considerar determinados instrumentos como valores mobiliários é a necessidade de submetê-los a controle estatal pelo risco que representam ao bom andamento da economia, haja vista o caráter instrumental desse conceito. O *fundamento* metajurídico do conceito de valor mobiliário repousa, pois, no *risco*.[192]

190. "*Hedging* com futuros...", cit. na nota 146, pp. 215-17.

191. Caso relativamente recente demonstra bem o que foi dito. Em 30.8.2005, a CVM determinou a suspensão das atividades de intermediação e administração de carteira de valores mobiliários realizadas de maneira irregular pela MDD Publicidade e Marketing Ltda. (Deliberação n. 487/2005). Essa empresa atuava no mercado de valores mobiliários captando recursos junto ao público para investimento em derivativos de câmbio com promessa de enorme rentabilidade, de 30% a 60% ao mês. Este caso, apesar de envolver contratos derivativos, em muito se assemelha às ofertas de contratos de boi gordo realizadas em meados da década de 1990, revelando situação em que o tipo de intervenção estatal exigida é substancialmente idêntico.

192. Sustentando que a existência de risco é elemento essencial do conceito de valor mobiliário, veja-se o magistério de Almeida Salles: "O valor mobiliário é representado por um título de participação, revista ele ou não a forma de título de crédito, que permite ao seu titular pretender participar dos resultados do risco inerente ao negócio jurídico subjacente. É da natureza do valor mobiliário, a figura do risco, porque a eficiência marginal do capital tem que despertar maior interesse pelos dividendos do que a taxa de juros. E para que isso aconteça, é necessário que o interesse no investimento que justifica e predispõe a emissão do valor mobiliário, seja o de participar dos seus resultados e não apenas aquele de participar de um simples rendimento predeterminado" ("Os valores mobiliários...", cit. na nota 97, p. 128).

Ocorre, porém, que nem todo valor mobiliário representa risco à poupança popular, mas apenas os que são negociados *publicamente*. Como tal modalidade de negociação não é elementar à caracterização dos valores mobiliários (cf., *supra*, subitem 4), isso significa que o risco também não é essencial à conceituação desse instituto. Não obstante, se, por um lado, nem todos os valores mobiliários acarretam risco à poupança pública, por outro é forçoso admitir que todos eles podem vir a acarretá-lo, na hipótese de serem negociados publicamente. Isso significa que todo valor mobiliário é portador de um *risco potencial*, que se converterá em *risco efetivo* na hipótese de negociação em mercado.

Note-se que o elemento *risco* aparece associado ao conceito de valor mobiliário sob gradações diversas. Primeiramente, na forma *potencial*, o risco é elementar ao instituto: todo valor mobiliário, pelo simples fato de ter por função econômica a atração de capitais ou o *hedge* e de poder vir a ser negociado em mercado, traz em si o potencial de causar danos à poupança popular. Num nível acima, encontra-se o risco *efetivo*, que se verifica pelo simples fato de o instrumento ser negociado publicamente. Não é preciso, para que se caracterize essa situação de risco efetivo, que se trate de instrumento portador de uma particular probabilidade de trazer perdas econômicas a seu titular, como seria o caso, por exemplo, de ações de emissão de uma companhia insolvente. Finalmente, no nível mais alto, há o que chamaríamos risco *exacerbado*, que se caracteriza por estar além do nível de risco normal do mercado, ínsito à negociação com valores mobiliários. Esse grau exacerbado de risco pode ter causas variadas, como, por exemplo, uma fraude praticada na elaboração do balanço anual de uma companhia aberta.

Nesse quadro de possibilidades de risco, o objetivo da tutela estatal administrativa é manter o mercado em situação de risco normal (risco efetivo), evitando a exacerbação do mesmo e, o que é pior, o seu exaurimento, sob a forma de danos aos titulares de valores mobiliários.

6.3 Negociabilidade

A negociabilidade é característica presente em todos os valores mobiliários, com duas exceções já mencionadas: as ações preferenciais de classe especial (*golden shares*), previstas no art. 17, § 7º, da Lei n. 6.404/1976, e as cotas de fundos de investimento abertos, nos termos do art. 12, *caput*, da Instrução n. 409/2004 da CVM.

Com efeito, possuindo os valores mobiliários a função de captação de investimento ou de *hedging*, é imprescindível que seus titulares tenham a possibilidade de se desfazerem de suas posições assim que elas lhes pareçam inconvenientes. Essa possibilidade é condição *sine qua non* à liquidez do mercado, sem o que nem a captação de poupança nem a formação do *hedge* são possíveis.

Não se deve, porém, confundir *negociabilidade* com *circulabilidade*. Esta deixou de ser atributo dos valores mobiliários após a Lei n. 8.021/1990, a qual, ao vedar os títulos ao portador e endossáveis, retirou-lhes a aptidão de circularem tal como coisas móveis, utilizando-se das formas simplificadas do direito cambiário. Permanecem *circuláveis* apenas os valores mobiliários que revestem a forma de contratos, tais como os derivativos.[193]

193. Ensina Almeida Salles que "a uniformidade decorrente da modulação dos contratos futuros os torna *circuláveis*, como se coisa móvel fosse" (*O Contrato Futuro*, cit. na nota 144, p. 79). Sua circulação, no entanto, não se dá pelas formas simplificadas do direito cambiário – já que não se trata de atos unilaterais, mas sim de contratos, típicos negócios jurídicos bilaterais –, mas por meio de cessão de posição contratual, como atesta o autor em outro ponto da mesma obra: "Tem-se assim a fungibilidade, econômica e jurídica, dos contratos futuros, a permitir-lhe a circulação como coisa móvel, substituindo-se as partes por meio da 'tradição' indistinta dos contratos de mesma modulação, objeto, preço e termo, revestida da forma de cessão de posição contratual, autonomamente, e sem as implicações da cessão civil, sobre os créditos cedidos" (idem, p. 93).

Atualmente, desde que não haja expressa vedação legal, os valores mobiliários que portem a forma de títulos ainda podem materializar-se em certificados (cártulas), porém sua transmissão ocorrerá por cessão civil, e não por endosso. Ademais, nos casos em que a lei impõe a forma nominativa, a materialização do valor em um documento carece de utilidade, já que sua posse não faz presumir a titularidade do direito representado. E, quando a forma imposta pela lei é a escritural, exclui-se de todo a possibilidade de documentação do valor mobiliário.

À vista dessas observações, tem-se que o próprio adjetivo *mobiliário* componente da designação do instituto *valor mobiliário* deve ser entendido em termos impróprios, pois que, ante a impossibilidade de circularem, esses instrumentos não mais se comportam como coisas móveis, *mobiliárias*. O único resquício dessa sua mobilidade é a negociabilidade, que permite a transferência da titularidade do direito com facilidade semelhante à transmissão da propriedade das coisas móveis. Entretanto, não há mais certificados ou papéis cuja tradição efetivamente transmita um direito, tal como ocorre com os bens móveis.

6.4 Forma

Os valores mobiliários podem assumir diversas formas jurídicas, desde que ao fundo esteja sua função econômica peculiar. Atualmente, apresentam-se como instrumentos complexos (ações, cotas de fundos de investimento), títulos de crédito próprios (bônus de subscrição, notas comerciais), títulos de crédito impróprios (debêntures, certificados de depósito), contratos (contratos de investimento coletivo, derivativos) ou entes abstratos, sem forma jurídica (índices representativos de carteiras de ações).

Jurisprudência Comentada

AÇÃO INDIVIDUAL CONTRA ADMINISTRADOR DE COMPANHIA PARA O FIM DE OBTER A REPARAÇÃO DE DANO INDIVIDUAL REFLEXO OU INDIRETO (LSA, ART. 159, § 7º): DESCABIMENTO

Comentários de

Marcelo Vieira von Adamek

1. O caso concreto (resumo do caso). 2. As questões debatidas no acórdão (pontos de interesse). 3. Os traços característicos e distintivos da ação social e da ação individual de responsabilidade civil contra administradores de S/A. 4. Razões pelas quais a ação individual não se presta a obter a reparação de dano individual reflexo ou indireto (decorrente do dano social). 5. Meios para obter o ressarcimento do dano individual reflexo. 6. Em conclusão.

TJRS, 2ª Câmara Cível

Apelação Cível n. 25.418 – Cruz Alta

Aptes.: Maria Thereza Dell'Aglio Marchionatti e Outros

Apdos.: Luiz Dell'Aglio e Outros

Sociedade anônima. Responsabilidade dos administradores. O acionista pode propor ação de responsabilidade, em seu proveito, se os atos de administração impugnados forem diretamente em detrimento de seu interesse ou patrimônio.

ACÓRDÃO

Acordam, em 2ª Câmara Cível Especial, integrada neste a exposição de fls. 739, à unanimidade, negar provimento ao recurso, corrigida a conclusão da sentença para julgar os autores carecedores da ação.

1. A espécie versa a respeito de atos ruinosos, praticados pelos réus enquanto na administração do complexo industrial criado por Lourenço Marchionatti. Ainda em vida do fundador, os diretores que estavam na administração assumiram sozinhos a direção dos negócios e deixaram-no de lado. Parte do parque industrial, conhecido pela sigla Sairema, foi vendida a outra empresa. Com isso, muitos empregados foram despedidos despendendo-se, para atender às indenizações laborais, avultadas somas.

Os réus foram assumindo a administração da sociedade pela saída de outros. Caso houve em que um deles adquiriu a preço muito abaixo da avaliação um imóvel da sociedade. Enfim, desde o afastamento de Lourenço Marchionatti dos negócios da sociedade, deu-se a derrocada da Sairema que fora altamente próspera. Por fim, a sociedade viu-se obrigada a pedir a autofalência.

Com base no relatório do síndico e outros elementos, pretendem os autores, sucessores de Lourenço Marchionatti, ao amparo do art. 159, do CC, indenização por atingidos seus interesses e patrimônio pela má administração dos réus.

O processo decorreu regular. No saneador, repelida a preliminar de ilegitimidade de parte dos autores para pedir indenização como decorrência da má administração dos réus, foi interposto agravo nos autos do processo. Após a instrução o magistrado sentenciou e julgou improcedente a ação. Apelam os autores e pedem a reforma do julgado, valendo-se dos fundamentos da inicial e juntam documentos. O recurso foi contra-arrazoado.

2. O Decreto-lei n. 2.627, de 26.9.1940, que dispõe sobre as sociedades por ações, no art. 123, prevê a responsabilidade civil dos diretores da sociedade. Na conformidade desse dispositivo, portanto, compete à sociedade promover a ação de responsabilidade civil contra seus diretores pelos prejuízos diretamente causados ao seu patrimônio. Certamente a iniciativa para propor essa ação é da sociedade. E só depois de decorridos seis meses, a contar da primeira assembléia geral ordinária, é que qualquer acionista poderá promovê-la. Antes, não. Esse prazo é de decadência para os administradores. Mas, em qualquer hipótese, ação será em proveito da sociedade, pois somente a ela se dá o direito de promover a ação de indenização contra os responsáveis pela má administração dos negócios sociais.

A ação cabe ao acionista, em caráter pessoal, quando os atos impugnados forem diretamente em detrimento de seu interesse ou patrimônio. Aliás, nesse sentido, é a regra do parágrafo único, do art. 123.

Não basta a repercussão indireta ou oblíqua para legitimar o pedido, pelo acionista, que visa pedir indenização em caráter pessoal.

Na espécie em exame, a ação foi proposta pelos autores contra os ex-diretores da Sairema, com base na má administração da sociedade. Mas pedem para ser indenizados. As alegações constantes da inicial referem-se a atos praticados em prejuízo da empresa. Atos desastrosos que levaram a sociedade à autofalência. Atos diretamente perniciosos aos interesses sociais, e indiretamente prejudiciais aos acionistas.

Vista a relação processual sob tais circunstâncias, máxime se se considerar a expressa disposição do art. 123, do Decreto-lei n. 2.627/1940, é evidente que se configura no caso a hipótese do art. 267, § 3º, do CPC. Os autores são partes ilegítimas para proporem ação de indenização contra os réus com base na má administração da sociedade. Os autores carecem da ação prevista no art. 123, do Decreto-lei n. 2.627/1940. Não há como invocar no caso, pelos fundamentos da inicial, o art. 159, do CC.

Assim sendo, corrigida a respeitável sentença, negam provimento à apelação.

Participou do julgamento, além dos signatários, o Exmo. Sr. Dr. Túlio Medina Martins, DD. Juiz de Direito Substituto de Desembargador.

Porto Alegre, 11 de novembro de 1976.

Jorge Ribas Santos, Presidente – Carlos Ignácio Sant'Anna, Relator.

Comentários de

MARCELO VIEIRA VON ADAMEK

1. O caso concreto (resumo do caso)

1. Trata o acórdão sob comentário de ação de responsabilidade civil proposta por acionistas de uma companhia contra os seus respectivos administradores, por meio da qual os primeiros pretendiam obter em juízo o ressarcimento de danos resultantes da má-gestão social empreendida pelos segundos, e em virtude da qual a companhia foi à falência.

2. Embora os réus (antigos administradores) tenham suscitado a ilegitimidade ativa *ad causam* dos autores (acionistas), essa preliminar foi rejeitada pelo juiz de primeira instância, por ocasião do saneador. O processo, assim, teve regular prosseguimento, mas, ao final, os pedidos foram julgados improcedentes, seguindo-se daí recurso de apelação dos autores.

3. Assim, e por força do efeito translativo dos recursos civis (CPC, arts. 267, § 3º, 515 e 516), a questão da ilegitimidade passiva tornou a ser reapreciada de ofício perante o TJRS e, então, restou acolhida. A Turma Julgadora decidiu que os autores (acionistas) não poderiam pretender, através de ação individual de responsabilidade civil, obter o ressarcimento de seus danos individuais indiretos e reflexos, resultantes de danos sociais diretos sofridos pela própria companhia; a ação individual apenas se prestaria ao ressarcimento de danos individuais, diretamente experimentados pelos acionistas em seus respectivos patrimônios, mas não serviria para o ressarcimento de danos reflexos, decorrentes do dano social experimentado pela companhia de que participam (e em virtude do qual, por equivalência patrimonial, as suas ações sofreram desvalorização).

4. Eis, em síntese, os fatos relevantes para os comentários que seguem.

2. *As questões debatidas no acórdão (pontos de interesse)*

5. O acórdão ora em análise continua atual, pois, na essência, para as ações de responsabilidade civil contra administradores de companhias, prevalece na atual Lei das Sociedades por Ações (Lei n. 6.404/1976) a mesma sistemática da lei antiga (Decreto-lei n. 2.627/1940), com alterações que não influem nesses nossos comentários.[1] Ainda hoje, com efeito, é importante repisar as distinções entre a ação social de responsabilidade civil e a ação individual de responsabilidade civil contra administradores de companhia, e explicitar os motivos pelos quais uma medida não pode fazer as vezes da outra.

3. *Os traços característicos e distintivos da ação social e da ação individual de responsabilidade civil contra administradores de S/A*

6. A ação social e a individual, escusado nos seja dizê-lo, são ações de responsabilidade civil *tout court*, isto é, demandas de natureza condenatória. O que as distingue não é a causa do prejuízo e tampouco a suposta natureza das regras porventura violadas pelos administradores (ao contrário do que, no passado, foi sugerido na França[2]). O verdadeiro critério distintivo entre

1. O DL n. 2.627/1940 tratava da ação social no seu art. 123, *caput*, e, da ação individual, no parágrafo único do mesmo dispositivo, *in verbis*: "Art. 123. Compete à sociedade a ação de responsabilidade civil contra os diretores pelos prejuízos diretamente causados ao seu patrimônio, mas, se não a propuser dentro de seis meses, a contar da primeira assembléia geral ordinária, qualquer acionista poderá promovê-la. Os resultados da ação de responsabilidade civil beneficiarão o patrimônio social, devendo a sociedade indenizar o acionista das respectivas despesas. Parágrafo único. Quando o mesmo fato causar prejuízos à sociedade e diretamente a qualquer acionista, poderá este intentar contra o diretor ou diretores responsáveis a ação que couber, independentemente do prazo fixado neste artigo". Na vigente lei acionária, a Lei n. 6.404/1976, a ação social vem genericamente descrita no art. 159, *caput*, e, a ação individual, vem ressalvada no seu § 7º, também *in verbis*: "Art. 159. Compete à companhia, mediante prévia deliberação da assembléia geral, a ação de responsabilidade civil contra o administrador, pelos prejuízos causados ao seu patrimônio. (...). § 7º. A ação prevista neste artigo não exclui a que couber ao acionista ou terceiro diretamente prejudicado por ato de administrador".

2. Joseph Hamel, Gaston Lagarde e Alfred Jauffret informam que esse enfoque tinha por fim concreto obstar a propositura de ações sociais: "Alguns autores e algumas decisões, com o desejo de limitar o campo de ação social, então muito facilmente paralisada, procuraram um critério diferente, tirado do caráter da falta e não da natureza do prejuízo a reparar. No seu conceito, uma ação social é aquela que se funda em uma falta contratual, enquanto que seria individual aquela que coloca em jogo a responsabilidade delitual dos administradores, em razão de uma violação da lei à qual vários autores equi-

a ação social e a individual é apenas um: a titularidade do patrimônio diretamente atingido pela atuação ilícita dos administradores; o sujeito prejudicado.[3]

7. Com efeito, se a ação tiver por fundamento dano diretamente experimentado pela sociedade, ela se qualifica como *ação social*: a sua titularidade compete à companhia (embora em juízo possa ser exercitada pelos acionistas, no interesse daquela), e o seu objeto será sempre a recomposição do patrimônio social. Por outro lado, se ela tiver por fundamento danos diretamente experimentados no patrimônio do acionista, ou de um terceiro qualquer, em razão da atuação dos administradores e, portanto, se o seu objeto for a reparação desses danos, a ação qualifica-se como *individual*. Em cada caso, são prejuízos distintos; com credores distintos.[4] Na ação social, os resultados são deferidos à companhia (ainda quando o seu autor seja um acionista, agindo como substituto processual); em outro, a indenização reverte diretamente ao acionista ou ao terceiro prejudicado. Assim, e precisamente porque os titulares do patrimônio afetados são em cada caso diversos e o objeto das demandas também é distinto, concebe-se possam coexistir a ação social e a individual, contra os administradores, pelo mesmo fato: basta que os patrimônios tenham sido direta e distintamente atingidos. Por idêntica razão, a ação social não exclui a ação individual, e vice-versa.[5]

8. Assim como distintos são os seus objetos, distintos são igualmente os seus respectivos regimes jurídicos. Destarte: (*i*) um antigo acionista não poderá mais exercer a ação social (na condição de substituto processual), ao passo que o ex-acionista, desde que funde a sua pretensão em prejuízo distinto daquele que é inerente à qualidade de acionista, conservará o seu direito de agir (em causa própria);[6] (*ii*) a ação social tem por fim a reparação do patrimônio social desfalcado pela atuação dos administradores, de modo que, proposta pela sociedade ou por acionista, ou grupo de acionistas, na condição de substituto processual, os seus proveitos sempre reverte-

param a violação dos estatutos" (*Droit Commercial*, t. I, 1º v., 2ª ed., Paris, Dalloz, 1980, n. 663, pp. 411-412).

3. Cf. Alfredo Lamy Filho e José Luiz Bulhões Pedreira, *A Lei das S/A*, Rio de Janeiro, Renovar, 1992, p. 599; Oscar Barreto Filho, "Medidas judiciais da companhia contra os administradores", *RDM* 40/17; J. X. Carvalho de Mendonça, *Tratado de Direito Comercial Brasileiro*, v. IV, 5ª ed., Rio de Janeiro, Freitas Bastos, 1954, n. 1.226, p. 82; Waldemar Martins Ferreira, *Compêndio de Sociedades Mercantis*, v. 2º, 2ª ed., Rio de Janeiro, Freitas Bastos, 1942, § 25, p. 231; José Alexandre Tavares Guerreiro, "Impedimento de administração em ação social *ut singuli*", *RDM* 46/23-28; Luiz Gastão Paes de Barros Leães, *Comentários à Lei das Sociedades Anônimas*, 2º v., São Paulo, Saraiva, 1980, n. 232, p. 227, e "Sociedade por ações; atos praticados por seus diretores, em razão de administração; responsabilidade daquela e destes, solidariamente, se agiram com culpa ou contrariamente aos estatutos" (comentários a acórdão), *RDM* 2/79; Fran Martins, "Prescrição de ação de responsabilidade civil contra administradores de sociedades anônimas", in *Novos Estudos de Direito Societário: Sociedades Anônimas e Sociedades por Quotas*, São Paulo, Saraiva, 1988, p. 158, e "Ação individual de responsabilidade civil contra administrador de sociedade anônima fechada", in *Novos Estudos...*, cit., pp. 143 e 146; Cristiano Graeff Jr., *Compêndio Elementar das Sociedades Comerciais*, Porto Alegre, Livraria do Advogado, 1997, p. 250; e P. R. Tavares Paes, *Responsabilidade dos Administradores de Sociedades*, 2ª ed., São Paulo, Ed. RT, 1997, n. 21, p. 58. V. no direito norte-americano: Melvin Aron Eisenberg, *Corporations and Other Business Organizations: Cases and Materials*, 9ª ed., Nova Iorque, Foundation Press, 2005, pp. 645-654. Em França, ao invés de se referirem à titularidade do dano, os autores reportam-se à "natureza do dano a reparar" (v. Joseph Hamel, Gaston Lagarde e Alfred Jauffret, *Droit Commercial*, t. I,- 1º v., cit., n. 663, pp. 409-411; e Maurice Cozian e Alain Viandier, *Droit des Sociétés*, 5ª ed., Paris, Litec, 1992, n. 745, p. 249): dá no mesmo.

4. Cf. Paul Le Cannu, *Droit des Sociétés*, 2ª ed., Paris, Montchrestien, 2003, n. 481, p. 287.

5. Cf. Luiz Gastão Paes de Barros Leães, *Sociedade por Ações...*, cit., p. 79; e P. R. Tavares Paes, *Responsabilidade dos Administradores de Sociedades*, cit., n. 21, p. 58.

6. Cf. Spencer Vampré, *Tratado Elementar de Direito Comercial*, v. II, Rio de Janeiro, F. Briguet & Cia., p. 289; e Joseph Hamel, Gaston Lagarde e Alfred Jauffret, *Droit Commercial*, t. I, 1º v., cit., n. 663, p. 411.

rão a favor da sociedade, titular do patrimônio lesionado, enquanto que o resultado de uma ação individual cabe exclusivamente ao seu autor, já que a ação individual não tem por fim a reconstrução do patrimônio social; (*iii*) a ação social, em qualquer uma de suas modalidades, depende, como regra, de prévia deliberação assemblear, o que não sucede com a individual, que independe de aprovação,[7] sendo inclusive írrita a disposição estatutária que a preveja; (*iv*) a aprovação do balanço e das contas sem reserva impede a propositura da ação social, mas não interfere jamais no processamento da ação individual; e (*v*) para a propositura da ação individual não se exige participação societária mínima, tal como sucede no caso da ação social derivada (ou ação social por substituição processual originária).

4. *Razões pelas quais a ação individual não se presta a obter a reparação de dano individual reflexo ou indireto (decorrente do dano social)*

9. O dano social sempre causa dano individual indireto ao acionista, porém não legitima a propositura de ação individual.

10. De fato, os danos sociais, isto é, aqueles sofridos pela companhia, sempre acabam por se traduzir em dano indireto para os seus acionistas: *seja* porque as ações são bens de segundo grau (pois, por equivalência patrimonial, refletem no seu valor as oscilações patrimoniais, positivas ou negativas, da companhia), de modo que todo prejuízo experimentado pela companhia pode gerar a diminuição do valor das ações; *seja*, ainda, porque o prejuízo da companhia pode afetar o lucro social e, com isso, diminuir o montante do lucro distribuível aos acionistas sob a forma de dividendos.[8] Todavia, esses são danos diretos experimentados pela sociedade e que, de forma indireta, atingem os acionistas: não individualmente; mas enquanto membros do ente coletivo, na exata proporção de suas participações no capital da sociedade.

11. A reparação desses danos indiretos jamais pode ser pedida através da ação individual, pois: (1º) se o patrimônio diretamente lesado é o da companhia, a admissão da iniciativa individual importaria em negar a personalidade e a titularidade patrimonial da pessoa jurídica; (2º) a ação individual é reservada àquele que tenha sido *diretamente prejudicado* por ato de administrador (LSA, art. 159, § 7º), o que evidentemente significa, *a contrario sensu*, que dita ação não se presta à reparação de quem foi *indiretamente prejudicado*; (3º) a admissão da propositura de ação individual, no caso de dano individual indireto, importaria em tornar definitivo, perpetuar, o dano social, que assim ficaria sem ressarcimento (visto que o resultado da ação individual não reverte para a sociedade), em claro prejuízo para os credores da companhia, que têm no patrimônio social a garantia geral de seus créditos (CC, art. 391; e CPC, art. 591);[9] e (4º) a atribuição da indenização por dano social indiretamente aos acionistas implicaria em proceder à entrega a esses últimos de resultados que, por lei, apenas lhes poderiam ser distribuídos atendidas as regras cogentes sobre distribuição de dividendos (LSA, art. 201) ou, ainda, ao fim do processo de liquidação (LSA, art. 215), obedecidas as preferências legais e a partilha universal do produto entre todos os sócios, e não exclusivamente entre os que se dispuseram a agir em juízo.

7. Cf. "Frente ao teor do que dispõe o § 7º do art. 159 da Lei das Sociedades Anônimas, detém o acionista, independentemente de qualquer deliberação da assembléia, direito de ação individual diretamente contra o administrador objetivando reparar lesão ou prejuízo pessoal" (TJRS, AI 70003102969, 19ª CC., Rel. Desembargador Guinther Spode, v.u., j. 30.11.2004, *RT* 835/358).

8. V. Alfredo Lamy Filho e José Luiz Bulhões Pedreira, *A Lei das S/A*, cit., p. 599; e Modesto Carvalhosa, *Comentários à Lei das Sociedades Anônimas*, 2º v., 3ª ed., São Paulo, Saraiva, 2003, p. 369.

9. A proteção aos credores constitui um dos temas nucleares do direito societário.

12. De que a ação individual não se presta à reparação de danos indiretos, é ponto sobre o qual não grassa nenhuma séria divergência, quer em nossa doutrina[10] quer em nossa jurisprudência,[11] sendo, ainda, princípio universalmente assente, tanto na Itália[12] como na França,[13] na Espanha,[14] na Argentina,[15] em Portugal,[16] na Alemanha,[17] na Suíça,[18] nos Estados Unidos da América[19] e em vários outros países.

10. A doutrina clássica ou moderna é convergente quanto ao ponto: Alfredo Lamy Filho e José Luiz Bulhões Pedreira, *A Lei das S/A*, cit., p. 602; Aloysio Lopes Pontes, *Sociedades Anônimas*, v. II, 3ª ed., Rio de Janeiro, Forense, 1954, n. 451, p. 584, e n. 452, p. 585; Fran Martins, "Ação individual de responsabilidade civil...", cit., in *Novos Estudos...*, cit., p. 145; J. X. Carvalho de Mendonça, *Tratado de Direito Comercial Brasileiro*, v. IV, 5ª ed., Rio de Janeiro, Freitas Bastos, 1954, n. 1.229, p. 83, e n. 1.232, p. 84; Luiz Gastão Paes de Barros Leães, *Comentários...*, 2º v., n. 232, p. 227; Modesto Carvalhosa, "Responsabilidade civil de administradores e de acionistas controladores perante a Lei das S/A", *RT* 699/41, e *Comentários...*, 2º v., cit., p. 365; Nelson Eizirik, "Responsabilidade civil dos administradores da sociedade anônima", in *Sociedade Anônima: I Ciclo de Conferências para Magistrados*, São Paulo, IBCB, s/d, p. 264; e Spencer Vampré, *Tratado Elementar de Direito Comercial*, v. II, cit., p. 288; dentre tantos outros.

11. V. TJRS, Ap. 25.418, 2ª CC., Rel. Desembargador Carlos Ignácio Sant'Anna, v.u., j. 11.11.1976, *RJTJRS* 68/214; e TJPR, Ap. 584/89, 4ª CC., Rel. Desembargador Wilson Reback, v.u., j. 27.6.1990, *RT* 683/132.

12. Seguem nessa linha, na Itália, as opiniões de Francesco Galgano ("La società per azioni", in *Trattato di Diritto Commerciale e di Diritto Pubblico dell'Economia*, diretto da Francesco Galgano, v. 7º, 2ª ed., Pádua, CEDAM, 1988, n. 13, p. 303, *Derecho Comercial*, v. 2, trad. Jorge Guerrero, Colombia, Temis, 1999, n. 10.14, p. 381, e "Il nuovo diritto societario", in *Trattato di Diritto Commerciale e di Diritto Pubblico dell'Economia*, diretto da Francesco Galgano, v. 29º, Pádua, CEDAM, 2003, n. 13, p. 287), Giorgio Cian e Alberto Trabucchi (*Commentario Breve al Codice Civile*, 6ª ed., Pádua, CEDAM, 2002, p. 2.437), Gastone Cottino (*Diritto Commerciale*, v. 1º, t. 2º – *Le Società*, 4ª ed., Pádua, CEDAM, 1997, n. 121.1, p. 437), Giuseppe Ferri (*Manuale di Diritto Commerciale*, 8ª ed., Turim, UTET, 1991, n. 229, p. 400), Giancarlo Frè e Giuseppe Sbisà (*Società per Azioni*, t. I, 6ª ed., Bolonha, Zanichelli, 1997, p. 865), Franco Bonelli (*La Responsabilità degli Amministratori di Società per Azioni*, Milão, Giuffrè, 1992, pp. 213-214 e 222-224, e n. 20, p. 199) e Alberto Toffoletto (*Diritto delle Società: Manuale Breve*, obra coletiva, 2ª ed., Milão, Giuffrè, 2005, § 99, p. 230), dentre tantos outros. A Corte de Cassação italiana, em 28.2.1998 assentou: "O dano ressarcível *ex* art. 2.395" (= ação individual) "é apenas aquele incidente *diretamente* sobre o patrimônio do terceiro, do credor ou do sócio por efeito do comportamento doloso ou culposo do administrador no exercício de sua função; não porém o dano que fere o patrimônio da sociedade e, apenas em via mediata e reflexa, aquele do terceiro ou do sócio. Em outros termos, enquanto no caso da ação individual o dano deve incidir diretamente sobre o patrimônio do terceiro ou do sócio, nas duas outras hipóteses" (= ação social ou por violação de regras sobre a integridade do patrimônio social) "ele prejudica, imediatamente, o patrimônio social e apenas em via mediata e reflexa incidente sobre aquele do simples sócio ou credor" (em *Foro it.*, 1998, I, c. 3.246, pp. 3.249-3.250, e em *Il fall.*, 1999, p. 255, com nota de G. M. Zamperetti).

13. Cf. Paul Le Cannu, *Droit des Sociétés*, cit., n. 481, p. 287; Joseph Hamel, Gaston Lagarde e Alfred Jauffret, *Droit Commercial*, t. I, 1º v., cit., n. 663, p. 411; Geneviève Viney e Patrice Jourdain, *Traité de Droit Civil* (sob a direção de Jacques Ghestin) - *Les Conditions de la Responsabilité*, 2ª ed., Paris, LGDJ, 1998, n. 296, p. 103 e n. 859, p. 961; Maurice Cozian e Alain Viandier, *Droit des Sociétés*, cit., n. 362, p. 117; Yves Guyon, *Droit des Affaires*, t. 1 – *Droit Commercial Général et Sociétés*, 12ª éd., Paris, Economica, 2003, n. 462, p. 505; e Estelle Scholastique, *Le Devoir de Diligence des Administrateurs de Sociétés: Droits Français et Anglais*, Paris, LGDJ, 1998, n. 291, p. 168.

14. Cf. Jesus Rubio, *Curso de Derecho de Sociedades Anónimas*, 3ª ed., Madri, Editorial de Derecho Financiero, 1974, n. 155, p. 305; e Manuel Broseta Pont, *Manual de Derecho Mercantil*, 9ª ed., Madri, Tecnos, 1991, p. 293.

15. Cf. Claudia Cecilia Flaibani, *Ley de Sociedades Comerciales: Comentada y Anotada*, Buenos Aires, Heliasta, 1999, p. 899 (lembrando que a ação em individual destina-se a "reparar los daños directos ocasionados a los socios o terceros, pero no los indirectos por menoscabo del patrimonio social"). Nos tribunais: "Debe distinguirse entre la acción individual de la acción social de responsabilidad ejercida por el socio individualmente, la que se origina por un daño en el patrimonio del socio, producido a través de la figura societaria. Esta acción, de carácter individual no tiende a la indemnización de los daños causados al socio, a través del patrimonio social (daños secundarios), sino a indemnizarle los daños directamente sufridos por el demandante en su patrimonio. La acción individual de responsabilidad se refiere a los daños que el accionista reciba personalmente y no a los restantes del mayor daño sufrido por la sociedad" (C.N.Com., Sala B, junio 13-991, "Noel, Carlos c/ Noel y Cía. S/A").

5. *Meios para obter o ressarcimento do dano individual reflexo*

13. Se o dano individual é indireto (reflexo ou por ricochete), a sua reparação também é indireta, através da ação social. Na realidade, os danos individuais indiretos (que são danos sociais diretos) são ressarcidos unicamente de forma indireta. Vale dizer, assim como o prejuízo experimentado pelo acionista é reflexo, a reparação também é oblíqua, através da reparação do dano social: propondo a ação social, sob a forma *ut universi* ou *ut singuli*, os seus resultados são ao final deferidos à companhia (LSA, art. 159, § 5º) e, com isso, recomposto o patrimônio social, dá-se indiretamente a reparação do dano sofrido pelo acionista, com a recomposição do valor de suas participações societárias.

14. Na prática, nem sempre é fácil diferenciar corretamente os danos diretos e indiretos, sobretudo quando eles vêm habilmente disfarçados por uma intencional exposição obscura dos fatos na petição inicial.[20] De toda sorte, não constitui dano individual o fato de as participações societárias dos sócios terem sofrido queda de cotação.[21] Também não o é o desvio de fundos sociais cometido pelo administrador da sociedade que venha a redundar em distribuição inferior de dividendos.[22] Não são freqüentes, aliás, os danos individuais diretos – os quais, em geral, não resultam de faltas cometidas na gestão da empresa, mas de ilícitos praticados diretamente contra os acionistas. Na espécie, avulta a necessidade de o juiz exigir do autor da ação de indenização a perfeita individuação dos danos experimentados, a fim de evitar que os acionistas possam burlar a regra de legitimação para a ação social ou haver para si numerário que, corretamente, deveria ser vertido para a sociedade.

6. *Em conclusão*

15. No caso concreto, pelo que se depreende do acórdão, os acionistas se va-

16. Cf. Nogueira Serens, *Notas sobre a Sociedade Anônima*, 2ª ed., Coimbra, Coimbra Ed., 1997, n. 6.2.4.3, p. 100; e Pedro Caetano Nunes, *Responsabilidade Civil dos Administradores perante os Accionistas*, Coimbra, Almedina, 2001, pp. 44-45.

17. Cf. Uwe Hüffer, *Aktiengesetz*, 5ª ed., Munique, C. H. Beck. 2002, § 93 V, n. 19, p. 459 – com o registro: "Entwertungsschaden ist also über das Gesellschaftsvermögen auszugleichen (BGH NJW 1985, 1900; BGH NJW 1987, 1077, 1079f; BGH NJW 1988, 413, 415; öOGH AG 1996, 42 reSp; OLG Düsseldorf AG 1997, 231, 236 liSp; Henze HRR AktienR Rn 473ff)".

18. Cf. Walter A. Stoffel, "Klagen und Einreden in der Organverantwortlichkeit", in *Die Verantwortlichkeit des Verwaltungsrates – La Responsabilité des Administrateurs*, obra coletiva, Zurique, Schulthess Polygraphischer Verlag, 1994, pp. 18-19; e Peter Widmer e Oliver Banz, *Basler Kommentar zum Schweizerischen Privatrecht - Obligationenrecht II - Art. 530-1186 OR*, obra coletiva, 2. Aufl., Helbing & Lichtenhahn, Basel, Genf, Munique, 2002, pp. 1.109-1.110.

19. Cf. Melvin Aron Eisenberg, *Corporations...*, cit., p. 653.

20. A petição inicial da ação de responsabilidade civil, assim como a de toda e qualquer demanda, deve trazer obrigatoriamente em seu contexto, sob pena de inépcia (CPC, art. 295, I), a precisa descrição dos fatos e fundamentos jurídicos do pedido (CPC, art. 282, III), os quais constituem a causa de pedir (próxima e remota) da ação; e da narração dos fatos deverá decorrer logicamente a conclusão. Tais regras processuais primárias sobre a petição inicial destinam-se a permitir a perfeita individuação da lide e, sobretudo, assegurar ao réu as condições necessárias ao pleno exercício do direito de defesa (cf. José Rogério Cruz e Tucci, *A 'Causa Petendi' no Processo Civil*, São Paulo, Ed. RT, 1993, pp. 130-131; Leo Rosenberg, Karl Heinz Schwab e Peter Gottwald, *Zivilprozessrecht*, 15. Aufl., Munique, C. H. Beck, 1992, § 97, pp. 545-546; e Walther J. Habscheid, *Droit Judiciaire Privé Suisse*, 2ª ed., Genebra, Georg & Cie, 1981, p. 261). São regras cogentes que não admitem atenuações ou exceções; devem ser fielmente cumpridas.

21. Neste sentido (França): Cass. com., 26.1.1970, *Recueil Dalloz-Sirey* 1870, 618, com notas de J. Guyénot; *Juris-Classeur Périodique – Générale* 1970, II, 16385, com notas de Y. Guyon; *Revue des Sociétés*, 1970, 476; Cass. com. 4.3.1986, *Bulletin des Arrêts de la Cour de Cassation - Chambres Civiles* IV, n. 42; e Cass. com, 1.4.1997, *Bulletin Joly – Sociétés*, jul./1997, § 248, p. 641, com notas de J.-F. Barbiéri.

22. Neste sentido (França): Cour d'Appel de Paris, 6.12.2002, *Bulletin Joly – Sociétés*, 2003, § 92, p. 474, com notas de J.-F. Barbiéri.

leram da ação individual para pleitear a reparação de danos individuais indiretos. A via era inadmissível e, se admitida, implicaria em inegável prejuízo aos próprios credores da falida. O caminho a seguir era o da propositura de ação social falimentar, cujos resultados iriam reverter para a massa falida e só seriam eventualmente deferidos aos acionistas, depois de pago todo o passivo e extinta a sociedade.

16. A decisão, portanto, foi acertadíssima.

FALÊNCIA DE SOCIEDADES CIVIS

Renato Ventura Ribeiro

Recurso Especial n. 244.497-PR (2000/0000350-6) – STJ-4ª T.

Rel.: Ministro Aldir Passarinho Junior

Recte.: Adriane Szpatowski

Advs.: Humberto R. Constantino e Outros

Recdo.: Marco Antônio Miyazaki

Advs.: Pedro Paulo Pamplona e Outros

j. 20.6.2006

Ementa: Comercial e Processual Civil. Pedido de falência. Revelia. Posterior apresentação documental demonstrando cuidar-se de sociedade civil. Extinção do processo por impossibilidade jurídica do pedido de quebra. Condição da ação. Matéria de fato. Reexame. Impossibilidade. Súmulas ns. 5 e 7-STJ.

I. A revelia não impede que o magistrado monocrático, ante a juntada, mesmo que tardia, de documentos demonstrando cuidar-se de sociedade civil, possa considerá-los para efeito de extinguir o processo em que é postulada a falência da recorrida, por impossibilidade jurídica do pedido.

II. Ainda que viável, em certos casos, a decretação da quebra de sociedades civis, quando demonstrado o seu caráter essencialmente comercial, necessário que isso seja expressamente afirmado pela instância ordinária, soberana no exame fático, o que não aconteceu na espécie dos autos, em que a conclusão foi no sentido da inexistência de tal atividade, obstada a sua revisão pelo STJ, ao teor das Súmulas ns. 5 e 7.

III. Recurso especial não conhecido.

ACÓRDÃO

Vistos e relatados estes autos, em que são partes as acima indicadas, decide a 4ª Turma do Superior Tribunal de Justiça, à unanimidade, não conhecer do recurso, na forma do relatório e notas taquigráficas constantes dos autos, que ficam fazendo parte integrante do presente julgado. Participaram do julgamento os Srs. Ministros Jorge Scartezzini, Hélio Quaglia Barbosa, Massami Uyeda e Cesar Asfor Rocha.

Brasília (DF), 20 de junho de 2006 (data do julgamento).

Ministro Aldir Passarinho Junior, Relator.

RELATÓRIO

O Exmo. Sr. Ministro Aldir Passarinho Junior: Adriane Spatowski interpõe, pela letra "a" do art. 105, III, da Constituição Federal, recurso especial contra acórdão do Tribunal de Justiça do Estado do Paraná, assim ementado (fl. 108):

> Comercial. "Pedido de Falência contra sociedade civil. Inadmissibilidade. Recurso improvido. Inviável o pedido de falência contra sociedade civil. Assim expressamente denominada no seu contrato social, sem registro na junta comercial e sem a prova da prática habitual de atos do comércio (Ac. 5.496 – Ac 1.462/1988, TJ-PR, j. 1.3.1989, Rel. Desembargador Troiano Neto – negado provimento)".

Alega a recorrente que a decisão violou os arts. 319, *caput*, 334, III, do CPC, e 1º do Decreto-lei n. 7.661/1945, porque a questão acerca de tratar-se a requerida – em relação a qual a recorrente pediu a decretação da falência – de uma sociedade civil, veio a destempo, além do que possível a quebra de entidades dessa natureza.

Contra-razões às fls. 157/161, aduzindo que os efeitos da revelia não atingem as questões de direito, que podem ser conhecidas de ofício pelo magistrado, e que o pedido de quebra é inaplicável às sociedades civis, sendo que cabia à requerente demonstrar que se cuidava, fosse o caso, de uma empresa comercial.

O recurso especial foi admitido na instância de origem pelo despacho presidencial de fls. 177/178.

Parecer da douta Subprocuradoria-Geral da República às fls. 185/189, pelo Dr. Francisco Adalberto Nóbrega, no sentido do não-conhecimento do recurso.

É o relatório.

O Exmo. Sr. Ministro Aldir Passarinho Junior (Relator): Cuida-se de recurso especial, aviado pela letra "a" do autorizador constitucional, em que é suscitada ofensa aos arts. 319, *caput*, 334, III, do CPC, e 1º do Decreto-lei n. 7.661/1945, por acórdão do Tribunal de Justiça do Estado do Paraná que confirmou decisão extintiva do pedido de quebra de Oralprev Assistência Odontológica S/C Ltda.

O fundamento do aresto objurgado foi o de que se cuidava de sociedade civil e não comercial, daí a impossibilidade da sua falência.

Argumenta a recorrente, em primeiro lugar, que ultrapassado o prazo para a defesa e do depósito elisivo da falência, dá-se a revelia, de sorte que a tal altura não poderia mais ser discutida a natureza da pessoa jurídica demandada, o que foi provocado, tardiamente, pela petição de fls. 24/27.

Ocorre, porém, que pode o Juiz conhecer, a qualquer tempo, das questões alusivas às condições da ação, e ante a demonstração, ainda que tardia, de que se cuidava de uma sociedade civil prestadora de serviços, ele podia examinar o tema, de acordo com as convicções que tinha a respeito, pelo que não se identifica ofensa aos arts. 319, *caput*, e 334, III, do CPC.

No tocante ao segundo tema – a possibilidade ou não de falência de sociedades civis prestadoras de serviço – tenho que correta a decisão *a quo*, porquanto não existe, aqui, a figura do comerciante, e nem, tampouco, está a recorrida inscrita na Junta Comercial, circunstância que a distingue, portanto, da situação enfrentada no REsp n. 198.225-PR (Rel. p/Acórdão Ministro Carlos Alberto Menezes Direito, 3ª Turma, por maioria, *DJU* 28.10.2002).

Registro que também não foi destacado no acórdão que a recorrida praticava atos típicos de comércio, tratando-se de mero disfarce o seu registro como civil, de sorte que à míngua de tal elemento, não há como chegar-se a conclusão diversa sem a revisão do quadro fático, o que é vedado ao STJ, por força dos óbices das Súmulas ns. 5 e 7.

Pertinentes, pois, os judiciosos argumentos lançados no parecer ministerial à fl. 188, *verbis*:

> 12. Ultrapassada a questão da revelia induzir obrigatoriamente o provimento da pretensão, examina-se a possibilidade de decretação da falência de sociedade civil, que boa parte da doutrina reputa como insuscetível de decretação de falência, exceto em poucos casos, onde fique constatado o exercício de atividade predominantemente comercial por aquela sociedade.
>
> 13. Observa-se que tal posicionamento confere maior flexibilização ao instituto, possibilitando a instituição do concurso de credores e um leque mais amplo de sociedades, que não apenas aquelas que sejam efetivamente consideradas comerciais.
>
> 14. Contudo, no caso em exame, o Juízo Monocrático reconheceu expressa-

mente que o requerido não era comerciante, e que a requerente não havia demonstrado efetivamente ser o réu comerciante, ou que exercesse atos que pudessem ser reputados de mercância, o que o levou a não decretar a falência por ausência de requisito, qual seja, a qualidade de comerciante.

15. Assim, entendemos que para alterar a qualificação baseado nos fatos, que inclusive afastou a presunção de veracidade induzida pela revelia, será necessário reexaminar a prova e vislumbrar se o requerido exercia suas atividades precípuas, como comerciante ou como prestador de serviços, o que é inviável a teor da Súmula 07/STJ.

Ante o exposto, não conheço do recurso especial.

É como voto.

Certidão de julgamento – 4ª T. – Número Registro: 2000/0000350-6 – REsp 244.497-PR (números origem: 16821 715911 7159199)

Pauta: 20.6.2006 – j. 20.6.2006

Rel. Exmo. Sr. Ministro Aldir Passarinho Junior

Presidente da Sessão Exmo. Sr. Ministro Jorge Scartezzini

Subprocurador-Geral da República Exmo. Sr. Dr. Durval Tadeu Guimarães

Secretária Bela. Claudia Austregésilo de Athayde Beck

Autuação

Recte.: Adriane Szpatowski

Advs.: Humberto R. Constantino e Outros

Recda.: Marco Antônio Miyazaki

Advs+.: Pedro Paulo Pamplona e Outros

Assunto: Comercial – Falência – Pedido

Certidão

Certifico que a egrégia 4ª Turma, ao apreciar o processo em epígrafe na sessão realizada nesta data, proferiu a seguinte decisão:

A Turma, por unanimidade, não conheceu do recurso, nos termos do voto do Sr. Ministro Relator.

Os Srs. Ministros Jorge Scartezzini, Hélio Quaglia Barbosa, Massami Uyeda e Cesar Asfor Rocha votaram com o Sr. Ministro Relator.

Brasília, 20 de junho de 2006.

Claudia Austregésilo de Athayde Beck, Secretária.

Comentários de

Renato Ventura Ribeiro

A decisão aborda os critérios para decretação ou não de falência de sociedade civil. Dependendo da atividade exercida, a sociedade civil pode ou não estar sujeita à falência. A título ilustrativo, duas decisões relativamente recentes da Câmara Especial de Falências e Recuperações do Tribunal de Justiça de São Paulo, proferidas no mesmo dia (30.11.2005) pelo mesmo relator (Desembargador Boris Kauffmann), ambas analisando pedido de falência de sociedade civil: uma concluiu pela impossibilidade (Ap. 418.745-4/7-00) e outra pela possibilidade (Ap. 350.478-4/3-00), ambas fundamentadas na atividade exercida pela sociedade. Isto, por si só, mostra a dificuldade e importância do tema, justificando-se a escolha da decisão em comento.

No caso julgado, foi requerida a falência de uma sociedade civil de assistência odontológica (Oralprev Assistência Odontológica S/C Ltda.). Mesmo havendo revelia, o juiz extinguiu o feito sem o julgamento do mérito. Primeiro, porque a revelia não atinge questões de direito. Segundo, porque não restou provado que a requerida era comerciante de direito (inscrita como tal na Junta Comercial) nem de fato (exercício de atos de comércio).

O Tribunal de Justiça do Estado do Paraná manteve a decisão, em julgado com a seguinte ementa: "Inviável o pedido de falência contra sociedade civil. Assim expressamente denominada no seu contrato social, sem registro na junta comercial e sem a prova da prática habitual de atos de comércio". No Superior Tribunal de Justiça, não foi conhecido o recurso especial, por entender cuidar-se de matéria fática (prova de ser a sociedade requerida empresária ou não), análise que extrapola sua competência, nos termos da Súmula n. 7 da Corte.

Antes dos comentários, algumas observações iniciais merecem ser feitas.

A falência é instituto típico de direito comercial. Portanto, para saber quais as empresas ou atividades estão sujeitas à falência, deve-se verificar se elas são ou não reguladas pelo direito comercial.

O objeto do direito comercial, ou seja, as pessoas e atividades a ele sujeitas, sofreu variações ao longo da evolução histórica da disciplina, que se divide em três fases: subjetiva, objetiva e mista ou empresarial.

Na primeira fase, denominada subjetiva, o direito comercial somente é aplicado aos sujeitos que ostentam a condição de comerciantes, sendo considerados como tais os membros das corporações. Cuida-se do período inicial do direito comercial, marcado por sua aplicação exclusiva aos comerciantes. Neste período surge o instituto da falência, adotado no âmbito das corporações, como forma de punição e expulsão de seus membros.

Na segunda fase, chamada objetiva, que tem como marco inicial o Código Comercial francês de 1807, o direito comercial passa a ser aplicado a todos aqueles que praticam atos de comércio, sendo ou não comerciantes regulares. Trata-se do reconhecimento da realidade fática pelo Ordenamento Jurídico, a partir do conceito legal de atos de comércio, previsto no art. 632 da referida codificação. Com base na nova orientação, pode-se estender a aplicação de institutos de direito comercial, como a falência, às pessoas e às sociedades civis que exerçam, mesmo irregularmente, atividades comerciais.

Na fase atual, o objeto do direito comercial é a empresa, a atividade organizada para produção de bens e serviços ao mercado. A idéia de empresa engloba a prestação de serviços quando exercida com a organização de fatores de produção. Portanto, a atividade empresarial abrange tanto atividades civis quanto comerciais. O elemento caracterizador da empresa é a organização e não o exercício exclusivo de atividades comerciais.

Como ponto de convergência entre as três fases, a preocupação em estabelecer o que será regulado pelo direito comum e o que será objeto do direito específico, o direito comercial.

A partir da segunda fase, como já dito, começa a ser admitida a aplicação de institutos de direito comercial a atividades civis. E isto passou a ser reconhecido pela legislação. Um exemplo é a caracterização das sociedades anônimas exclusivamente como sociedades comerciais, mesmo que exerçam apenas atividades civis (Lei 6.404/1976, art. 2º). Outro é a extensão da ação renovatória de locação às sociedades civis com fins lucrativos (Lei 8.245/1991, art. 51, § 4º), já adotada pela jurisprudência antes da norma legal, demonstrando o reconhecimento de estabelecimento empresarial.

Para tanto, passou-se a considerar o objeto do direito comercial por dois critérios: forma e atividade exercida.

Pelo critério da forma, devem ser disciplinadas pelo direito comercial todas as sociedades comerciais, mesmo que exerçam apenas atividades civis. Com isto, independentemente das atividades exercidas (mesmo que só civis), em razão da forma, a sociedade submete-se à aplicação das leis comerciais.

No direito positivo brasileiro, um exemplo de predominância da forma sobre a atividade encontra-se no já mencionado art. 2º da Lei 6.404/1976. Na jurisprudência, exemplo bastante ilustrativo é, dentre outras, a seguinte decisão do E. Superior Tribunal de Justiça: "Falência. Duplicata de prestação de serviços. Sociedade por cotas de responsabilidade limitada, registrada na Junta Comercial. Precedentes da Corte. 1. Está sujeita ao pedido de falência a empresa prestadora de serviços, organizada como sociedade por cotas de responsabilidade limitada, devidamente registrada na Junta Comercial" (REsp 198.225-PR, 3ª T., Rel. Ministro Ari Pargendler, Rel. para acórdão Ministro Carlos Alberto Direito, j. 6.6.2002, *DJU* 28.10.2002, p. 308).

Conforme o critério da atividade exercida, está sujeita à aplicação das regras de direito comercial toda pessoa ou sociedade que exerçam atividades mercantis, inclusive as pessoas físicas não inscritas como empresárias e as sociedades civis. Trata-se do reconhecimento legal da realidade fática, sobrepondo-se à situação formal, característica que originou a evolução do direito comercial da primeira para a segunda fase histórica, como visto acima, expressa na disposição do art. 632 do Código Comercial francês de 1807. A título de exemplo, invocamos as duas decisões mencionadas no primeiro parágrafo do presente trabalho.

Como a antiga lei falimentar dispunha que devia ser considerado falido um "comerciante" (Decreto 7.661/1945, art. 1º), a jurisprudência entendia que era tido como tal não só a sociedade com forma de comercial, mas a sociedade civil que praticasse atos de comércio. Ou seja, não só o comerciante de direito, mas também o de fato. Por todas, a seguinte decisão: "Se a sociedade estatutariamente definida como civil exerce habitualmente atos de intermediação de produtos com intuito de lucro, caracteriza-se como comerciante de fato, sujeitando-se, portanto, à Lei de Falências, que se dirige aos comerciantes em geral e não apenas àqueles que como tais se matriculam" (*RT* 632/100). Outra decisão interessante admite a falência de administradora de consórcio, sociedade civil prestadora de serviços, em razão de ser ela fiscalizada pelo Banco Central: "Empresa administradora de consórcio, ainda que declarada sociedade civil em seu estatuto e submetida à fiscalização do Banco Central, submete-se à Lei de Falências" (*JTJ* 214/65), apesar de outra decisão ter entendido pela não aplicação da falência, dada a natureza civil da atividade (*RT* 485/65).

Com a terceira fase do direito comercial, na qual a disciplina se encontra focada na noção de empresa, também muda o objeto do direito falimentar. Como o conceito de empresa abrange a prestação de serviços de forma organizada, passam a estar sujeitas à falência também as sociedades prestadoras de serviço que explorem suas atividades empresarialmente.

Neste sentido, o direito comparado traz diversos exemplos. Em Portugal, o revogado Código dos Processos Especiais de Recuperação da Empresa e de Falência considera empresa toda organização dos fatores de produção destinada ao exercício de qualquer atividade agrícola, comercial, industrial ou de prestação de serviços (Decreto-lei n. 132/1993, art. 2º). O novo Código da Insolvência e da Recuperação de Empresa mantém entendimento semelhante, considerando empresa toda organização de capital e de trabalho destinada ao exercício de qualquer atividade econômica (Decreto-lei 53/2004, art. 5º). A lei de insolvência alemã de 1994 (*Insolvenzordnung*) abrange a sociedade civil (§ 11, 2, 1).

No Brasil, a atual lei prevê a disciplina da falência do "empresário e da sociedade empresária" (Lei 11.101/2005, art. 1º). O Código Civil define empresário como aquele que exerce profissionalmente atividade econômica organizada para a produção ou a circulação de bens e serviços, excluindo quem exerce profissão intelectual, de natureza científica, literária ou artística, salvo se o exercício do profissional constituir elemento da empresa (art. 966 e parágrafo único). No artigo seguinte (art. 967), apresenta um retrocesso à segunda fase do direito comercial, ao apontar como obrigatória a inscrição do empresário no Registro Público de Empresas Mercantis, dando a entender ser empresária somente aquele regularizado na Junta Comercial.

No entanto, para fins de falência, conforme jurisprudência anterior e em consonância com a visão moderna do direito comercial (segunda e terceira fases históricas), deve ser tido como empresário aquele que se enquadra na definição do art. 966 do Código Civil, esteja ou não inscrito no órgão competente. E o fato da sociedade exercer atividade econômica com fim lucrativo, por si só, não a caracteriza como empresária, em razão das exceções previstas no art. 966 do Código Civil (TJSP, Ap. Civ. 360.281-4/2-00, Rel. Desembargador Pereira Calças, j. 24.8.2005).

Feitas as observações iniciais, passa-se à análise do caso concreto.

Quanto ao mérito da decisão proferida em primeiro e segundo grau, deve-se ressaltar que ambas as decisões não são contrárias à decretação de falência de sociedade prestadoras de serviços. Apenas entendem que, para tanto, mister que a sociedade seja caracterizada como comerciante (para usar o termo da então lei falimentar vigente quando da propositura da ação) ou empresária. E isto pode ocorrer pela forma adotada (sociedade inscrita no registro empresarial) ou pela atividade (prática habitual de atos mercantis). Conforme orientação da segunda fase da evolução do direito comercial, admite-se a falência de sociedade civil que pratique atos de comércio. Para tanto, impõe-se ao autor do pedido de falência o ônus da prova.

Uma questão importante e que pode gerar dúvidas e controvérsia não foi abordada pelas decisões: a natureza da dívida. Mesmo se a dívida for originária do desempenho de atividades civis, pode ser objeto de pedido de falência se a sociedade tiver forma comercial. Isto porque a sociedade inscrita no registro de comércio se sujeita às normas de direito comercial, mesmo se exercer exclusivamente atividades civis. Porém, sendo sociedade civil e a dívida objeto do pedido de falência decorrer de atividades civis, resta a dúvida sobre a possibilidade ou não de aplicação das normas comerciais. Dada a omissão do caso concreto em comento, dá-se a entender que sendo a sociedade comercial pela forma ou atividade exercida, qualquer dívida pode ser objeto de pedido de falência. Mas tal posição não é pacífica.

Um primeiro entendimento pode ter como base a predominância ou não de atividades mercantis. Neste caso, havendo preponderância de atividades mercantis, o requerido (pessoa física ou sociedade civil) deverá ser tido como empresário e, portanto, sujeito à falência. Mas, se a sociedade civil praticar eventualmente atos de mercancia, não se desnatura como tal, para aqueles que entendem que importa a atividade principal por ela exercida (como em *RT* 462/81). Tal posição oferece, no mínimo, duas dificuldades. A primeira é a prova, pelo autor, da preponderância de atividades mercantis. Em alguns casos, isto pode demandar a necessidade de exame dos livros empresariais e, portanto, a dilatação da instrução probatória para análise ou não do pedido. O que é incompatível com o ônus da prova pelo autor e com a celeridade processual.

O segundo problema é a dívida ser oriunda de atividade civil. Em tese, não deve ser objeto do pedido de falência a dívida de sociedade civil decorrente de exercício de atividade civil. Contra-argumentando, pode-se dizer que mesmo sendo a dívida decorrente de atividade civil, a preponderância de atividades mercantis justifica a adoção da lei falimentar, por caracterizar atividade empresarial. Porém, em tese, tal entendimento esbarra em uma questão simples (embora com prova que pode ser complexa): se as atividades mercantis tiverem gerado lucros e as civis prejuízos, a causa da insolvência decorre do exercício das últimas. Com isto, ter-se-ia a aplicação de lei falimentar a dívida objeto de atividade civil e numa situação de insolvência gerada por atividades civis.

Daí talvez ser preferível a aplicação da lei falimentar apenas aos casos em que a dívida objeto do pedido de falência decorrer de atividades mercantis. Isto facilita a prova da atividade empresarial pelo credor e elimina dúvidas quanto ao objeto do processo falimentar.

Assim como a nova lei falimentar deveria ter enfrentado todas as questões, especificando o que pode ou não ser objeto do pedido de falência, também o posicionamento jurisprudencial deveria ser mais claro, de forma a esclarecer os aspectos abordados. Foi o que faltou na decisão em comento.

Pareceres

RECUPERAÇÃO JUDICIAL – SOCIEDADES ANÔNIMAS – DEBÊNTURES – ASSEMBLÉIA GERAL DE CREDORES – LIBERDADE DE ASSOCIAÇÃO – BOA-FÉ OBJETIVA – ABUSO DE DIREITO – *CRAM DOWN* – *PAR CONDICIO CREDITORUM*

PAULO FERNANDO CAMPOS SALLES DE TOLEDO

1. Consulta. 2. A exposição dos fatos. 3. Algumas palavras sobre debêntures. 4. A propósito da assembléia geral de credores. 5. A liberdade negativa de associação. 6. Breve referência ao princípio da boa-fé objetiva. 7. O abuso de direito. 8. A "par condicio creditorum". 9. O "cram down" e a "par condicio creditorum". 10. Respostas aos quesitos.

1. Consulta

O Escritório J. M. e W. M. Advogados Associados, em nome de sua constituinte Fundação *P*, honra-me com a seguinte Consulta:

"A Fundação *P* é credora da *E S/A Indústria e Comércio* no valor de aproximadamente R$ 78 milhões, representado por debêntures.

"Em abril de 2003, a *E* impetrou concordata preventiva perante o MM. Juízo da 3ª Vara Cível da Comarca de Salto – Estado de São Paulo, sem, no entanto, incluir o crédito da *P* dentre os atingidos pelos efeitos da concordata. Contudo, movida a competente habilitação de crédito pelo agente fiduciário dos debenturistas, foi o crédito da *P* admitido ao quadro geral de credores.

"Antes, porém, que fosse obrigada a efetuar o depósito judicial do crédito da *P*, a *E* convolou sua concordata preventiva em ação de recuperação judicial e obteve o deferimento de seu processamento, interrompendo o procedimento concordatário e iniciando o previsto pela nova Lei n. 11.101/2005.

"Nos autos da recuperação judicial, a *E* apresentou plano de recuperação que propunha o pagamento dos créditos representados por debêntures em dinheiro, ou mediante a conversão das debêntures em ações da Devedora, a critério exclusivo do credor. Um grupo coeso de instituições financeiras credoras apresentou objeção a determinados aspectos do plano de recuperação proposto pela *E*, e, em virtude deste fato, foi convocada a assembléia geral de credores para deliberar sobre o plano.

"Na assembléia geral, após a suspensão dos trabalhos para o exame das objeções pela *E*, a Devedora manifestou-se favoravelmente às modificações propostas pelas instituições financeiras desde que outras alterações, jamais discutidas anteriormente, fossem também aprovadas pelos credores. Ocorre que a principal destas novas alterações ao plano de recuperação consistia justamente em mudança na forma de pagamento dos credores debenturistas. De acordo com o novo plano apresentado pela *E* durante a assembléia geral, o crédito representado por debêntures deixaria de ser pago em dinheiro ou em ações, a critério do credor, para passar a ser pago exclusivamente pela sua conversão em ações da Devedora. Os debenturistas, assim, passariam a ser os únicos credores da *E* obrigados a se tornar acionistas da Companhia, enquanto todos os demais estariam a receber seus créditos em dinheiro ou bens imóveis.

"Unindo-se as instituições financeiras e a *E* em torno desta até então inédita proposta, acabou o plano de recuperação por ser aprovado pela assembléia geral de credores. Ressalte-se, neste passo, que as instituições financeiras detinham a maioria dos créditos das classes II e III da assembléia geral, de modo que o voto contrário da *P* não foi suficiente para impedir a aprovação do plano. Significa isto dizer que o plano aprovado previa tratamento diferenciado a credores de uma mesma classe e sua aprovação decorreu exclusivamente do voto dos credores por ele melhor aquinhoados em seus interesses e contrariamente ao voto do único credor a quem foi imposto o recebimento integral de seu crédito em ações da Devedora.

"Contra a decisão que homologou o plano e concedeu a recuperação judicial, a *P* interpôs agravo de instrumento, através do qual obteve liminar de suspensão dos efeitos da decisão concessiva da recuperação judicial. O agravo continua pendente de julgamento.

"Assim, com o objetivo de instruir o agravo de instrumento e a ação de recuperação judicial, submetemos a V.Sa. as seguintes questões:

"1. O voto proferido pelo credor em assembléia geral é totalmente livre ou deve ser proferido de modo a cumprir com os objetivos da Lei n. 11.101/2005? O voto que contrariar os objetivos da Lei pode ser tido por abusivo? O plano aprovado em assembléia geral pode deixar de ser homologado pelo juízo da recuperação judicial se aprovado em abuso do direito pelos credores votantes?

"2. Houve abuso do direito de voto na assembléia geral da *E*, através da qual a maioria dos credores aprovou plano que confere tratamento desigual e desfavorecido à *P*?

"3. É lícito conferir aos credores debenturistas um tratamento desfavorecido em relação aos demais credores da classe III sem qualquer justificativa para isto? É lícito dividir os credores das três classes previstas na Lei em subclasses, conferindo-lhes tratamento diferenciado e permitindo que os credores incluídos em determinada subclasse favorecida pelo Plano, titulares da maioria dos créditos da classe III, decidam pela aprovação do Plano, contrariamente ao voto proferido pela maioria dos credores da subclasse desfavorecida?

"4. É lícito sacrificar alguns dos credores para favorecer a outros, sob o argumento de que o credor prejudicado não apresentara objeção ou propusera modificações ao Plano originalmente apresentado pela devedora?

"5. Há outros pontos relevantes a serem destacados?"

2. A exposição dos fatos

A *E* S/A Indústria e Comércio (*E*) emitiu, no dia 1º de maio de 1997, debêntures subordinadas conversíveis em ações, com vencimento fixado para 1º de maio de 2007. A conversão poderia dar-se "a qualquer momento a partir da data da subscrição, à opção dos debenturistas" (cf. cláusula 12 da escritura de emissão).

A quinta emissão (de interesse na hipótese) fez-se em série única, e foram dois os subscritores: a Fundação *P* (*P*), e o Banco *B* S/A (*B*). A primeira subscreveu 3.450 debêntures e o segundo 1.000.

A *E* veio a impetrar concordata preventiva, e, nesta, a *OT S/A*, na qualidade de agente fiduciário, habilitou o crédito dos debenturistas, no valor total de R$ 72.300.408,00, correspondendo R$ 51.343.768,00 ao crédito da *P* e R$ 20.956.640,00 ao do *B*. Este preferiu apresentar sua própria habilitação de crédito, de modo que, no procedimento acima mencionado, somente se determinou a inclusão do crédito da *P* no quadro geral de credores da concordata.

Posteriormente, o processo de concordata foi extinto, uma vez que, entrando em vigor a Lei 11.101, de 9 de fevereiro de 2005 (Lei de Recuperação de Empresas e Falências, ou LRE), a devedora impetrou recuperação judicial, envolvendo os créditos submetidos à concordata. Deferido o processamento da recuperação, impunha-se a extinção da medida antes ajuizada.

O plano de recuperação da *E* previa originalmente, quanto aos debenturistas, o pagamento destes em três parcelas bimestrais, o que se faria por meio da dação em pagamento de duplicatas, no valor total aproximado de R$ 6,7 milhões. Além disso, os titulares de debêntures receberiam 27% das cotas do capital de sociedade a ser constituída, cujo patrimônio seria formado por 11 fazendas de reflorestamento, e um imóvel urbano. Teriam, com isso, participação em atividade florestal a ser desenvolvida pela *E* nessas fazendas, que lhe seriam arrendadas pela empresa acima referida.

Propunha-se, ainda, alternativamente, a conversão, no todo ou em parte, das debêntures em ações da devedora. Isto, evidentemente, a critério dos debenturistas (cf. pp. 6 e 7 do plano de recuperação).

Algumas instituições financeiras credoras apresentaram objeções. Designada assembléia geral de credores, os bancos impugnantes (*I BBA*, *I*, *B* e *U*) propuseram alterações ao plano. Basicamente, os credores foram agrupados segundo a forma de equacionamento proposta. Assim, os proponentes, integrantes das classes I e II segundo a divisão prevista na Lei de Recuperação de Empresas, compunham o Grupo A, prevendo-se, para eles, que o pagamento seria em parte parcelado e em parte objeto de dação de fazendas de reflorestamento.

Os debenturistas – *P* e *B* – por sua vez, formavam o Grupo B, estabelecendo-se, para eles, o pagamento em 48 parcelas mensais. Quanto aos demais credores, aos quais correspondiam os Grupos C, D, E, e F, manteve-se fundamentalmente o plano original.

Ainda na assembléia, a devedora, embora salientando que a proposta apresentada pelos bancos alterava 80% dos créditos e influía na liquidez da empresa, manifestou sua aquiescência, desde que fossem aprovadas novas modificações no plano. A principal dizia respeito aos debenturistas, que passariam a ser pagos exclusivamente pela conversão de seus créditos em ações da *E*. Os demais credores receberiam em dinheiro ou imóveis.

A *P* pronunciou-se contrariamente, argumentando que o plano submetido à deliberação dava "tratamento diferenciado a credores da mesma classe", infringindo o disposto na Lei de Recuperação de Empresas. O plano, contudo, na sua última versão, foi aprovado. Na classe integrada pelos debenturistas, votaram favoravelmente os titulares de 77,5% dos créditos, sendo voto vencido a *P*, credora dos restantes 22,5%.

Cumpre notar que as instituições tinham maioria de votos nas classes II e III, e que inexistia a classe I. Observe-se, ainda, que, em especial na classe III, os credores receberam tratamento diferenciado, e que a *P* foi a única a receber seu crédito somente em ações (o *B* tinha também créditos da classe II).

A *P* peticionou nos autos, pleiteando a rejeição do plano, fundado no tratamento desigual aos credores e na imposição de prejuízo a um credor, "em favor de todos os demais".

A MM. Juíza, apreciando a hipótese, salientou não ter sido irregular a aprovação pela assembléia geral de credores (AGC) da contraproposta apresentada pela devedora, assinalou que a LRE "não exige que os credores obtenham a satisfação de seus créditos de modo uniforme", e que foi idêntico ao da *P* "o pagamento do outro credor quirografário por debêntures". Diante disso, homologou o plano aprovado pela AGC e concedeu a recuperação judicial. Opostos embargos de declaração, foram rejeitados.

Contra essa r. decisão a *P* interpôs agravo, ora em processamento. Entre outros fundamentos, alega, no que diz respeito à presente Consulta, terem sido desobedecidos os princípios da igualdade e da *par condicio creditorum*, ante o tratamento diferenciado conferido aos credores da classe III. Acrescenta ter-se verificado abuso de direito, por parte das instituições financeiras credoras, em conluio com a devedora, ao aprovar plano que beneficia as primeiras e prejudica só as debenturistas, especialmente a Agravante. Aduz que o plano a obriga a conceder, contra sua vontade, um deságio de mais de 90%. Pleiteia seja cassada a r. decisão e determinada a realização de nova assembléia.

O eminente Desembargador Relator, com base, precipuamente, na seriedade do "fundamento a respeito do tratamento desigual conferido aos credores de uma mesma classe", concedeu efeito suspensivo ao recurso. Foi, desse modo, suspensa a execução do plano e determinada a sustação dos pagamentos e da conversão das debêntures (f. 395-396).

Manifestou-se o n. Administrador Judicial pela manutenção da r. decisão, salientando não ter havido desigualdade entre os debenturistas (f. 403-411).

A Agravada, em sua contraminuta, alega que, no plano original, os credores foram divididos por categorias, independentemente da natureza jurídica, às quais foram oferecidas formas diferentes de pagamento. Observava que a *P*, na objeção (intempestiva) apresentada, não se insurgiu contra o tratamento diferenciado aos credores quirografários, de modo que não poderia fazê-lo na AGC, e, assim, ao mudar de idéia, ofendeu o princípio da boa-fé. Anota que o menor deságio é o dos debenturistas, pois as ações, após a aprovação do plano, valorizaram-se 130% (f. 413-436).

As instituições financeiras (*B*, *U* e *I BBA*) também ofereceram resposta ao agravo (respectivamente f. 449-466, 537-546 e 570-576), cumprindo salientar que a segunda, entre outros argumentos, ponderou que a lei distingue os créditos quirografários dos subordinados, o que justifica o tratamento diferenciado.

Pela r. decisão de f. 568 foi mantida a liminar, com a observação de que o tratamento diferenciado "parece constituir-se, no caso, abuso de direito".

A d. Procuradoria de Justiça, em Parecer da lavra do Promotor Sérgio Seiji Shimura, manifestou-se pelo provimento do recurso. Consignou S. Exa. não ser possível "obrigar alguém a ser acionista (...) contra a sua vontade", concluindo ter sido ofendida a garantia prevista no art. 5º, inciso XX, da Constituição Federal (f. 586-597).

3. Algumas palavras sobre debêntures

O crédito da Consulente teve origem, como foi visto, na subscrição de debêntures emitidas pela *E*. Conveniente, portanto, que a análise da hipótese tenha início com a abordagem de pontos que particularizam essa espécie negocial, e que sejam úteis para a exata compreensão do problema posto.

A emissão de debêntures é, como se sabe, fonte de recursos para as sociedades anônimas, normalmente a um custo menor do que o correspondente nos empréstimos ou financiamentos bancários. Pela relevância de que se revestem, as debêntures mereceram do legislador societário uma disciplina pormenorizada. Assim é que os debenturistas, que confiaram na companhia e lhe concederam crédito, fazem jus a um tratamento legal que os diferencia dos demais credores.

Cabe aqui mencionar alguns pontos. O primeiro refere-se à possibilidade de participação direta dos debenturistas na vida societária da companhia emitente, em determinadas situações. A Lei das Sociedades Anônimas (LSA) contém duas normas específicas prevendo decisões que só podem ser tomadas com a aprovação dos titulares de debêntures.

Uma dessas normas reporta-se à alteração estatutária para mudança do objeto social, ou criação de ações preferenciais ou modificação de vantagem das existentes, em prejuízo das ações em que são conversíveis as debêntures.[1] Essas alterações, enquanto o direito à conversão puder ser exercido, só podem ser feitas mediante aprovação dos debenturistas, em assembléia especial, ou de seu agente fiduciário.[2]

A outra regra expressa é a do art. 231 da Lei das S/A, no qual se lê depender de autorização dos debenturistas, reunidos em assembléia especial, a reorganização societária (*i.e.*, incorporação, fusão ou cisão) de companhia emissora de debêntures em circulação.[3]

Ou seja: tão relevante é, reconhecidamente, o papel dos debenturistas nas sociedades de que são credores, que depende da anuência expressa deles a tomada de deliberação acerca de questões vitais para a empresa. Mas, além disso, a LSA prevê ainda uma norma genérica, estabelecendo que poderão os debenturistas reunir-se em assembléia especial para deliberar sobre "qualquer matéria de interesse da comunhão".[4]

"A companhia", dispõe o art. 53 da LSA, "poderá efetuar mais de uma emissão de debêntures, e cada emissão pode ser dividida em séries". Acrescenta o parágrafo único desse dispositivo que "as debêntures da mesma série terão igual valor nominal e conferirão a seus titulares os mesmos direitos". Aqui se fixa regra de magna importância: a da igualdade entre os debenturistas da mesma série. Ou seja: as diversas séries podem oferecer diferentes direitos aos debenturistas, mas, no seio de cada uma delas, deve-se observar o tratamento igualitário entre os credores. Na síntese de José Edwaldo Tavares Borba, "a regra é a da igualdade dentro da série, mas não entre as séries".[5]

As deliberações dos debenturistas são tomadas em assembléias especiais, como já se referiu. Impõem-se algumas considerações a respeito. Em regra, prevalece nas deliberações a observância do princípio da maioria, à qual devem submeter-se os dissidentes minoritários. Esta regra, no entanto, comporta exceções, como se verá a seguir.

Com efeito, quando a deliberação da assembléia especial disser respeito à aprovação de modificações nas condições das debêntures, "a escritura de emissão estabelecerá a maioria necessária, que não será inferior à metade das debêntures em circulação".[6] Cumpre, no entanto, mais do que isto, distinguir as condições acessórias das substanciais, como observa Tavares Borba, acrescentando serem "essas últimas modificáveis *mediante manifestação unânime dos debenturistas*",[7] e isto por terem "conteúdo patrimonial estrito", pertencendo "à

1. Lei das S/A, art. 57, alíneas *a* e *b*.
2. Lei das S/A, art. 57, *caput*.
3. Essa autorização apenas será dispensada quando se assegurar, aos debenturistas que o desejarem, o resgate de suas debêntures, "durante o prazo mínimo de seis meses a contar da data da publicação das atas das assembléias relativas à operação" (Lei das S/A, art. 231, § 1º).
4. LSA, art. 71.
5. *Direito Societário*, 10ª ed., Rio de Janeiro, Renovar, 2007, n. 111, p. 289.
6. LSA, art. 71, § 5º.
7. Sem destaque no original.

órbita dos direitos individuais dos debenturistas".[8]

As condições substanciais das debêntures dizem respeito, acrescenta o mesmo Autor, à "própria essência do direito de crédito". Este será diretamente afetado, se as modificações o reduzirem ou cancelarem. Um outro exemplo, este particularmente significativo: a "permuta compulsória das debêntures em ações", uma vez que o direito de crédito estaria sendo substituído pelo de participação na sociedade, alterando-se, pois, sua substância.[9] Não faz sentido, em todos esses casos em que o direito do credor é substancialmente atingido, que terceira pessoa o obrigue a, contra sua vontade, deixar de exercê-lo. Pela própria natureza do direito de crédito, somente seu titular pode dele dispor.

O direito francês, que disciplina pormenorizadamente a matéria em foco, veda, de modo expresso, às assembléias gerais de debenturistas (*obligataires*), aprovar a conversão das debêntures (*obligations*) em ações.[10] Ressalva apenas que, em caso de *redressement judiciaire*,[11] pode o titular de valor mobiliário emitido pela companhia exercer o direito à atribuição de uma cota-parte do capital social, no prazo e nas condições previstas no plano.[12] Note-se que se dá ao credor a faculdade de exercer o direito, o que significa que a conversão não lhe é imposta, nem mesmo nesse caso.

Em apoio à tese supra, pode-se ainda aduzir que, no direito espanhol, a doutrina e a jurisprudência, de um modo geral, entendem, com base na distinção entre condições essenciais e acessórias, que apenas estas podem ser modificadas pela assembléia geral de debenturistas (*obligacionistas*). Nesse sentido a lição de Domínguez García.[13]

Um último tópico a ser enfocado, quanto às debêntures, refere-se à atuação do agente fiduciário, face à comunhão de debenturistas. Tem ele legitimidade exclusiva para agir em nome dos debenturistas, "em todas as matérias de interesse comum".[14] A cada um dos credores, por sua vez, cabe a defesa de seus interesses estritamente individuais. O direito dos debenturistas é coletivo, correspondendo a uma comunhão de interesses, que não podem, por formarem um todo cujas partes componentes são indissociáveis, ser defendidos fracionadamente. Essa comunhão é representada exclusivamente, por força expressa de lei, pelo agente fiduciário.[15]

A exclusividade da representação somente deixa de existir quando o debenturista estiver agindo na defesa de seus interesses individuais, o que pode ocorrer, por exemplo, quando "a sociedade", conforme lembra Mário Engler Pinto Jr., com respaldo em Taithe e Sichel, "se recusa ao pagamento do crédito de determinado obrigacionista, não o fazendo em relação aos demais".[16]

Impõe-se a apontada exclusividade, uma vez que, se o debenturista tivesse legitimação concorrente – ensina Modesto Carvalhosa – "poderia ele visar a obtenção de pagamento antecipado apenas de sua

8. *Das Debêntures*, Rio de Janeiro, Renovar, 2005, n. 37, pp. 146-147.

9. Ob. e loc. cits. (nt. 8, supra), pp. 147-148.

10. Código de Comércio, art. L. 228-68, alínea 2.

11. Uma das modalidades de recuperação judicial, ao lado da *sauvegarde des entreprises*.

12. Nesse sentido dispõe o art. L. 228-106 do Código de Comércio.

13. Manuel Antonio Domínguez García, *La Emisión de Obligaciones por Sociedades Anónimas*, Navarra, 1994, *apud* José Edwaldo Tavares Borba, *Direito Societário*, cit. (nt. 5, supra), n. 119, nt. 5, p. 308.

14. Cf. Tavares Borba, *Das Debêntures*, cit. (nt. 8, supra), n. 39.2, p. 161, e 39.3, p. 163.

15. LSA, art. 68.

16. André-Gilles Taithe e Robert Sichel, *Obligation Ordinaire, Obligations Convertibles ou Echangeables*, Paris, Joly, 1975, *apud* Mário Engler Pinto Jr., "Debêntures. Direitos de debenturistas. Comunhão e assembléia. Agente fiduciário", in *RDM* 48/30 (out.-dez. 1982).

cota, em prejuízo do princípio da *par conditio*, que é o próprio fundamento do mútuo debenturístico".[17]

A representação conferida ao agente fiduciário estende-se aos processos concursais, deixando de existir, apenas, se a assembléia dos debenturistas deliberar em contrário, consoante dispõe o art. 68, § 3º, alínea *d*, da LSA. Nesse caso, observa Tavares Borba, os credores, ao retirarem do agente fiduciário o poder de representá-los, estariam, *ipso facto*, destituindo-o, "pois nada mais lhe restaria a fazer".[18] Salienta, a propósito, Modesto Carvalhosa, que, a não ser no caso "de expressa *e unânime* manifestação de desistência por parte da comunhão", somente possível nos processos concursais, "a legitimação é exclusiva do agente fiduciário".[19]

4. A propósito da assembléia geral de credores

Observa Fábio Ulhoa Coelho a coexistência, na assembléia, de interesses convergentes e divergentes. A circunstância, naturalmente, reflete-se nas votações assembleares. Assim, na falência, todos estarão de acordo quanto à otimização dos recursos disponíveis. "Mas", acrescenta, "quando em pauta a satisfação do passivo, a divergência de interesses se manifesta: todos querem receber primeiro".[20]

Ora, diante da divergência latente em todas as assembléias (e que somente não se verifica quando as deliberações são tomadas por unanimidade), e da evidente relevância da matéria em discussão nas causas concursais, impõe-se o controle judicial sobre as deliberações assembleares. Por maior que tenha sido, no atual diploma brasileiro, o papel atribuído aos credores, suas decisões devem ser sempre submetidas ao crivo judicial, para que se verifique sua conformidade à ordem jurídica. A solução oferecida às empresas em crise pela LRE efetiva-se necessariamente por um processo judicial (mesmo na recuperação extrajudicial prevê-se o ingresso em juízo). O juiz concursal não é, evidentemente, um simples espectador do andamento dos processos.

Consoante anota Jorge Lobo, a atuação do juiz, no que tange às decisões da assembléia geral de credores, refere-se não só ao controle da legalidade formal, mas também da material ou substancial. Esta compreenderá, por exemplo, a análise da fraude à lei, abuso de direito, acordos contrários à lei, boa-fé objetiva, etc.[21]

Uma questão interessante que se pode formular acerca da assembléia geral de credores refere-se a uma particularidade não prevista expressamente na LRE. Esta determina que o plano de recuperação deve ser aprovado por todas as classes de credores.[22] Isto não ocorrendo, o plano considera-se rejeitado, o que implica no decreto de falência do devedor,[23] a não ser que, preenchidos os requisitos legais (o que não é tão simples), o juiz, aplicando o chamado *cram down*, conceda a recuperação judicial.[24] A regra, portanto, é a da aprovação por todas as classes.

Daí decorre a seguinte indagação: se os credores tiverem sido divididos por subclasses (as quais, por seu turno, integram as classes legalmente estabelecidas[25]), cada uma delas deverá, também, aprovar o pla-

17. *Comentários à Lei de Sociedades Anônimas*, 1º v., 4ª ed., São Paulo, Saraiva, 2002, com. ao art. 68, p. 805.

18. *Das Debêntures*, cit. (nt. 8, supra), n. 41.4, p. 174.

19. Ob. e loc. cits. (nt. 14, supra), pp. 804-805. O destaque não consta do texto citado.

20. *Comentários à Lei de Falências e de Recuperação de Empresas*, 3ª ed., São Paulo, Saraiva, 2005, com. ao art. 35, pp. 85-86.

21. Comentário ao art. 58, n. 2, pp. 172-173, in *Comentários à Lei de Recuperação de Empresas e Falência*, coord. Paulo F. C. Salles de Toledo e Carlos Henrique Abrão, 2ª ed., São Paulo, Saraiva, 2007.

22. LRE, art. 45.

23. LRE, art. 56, § 4º.

24. LRE, art. 58, § 1º.

25. Cf. LRE, art. 41.

no? A situação é de ocorrência concreta muito provável, uma vez que as naturais diferenças entre os credores de uma classe podem levar a que se opte por subdividi-los, até para, desse modo, atingir-se uma distribuição mais justa.

Ora, a mesma lógica que torna exigível a aprovação do plano por todas as classes (a não ser nas hipóteses excepcionais em que se aplique o *cram down*), conduz à inferência de que, em sendo constituídas subclasses, todas elas devam manifestar-se favoravelmente. *Ubi eadem ratio, ibi eadem dispositio.*

A ilação acima encontra apoio no direito norte-americano, sabidamente umas das fontes do nosso diploma legal. Lá, os credores (bem como os sócios ou acionistas da devedora) podem ser classificados em diversas classes, desde que seus créditos ou direitos sejam *substancialmente similares* (*substantially similar*) a todos os demais da mesma classe.[26] Ou seja: a flexibilidade do sistema possibilita que os credores sejam divididos em classes configuradas de um modo tal que equivalem, na verdade, às classes e subclasses antes referidas.

Pois bem: no direito norte-americano o plano, para ser homologado judicialmente, deve necessariamente, além de preencher outros requisitos, ter sido aprovado por todas as classes de credores.[27] Só não precisarão aprová-lo as classes que não tenham sido afetadas (*impaired*) pelo plano. Todas as demais, respeitadas as múltiplas divisões em que tenham sido alocados os credores e titulares de direitos de sócio (ou seja, as classes e subclasses, caso se adotasse a nomenclatura antes enunciada), devem ter aceitado o plano.

5. *A liberdade negativa de associação*

Prosseguindo no exame de pontos úteis para o correto equacionamento da Consulta formulada, cumpre enfocar a garantia constitucional contida no art. 5º, inciso XX, da Lei Magna. De acordo com o disposto nessa norma, "ninguém poderá ser compelido a associar-se ou a permanecer associado". A Constituição Federal, assim como estabelece, sob o ângulo positivo, a liberdade plena de associação,[28] também garante, por outro lado, que ninguém poderá ser obrigado a ingressar numa sociedade ou associação, ou nela permanecer, contra sua vontade.

Há duas precisões a serem fixadas quanto ao dispositivo constitucional acima invocado (art. 5º, inciso XX). A primeira diz respeito à sua extensão subjetiva. Com efeito, a norma está compreendida nas garantias asseguradas "aos brasileiros e aos estrangeiros residentes no País", segundo se lê no *caput* do art. 5º. Seria essa regra aplicável somente às pessoas naturais, ou a garantia em tela se estenderia também às pessoas jurídicas?

A resposta nos é dada por Celso Ribeiro Bastos. A proteção dada "à vida, à liberdade, à igualdade, à segurança e à propriedade",[29] é, segundo esse Autor, "extensiva a todos aqueles que estejam sujeitos à ordem jurídica brasileira". Esses direitos, prossegue, são deferidos não só às pessoas físicas, mas também às jurídicas, uma vez que seria absurda uma interpretação literal, restringindo a proteção às pessoas físi-

26. *US Bankruptcy Code*, § 1.122(a). O dispositivo está assim redigido: "§ 1.122. *Classification of claims or interests.* (a) Except as provided in subsection (b) of this section, a plan may place a claim or an interest in a class only if such claim or interest is substantially similar to the other claims or interests of such class". A ressalva, prevista na mencionada *subsection (b)*, refere-se a créditos de valor reduzido, cuja necessidade de pagamento se imponha por conveniência administrativa.

27. § 1.129(a)(8)(A). Vale a pena reproduzir o texto legal: "§ 1.129. *Confirmation of plan.* (a) The court shall confirm a plan only if all of the following requirements are met: (8) With respect to each class of claims or interests – (A) such class has accepted the plan".

28. Art. 5º, inciso XVII.

29. Constituição Federal, art. 5º, *caput*.

cas. "Em muitas hipóteses a proteção última ao indivíduo só se dá por meio da proteção que se confere às próprias pessoas jurídicas".[30]

Transpondo o ensinamento para a garantia da liberdade de não se associar (inciso XX), infere-se que a norma em tela assegura não apenas o direito de certa pessoa física não integrar sociedade ou associação – ou nela permanecer – contra sua vontade, mas também lhe garante que a sociedade de que ele participe não venha compulsoriamente a fazer parte de outra. Se tanto pessoas naturais como pessoas jurídicas são sujeitos de direitos e de obrigações na ordem jurídica, não faz sentido de que umas sejam titulares de garantias constitucionais, e outras, na mesma situação, não o sejam. Em conseqüência, a melhor interpretação da norma em foco é a que estende a proteção às pessoas jurídicas, ao invés de limitá-la às pessoas físicas.

Uma segunda precisão a ser estabelecida refere-se à abrangência objetiva da norma. Esta, ao aludir ao direito de não se associar ou permanecer associado, estaria fazendo menção exclusivamente às associações, deixando de lado as sociedades?

Também aqui a resposta não pode ser restritiva. A doutrina não diverge a respeito. Cabe citar, por todos, José Afonso da Silva, para quem "a liberdade de associação inclui tanto as *associações em sentido estrito* (em sentido técnico estrito, associações são coligações de fim não lucrativo) e as *sociedades* (coligações de fim lucrativo)".[31]

Pode-se inferir, do texto constitucional, que o legislador garante o direito das pessoas associarem-se, ou não, conforme suas vontades. Ora, o verbo *associar* significa *tornar-se sócio*, como se lê no *Dicionário Aurélio*. Assim sendo, reporta-se à participação não só em associações como também em sociedades. Nem faria sentido conferir o direito de participar ou não de associações, e negá-lo à participação ou não em sociedades.

A garantia em tela abriga um princípio constitucional a ser levado em conta na aplicação das normas jurídicas em geral que envolvam o mesmo tema. Ensina Karl Larenz que as normas constitucionais são hierarquicamente superiores a todas as demais, não podendo, pois, ser contrariadas por estas. Além disso, importa, na interpretação, considerar principalmente os princípios correspondentes aos direitos fundamentais. Assim, dentre várias interpretações possíveis, "sempre obtém preferência aquela que melhor concorde com os princípios da Constituição".[32]

A liberdade de associação insere-se entre os princípios constitucionais relativos aos direitos fundamentais. Essa qualificação gera importantes efeitos e confere às disposições que a consagram lugar proeminente entre as regras constantes da Constituição Federal. A interpretação e aplicação das normas infraconstitucionais pertinentes à matéria devem ser especialmente atentas a essa circunstância. Por outro lado, cabe ainda anotar que os direitos e garantias individuais constituem cláusula pétrea da Constituição, de modo que não será sequer objeto de deliberação a proposta de emenda constitucional tendente a aboli-los.[33]

6. Breve referência ao princípio da boa-fé objetiva

Cumpre também, para o exame da hipótese, ter em mente o princípio da boa-fé objetiva. O Código Civil em vigor o erigiu à categoria de regra aplicável às relações

30. Celso Ribeiro Bastos e Ives Gandra Martins, *Comentários à Constituição do Brasil*, 2º v., São Paulo, Saraiva, 1989, com. ao art. 5º, pp. 4-5.

31. *Curso de Direito Constitucional Positivo*, 24ª ed., São Paulo, Malheiros Editores, 2005, n. 29, p. 267.

32. *Metodologia da Ciência do Direito*, trad. José Lamego, 3ª ed., Lisboa, Calouste Gulbenkian, 1997.

33. Cf. Constituição Federal, art. 60, § 4º, inciso IV.

jurídicas de direito privado, e os juristas brasileiros vem dedicando muitos estudos a respeito. Pretendo aqui apenas salientar alguns aspectos.

O Código Civil trata do tema particularmente em três dispositivos. No art. 113 estabelece que "os negócios jurídicos devem ser interpretados conforme a boa-fé" enquanto no art. 187 serve, no dizer de Gustavo Tepedino e Anderson Schreiber, "como critério para diferenciação entre o exercício regular e o exercício irregular ou abusivo – e, portanto, vedado – de direitos frente à outra parte na relação contratual".[34] Finalmente, no art. 422 determina que os contratantes devam observá-la, tanto na conclusão como na execução dos contratos. Ou seja: a boa-fé objetiva rege as relações negociais desde que são entabuladas até que sejam executadas e, além disso, as controvérsias a propósito devem ser interpretadas à luz desse princípio.

Gustavo Tepedino e Anderson Schreiber conseguem transmitir, em poucas palavras, em que consiste basicamente a boa-fé objetiva. Trata-se, segundo ensinam, de uma "cláusula geral de lealdade e colaboração para o alcance dos fins contratuais".[35] Destacam-se nessa noção as idéias de lealdade e colaboração entre as partes e a remissão à finalidade do contrato.

Costuma-se situar no Código Civil alemão (BGB) a fonte próxima do tratamento dado à boa-fé objetivo no direito brasileiro vigente. Sem contestar esse entendimento, penso que vale a pena lembrar, também, a propósito, a contribuição do Código Civil italiano. Este, no art. 1.337, dispõe que as partes, no desenvolvimento das tratativas e na formação do contrato, devem comportar-se segundo a boa-fé, acrescentando, no art. 1.366, que os contratos devem ser interpretados segundo a boa-fé, e especificando, no art. 1.375, que o contrato deve ser executado segundo a boa-fé.[36]

Judith Martins-Costa, estabelecendo um paralelo com o § 242 do BGB,[37] afirma que "ao conceito de boa-fé objetiva estão subjacentes as idéias e regras que animaram a boa-fé germânica: a boa-fé como *regra de conduta* fundada na honestidade, na retidão, na lealdade e, principalmente, *na consideração para com os interesses do 'alter', visto como um membro do conjunto social que é juridicamente tutelado*. Aí se insere a consideração para com as expectativas legitimamente geradas, pela própria conduta, nos demais membros da comunidade, especialmente no outro pólo da relação obrigacional".[38]

Note-se que tudo se passa no plano objetivo. O que se tem em vista é a conduta do agente. Espera-se que este se conduza de acordo com padrões de lisura e de lealdade. E, de sua maneira de agir, nasce, para os demais partícipes da relação jurídica, a crença de que seus atos futuros seguirão no mesmo rumo. É nítida, como se percebe, a distinção com a boa-fé subjetiva, a qual, para ser reconhecida, exige que se busque captar a intenção do sujeito.

7. O abuso de direito

Convém que se teçam, agora, algumas considerações sobre o abuso de direito. O

34. "A boa-fé objetiva no Código de Defesa do Consumidor e no novo Código Civil", in *Obrigações: Estudos na Perspectiva Civil-Constitucional*, coord. Gustavo Tepedino, Rio de Janeiro, Renovar, 2005, p. 36.

35. Ob. cit. (nt. 34, supra), p. 34.

36. No original os artigos citados estão assim redigidos: "a) 1.337. *Trattative e responsabilità precontratttuale*. Le parti, nello svolgimento delle trattative e nella formazione del contratto, devono comportarsi secondo buona fede; b) 1.366. *Interpretazione de buona fede*. Il contratto deve essere interpretato secondo buona fede; c) 1.375. *Esecuzione di buona fede*. Il contratto deve essere eseguito secondo buona fede".

37. O dispositivo determina que o devedor tem a obrigação de cumprir a obrigação como o exige a boa-fé. No original lê-se: "§ 242. Leistung nach Treu und Glauben. Der Schuldner ist verpflichtet, die Leistung so zu bewirken, wie Treu und Glauben mit Rücksicht auf die Verkehrssitte es erfordern".

38. *A Boa-Fé no Direito Privado*, São Paulo, Ed. RT, 2000, n. 5.2.1, p. 412.

Código Civil, ao tratar dos atos ilícitos, dispõe, no art. 187, que também os comete "o titular de um direito que, ao exercê-lo, excede manifestamente os limites impostos pelo seu fim econômico ou social, pela boa-fé ou pelos bons costumes".

Como se percebe, o que se veda ao agente é que este, ao exercer um direito de que é efetivamente titular, ultrapasse os limites traçados por suas finalidades sociais ou econômicas, pela boa-fé ou pelos costumes. O exercício do direito é, a princípio, regular, mas deixa de o ser, transformando-se em ilícito, quando exercido abusivamente, em desconformidade com um dos parâmetros elencados na norma ora em foco.

Segundo Luiz Gastão Paes de Barros Leães, o abuso de direito ocorre quando o agente desconsidera "a finalidade social para a qual o direito subjetivo foi concedido", ou quando ele o "exerce sem qualquer interesse legítimo. O abuso de direito é, em suma, um desvio no seu exercício regular, seja por faltar ao titular legítimo interesse para exercê-lo daquele modo; seja porque a sua destinação econômica e social tenha sido frustrada".[39]

Observa Pedro Baptista Martins que "à teoria do abuso de direito é que está confiada a importante missão de equilibrar os interesses em luta e de apreciar os motivos que legitimam o exercício dos direitos, condenando, como anti-sociais, todos os atos que, apesar de praticados em aparente consonância com a lei, não se harmonizam, na essência, com o espírito e a finalidade desta mesma lei".[40]

O abuso de direito, ensina Humberto Theodoro Júnior, com apoio na doutrina de Rui Stoco e Irineu Strenger, "se dará sempre que o agente invocar uma faculdade prevista em lei, aparentemente de forma adequada, mas para alcançar objetivo ilegítimo ou não tolerado pelo consenso social".[41]

8. A *"par condicio creditorum"*

O princípio jurídico segundo o qual se deve dar tratamento igualitário aos credores, ou seja, a *par condicio creditorum*, é normalmente associado ao direito falimentar. Nesse campo, com efeito, em que se pressupõe, no plano subjetivo, a existência de uma pluralidade de credores e de um devedor comum, a aplicabilidade do princípio é de fácil intelecção. Mas as situações de concurso não se resumem aos casos de empresas em crise. Assim, outras áreas do Direito igualmente se preocupam com o tema.

O Código Civil brasileiro acolhe o princípio no art. 957, no qual se estabelece que "não havendo título legal à preferência, terão os credores igual direito sobre os bens do devedor comum". Ou seja: a paridade deve ser observada quando forem iguais os direitos, uma vez que se respeita, também, o direito de prelação. No mesmo sentido dispõe o art. 2.741 do Código Civil da Itália, ao tratar do "concurso de credores e causas de prelação: os credores têm igual direito de serem satisfeitos pelos bens do devedor, ressalvadas as causas legítimas de prelação".[42]

Em matéria falimentar, sempre se teve – ao menos até há algum tempo – a *par condicio creditorum* como o "princípio dominante".[43] Carvalho de Mendonça, es-

39. "Conflito de interesses", in *Estudos e Pareceres sobre Sociedades Anônimas*, São Paulo, Ed. RT, 1989, p. 16.

40. *O Abuso de Direito e o Ato Ilícito*, 3ª ed., histórica, Rio de Janeiro, Forense, 1997, p. 7.

41. *Comentários ao Novo Código Civil*, coord. Sálvio de Figueiredo Teixeira, v. III, t. II, Rio de Janeiro, Forense, 2003, com. ao art. 187, p. 113.

42. No original: "*Concorso dei creditori e cause di prelazione*. I creditori hanno eguale diritto di essere soddisfatti sui beni del debitore, salve le cause legittime di prelazione".

43. A expressão, eloqüente, é de J. X. Carvalho de Mendonça (*Tratado de Direito Comercial*, 7ª ed., atual. por Roberto Carvalho de Mendonça, v. VII, Rio de Janeiro, Freitas Bastos, 1964, n. 91, p. 158). A doutrina toda adotava esse mesmo entendimento. Para dar mais um exemplo, entre tantos:

crevendo è época da lei brasileira de 1908, da qual foi o maior responsável, assinalava que a proposta de concordata, a ser submetida à assembléia de credores, deveria "assegurar vantagens iguais a todos os credores sujeitos a seus efeitos", e acrescentava que essa igualdade deveria ser mantida não só quanto "ao conteúdo substancial, como relativamente aos pactos acessórios". Essa igualdade somente poderia deixar de ser observada, com a concessão de vantagem a um credor, se todos os demais consentissem expressamente.[44]

Vale a pena ter em mente o texto do art. 105, § 3º, da Lei 2.024, de 17.12.1908, a que se referiu o consagrado comercialista: "Na proposta de concordata dever-se-ha manter a mais absoluta egualdade entre os credores não privilegiados. A concessão de vantagens a certos credores sómente será admittida com o consentimento expresso dos credores menos favorecidos".[45]

Note-se que a proposta era dirigida exclusivamente aos credores quirografários. Entre eles deveria haver "absoluta igualdade". Esse rigor apenas poderia ser atenuado se os "credores menos favorecidos" (ou seja, aqueles que não foram contemplados com as vantagens de outros, ou aos quais se ofereceram condições piores) concordassem expressamente com a proposta do devedor. Sábias palavras: ao mesmo tempo em que se respeitava a *par condicio*, levava-se em conta a autonomia da vontade dos credores.

Na atual lei brasileira, no entanto, o princípio da paridade de tratamento aos credores acha-se atenuado, a ponto de se chegar a dizer que não mais seja previsto. Essa postura radical, entretanto, não pode prevalecer, como se verá. De qualquer maneira, especialmente em matéria de recuperação extrajudicial, por ter como centro a possibilidade de ampla negociação com os credores, não se pode deixar de convir que o princípio se mostra sem a vitalidade de antes (quando a concordata se destinava tão só aos credores quirografários e, pois, a igualdade entre eles se impunha).

Luiz Fernando Valente de Paiva, após anotar que "não é obrigatória a inclusão de todos os credores no plano", tanto que alguns, porque não afetados por ele, nem poderão deliberar a respeito na assembléia (refere-se o Autor à regra do art. 45, § 3º, da LRE), assevera que "o princípio da paridade foi mitigado no processo de recuperação judicial". Assim, acrescenta, é possível propor um plano que "preveja tratamento distinto para diferentes grupos de credores". Ressalva, contudo, que o princípio "deve ser aplicado aos credores cujos créditos tenham a mesma origem, natureza e perfil", nada impedindo, no entanto, que, sendo prevista a possibilidade de opção, o credor aceite as condições oferecidas a outro grupo.[46]

A assertiva supra permite, desde logo, a fixação de alguns pontos. Primeiro – a diversidade de credores, própria da situação, enseja, na solução da lei brasileira, a apresentação de propostas diversificadas (pode-se prever, por exemplo, que os credores trabalhistas, componentes da classe primeira nos termos da LRE,[47] receberão integralmente seus créditos, não sendo, pois, afetados pelo plano, e não tendo, por isso, direito de voto na assembléia[48]). Segundo – a *par condicio* aplica-se aos créditos de igual natureza (no dizer do Autor acima citado, que "tenham a mesma origem, natureza e perfil"). Terceiro – pode o credor aceitar condições oferecidas a outros

Alberto Jorio, autor moderno, escrevendo recentemente (embora antes da reforma da lei italiana), refere-se à *par condicio* como o princípio fundamental do direito falimentar (*Le Crisi d'Impresa. Il Fallimento*, Milão, Giuffrè, 2000, p. 9).

44. *Tratado*, cit., v. VIII, ed. 1962, n. 1.077, p. 345.

45. Respeitou-se a ortografia da época.

46. "Aspectos relevantes do instituto da recuperação judicial e necessária mudança cultural", in Fátima Bayma de Oliveira, *Recuperação de Empresas. Uma Múltipla Visão da Nova Lei*, São Paulo, Pearson Prentice Hall, 2006, pp. 91-92.

47. Art. 41.

48. LRE, art. 45, § 3º.

credores (ainda que o desfavoreçam), desde, naturalmente, que o faça voluntariamente.

Não se pode deixar de considerar a relevância, hoje como ontem, do princípio da *par condicio creditorum*, ainda que este, agora, na visão atual do direito das empresas em crise, assuma contornos diferentes, adequados ao novo sistema, e que, por isso, tenha sido limitada sua área de aplicação.

Assinala, a propósito, Roberto García Martínez, que a *par condicio* é um princípio ético de desenvolvimento do processo, regulando, de um lado, as relações do devedor com seus credores, e, de outro lado, as relações dos credores entre si. Salienta esse Autor que não se cuida de princípio absoluto, sofrendo limitações (p.ex., privilégios, créditos pignoratícios e hipotecários, etc.), mas existindo "em estado puro entre os credores quirografários".[49] Na atual lei argentina, objeto de seus estudos, o princípio em foco, observa, é um conceito genérico, uma situação ideal, cuja aplicação deve ser restringida face à realidade da empresa em crise.[50]

Nicola Jaeger chega a afirmar que o princípio da *par condicio* hoje assume um valor "residual", na medida em que atua somente na ausência de interesses merecedores de maior tutela.[51] Poder-se-ia dizer isto mesmo, mas sob outro ângulo, uma vez que o princípio prevalece em razão de um valor que não pode ser desconsiderado, e que implica na necessidade de tutela dos credores, a fim de que não sejam alguns prejudicados em benefício de outros.

De qualquer maneira, não se pode deixar de convir que a importância do princípio tenha sido atenuada. Segundo Jorio, a causa dessa situação está na particular tutela reservada a determinadas categorias de credores e de relações jurídicas, e também no mal uso de se ingressar com procedimentos como a administração controlada ou a concordata preventiva, quando seria o caso de imediata abertura da falência, com isso obstando o tratamento paritário ente os credores anteriores ao decreto de quebra.[52] A primeira causa apontada é de inegável acerto, enquanto a segunda (aqui mencionada por sua expressividade) reporta-se à realidade italiana, sem reflexos diretos em outros sistemas jurídicos.

A atual lei falimentar italiana, reformada muito recentemente (cf. Decreto Legislativo de 9 de janeiro de 2006, n. 5, em vigor desde 16 de julho de 2006), dispõe, no art. 160, que o empresário que se acha em estado de crise ou de insolvência pode propor a seus credores uma concordata preventiva, com base em plano que preveja, entre outros itens, "c) a subdivisão dos credores em classes segundo a posição jurídica e interesses econômicos homogêneos; d) tratamento diferenciado entre credores pertencentes a classes diversas".[53]

A previsão legal apresenta uma solução ao mesmo tempo atualizada e equânime. Assim é que, de um lado, autoriza que os credores sejam subdivididos em classes (ou seja, em outros termos, permite a criação de inúmeras classes, como se fossem subclasses), formadas com base em critérios realistas e flexíveis (posição jurídica e homogeneidade de interesses econômicos). Por outro lado, ao admitir o tratamento di-

49. *Derecho Concursal*, Buenos Aires, Abeledo-Perrot, 1997, pp. 32-33.

50. Ob. cit. (nt. 49, supra), p. 34.

51. *Apud* Jorio, *Le Crisi d'Impresa...*, cit. (nt. 43, supra), p. 9.

52. *Le Crisi d'Impresa...*, cit. (nt. 43, supra), p. 10.

53. No original: "Art. 160. *Condizioni per l'ammisione alla procedura.* L'imprenditore che si trova in stato di crisi può proporre ai creditori un concordato preventivo sulla base di un piano che può prevedere: c) la suddivisione in classi secondo posizione giuridica e interessi economici omogenei; d) trattamenti differenziati tra creditori appartenenti a classi diverse". Cumpre notar que o art. 36 do DL de 30.12.2005, n. 273, norma de interpretação autêntica, declarou que o art. 160 em tela, na redação que lhe foi dada pelo DL de 14.3.2005, n. 35, na parte em que se refere ao estado de crise (*stato di crisi*) compreende também o estado de insolvência (*stato di insolvenza*).

ferenciado entre credores de classes diversas, está dizendo, *ipso facto*, que os credores da mesma classe receberão tratamento igualitário.

A regra em tela dignifica o direito concursal italiano, ao proclamar a aplicabilidade da *par condicio creditorum*, sem perder contato com a modernidade. E contribui positivamente para a empresa em crise economicamente viável, ao propiciar a adequada reestruturação de seu passivo.

Note-se que no direito brasileiro não há previsão equivalente. Nossa recuperação judicial não permite a subdivisão das classes. Ao invés disso, estabelece uma classificação rígida e artificial, pela qual os credores são agrupados em três classes, a primeira correspondendo aos créditos trabalhistas e derivados de acidentes do trabalho, a segunda aos dotados de garantia real, e a terceira a todos os demais sujeitos ao regime da recuperação.[54]

Diante dessa realidade jurídica, seguese que, no Brasil, o tratamento diferenciado entre os credores só pode ocorrer quando compuserem eles classes distintas. Se forem da mesma classe não há como deixar de conceder-lhes tratamento igualitário, a não ser que estejam eles de acordo com isso. Caso houvesse a possibilidade de subdivisões, a cada uma destas poderia dar-se um tratamento próprio, e as classes menos aquinhoadas, desde que aprovassem o plano, ainda que por maioria de votos, se vinculariam à proposta.

Cabe ainda aduzir que o princípio da *par condicio creditorum*, embora fundamental para o justo tratamento dos credores das empresas em crise, nunca foi absoluto.[55] Anotam, a esse respeito, Manuel Broseta Pont e Fernando Martínez Sanz que, no direito concursal tradicional, a *par condicio* foi relativizada em função do elevado número de privilégios concursais, e assinalam que "de hecho, este principio solo podía predicarse dentro de cada una de las categorías de acreedores". Bem por isso, as novas legislações européias reagiram "com uma drástica redução de privilégios".[56]

De há muito, portanto, o princípio da *par condicio*, ainda que vital para o direito falimentar, tinha deixado de ter um caráter absoluto. No caso da falência, era, e continua sendo, aplicável no seio de cada uma das categorias em que são divididos os credores para definição da ordem de pagamento do passivo. A própria existência dessa ordem, no entanto, demonstra a relatividade do princípio. Já nos antigos regimes de concordata (preventiva e suspensiva) do direito brasileiro, como seus efeitos atingiam somente os credores quirografários,[57] a paridade de tratamento entre eles era necessariamente absoluta.

9. O "cram down" e a "par condicio creditorum"

A Lei de Recuperação de Empresas, entre outras inovações, trouxe também uma versão brasileira do *cram down*, mecanismo pelo qual o juiz pode, mesmo em caso de rejeição da proposta do devedor, conceder a recuperação judicial, desde que preenchidos certos requisitos, expressamente previstos.[58] Pressupõe-se a rejeição da proposta por uma das classes de credores, cumprindo lembrar que a aprovação por todas é requisito para a concessão pela assembléia.[59]

Uma das exigências para que o juiz conceda a recuperação, na hipótese de que

54. LRE, art. 41.

55. Michel Jeantin e Paul Le Cannu vão mais longe, e afirmam que mesmo o caráter coletivo do procedimento concursal, do qual o princípio da igualdade seria corolário, nunca foi absoluto (cf. *Droit Commercial. Entreprises en Difficulté*, 7ª ed., Paris, Dalloz, 2007, n. 296, p. 211).

56. *Manual de Derecho Mercantil*, v. II. 11ª ed. (a cargo de Fernando Martínez Sanz), Madri, Tecnos, 2003, adenda – outubro de 2004, p. 53.

57. Cf. Decreto-lei 7.661, de 21.6.1945 (Lei de Falências – LF), art. 147.

58. LRE, art. 58, § 1º.

59. LRE, art. 45.

ora se trata, é a de que o plano não implique "tratamento diferenciado entre os credores da classe que o houver rejeitado".[60] Observe-se que a referência é feita à classe que houver rejeitado o plano, de modo que é possível a diferenciação entre as classes. No âmbito destas, entretanto, deve-se oferecer aos credores que a integram tratamento paritário, sob pena de não se conceder a recuperação. Assim sendo, aqui se aplica explicitamente a *par condicio creditorum*.

A lei ao estabelecer, na hipótese de *cram down*, a estrita observância do princípio da *par condicio creditorum* (LRE, art. 58, 3º), implicitamente nos diz que não se pode impor, ao credor dissidente, uma solução que o desfavoreça em relação aos outros credores da mesma classe. Do mesmo modo, no caso de aprovação da proposta do devedor pela assembléia, e, portanto, pela maioria dos credores de cada classe, pressupõe que: *a*) a igualdade entre os credores da mesma classe tenha sido observada; ou, *b*) os credores menos aquinhoados tenham – expressamente ou não – consentido com o tratamento dado a seus créditos.

A anuência dos credores terá sido expressa, se votaram eles favoravelmente ao plano, ou tácita, se, embora tenham, na assembléia, dissentido da maioria, não impugnaram, posteriormente, o resultado da votação. Quer isto dizer que, de um modo ou de outro, mais abertamente (como na faculdade atribuída ao juiz de conceder a recuperação quando o plano tiver sido rejeitado na assembléia) ou de maneira menos visível (na aprovação do plano pela maioria dos credores), o princípio da *par condicio creditorum* estará sempre presente.

Com efeito, mesmo na segunda das alternativas mencionadas, o plano somente poderá ser aprovado quando tiver respeitado a igualdade dos credores da mesma classe, ou quando os menos favorecidos tiverem explícita ou implicitamente dado sua anuência. Ou seja: em ambas as situações, a vontade do dissidente não pode ser desrespeitada, sob pena de ofensa a um princípio basilar do direito concursal, o da *par condicio creditorum*.

Vale acrescentar: pode o credor, voluntariamente, dispor de seu direito de crédito. Não pode, no entanto, um terceiro – nem mesmo o juiz, e, muito menos, um credor concorrente – substituí-lo em sua esfera mais íntima, e decidir em nome dele.

10. Respostas aos quesitos

Passo a responder, nos termos da Consulta formulada, com base nos fatos expostos e no direito aplicável, aos quesitos apresentados.

Ao ***primeiro quesito***, "*O voto proferido pelo credor em assembléia geral é totalmente livre ou deve ser proferido de modo a cumprir com os objetivos da Lei n. 11.101/2005? O voto que contrariar os objetivos da Lei pode ser tido por abusivo? O plano aprovado em assembléia geral pode deixar de ser homologado pelo juízo da recuperação judicial se aprovado em abuso do direito pelos credores votantes?*", respondo como segue.

O voto nas assembléias, quaisquer que sejam e, pois, também, nas assembléias de credores, deve, para fazer sentido, ser livre. Só assim a deliberação expressará a vontade de todos os votantes. Não quer isto dizer, no entanto, que o exercício do direito de voto possa ocorrer sem limitação alguma, de modo desregrado e antijurídico.

O direito subjetivo, inclusive o direito de voto, existe tendo em vista a finalidade para a qual foi instituído. No caso das assembléias de credores, não se pode perder de vista que se trata do órgão máximo de representação dos titulares de crédito, o meio maior que lhes deu a lei para a defesa de seus interesses. Estes, sem deixarem de ser individuais – no que diz respeito a cada um dos credores – são também de projeção coletiva, na medida em que existe um con-

60. LRE, art. 58, § 2º.

curso. Assim, há um conjunto de credores, ao qual se pode atribuir um interesse comum, que, para ser atendido, não permite que os interesses individuais de alguns prevaleçam sobre os de outros. O benefício indevido de um, nesse contexto, implica no prejuízo de todos os demais.

Ora, na medida em que o interesse comum dos credores é desatendido por meio da votação em assembléia, em prejuízo de um, ou de alguns, dos demais credores, ocorre abuso do direito de voto, o que constitui, nos termos do art. 187 do Código Civil, ato ilícito.[61]

O plano votado com abuso de direito, submetido à apreciação judicial, não poderá ser homologado. Ainda que presentes requisitos extrínsecos, como a aprovação assemblear, a observância de *quorum*, a votação favorável de todas as classes, ainda assim o exame da espécie não resistirá ao teste da legalidade substancial. O resultado a que chegou a assembléia terá decorrido de um ato ilícito (abuso de direito), e um ato assim viciado não pode obter o respaldo jurisdicional.

Ao ***segundo quesito***, "*Houve abuso do direito de voto na assembléia geral da E, através da qual a maioria dos credores aprovou plano que confere tratamento desigual e desfavorecido à P?*", respondo afirmativamente.

Lendo-se a exposição dos fatos,[62] vê-se que o plano aprovado na assembléia derivou de proposta apresentada por um grupo de credores (os bancos *I*, *I BBA*, *B* e *U*), na qual, partindo-se do plano original da *E*, estipulava-se, para o grupo integrado pela Consulente, o pagamento em 48 parcelas. A devedora, na mesma assembléia, ofereceu contraproposta, concordando, em grande parte, com os bancos. Condicionou, no entanto, sua anuência, a algumas alterações, das quais a principal foi a mudança no pagamento aos debenturistas. Estes seriam pagos pela conversão dos valores mobiliários em ações da companhia.

A versão final do plano prejudicava sensivelmente a *P*. Esta, a que se oferecia originalmente a dação de duplicatas em pagamento, mais a participação em sociedade a ser formada e em atividade florestal a ser executada pela *E* em terras arrendadas pela nova empresa acima referida, *ou*, a critério da credora, a conversão das debêntures em ações, no todo ou em parte, e que, na proposta dos bancos, seria contemplada com o pagamento parcelado de seu crédito, seria agora satisfeita (?) com o recebimento de ações da devedora.

Com isso, a *P* tornou-se a única credora a receber seu crédito exclusivamente em ações da *E*. O *B*, também debenturista, fazia igualmente parte do chamado "Grupo A" de credores e, portanto, receberia parte ponderável de seu crédito em dinheiro e imóveis.

Evidente, portanto, o prejuízo da *P*. E, por outro lado, inegável o benefício dos bancos credores, aos quais a devedora se comprometeu a pagar exatamente na forma e condições por eles proposta. Foi, por isso, abusivo o exercício do direito de voto por esses credores.

Deixou-se de observar o tratamento igualitário, dentro de sua classe, a que todos os credores da empresa em recuperação fazem jus. A *P*, exatamente como consta do quesito, foi tratada no plano de modo desigual e desfavorecido.

Cumpre notar que a circunstância foi bem observada pelo eminente Desembargador Boris Kauffmann, na r. decisão de f. 568, na qual manteve a liminar suspendendo o pagamento aos quirografários e a conversão das debêntures em ações. S. Exa., na oportunidade, consignou que "o tratamento diferenciado entre os credores quirografários – afinal, a debênture é uma forma de empréstimo, como a realizada pelos bancos – parece constituir-se, no caso, abuso de direito".

61. Peço vênia para reportar-me, nesse ponto, ao item 7, supra, deste Parecer, em que se examinou o abuso de direito.

62. Cf. item 2, supra.

Esta impressão inicial tem motivos palpáveis para robustecer-se, após a análise aprofundada da hipótese. Com efeito, o aludido "tratamento diferenciado" proporcionou a uma parcela dos credores o recebimento de seus créditos em condições que inegavelmente os favorecem em relação à *P*. Isto foi possível por terem esses credores a maioria de votos na classe III, integrada pela Consulente. Daí a conclusão lógica no sentido da ocorrência de abuso de direito.

Ao ***terceiro quesito***, "*É lícito conferir aos credores debenturistas um tratamento desfavorecido em relação aos demais credores da classe III sem qualquer justificativa para isto? É lícito dividir os credores das três classes previstas na Lei em subclasses, conferindo-lhes tratamento diferenciado e permitindo que os credores incluídos em determinada subclasse favorecida pelo Plano, titulares da maioria dos créditos da classe III, decidam pela aprovação do Plano, contrariamente ao voto proferido pela maioria dos credores da subclasse desfavorecida?*", respondo negativamente a todas essas indagações.

Cabe lembrar, inicialmente, que o crédito da *P* funda-se em debêntures subordinadas, de emissão da *E*. Nos termos do art. 41, inciso III, da LRE, integram a mesma classe constituída também pelos credores privilegiados e quirografários. Todos estes, componentes da classe III, devem receber seus créditos em iguais condições, por força do princípio da *par condicio creditorum*.[63] Assim, não há qualquer justificativa para que a *P*, titular de debêntures subordinadas, receba tratamento desfavorecido em relação aos demais credores da classe III.

O eminente Desembargador Relator, na r. decisão concessiva da liminar no agravo, após salientar a seriedade do "fundamento a respeito do tratamento desigual conferido aos credores de uma mesma classe", consignou não lhe parecer "admissível, em princípio, que dentro de uma mesma classe, por deter maioria de votos, um grupo estabeleça tratamento discriminatório aos demais credores". Aqui também se manifesta a corroboração do que o exame inicial da questão revelava ao douto prolator da r. decisão liminar: o estudo da hipótese demonstra ter sido desrespeitado o princípio da *par condicio creditorum*, em prejuízo evidente da *P*.

Por outro lado, diversamente do que se prevê na moderna Lei de Falências italiana,[64] o direito brasileiro não enseja, na recuperação judicial, a divisão dos credores em subclasses. O sistema aqui adotado é rígido, dividindo os credores em três classes apenas,[65] às quais se deve dar tratamento igualitário.

O tratamento diferenciado entre as subclasses somente seria possível se elas tivessem sido previstas em nossa lei. Desse modo, o argumento de que os debenturistas, credores subordinados, foram tratados igualitariamente, não resiste a uma análise mais aguçada. A Lei de Recuperação de Empresas não colocou os créditos subordinados, na recuperação judicial, em posição inferior aos quirografários, nem aos privilegiados. Colocou-os todos juntos, na mesma classe III.

Por outro lado, não se pode deixar de convir que, se os debenturistas formassem uma subclasse, deveriam votar separadamente dos demais integrantes da classe III. Nesse caso, no entanto, prevaleceria a posição da *P*, uma vez que é titular de 2.450 debêntures, ao passo que o *B* tem um número bem inferior (1.000). Desse modo, se fosse válida a divisão em subclasses, o plano não teria sido aprovado, uma vez que, na subclasse composta pelos debenturistas, a votação seria contrária. Em conseqüência, por ser necessária a aprovação por to-

63. Nos itens 8 e 9 deste Parecer demonstrou-se a aplicabilidade da *par condicio* na recuperação judicial de empresas.

64. Cf. n. 8, supra.

65. Cf. LRE, art. 41.

das as classes (e, pois, também, pelas subclasses), consoante dispõe expressamente o art. 45 da LRE, o plano de recuperação seria rejeitado.

E mais: nem sequer poderia ser aplicado o mecanismo do *cram down*, porque um dos requisitos para tanto é que o plano tenha obtido, na classe (e, por extensão, na subclasse, se admitida sua existência) que o houver rejeitado, o voto favorável de mais de 1/3 dos credores.[66] Esta exigência, na hipótese, não seria atendida, pois o *B* é titular de apenas 29% dos créditos subordinados.

A circunstância acima assinalada serve também para demonstrar o abuso de direito cometido pelos bancos credores. Com efeito, se tivesse sido proporcionado à *P* o tratamento a que fazia jus, o resultado da votação teria sido outro, oposto àquele a que se chegou.

Ao ***quarto quesito***, "*É lícito sacrificar alguns dos credores para favorecer a outros, sob o argumento de que o credor prejudicado não apresentara objeção ou propusera modificações ao Plano originalmente apresentado pela devedora?*", respondo que não, enfaticamente.

A assembléia geral de credores é, como o próprio nome indica, cenário para a participação de todos os titulares de crédito contra o devedor em recuperação judicial. Alguns desses credores, porque seus créditos não se sujeitam à recuperação ou porque não foram afetados pelo plano, não terão direito de voto, mas terão direito de voz, pois podem participar das assembléias.[67] Os demais credores têm direitos plenos, ou seja, podem discutir e votar.

Daí se depreende que, para participar das discussões na assembléia e nelas votar não é preciso que o credor, previamente, tenha manifestado sua objeção ao plano, nem que apresente um plano substitutivo. Basta que tenha havido uma única objeção ao plano para que a sede das discussões a respeito seja transferida para a assembléia.[68] Nesta, por sua própria natureza, as discussões são abertas a todos os interessados que tenham direito de participar. Ora, dos debates pode decorrer a aprovação ou rejeição do plano, como proposto pelo devedor, ou podem surgir alterações, que igualmente serão discutidas e votadas.

Do exposto se infere que apresentar objeções ou propor modificações ao plano não é pré-requisito para intervir na assembléia. Não será por este motivo, em conseqüência, que o credor que assim tiver deixado de agir deva, por isso, sofrer, como sanção, o sacrifício de seus direitos. Esta sanção, de impossível existência, não teria o mínimo fundamento jurídico. Além disso, feriria o bom-senso e infringiria o princípio do tratamento paritário aos credores da mesma classe.

Ao ***quinto quesito***, "*Há outros pontos relevantes a serem destacados?*", respondo que sim, e teço algumas considerações.

Da circunstância de se tratar de crédito fundado em debêntures conversíveis em ações e de se prever a conversão, no plano aprovado, decorrem relevantes conseqüências jurídicas, que influem diretamente na solução da presente hipótese. Tais reflexos se verificam tanto no âmbito constitucional como no infraconstitucional.

A Constituição Federal, como bem lembrou o douto Promotor de Justiça oficiante, estabelece, no art. 5º, inciso XX, a garantia de que ninguém pode ser obrigado a associar-se ou a permanecer associado. Ora, o plano de recuperação que veio a ser aprovado contempla a *P*, exclusivamente, com a conversão de suas debêntures em ações. Para que esta solução fosse viável, contudo, seria preciso que a credora *qui-*

66. É o que dispõe o art. 58, § 1º, inciso III, da LRE.

67. É o que se depreende dos arts. 39, § 1º e 45, § 3º, da LRE.

68. Nesse sentido o disposto no art. 56, *caput*, da LRE.

sesse tornar-se acionista da devedora. Não pode ela ser compelida a assumir essa posição, por força expressa do dispositivo constitucional invocado.

O vício apontado acarreta a ilegalidade manifesta do plano, que fere, nesse ponto, a Lei Maior. Note-se que a *P* em nenhum momento manifestou a intenção de ser acionista da *E*. E poderia fazê-lo a qualquer momento, a partir da subscrição, conforme estipulado na cláusula 12 da escritura de emissão. Não pode agora ser obrigado a aceitar a conversão das debêntures em ações da companhia emissora.

Cumpre notar que a proteção constitucional estende-se às pessoas jurídicas e não se restringe às associações, abrangendo também as sociedades, como demonstrado no item 3 deste Parecer.

Mas a discussão não precisa alçar ao nível constitucional para que se conclua pela impossibilidade de se impor a conversão aos debenturistas. Com efeito, conforme também se demonstrou no item 3, supra, a conversão das debêntures em ações atinge a substância do direito de crédito, alterando sua natureza. O debenturista deixaria de ser credor para passar a ser sócio (acionista) da antiga devedora. Evidentemente, isto não pode ocorrer contra sua vontade.

Além disso, a modificação de condição substancial das debêntures dependeria de aprovação da unanimidade dos debenturistas. Esta aprovação evidentemente não houve, o que inviabiliza de vez a conversão.

Um último aspecto merece ser mencionado. Os debenturistas formam uma comunhão, representada com exclusividade pelo agente fiduciário. Isto acontece mesmo nos processos concursais, conforme previsto no art. 68, § 3º, alínea *d*, da Lei das Sociedades Anônimas, só deixando de existir se a assembléia de debenturistas deliberar em contrário. Não houve essa deliberação, de modo que a representação dos debenturistas continuaria a ser exclusiva do agente fiduciário. Ocorre, entretanto, que o outro debenturista, o *B*, preferiu habilitar seu crédito independentemente, com o que cessou a intervenção do agente fiduciário.

Com isso, a própria razão de ser da comunhão de debenturistas e da representação exclusiva pelo agente fiduciário foi desconsiderada. Daí decorreu a defesa do interesse isolado de um debenturista em detrimento do outro, em prejuízo do princípio da *par condicio*, fundamental também em matéria de debêntures (lembre-se, a propósito, que o art. 53, parágrafo único, da LSA, estabelece que as debêntures da mesma série "conferirão a seus titulares os mesmos direitos"). A desigualdade é inegável, uma vez que o *B* é titular de outros direitos de crédito contra a *E*, o que o coloca em posição mais cômoda em relação à devedora, e, além disso, ao concordar com a contraproposta da recuperanda, concordou também com a conversão em ações, diferentemente da *P*.

São Paulo, 18 de julho de 2007.

Pareceres

CÉDULA DE CRÉDITO BANCÁRIO – ENDOSSO SEM GARANTIA

Haroldo Malheiros Duclerc Verçosa

Consulta. Da resposta à Consulta efetuada: 1. A história e a natureza jurídica da Cédula de Crédito Bancário; 2. A Cédula de Crédito Bancário como um "produto" das instituições financeiras, a ser "colocado no mercado"; 3. O tratamento legal do endosso; 4. Deveres e responsabilidades das instituições financeiras nas operações de crédito em geral; 5. A situação da instituição financeira que endossar CCB sem garantia a emitente que posteriormente revelar-se inadimplente perante o endossatário. 6. Conclusão.

Consulta

Consulta-nos o Banco (...) (Banco) a respeito de operações com a Cédula de Crédito Bancário – CCB, em relação à qual pretende montar uma operação para oferecimento a seus clientes, materializada pelo endosso de tais títulos aos interessados, com cláusula "sem garantia".

Nas operações em tela, um cliente do Banco emitirá o mencionado título que poderá ser transferido ao adquirente interessado no mesmo dia da emissão, com a cláusula "sem garantia", conforme dito acima, da qual resultará que o Banco não responderá perante o adquirente da CCB diante de eventual inadimplemento do seu emitente.

Preocupa-se o Banco com eventual tentativa de sua responsabilização patrimonial pelo endossatário frustrado quanto ao não pagamento da CCB pelo emitente, sob alegação de que, correspondendo tal operação a um "produto do Banco", essa instituição deveria responder no caso de inadimplemento do emitente, tendo em vista sua obrigação de zelar pela seletividade, garantia, liquidez e diversificação de risco em todas as CCBs que lhe sejam transferidas originalmente pelo emitente.

Não deve ser esquecido na análise da presente Consulta que o Supremo Tribunal Federal passou a entender pela grande maioria dos seus integrantes que o Código de Defesa do Consumidor (CDC) aplica-se às instituições financeiras em significativa extensão. Destaque-se, neste passo que saber-se qual o nível de sujeição das instituições financeiras ao CDC dependerá da interpretação do acórdão correspondente, ainda não publicado.

Da resposta à Consulta efetuada

A resposta à Consulta em tela depende do estabelecimento dos fundamentos necessários, conforme abaixo examinados.

1. A história e a natureza jurídica da Cédula de Crédito Bancário

A CCB foi originalmente criada pela MP 1.925, de 14.10.1999 e reformulada pela Lei 10.931, de 2.8.2004, nos seus arts. 26 a 45.

O referido título está inserido dentro de um processo mais geral, destinado a proporcionar a redução dos juros cobrados pelas instituições financeiras dos seus clientes, do qual também fez parte a nova Lei de Recuperação de Empresas e de Falências, destacando-se o importante papel do Banco Central do Brasil na gênese desses dois institutos jurídicos.

Do ponto de vista de sua *natureza jurídica*, a CCB é um *titulo de crédito*, emitido por pessoa física ou jurídica, em favor de uma instituição financeira ou de entidade a esta equiparada, representando uma *promessa de pagamento em dinheiro*, decorrente de operação de crédito, de qualquer modalidade (Lei 10.931/2004, art. 26).

Como *promessa de pagamento*, a CCB equipara-se à Nota Promissória, regida pelos arts. 75 a 77 do Decreto 57.663, de 24.1.1966 (Lei Uniforme de Genebra). À Nota Promissória e, conseqüentemente, à CCB aplicam-se, por sua vez, os artigos relativos à Letra de Câmbio, conforme disposto no art. 77 do Decreto supra, inclusive e especialmente no respeitante ao endosso (arts. 11 a 20 da Lei Uniforme).

Conforme se verifica, a CCB é um título de crédito duplamente causal porque: (*i*) somente pode ser emitida a partir de uma operação de crédito de qualquer natureza; e (*ii*) operação de crédito esta obrigatoriamente realizada com uma instituição financeira ou entidade assemelhada, como tais entendidas aquelas relacionadas no art. 17 da Lei 4.595/1964.

Ao conceder crédito ao seu cliente, a instituição financeira "*transforma*" o seu crédito em uma CCB, que o representará para todas as finalidades jurídicas, uma vez que o documento em causa se reveste da qualidade cambial de cártula, conforme estabelecido pela Teoria Geral dos Títulos de Crédito. Nos termos do art. 887 do Novo Código Civil, trata-se de "*documento necessário ao exercício do direito literal e autônomo nele contido*", adotado pelo NCC de forma não perfeitamente adequada o conceito de Vivante em matéria de títulos de crédito.

No mesmo teor do parágrafo anterior, dispõe o art. 27, *caput* do art. 28 da Lei 10.931/2004, que "A Cédula de Crédito Bancário é título executivo extrajudicial e representa dívida em dinheiro, certa, líquida e exigível, seja pela soma nela indicada, seja pelo saldo devedor demonstrado em planilha de cálculo, ou nos extratos da conta corrente (...)".

Conforme se verifica, a CCB assume uma posição peculiar entre os títulos de crédito porque pode caracterizar-se, de acordo com os critérios de sua emissão, como *completa* ou *incompleta*, conforme o crédito a ela correspondente seja aquele diretamente referido na cártula ou dependente de elementos externos para sua configuração, a ser devidamente calculado pela instituição financeira favorecida.

2. A Cédula de Crédito Bancário como um "produto" das instituições financeiras, a ser "colocado no mercado"

A Lei 10.931/2004 estabeleceu grandes vantagens para as instituições financeiras que passarem a operar com CCBs, tendo em vista os seguintes elementos diferenciados, entre outros:

a) possibilidade de capitalização dos juros;

b) inclusão na dívida cambial correspondente de despesas de cobrança e dos honorários advocatícios, mesmo extrajudiciais, fixados no montante máximo de 10% do valor total devido;

c) diversidade das garantias fidejussórias ou reais que podem beneficiá-las, cedularmente constituídas ou não;

d) possibilidade de sua transferência a terceiros, que terão direito aos mesmos juros avençados, ainda que não venham a ser outras instituições financeiras ou entidades assemelhadas;

e) transferência segundo *as normas de direito cambiário*, no que couberem;

f) possibilidade de aditamento, retificação ou retificação da CCB, mediante instrumento de pacto adjecto;

g) vinculação dos bens objeto de garantia das CCBs à obrigação garantida, até que seja efetivada a liquidação correspondente;

h) responsabilidade solidária do emitente e, se for o caso, do terceiro prestador, pela guarda e conservação do bem constitutivo da garantia;

i) possibilidade de exigência pelo credor de que o bem constitutivo da garantia seja coberto por seguro até a efetiva liquidação da obrigação garantida, às custas do emitente;

j) etc.

Desta forma, as instituições financeiras utilizarão a CCB, do ponto de vista de suas operações ativas (concessão de empréstimos) como um dos instrumentos mais eficazes entre aqueles atualmente existentes para a cobrança do valor correspondente, no caso de inadimplemento do devedor.

De outra parte, ao endossá-las sem garantia, mediante a cobrança de uma comissão do endossatário, esta operação colocase no plano dos *serviços bancários*, pois não se trata de operação passiva (captação de recursos) ou ativa (aplicação de recursos). Isto demonstra a natureza híbrida da utilização de tal instrumento pelas instituições financeiras.

O interesse econômico dos "*investidores*" em adquirir CCBs corresponderá à remuneração dos títulos em causa, que é superiormente diferenciada em relação às operações privadas, uma vez que lhes são estendidos, na qualidade de endossatários, os mesmos direitos financeiros decorrentes de tal título (Lei 10.931/2004, art. 29, § 1º). Como se sabe, as instituições financeiras praticam *taxas de mercado*, significativamente superiores à taxa legal de juros, fixada no art. 406 do NCC.

3. O tratamento legal do endosso

O endosso é regido tanto pelo Decreto 57.663/1966 (arts. 11 a 20), conforme visto acima, bem como pelos arts. 910 a 920 do Novo Código Civil, demonstrandose divergência de orientação entre os dois diplomas legais a respeito dos efeitos da transferência de títulos de crédito à ordem.

Para a Lei Uniforme, a regra geral do endosso está na responsabilidade solidária do endossante, tanto pela aceitação, quanto pelo pagamento do título de crédito (art. 15, primeira alínea). No caso da CCB não cabe referir-se à aceitação, mas tão-somente ao pagamento. Em caráter excepcional, se o endossante desejar desonerar-se das obrigações decorrentes do endosso, deverá estipular cláusula expressa na literalidade do documento, tal como "*sem garantia*", etc.

Em sentido oposto, e quebrando toda a tradição do direito cambiário continental europeu, do qual o ordenamento jurídico brasileiro faz parte, o art. 914 do NCC estabelece como regra geral aquela inerente à não responsabilização do endossante pelo cumprimento da prestação constante do título, a não ser que venha a inserir cláusula expressa em contrário na literalidade do documento, ou seja, "*com garantia*". Neste caso o endossante passa a ser devedor solidário.

Divergem os comentaristas do NCC a respeito do alcance da tutela por ele estabelecida em relação aos títulos de crédito. Tendo em vista que a Lei Uniforme é decorrente de um tratado internacional não denunciado pelo Brasil, a opinião mais aceita no âmbito da doutrina é no sentido de que o NCC somente teria regulado os *títulos de crédito atípicos*, ou seja, aqueles que não são objeto de regramento legal próprio, tais como os constantes da Lei Uniforme de Genebra, as duplicatas, etc.

Não é o caso de discutir-se no âmbito desta Consulta os mecanismos jurídicos que os interessados deveriam obedecer para que pudessem criar títulos de crédito atípicos, com caráter da necessária generalidade, sob pena de vir o direito a deparar-se com uma multidão infindável de documentos da espécie, cuja natureza jurídica dependeria, em cada caso, da prova de preencher os requisitos genéricos do NCC, em toda a sua extensão. Por isso, poder-se-ia dizer que, salvo lei especial – que, por sua vez, tornaria um título atípico em típico – o NCC seria letra morta.

Havendo lei especial sobre a CCB, conforme visto acima, o tratamento do seu endosso a terceiro pode perfeitamente ser feito sem garantia por parte da instituição financeira originalmente credora e que o transfere a um terceiro interessado.

4. Deveres e responsabilidades das instituições financeiras nas operações de crédito em geral

As instituições financeiras são empresas que devem ser analisadas no tocante às suas operações nos planos macro e microeconômico.

Do ponto de vista macroeconômico, seu funcionamento deve ser "*sadio*" dentro do mercado, ou seja, devem contribuir para a higidez do Sistema Financeira Nacional, cuja segurança é imprescindível aos interesses do País. Tendo em vista o entrelaçamento das operações das instituições financeiras nos mercados em que atuam, é sabido que a quebra de uma delas pode provocar o indesejável "*efeito dominó*", próprio do chamado risco sistêmico. Neste caso, uma primeira instituição financeira levada à bancarrota carrega outras consigo.

No plano microeconômico, cada uma delas está voltada para a realização de lucros o que depende, entre diversos outros fatores e naquilo que interessa a esta Consulta, da solvabilidade dos clientes a quem empresta recursos, situação que depende do atendimento dos critérios da "*boa técnica bancária*", representada pelos princípios de *seletividade, garantia, liquidez e diversificação de riscos*, nos termos da alínea "a" do inciso IX da Resolução 1.559/1988, do CMN, com a nova redação dada pela Resolução 3.258/2005, do mesmo órgão.

Fazendo parte dos princípios acima citados encontra-se outra regra na Resolução 1.559, inciso IX, "b", segundo a qual é proibida às instituições financeiras a concessão de crédito ou adiantamento sem a constituição de um título de crédito adequado, representativo da dívida (inciso IX, "f").

Por sua vez, a Resolução 2.554/1998 determinou às instituições financeiras a implantação e a implementação de sistemas de controles internos voltados para as atividades por elas desenvolvidas, consistentes com a natureza, complexidade e risco das operações que realizarem.

Destaque-se que no sistema de controles internos das instituições financeiras devem ser previstos, entre outros:

a) um sistema de segregação das atividades atribuídas aos integrantes da instituição, de forma a que seja evitado o conflito de interesses, bem como meios de minimizar e monitorar adequadamente áreas identificadas como de potencial conflito da espécie; e

b) a contínua avaliação dos diversos riscos associados ás atividades da instituição.

Outro sistema de segurança das instituições financeiras encontra-se nas regras de classificação das operações de crédito por elas realizadas (Resolução 2.682/1999), entre os níveis AA e H, tomando-se como base os aspectos relacionados: (*i*) ao devedor e seus garantidores (situação econômico-financeira; grau de endividamento; capacidade de geração de resultados; fluxo de caixa; administração e qualidade de controles; pontualidade e atrasos nos pagamentos; contingências; setor de atividade econômica; e limite de crédito); e (*ii*) em relação à operação (natureza e finalidade da transação; características das garantias, particularmente quanto à suficiência e liquidez; e valor).

Na dependência da classificação de determinada operação, a instituição está obrigada a fazer provisões que variam de 0,5% (meio por cento) para o nível A, até 100% (cem por cento) quanto ao nível H.

Finalmente, de forma indireta, também contribuem para a segurança das operações realizadas pelas instituições financeiras os cuidados determinados pela Resolução 2.025/1993, no tocante à abertura de conta de depósitos, cujo atendimento leva a um nível elevado de conhecimento do cliente e, portanto, do risco que ele pode representar na concessão de operações de crédito em seu favor. Via de regra, para a concessão de uma operação de crédito, o beneficiário é ou se torna cliente da instituição financeira concedente.

5. A situação da instituição financeira que endossar CCB sem garantia a emitente que posteriormente revelar-se inadimplente perante o endossatário

No que interessa diretamente a esta Consulta, importa saber se o Banco poderia ser responsabilizado pelo credor de uma CCB, diante da inadimplência do devedor, mesmo que o título tenha sido transferido com a cláusula expressa de exoneração de garantia do pagamento.

A resposta é no sentido negativo, mas condicionada, ou seja, o Banco não poderá ser responsabilizado em tal circunstância, desde que a operação de crédito realizada com cliente mais tarde revelado inadimplente no pagamento da CCB transferida a terceiro sem garantia tenha sido objeto do atendimento dos critérios elencados no item anterior.

Isto significa que, pelo simples fato de previamente saber a instituição financeira já ter a CCB (a ser emitida) um destinatário na outra ponta da operação de crédito – que a receberá por endosso sem garantia –, não devam ser obedecidos os critérios de segurança da correspondente operação ativa de crédito.

Entende-se que, ao negociar com uma instituição financeira a aquisição de uma CCB, mesmo sem garantia, o endossatário acredita que a operação originária de crédito foi celebrada dentro dos parâmetros de segurança estabelecidos pelo Conselho Monetário Nacional por meio das normas acima mencionadas, pois se trata de normas de obediência obrigatória.

Diga-se, por conseqüência, que a instituição financeira endossante como que *projeta uma sombra de solvabilidade do cliente emitente da CCB*, mais tarde endossada a terceiro, do que resultaria uma *responsabilidade moral* a qual, mesmo assim, poderia ter conseqüências jurídicas no plano da responsabilidade da primeira.

Portanto, a responsabilidade da instituição financeira em operação desta natureza somente poderia ser configurada se, em dado caso concreto, viesse a ser provado que a operação de crédito lastreadora da CCB não paga foi celebrada sem o atendimento das normas já acima referidas.

Coloca-se neste passo a questão do ônus da prova. Inicialmente ele caberá ao endossatário insatisfeito quanto ao pagamento da CCB. Mas, tendo-se em conta a possibilidade deste ser considerado *consumidor*, poderá o juiz determinar a inversão do ônus em causa. Este tema, conforme já referido, não é objeto de aprofundamento nesta Consulta.

Importante será para a instituição financeira diante de ações de responsabilidade decorrentes do inadimplemento do pagamento de CCBs que fique caracterizada a existência da chamada "*muralha chinesa*" (*chinese wall*) entre os setores encarregados da operação de crédito lastreada por uma CCB e sua posterior colocação no "*mercado*" com a cláusula "*sem garantia*"

A segregação acima faz parte obrigatória do sistema de controles internos, evitando o conflito de interesses que de sua inexistência poderia surgir.

6. Conclusão

Desta breve análise, podemos concluir que:

a) É perfeitamente lícita a transferência de CCBs pelo Banco favorecido com cláusula "*sem garantia*";

b) Previamente à operação de crédito originadora da CCB o Banco deverá atuar estritamente dentro das normas de *boa técnica bancária*, como condição para a realização daquela;

c) Isto significa dizer que o Banco avaliou o cliente, conhece o risco que este representa e entende estar seguramente coberto quanto a eventual inadimplemento;

d) A transferência da CCB por endosso não representa, por conseguinte, "*livrar-se de um mico*", mas em proporcionar aos *investidores* interessados uma alternativa de aplicação de recursos, sem ônus para o Banco;

e) O fato do Banco não suportar eventualmente o risco do emissor da CCB por nem um dia não implica em irregularidade da operação;

f) Embora não garantidor da operação, o papel do Banco na concessão da operação de crédito ao futuro emitente da CCB cria a devida *retaguarda financeira* para o cliente, que entende estar sob um *guarda-chuva de proteção moral*; e

g) A responsabilização do Banco poderá ocorrer quando o crédito for mal concedido ao cliente e isto for passível de prova pelo endossatário prejudicado.

É nossa opinião.

GRÁFICA PAYM
Tel. (011) 4392-3344
paym@terra.com.br